بسم الله الرحمن الرحيم

المنتقى في
شرح قانون العمل

المنتقى

في

شرح قانون العمل

الدكتور

هيثم حامد المصاروة

كلية الحقوق - جامعة العلوم التطبيقية

الطبعة الأولى

2008م

المملكة الأردنية الهاشمية
رقم الإيداع لدى دائرة المكتبة الوطنية
(2007/6/1681)

344.01

• المصاروة، هيثم

• المنتقى في شرح قانون العمل: دراسة مقارنة/ هيثم حامد حتمد مصاروة

.ـ عمان : دار الحامد.
( ) ص .

• ر. أ. : (2007/6/1681) .

• الواصفات : /قانون العمل // تشريعات العمل/

❖ أعدت دائرة المكتبة الوطنية بيانات الفهرسة والتصنيف الأولية .

* (ردمك) ISBN 978-9957-32-356-1

دار الحامد للنشر والتوزيع

شفا بدران - شارع العرب مقابل جامعة العلوم التطبيقية

هاتف: 5231081 -00962 فاكس : 5235594 -00962

ص.ب . (366) الرمز البريدي : (11941) عمان - الأردن

Site : www.daralhamed.net
E-mail : info@daralhamed.net
E-mail : daralhamed@yahoo.com
E-mail : dar_alhamed@hotmail.com

بسم الله الرحمن الرحيم

(أهم يقسمون رحمت ربك نحن قسمنا بينهم معيشتهم في الحياة الدنيا و رفعنا بعضهم فوق بعض درجات ليتخذ بعضهم بعضا سخريا ورحمت ربك خير مما يجمعون(32))

صدق الله العظيم

(32) سورة الزخرف

المحتويات

الفصل الثاني
آثار عقد العمل الفردي

مقدمة

يكتسب قانون العمل أهمية بالغة بالنسبة لشريحة واسعة من المجتمع، فهو يضطلع بتنظيم علاقات العمال بأصحاب العمل، ومن ثم فانه يتصل بتحديد أوضاع ومستوى معيشة عدد كبير من الأشخاص والأسر، ومن ثم المجتمع بأسره، وهو ما يجعله أيضا يحظى بدور بارز في مجال تدعيم أمن المجتمع واستقراره.

لذلك فقد أولى المشرع في مختلف الدول اهتماما خاصا بالعمل وتنظيم الجوانب المتعلقة به، بغية الارتقاء به وتحقيق الرخاء للفرد والجماعة في آن واحد.

ولما كان نطاق التعارض والتضارب بين مصالح طرفي العمل لا يبدو ضيقا وضئيلا لما يبدو من تمايز في طبيعة وحجم مركز كل منهما عن الآخر، فقد تدخل المشرع على العلاقات الناشئة عن العمل من خلال التحكم بالوسيلة التي يتم من خلالها إنشاء هذه العلاقات وما ينبني عليها من آثار، أو بالأحرى الاتفاق على العمل وتنفيذه.

وبعبارة أخرى فان مركز صاحب العمل المتسلح بالمال أولا وبالعلم غالبا قد يؤهله لفرض شروط قاسية بحق الطرف الآخر الأضعف عادة، مما يشير بدوره إلى مسألة غاية في الأهمية تتمثل في إن تحقيق الاستقرار في علاقات العمل لا يتم إلا بتوفير قدر من التوازن بين حقوق والتزامات كل من الطرفين، لذلك فإن اهتمام المشرع بالعمل كقيمة جوهرية وأساسية في حياة الفرد والمجتمع جعله لا يغفل بالتنظيم كثيرا من جوانبه، لا بل وحتى كثيرا من دقائق تفاصيله، الأمر الذي يظهر جليا في تدخله على علاقات العمل المختلفة في الفترة الممتدة من قبل ميلادها، وحتى تلك اللاحقة على زوالها وانتهائها.

وفي المملكة الأردنية الهاشمية يلاحظ ومنذ منتصف القرن الماضي تنبه المشرع واهتمامه المتواصل بتنظيم العمل وحماية العامل ومصالحه، فقد نظم في البداية بعض المسائل المتعلقة بالعمل فاصدر قانون نقابات العمال في سنة 1953، ثم قانون تعويض العمال في سنة 1955، ثم اتبع ذلك بخطوة مهمة فإصدار أول قانون متكامل للعمل في

سنة 1960، ليعود بعد ما يربو على ستة وثلاثين سنة ليصدر قانون جديد هو قانون العمل رقم 8 لسنة 1996 النافذ حاليا.

وقد جاءت أحكام القانون الاخير بتنظيم الجوانب الأساسية المتعلقة بعلاقات العمل، وسواء أكانت تلك العلاقات فردية أم جماعية، إذ كفل المشرع ضمان تطبيق هذه الأحكام بوسائل عدة لا تبتعد عن فرض عقوبات جنائية إذا ما اقتضى الأمر ذلك.

كما عزز هذا القانون بجملة من الأنظمة والتعليمات والقرارات الوزارية، إذ اصبح عددها في الوقت الراهن ينوف على الأربعين، هذا فضلا عن القوانين الأخرى والاتفاقيات الدولية ذات الصلة؛ الأمر الذي قد يثير بدوره بعض اللبس والغموض حول العديد من الجوانب والمضامين المتعلقة بأحكام هذا التنظيم الخاص بعلاقات العمل.

لذلك، فإن دراسة وعرض الأحكام الخاصة بتنظيم علاقات العمل ستكون من خلال بابين، نخصص الأول منهما لدراسة علاقات العمل الفردية، ونخصص الثاني لعرض أحكام علاقات العمل الجماعية، إلا أننا سنعرض قبل ذلك في فصل تمهيدي لمبادئ وعموميات عن قانون العمل.

و الله ولي التوفيق

وهو الهادي إلى سبيل الرشاد.

الفصل التمهيدي
المبادئ العامة لقانون العمل

الفصل التمهيدي
المبادئ العامة لقانون العمل

لم يعد دور الدولة قاصرا في الوقت الحاضر على إقامة العدل وتحقيق الأمن الداخلي والخارجي فحسب، فقد بـات من أولى مهامها القيام بدور إيجابي تجاه كافة النشاطات الاجتماعية والاقتصادية والسياسية في المجتمع، فلم يعد من الملائم ترك الحرية للأفراد في إقامة العلاقات أو الروابط التي يرغبون في إنشائها دونما فرض ضوابط أو حدود معينة تكفل تحقيـق التوازن في تلك العلاقات أو الروابط، الأمر الذي ينطبق بوجه مخصوص على تلك الخاصة بالعمل.

ومن جانب آخر فان العديد من المسائل المتعلقة بروابط العمل مستجدة ومتطورة، وقد تخلـو النصوص النافذة من إيجاد الحلول الملائمة لها - ونعني بذلك نصوص القانون المدني، لذا كان من غير المستغرب تدخل المشرـع لتنظيم تلك الروابط بقانون خاص يكفل تحقيق التوازن فيها وإقامة درجة من العدالة والسلام الاجتماعي بين طرفيها العمال واصحاب العمل.

ولعل التعرف على هذا القانون الخاص يتطلب قبل الخوض في تفاصيله البحث في نواح عده تخصه، وهي تاريخـه وطبيعته ومصادره ونطاقه، فضلا عن الاطلاع على ما أورده فقهاء الشريعة الإسلامية بصـدد هـذه العلاقـات، فلـيس بخـاف الأهمية البالغة التي تضطلع بها الشريعة الإسلامية وفقهها في هذا المجال وغيره، لا سيما وإنها تعد أحد مصادر التشرـيع في القانون الأردني، فضلا عن أنها تشكل جزء من كيان ومقومات المجتمع.

وبناء على ما سبق فإن التطرق للمبادئ العامة لقانون العمل سيكون من خلال ستة مباحـث يمكـن إجمالهـا عـلى النحو الآتي:

المبحث الأول: مصطلح قانون العمل.

المبحث الثاني: نشأة قانون العمل وأهميته.

المبحث الثالث: موقع قانون العمل في النظام القانوني.

المبحث الرابع: الطبيعة الحمائية لقانون العمل.

المبحث الخامس: مصادر قانون العمل.

المبحث السادس: نطاق قانون العمل.

المبحث السابع: علاقات العمل في الفقه الإسلامي.

المبحث الأول
مصطلح قانون العمل

إن أول ما قد يتبادر للذهن عند التعرض لأي مصطلح قانوني هو بالعادة تحديد مدلوله والمراد به، ولعل ذلك يتأتى من خلال التعرض لتعريف ذلك المصطلح، إلا إننا نود قبل ذلك المرور على التسميات التي سبق إطلاقها على ذلك القانون لأهميتها في تسليط الضوء على المقصود من ذلك المصطلح وتاريخه.

وعليه فإن التطرق لمصطلح قانون العمل سيكون من خلال مطلبين نخصص الأول منهما لتسميات قانون العمل، أما الثاني فلتعريفه.

المطلب الأول
تسميات قانون العمل

لما كان قانون العمل قانونا حديث النشأة، فإن تسميته بذلك لم تكن بالأمر المسلم به، فقد كان هناك أراء عدة تتجاذب إطلاق تسمية معينة أو تفضيل أخرى عليها.

ولعل أول تسمية أطلقت على هذا القانون كانت (التشريع الصناعي) حيث كان ذلك قبيل عصر الثورة الصناعية التي انتشرت على أثرها المشاريع الصناعية الضخمة، والتي أظهرت بدورها الحاجة إلى إفراد قواعد خاصة ومستقلة عن القانون المدني، تتولى تنظيم العلاقة بين طرفي الإنتاج (العامل ورب العمل).

إلا أن هذه التسمية انتقدت لعدم دقتها وشموليتها، فقانون العمل بات في الوقت الحاضر وفي الكثير من الـدول ينظم العلاقة بين العامل ورب العمل، سواء أكان ذلك في مجالات الصناعة أم الزراعة أم الخدمات، ومن ثـم فإن اسـتعمال مثل هذا المصطلح يعد أمرا غير جدير بالموافقة لقصوره[1].

لذلك فقد اتجه جانب آخر من الفقه إلى إطلاق تسمية (التشريع العمالي) على ذلك القانون، وذلك نظرا للأهمية الكبرى التي يشكلها ذلك القانون بالنسبة للعمال، فهو لا يضع العمال في

---

[1] انظر: د.السيد محمد السيد عمران، شرح قانون العمل، دار المطبوعات الجامعية، الإسكندرية، 2000، ص14.

مركز قانوني افضل فحسب، بل انه يجعلهم غير بعيدين عن حماية المشرع المشددة في كثير من الأحيان.

ومع ذلك فإن هذه التسمية انتقدت وعدل عنها أيضا، فهي على الرغم من إنها تؤكد على أهمية هذا القانون بالنسبة للعمال، إلا أنها وفي الوقت ذاته قد لا تخلو من استبعاد لأهمية ذلك القانون بالنسبة لرب العمل الطرف الثاني في علاقات العمل[1].

وإزاء هذا النقد، أطلق على هذا القانون تسمية أخرى هي (التشريع الاجتماعي)، وذلك انطلاقا من الأهمية التي يتمتع بها هذا القانون في مجال تحقيق السلام الاجتماعي ووضع المبادئ والأسس التي تقيم التوازن بين أرباب العمل والعمال الذين يشكلون شريحة كبيرة في المجتمع، فالقواعد الخاصة بعلاقات العمل تهدف بدرجة كبيرة إلى تحقيق مصلحة المجتمع، وذلك عبر محاولة الوصول إلى أقصى درجة ممكنة من العدل الاجتماعي.

إلا أن هذه التسمية كانت عرضة للنقد أيضا، ذلك أن جميع فروع القانون تعد اجتماعية[2]، فمثل هذه الصفة - أو التسمية- يمكن أن تطلق على كل قانون ولا يستأثر بها قانون العمل بمفرده، ومن ثم فإن هذه التسمية غير جديرة بالتأييد أيضا.

لذلك فإن جانب كبير من الفقه ومن ورائه المشرع في مختلف الدول استقر في الوقت الحاضر على إطلاق تسمية (قانون العمل) دون سواه على تلك القواعد المنظمة للعمل والعلاقات الناشئة بموجبه[3].

---

[1] انظر: د.محمد عبد الله نصار و د.العوضي عثمان، التشريعات العمالية، الكتاب الأول "قانون العمل"، الطبعة الأولى، منشورات الجامعة العمالية، القاهرة، 2001، ص14.

[2] انظر: د.محمد السعيد رشدي، موجز المدخل لدراسة القانون الأردني، الطبعة الأولى، دار الفرقان، عمان، 1991، ص12.

[3] قد يطلق جانب من المشرعين العرب تسمية أخرى أو مرادفة في المعنى لهذا القانون، كما هو الحال بالنسبة للمشرع المغربي إذ يسميه بمدونة الشغل.

المطلب الثاني
تعريف قانون العمل

لعل ثمة تساؤلا قد يثار حول المضامين والمجالات التي قد ينظمها قانون العمل، الأمر الذي يستدعي تحديد مفهوم هذا المصطلح وتوضيحه بتعريفه، فما هو المقصود بقانون العمل؟

لقد أورد الفقه تعريفات كثيرة لقانون العمل، بحيث بدا الاختلاف بينها واضحا غير ضيق النطاق، وبما يشير إلى وجود تباين في إطار ما قد يتضمنه كل تعريف.

فقد عرف البعض قانون العمل على انه: (مجموعة القواعد القانونية التي تحكم العلاقات الناشئة عن قيام شخص بالعمل لحساب شخص آخر وتحت سلطته وإشرافه مقابل اجر)[1].

وعرفه جانب آخر على انه: (مجموعة القواعد القانونية التي تحكم العلاقات القانونية المتعلقة بالعمل التابع المأجور)[2].

في حين عرفه جانب من الفقه على انه:(مجموعة القواعد القانونية التي تحكم العمل الخاص التابع المأجور، أيا كان نوعه، وأيا كان الاسم الذي يطلق على القائم بالعمل: مستخدم، عامل، مدير أو موظف، وأيا كان مقدار الأجر وطريقة حسابه وصورته)[3].

إن مثل هذه التعريفات قد لا تكون دقيقة بالدرجة الكافية، ذلك أن عنصري التبعية والآجر يعدان من عناصر عقد العمل، دون أن يعتبران كذلك بالنسبة لقانون العمل، فعقد العمل المعروف في جل القوانين المدنية وفي مفهوم الفقه القانوني يعني الاتفاق الذي يلتزم أحد طرفيه بأن يقوم بعمل لمصلحة الأخر وتحت إشرافه أو إدارته لقاء أجر[4]، وبالتالي فإن مدلول ونطاق المصطلحين بالضرورة مختلف ولا يعبر أحدهما عن مفهوم الأخر.

---

(1) د.أحمد السعيد الزقرد، شرح قانون العمل، الطبعة الثانية، دار أم القرى، المنصورة، 1993، ص13.

(2) د.حسن كيره، المدخل إلى القانون، الطبعة السادسة، منشأة المعارف، الإسكندرية، 1993، ص75. كما عرفه بأنه القانون الذي يحكم العمل الخاص التابع المأجور. د.حسن كيره، أصول قانون العمل، الطبعة الثالثة، منشأة المعارف، الإسكندرية، 1983، ص20.

(3) د.همام محمد محمود زهران، قانون العمل "عقد العمل الفردي "، دار المطبوعات الجامعية، الإسكندرية، 2001، ص 15.

(4) انظر المادة "805" من القانون المدني الأردني، المادة "674" من القانون المدني المصري.

Voir: Raymond Guillien et Jean Vicent, Lexique De Termes Juridiques, Dalloz, Paris, p78.

لذلك فقد اتجه جانب من الفقه إلى تعريفه على انه:(مجموعة القواعد القانونية التي تحكم العلاقة بين العامـل ورب العمل)[1].

إلا انه قد يؤخذ على هذا التعريف تضييقه لمفهوم قانون العمل بجعله قاصرا على تنظيم علاقات العمـل الفرديـة التي تنشأ بين عامل واحد وصاحب عمل واحد، الأمر الذي يمكن ملاحظة خلافـه بـالاطلاع عـلى محتويـات هـذا القانون، فقانون العمل ينظم إلى جانب علاقات العمل الفردية علاقات العمل الجماعية التي تنشأ بين طرفين أحدهما هو مجموعـة من العمال أو من يمثلهم ونقصد بذلك النقابة التي ينتمون إليها، والثاني هو صاحب عمل أو اكثر أو من يمثلهم كالنقابـة أو الجمعية المنضمين إليها[2].

وعليه فإنه يمكن تعريف قانون العمل على انه مجموعة القواعد القانونية التي تنظم العلاقة بين رب العمل أو من يمثله من جهة والعامل أو من يمثله من جهة أخرى.

---

[1] د.محمد عبد الله نصار، المرجع السابق، ص 18.
[2] انظر في قانون العمل الأردني الفصل السادس(عقد العمل الجماعي)، والفصل الحادي عشر (نقابات العمال ونقابات أصحاب العمل)، والفصل الثاني عشر (تسوية المنازعات العمالية الجماعية).

المبحث الثاني
نشأة قانون العمل وأهميته

يعد القانون المدني الشريعة العامة والمرجع الأساس في تنظيم أية علاقة مالية تقوم بين الأفراد في المجتمع، ولكن التطور المضطرد في المجتمعات المختلفة والمتمثل بازدياد حاجاتها ومستلزماتها قد يشير في كثير من الأحيان إلى عدم ملاءمة هذا القانون وكفايته لتنظيم الكثير من الجزئيات أو التفصيلات الطارئة في العلاقات المختلفة، الأمر الذي يستدعي أفراد تشريع خاص بموضوعات معينة – كالتجارة أو العمل – إذ يساعد على ذلك أيضا الأهمية البالغة التي يتمتع بها ذلك الموضوع المراد تنظيمه.

وعليه فإن دراسة نشأة وأهمية قانون العمل يمكن توزيعها على مطلبين نخصص الأول منهما لنشأة قانون العمل، في حين يتناول الثاني أهميته.

المطلب الأول
نشأة قانون العمل

لقد مرت المجتمعات البشرية المختلفة بمراحل تاريخية كانت علاقات العمل فيها غالبا ما تنظم لصالح الطبقة الأقوى، ففي المجتمعات القديمة كانت الحياة الاقتصادية تقوم على (نظام الرق)، فقد كانت علاقة العبد بسيده علاقة ملكية خاصة، يتاح بموجبها للسيد امتلاك شخص العبد وثمار عمله، فيحق للسيد بيع عبده ونقل ملكيته لسيد آخر، كما أن له تشغيل العبد في حراثة الأرض وزراعتها وجني الثمار، ليس هذا فحسب، بل أن على العبد بعد انتهاء عمله اليومي في الزراعة العودة إلى دار سيده للقيام بالخدمة فيها أو بأي عمل يكلفه به السيد، كل هذا من دون أن يكون للعامل الحق في الحصول على مقابل سوى الطعام الذي يتناوله والحماية من المخاطر.

والوضع السابق استمر إلى حد ما في العصور الوسطى مع تطور بسيط، حيث ساد (نظام الاقنان) - أي نظام تبعية الإنسان للأرض - والذي بمقتضاه انفصم شخص العبد عن سيده وارتبط بالأرض، بحيث لم يعد للسيد الحق في التصرف بشخص العبد تصرف المالك في ملكه - كبيعه وتأجيره ورهنه- إلا مع الأرض، فقد اصبح ألقن مرتبطا بالأرض شأنه في ذلك شأن العقار بالتخصيص المعروف في القوانين المدنية الحديثة.

وبالرغم من أن نظام الرق والأقنان هو الذي كان سائدا لدى الشعوب القديمة، فقد عرفت بعض الشعوب أيضا- كالرومان- عقد إجارة الخدمات الذي كان يبرمه الأحرار، إلا أن هذا العقد ما كان ليستقل بطابع خاص به يجعله شبيها بعقد العمل المعروف لدينا الآن، بل تميز بطابع العبودية لانه كان صورة من صور عقد إجارة العبيد الذي كان معروفا لديهم، لذلك فقد كان هذا العقد اكثر شبه بعقد إجارة الأشياء[1].

وبعبارة أخرى فان من كان يقوم بالعمل من الأشخاص في العصور القديمة والوسطى لم يكن ليخضع إلا لقوانين الأشياء لا الأشخاص، فهو محلا للحق وليس طرفا فيه، ومع ذلك فقد ظهر في الميدان الصناعي والتجاري في المراحل المتأخرة من العصور الوسطى (نظام الطوائف الحرفية)، والذي تم بموجبه تنظيم العلاقة بين أطراف كل مهنة من خلال تحديد القيود والشروط الخاصة بها وبيان كيفية ممارستها، وهو النظام الذي عرف العرب مثله أيضا، حيث كان عندهم لكل حرفة سوقها الخاص ورئيسها المختار[2].

وفي مرحلة لاحقة قامت الثورة الفرنسية (عام1789م)، إلا أنها لم تعر اهتماما بتنظيم علاقات العمل، فقد آمن رجالاتها بالمذهب الفردي الحر، الأمر الذي كان من نتائجه إحجام الدولة عن التدخل في الحياة الاقتصادية، حيث تركت علاقات العمل للأفراد ينظمونها كيفما يشاءون، فنشأت قاعدة حرية العمل القائمة على الاقتصاد الحر ومبدأ سلطان الإرادة[3].

وعليه، فقد بات مبدأ حرية التعاقد على العمل هو مناط تنظيم العلاقة بين أطرافه، فللعمال واصاحب العمل إبرام عقود إجارة الأشخاص وتنظيمها بالصيغة التي تلائمهم ودونما تدخل من أحد، الأمر الذي نجم عنه تحكم أصحاب العمل واستقلالهم في فرض شروط العمل وبما يلبي حاجاتهم ومصالحهم، لا سيما بعد ظهور المشروعات الصناعية الضخمة وتدخل الآلة في عمليات الإنتاج، فاصبح العمال عرضة لمخاطر جمة لا تقف عند حد العمل لساعات طويلة أو الحصول على أجور قليلة، بل تتعدى ذلك لتصل إلى حد العمل في ظروف رديئة أو صعبة وتهديد أجسادهم وحياتهم بإصابات العمل وامراض المهنة دون حماية أو ضمان[4].

---

[1] انظر: د.غالب علي الداوودي، شرح قانون العمل، الطبعة الثالثة، دار وائل، عمان، 2004، ص7 وما بعدها.

[2] انظر: د.عدنان العابد و د.يوسف الياس، قانون العمل، الطبعة الأولى، منشورات وزارة التعليم العالي والبحث العلمي، بغداد، 1980، ص8.

د.غالب علي الداوودي، ص7 وما بعدها.

[3] انظر: د.غالب الداوودي، المرجع السابق، ص9.

[4] انظر: للمؤلف، عقد العمل الفردي في القانون الليبي، الطبعة الأولى، الوثيقة الخضراء للطباعة والنشر، البيضاء، 2002، ص15.

ومع الوقت، فان الطبقة العاملة أخذت بالتوسع والازدياد، واصبح وجود ردود فعل إزاء هذه الشروط والظروف السيئة للعمل أمرا غير مستبعد أو مستغرب، وهو ما أدى بالفعل إلى وجود تكتلات وجمعيات سرية للعمال، ما لبثت أن تحولت إلى نقابات مقر لها بالشرعية، ومرهوبة الجانب لما تمتلك من وسائل في فرض أرادتها، تتمثل بالدرجة الأولى في القيام بتنظيم عمليات الإضراب والاعتصام والاحتجاج، إذ كان من أولى مهام هذه النقابات الدفاع عن العمال ومصالحهم في مواجهة أصحاب العمل وأطماعهم، فضلا عن مطالبة الحكومات والبرلمانات بالتدخل لتنظيم بعض جوانب العلاقة بين أطراف العمل، ليعقب ذلك المطالبة بإصدار تشريع واحد وشامل لتنظيم علاقات العمل ومعالجة جوانبها المختلفة، فصدرت نزولا عند هذه المطالبات ولاعتبارات تتعلق بدعم الاقتصاد الوطني أيضا تشريعات العمل في بعض الدول كألمانيا وإنكلترا وفرنسا، الأمر الذي عزز من تحققه وانتشاره مجموعة من العوامل التي يعد من أبرزها ما يأتي:

1. العامل الفكري متمثلا في ظهور المذهب الاجتماعي وانتقاده للمذهب الحر من الناحية السياسية والقانونية، إذ نادى هذا المذهب بضرورة تركيز اهتمام القانون في الجماعة لا في الفرد.
2. العامل السياسي متمثلا في ظهور الصحافة الحرة و إقرار حق التصويت للعمال، مما جعل من الطبقة العاملة قوة سياسية لها شأنها ولا يمكن إغفالها في مجال رسم وتحديد السياسات التشريعية في الدول المختلفة.
3. العامل الاقتصادي متمثلا في الأخذ بالاقتصاد الموجه، فقد اصبح المشرع يأخذ في حساباته عند إصدار أي قانون متعلق بالعمل ظروف الاقتصاد الوطني [1].

وفي الأردن كان أول التشريعات المعمول بها بشأن تنظيم العلاقات الناشئة عن العمل هو مجلة الأحكام العدلية الصادرة في عام 1868، حيث كان عقد العمل يخضع لاحكام الكتاب الثاني منه، وقانون الجمعيات وقانون الإضراب العثمانيين والصادرين في عام 1909 وما قد يلاحظ هنا هو عدم قيام أي إضراب وعدم تسجيل أي نقابة أو جمعية للعمال في ذلك الوقت، أما السبب في ذلك فيتمثل في اعتبار المجتمع الأردني مجتمعا قائما على الزراعة، إذ لم تقم به سوى

[1] انظر: د.عدنان العابد ود.يوسف الياس، المرجع السابق، ص 15 وما بعدها. د.غالب الداوودي، المرجع السابق، ص10. للمزيد من التفصيل انظر: د.محمد نصر الدين منصور، قانون لعمل "الفلسفة والأهداف"، القاهرة، 2002، ص5.

الصناعات البسيطة، الوضع الذي استمر طوال عهد الإمارة وحتى بدايات النصف الثاني من القرن العشرين، حيث قامت الوحدة بين الضفتين وبدأ دخول التجارة والصناعة الميدان الاقتصادي بشكل متسارع، فاصدر المشرع الأردني قانون نقابات العمال رقم 35 لسنة 1953، ثم قانون تعويض العمال رقم 17 لسنة 1955، ثم تلى ذلك إصدار أول قانون متكامل خاص بتنظيم قضايا وشؤون العمل والعمال المختلفة وهو قانون العمل رقم 21 لسنة 1960[1]، والذي تم تعديله مرات عدة[2]، ليصدر بعد ذلك قانون العمل رقم 8 لسنة 1996 والذي اصبح ساري المفعول بدء من 1996/6/16[3].

كما صدر القانون المدني الأردني رقم 43 لسنة 1976، والذي يعد الشريعة العامة في تنظيم العقود كافة، وليحل مكان مجلة الأحكام العدلية، حيث جاء بنصوص عدة لمعالجة عقد العمل، وهي مطبقة بصدد عقود العمل التي لا تخضع لاحكام قانون العمل، فضلا عن أنها تعد المرجع في حال غموض أو فقد الحكم المتعلق بمسألة ما في قانون العمل، إذ جاء في المادة(2/832) من القانون المدني ما نصه:(لا تسري أحكام عقد العمل على العمال الخاضعين لقانون العمل إلا بالقدر الذي لا تتعارض فيه صراحة أو ضمنا مع التشريعات الخاصة بهم).

أما على الصعيد الدولي فإن التطورات السياسية والاقتصادية والاجتماعية لم تكن قاصرة على دولة أو دول بعينها، فقد كان لتلك التطورات صدى واسعا لدى الدول المختلفة، الأمر الذي أفضى إلى إنشاء عدة منظمات دولية وإقليمية مختصة بشؤون العمل، مثل منظمة العمل الدولية ومنظمة العمل العربية، واللتان أسهمتا في إصدار العديد من التوصيات وتوقيع العديد من الاتفاقيات التي يظهر أثرها البالغ في إثراء التشريعات الوطنية وتطويرها بما يحقق مكاسب ومزايا جديدة للعمال في مختلف الدول[4].

---

[1] انظر: د.احمد عبد الكريم أبو شنب، شرح قانون العمل الجديد، الطبعة الأولى-الإصدار الرابع، دار الثقافة، عمان، 2003، ص27. د.هشام رفعت هاشم، شرح قانون العمل الأردني، عمان، 1990، ص3. د.منصور إبراهيم العتوم، شرح قانون العمل الأردني، الطبعة الثاني، مطبعة الصفدي، عمان، ص12.

[2] لقد تم تعديل قانون العمل رقم21 لسنة 1960 مرات عدة أهمها: قانون العمل المعدل رقم 2لسنة 1965، قانون العمل رقم 25لسنة1972، والقانون رقم 36 لسنة 1980، والقانون رقم 29 لسنة 1986، والقانون رقم 37 لسنة 1988.

[3] نشر هذا القانون على الصفحة 1173 من عدد الجريدة الرسمية رقم 4113 الصادر بتاريخ 1996/4/16م.

[4] انظر: د. محمد نصر الدين منصور، المرجع السابق، ص106. د.عبد الغني الرويمض، المرجع السابق،ص51.

المطلب الثاني
أهمية قانون العمل

إذا كان قانون العمل في مختلف الدول يكتسب أهمية مباشرة بالنسبة لأطراف علاقة العمل (العامل ورب العمل)، فإنه لا ينكر حساسية دوره وأثره البالغ على المجتمع بأسره ومن نواح متعددة، فهو لا يتمتع بأهمية خاصة على المستوى الاجتماعي فحسب، بل وعلى المستوى الاقتصادي كذلك.

أولا- الأهمية الاجتماعية:

يسري قانون العمل على شريحة واسعة من المجتمع، ومن ثم فإن دوره في تحقيق السلام والوئام الاجتماعي يعد أحد الركائز التي ترمي الدول إلى تحقيقها عبر الوسائل المختلفة، فهو يحكم علاقات العمل ويقيم التوازن فيها، إذ يحدد هذا القانون بأدواته المختلفة نمط معيشة العامل ونشاطه ومصدر رزقه هو وأسرته التي يعيلها، وهو في الوقت ذاته يحافظ على آدمية العامل وكرامته، فضلا عن حياته وصحته الجسدية والنفسية.

وقانون العمل يحمي من جانب آخر فئات اجتماعية قد تكون عرضة للاستغلال كالنساء والأطفال، حيث يفرض القانون في كثير من الأحيان إجراءات مشددة على تشغيل هذه الفئات في بعض الأعمال أو الأوقات، لما لهذه الفئات وتشغيلها من اثر على مستقبل المجتمع ونموه[1].

ثانيا- الأهمية الاقتصادية:

يساعد قانون العمل على القضاء على البطالة وتوفير فرص عمل لأكبر قدر ممكن من الأفراد عبر تحديد ساعات العمل وتخفيضها في بعض الأحيان.وقانون العمل كذلك يعد أداة مهمة في إطار رسم السياسات والمخططات الاقتصادية العامة والشاملة، فسياسة رفع أجور العمال - مثلا - تؤثر على القوة الشرائية وزيادة الطلب على المنتجات، وبالتالي إلى زيادة الطلب في سوق العمل؛ أما سياسة تثبيت الأجور فأنها تستخدم عادة

[1] انظر: د.محمد عبد الله نصار وزميله، المرجع السابق،ص23. د.محمد نصر الدين منصور، المرجع السابق، ص34.

للتخفيف من حدة التضخم ومحاربته[1].

وبتعبير آخر، فإن قانون العمل يكتسب أهمية مباشرة في إطار تنظيم علاقة العمل[2]، وأهمية غير مباشرة عندما يستخدم للتأثير على السياسات الاجتماعية والاقتصادية في الدول المختلفة، لا سيما تلك التي يشكل فيها العمال طبقة كبيره من المجتمع.

---

(1) انظر: د.أحمد السعيد الزقرد، المرجع السابق، ص3. د.السيد محمد السيد عمران، المرجع السابق، ص22.

(2) لقد أبرزت التطورات الطارئة في الوقت الحاضر تغييرا كبيرا في النظرة لمقدار أهمية عقد العمل، وذلك نظرا للأهمية البالغة التي تتمتع بها بعض الأنواع من العقود- والتي جرى تكييفها على أنها من عقود العمل- كعقد الاحتراف الرياضي والذي تدفع بموجبه مبالغ طائلة قد تصل في بعض الأحيان إلى مئات الآلاف من الدنانير أو الدولارات أن لم يكن اكثر من ذلك بكثير.

ويراد بعقد الاحتراف الرياضي المشار إليه الاتفاق الذي يتعهد بموجبه اللاعب نظير مقابل يتلقاه بممارسة لعبة ما تحت إشراف وتوجيه النادي. ومن ذلك يبين عناصر عقد العمل الأساسية، وهي: أ.العمل ويتمثل ببذل اللاعب قصارى جهده وإمكانياته في التدريبات والمباريات التي يخوضها النادي. ب.الأجر أي المبالغ المالية والمزايا التي يحصل عليها اللاعب. ج.التبعية بحيث يكون اللاعب خاضعا للتوجيهات التي يوجها إليه النادي سواء أكانت إدارية أم فنية. انظر: د.عبد الحميد عثمان الحنفي، عقد احتراف لاعب كرة القدم، الطبعة الأولى، ملحق مجلة الحقوق، العدد الرابع، السنة التاسعة عشرة، تصدر عن جامعة الكويت، الكويت، 1995، ص 180. للمزيد من التفصيل انظر: د.محمد سليمان الاحمد، الوضع القانوني لعقود انتقال اللاعبين المحترفين، الطبعة الأولى، دار الثقافة، عمان، 2001، ص235.

المبحث الثالث
موقع قانون العمل في النظام القانوني

تشير أطوار النشأة التاريخية لقانون العمل إلى انه يعد أحد فروع القانون الخاص، فتشريع قواعد خاصة بعقد العمل الفردي والجماعي في قانون خاص لا ينفي إمكانية الاستعانة بنظرية العقد وعقد العمل المنظم في متن القانون المدني[1]، ليس هذا فحسب بل أن القانون الأخير سيلقى مجالا واسعا للتطبيق على كل ما ينتج عن علاقات العمل إذا ما كان هنالك قصور في قواعد قانون العمل، الأمر الذي يؤكد بدوره الارتباط الوثيق بين قانون العمل من جهة وفروع القانون الخاص من جهة أخرى.

إلا أن جانبا من الفقه لم يسلم بانتماء قانون العمل إلى القانون الخاص، إذ رأى أن هذا القانون لا يضم بين دفتيه قواعد وأحكام تماثل وتتفق مع طبيعة وقواعد القانون الخاص فقط، بل انه يضم إلى جانب هذه القواعد قواعد أخرى تؤكد انتماءه وتقاربه مع قواعد القانون العام وطبيعته، فالأحكام المتعلقة بالتفتيش على العمل، وتلك الخاصة بالتوفيق والتحكيم في منازعات العمل الجماعية، هي من قواعد وأحكام القانون العام لا القانون الخاص[2].

وقد خالف الرأي السابق اتجاه آخر من الفقه، ذهب إلى اعتبار قواعد قانون العمل بالجملة منتمية إلى القانون الخاص، فوجود قواعد من القانون العام في بنية وتكوين قانون العمل لا يؤثر في انتماء هذا الأخير إلى القانون الخاص، خاصة وأن اثر قواعد القانون العام في هذا الصدد تتمثل في القيام بدور مكمل للقواعد الأساسية التي هي في الأصل من قواعد القانون الخاص، إذ ينطبق ذلك بوضوح على قواعد التفتيش على العمل - مثلا- حيث تقوم تلك القواعد بدور مكمل للقواعد الخاصة بالتزامات صاحب العمل التي تنظمها قواعد القانون الخاص وعلى وجه لا يتطرق إليه الشك، وبالتالي فإن مضمون وصلب العلاقات التي ينظمها قانون العمل تنتمي إلى

---

[1] انظر المادة (2/832) من القانون المدني.

[2] انظر: د.احمد السعيد الزقرد، المرجع السابق، ص19. ولمزيد من التفصيل انظر كذلك: د.عبد الغني عمرو الرويمض، علاقات العمل الفردية في القانون الليبي، الطبعة الأولى،1997، ص34.

قواعد القانون الخاص، ولا مجال لإدراجها ضمن إطار القانون العام[1].

ومع ذلك، فقد وجد اتجاه آخر في الفقه تبني رأي آخر مزج من خلاله بين الاتجاهين السابقين، فذهب إلى اعتبار قانون العمل قانونا مختلطا ينتمي إلى فروع القانون الخاص والقانون العام في آن واحد، ذلك انه يضم قواعدا من القانون الخاص لاسيما تلك المتعلقة بعقد العمل الفردي، وقواعدا من القانون العام كتلك المطبقة بشأن علاقات العمل الجماعية والتفتيش، وهو الأمر الذي لم يسلم به فريق آخر من الفقه، إذ ارتأى تبني موقفا مغاير لما سبق، فاتجه إلى القول باستقلالية قانون العمل عن فرعي القانون الخاص والعام، وأن له ذاتية وطبيعة خاصة تمكن من جعله فرعا جديدا من فروع القانون، أي فرعا مستقلا وقائما بذاته[2].

[1] أنظر: د.عامر محمد علي، شرح قانون العمل الأردني، الطبعة الأولى، المركز القومي للنشر، اربد، 1999، ص17. د.السيد محمد السيد عمران، المرجع السابق، ص 26. د.احمد السعيد الزقرد، المرجع السابق، ص20 وما بعدها.

[2] أنظر: د.محمد حسن منصور، قانون العمل، دار المطبوعات الجامعية، الإسكندرية، 1997، ص34. د.غالب الداوودي، المرجع السابق، ص 13.

المبحث الرابع
الطبيعة الحمائية لقانون العمل

لعل من ابرز الغايات التي يحرص المشرع على تحقيقها من خلال سن قانون العمل هو إنصاف الجانب الأضعف وإقامة التوازن بينه وبين الجانب الآخر، ذلك أن الطبقة العاملة في أي مجتمع هي الطبقة الأجدر والأولى بالرعاية والحماية، ليس لأنها تشكل شريحة واسعة فحسب، بل ولأنها قد تكون معرضة للاستغلال وفرض الشروط المجحفة، لذلك فإن الباحث في أحكام قانون العمل يلاحظ مدى الحماية التي أولاها المشرع للعامل وحقوقه في مواجهة رب العمل، وبما لا يبتعد عن توفير أسباب الاستقرار والتوازن في العلاقة الناشئة بينهما.

وهذه الطبيعة الحمائية لقانون العمل يمكن ملاحظة العديد من مظاهرها، وذلك من خلال الآتي:

المطلب الأول: السمة الواقعية لقواعد قانون العمل.

المطلب الثاني: الصفة الآمرة لقواعد قانون العمل.

المطلب الثالث: التفتيش والتحقق من تنفيذ أحكام قانون العمل.

المطلب الرابع: القواعد الخاصة بتفسير نصوص قانون العمل.

المطلب الخامس: الإجراءات الخاصة بالتقاضي في منازعات العمل.

المطلب الأول
السمة الواقعية لقواعد قانون العمل

فأحكام قانون العمل تتسم بالصبغة العملية، حيث تراعي حماية العامل في شتى صنوف النشاط وعلى الرغم من تفاوت ظروفه وتنوعها، فمثلا يجب أن يؤخذ بعين الاعتبار في هذا القانون ما لدرجة خطورة العمل من تأثير على صحة العامل وسلامته، وذلك باتخاذ إجراءات تكفل عدم إلحاق أدنى أذى به.

كما أن الحماية القانونية تسدل على العامل بما يتوافق مع ظروفه وحالته الاجتماعية والشخصية من حيث الجنس أو السن أو الوضع العائلي، فالمرأة مثلا يجب تمييزها عن الرجل في المجالات والأوقات التي يمكن أن تعمل بها، وبما يكفل عدم المساس بكرامتها وتوفير الوقت

الملائم لها للقيام بمسؤولياتها الأخرى كتربية النشء، وعلى نحو مشابه فإن قدرة الحدث على العمل تختلف عن قدرة الرجل، بحيث يجب حظر بعض أنواع العمل عليه للحفاظ على صحته وقدراته المستقبلية.

وبعبارة أخرى، فإن الحماية القانونية التي يوفرها قانون العمل للعامل يجب ألا تكون بعيدة عن الواقع، و إلا لما كان هناك داع لإقرارها، فلا بد لها من أن تمتد إلى جميع الظروف التي تواجه العامل في الواقع[1]، وبما لا يخل بمواكبة التطورات الاجتماعية والاقتصادية والتكنولوجية، كما ويجب تلافي ما قد يحدث من فجوة بين قانون العمل والواقع بحيث لا تصبح معها نصوص هذا القانون مفرغة من مضامينها وغير ذات جدوى.

وتحقيق مثل تلك النتيجة ليس بالأمر العسير إذا ما احتاط المشرع مسبقا لمواجهة ما قد يطرأ في المجتمع من تطورات مختلفة، ولعل من ابرز الوسائل والآليات التي تسهم في ضمان والسمة الواقعية لهذا القانون ما يأتي:

أ- عدم تنظيم قانون العمل لكل التفاصيل والجزئيات الأكثر عرضة للتغيير، وترك مثل هذه التفصيلات للسلطة التنفيذية لتنظيمها عبر اللوائح أو الأنظمة وتغيرها أو تعديلها كلما تطلبت الحاجة ذلك.

ب- عدم تجاهل الحركات العمالية والنقابية عند وضع أي قانون أو إجراء أي تعديل يمس بالعامل وحقوقه[2]، وإتاحة المجال إمام هذه القطاعات للمشاركة الفاعلة في التشريع المتعلق بشؤون العمل والعمال[3].

---

[1] انظر: د.حمدي عبد الرحمن، قانون العمل، دار الفكر العربي، 1976، ص37.

[2] انظر: د.محمد عبد الله نصار وزميله، المرجع السابق، ص28.

[3] لقد اتجه جانب من المشرعين إلى النص على إشراك القطاعات ذات الصلة بالعمل في تحديد الأحكام الخاصة بتنظيم علاقات العمل، ومثال ذلك موقف المشرع المصري، فقد ألزمت المادة (11) من قانون العمل المصري بذلك صراحة عندما نصت على الآتي:(تنشأ لجنة عليا لتخطيط و استخدام القوى العاملة في الداخل و الخارج برئاسة الوزير المختص، وتضم ممثلين للوزارات المعنية، وكذلك ممثلين للاتحاد العام لنقابات عمال مصر و منظمات أصحاب الأعمال تختارهم منظماتهم بالتساوي بينهم.

ويدخل في اختصاص هذه اللجنة رسم السياسة العامة لاستخدام العمالة المصرية في داخل جمهورية مصر العربية أو خارجها، ووضع النظم و القواعد و الإجراءات اللازمة لهذا الاستخدام.

ويصدر بتشكيل اللجنة ونظام سير العمل بها قرار من رئيس مجلس الوزراء في مدة أقصاها ستة أشهر من تاريخ العمل بهذا القانون).

وخلاصة القول، فان قانون العمل يجب ألا يكون قانونا جامدا متأخرا عن أوضاع المجتمع وظروفه، بل وعلى العكس من ذلك، فإن هذا القانون يجب أن يكتسب صفة المرونة التي تكفل له سلامة التطبيق وتدرأ عنه القصور في معالجة احتياجات الطبقة العاملة وحمايتها، وبما لا يؤثر سلبا على الجوانب الأخرى التي يطالها تشريع العمل، كالجوانب الاقتصادية.

المطلب الثاني
الصفة الآمرة لقواعد قانون العمل

إن توفير اكبر قدر من الحماية للعامل من استغلال وتعسف أرباب العمل قد لا يكون سهل المنال إذا ما كانت نصوص قانون العمل نصوصا مكملة أو مفسرة لإرادة طرفي علاقة العمل، لذلك فإن نصوص هذا القانون يجب ألا تبتعد عن الصفة الآمرة (أو الناهية)، وذلك لضمان فرض الحدود الملائمة لحرية التعاقد والعمل.

لذلك فقد جاءت معظم قواعد قانون العمل على شكل قواعد آمرة لا يجوز للأفراد الاتفاق على مخالفة أحكامها، إذ يقع باطلا كل اتفاق يرمي إلى الفكاك من حكم أي من قواعده، فهي قواعد تعد من قبيل النظام العام لأنها تهدف إلى حماية وتحقيق مصلحة عامة على درجة من الأهمية والحساسية، ذلك إنها بالضرورة ترمي إلى عدم النزول عن الحد الأدنى من حقوق الطبقة العاملة، والتي ارتأى المشرع فرضها ضمن حدود معينة بناء على اعتبارات اقتصادية وسياسية واجتماعية مختلفة[1].

لذلك فإن الوسيلة التشريعية المتمثلة بالطبيعة الآمرة لأحكام قانون العمل كان لا بد لها من تفعيل وتدعيم من خلال أيراد بعض الجزاءات القانونية المدنية والجنائية التي تضمن جدوى وسلامة تطبيق تلك الأحكام.

أولا- الجزاء المدني:

لقد رتب المشرع البطلان بوصفه أحد الجزاءات المدنية على كل اتفاق أو شرط مخالف لاحكام قانون العمل وسواء أكان ذلك في إطار عقد العمل الفردي أم الجماعي، لا بل وحتى في

[1] انظر: د.حمدي عبد الرحمن، المرجع السابق، ص28. د.محمد نصر الدين منصور، المرجع السابق، ص 18.

إطار لوائح النظام الأساسي لأي مشروع[1].

ومن ثم فإنه يقع باطلا كل شرط يقضي باستبعاد أو تجاوز حق أو إجراء وضع لمصلحة العامل، حتى وان كان ذلك بموافقته، الأمر الذي أكد عليه المشرع الأردني صراحة عندما قضى في المادة (4/ب) من قانون العمل على ببطلان كل شرط في عقد أو اتفاق سواء ابرم قبل هذا القانون أو بعده يتنازل بموجبه أي عامل عن أي حق من الحقوق التي يمنحها إياه القانون العمل[2]. وتقرير البطلان على هذا النحو يشمل ما يأتي:

---

[1] لقد تعرضت محكمة التمييز في إحدى قراراتها لتطبيق الصفة الآمرة لاحكام قانون العمل فقررت بطلان التصرف الذي قام به صاحب العمل لمخالفته أحكام قانون العمل وعلى الرغم من مطابقته للنظام الداخلي للمؤسسة(لائحة المشروع)، إذ جاء في القرار ما نصه:(استناد المميزة (شركة البوتاس العربية المساهمة المحدودة) لنص المادة (66) من نظام موظفي شركة البوتاس العربية رقم (1) لسنة 1988 بإنهاء عمل المميز ضده لا يمنع من تقرير المحاكم من أن هذا الفصل هو فصل تعسفي على ضوء أحكام قانون العمل رقم (8) لسنة 1996 إذ أن أنظمة تعليمات الشركات وأرباب العمل لا تعطل ولا تؤثر على هذا القانون باعتباره التشريع الرسمي المنظم لشؤون العمل بكافة نواحيه). تمييز حقوق (99/220)، مجلة نقابة المحامين، العدد السابع والثامن، السنة السابعة والأربعون، عمان، 1999، ص2473.

[2] جاء في إحدى قرارات محكمة التمييز تطبيقا لهذه الحالة ما نصه:(1.توقيع المميز على نموذج مخالصة نهاية الخدمة المتضمن تفصيلات استحقاقاته المالية لدى المميزة (الشركة...) من راتب وإجازات وشهر إنذار حيث ورد في نهاية النموذج المذكور المطبوع والمصدق من قبل المميزة (أقر باستلامي المبلغ المرقوم أعلاه وهو يمثل التسوية النهائية لكامل حقوقي لدى الشركة..... ولم يعد لي الحق بأي مطالبة بعد ذلك ناشئة عن عملي لدى الشركة أو عن إنهاء خدماتي وأبرئ ذمة الشركة بهذا الخصوص إبراء عاما وشاملا ومطلقا). وحيث أن مفهوم هذه المخالصة والإبراء يقتصر على الحقوق العمالية المبينة فيها صراحة دون أي حقوق عمالية أخرى بما في ذلك الحق في التعويض عن الفصل التعسفي وحيث انه حتى ولو أعطيت عبارات هذه المخالصة مفهوما موسعا على النحو الذي تدعيه المميزة بحيث أنها تشمل التنازل عن كافة الحقوق العمالية الحالية والمستقبلية ومن ضمنها التعويض عن الفصل التعسفي فان مثل هذا المفهوم الموسع يخضع المخالصة المذكورة لأحكام المادة (4/ب) من قانون العمل التي تقضي ببطلان كل شرط في عقد أو اتفاق يتنازل بموجبه أي عامل عن أي حق من الحقوق التي يمنحها له قانون العمل وحيث أن الحق في التعويض عن الفصل التعسفي هو أحد الحقوق المنصوص عليها في المادة (25) من قانون العمل فبالتالي تنازل العامل عن الحق في هذا التعويض يعتبر باطلا بأحكام المادة (4/ب) من قانون العمل، ويكون قرار محكمة الاستئناف باستحقاق المميز ضده للتعويض عن الفصل التعسفي رغم توقيعه على المخالصة المشار إليها متفقا مع أحكام القانون). تمييز حقوق (98/1947)، مجلة نقابة المحامين، العددان الثالث والرابع، السنة السادسة والأربعون، عمان،1999، ص1091.

أ. الاتفاق المخالف السابق على العمل بالقانون: فالاتفاق الذي يتضمن شرطا مخالفا لقانون العمل الجديد يقع باطلا حتى وان كان سليما في القانون السابق، فقواعد هذا القانون تعد متعلقة بالنظام العام[1]، وبالتالي فإن معالجة المشرع لأمر ما يجب أن تراعى على الفور[2].

ب. الاتفاق المخالف اللاحق على العمل بالقانون: إذ يكون مثل هذا الاتفاق مخالفا لحكم آمر، وبالتالي فإنه يقع باطلا بطلانا مطلقا.

على انه تجدر الإشارة في هذا الصدد إلى وجود حالة استثنائية قضى بها المشرع خلافا للأصل الذي قرره، وهى حالة وجود شرط مخالف للقانون ولكن يتضمن فائدة للعامل لم يحققها المشرع، وهو ما اصطلح على تسميته بالشرط المخالف الأكثر فائدة للعامل، حيث يكون مثل هذا الشرط صحيحا ولا يناله البطلان، إذ قد يؤدى الاتفاق في العقد الفردي أو الجماعي إلى خلق مزايا افضل للعامل، فهل من الإنصاف في مثل هذه الحالة إبطال المشرع لها ؟

لقد أجاب على ذلك المشرع الأردني صراحة، إذ نصت المادة(4/أ) من قانون العمل على ما يأتي:(لا تؤثر أحكام هذا القانون على أي حق من الحقوق التي يمنحها العامل أي قانون آخر أو عقد أو اتفاق أو قرار إذا كان أي منها يرتب للعامل حقوقا أفضل من الحقوق المقررة له بموجب أحكام هذا القانون).

كما أشار قرار آخر إلى العلة التي توخى المشرع تحقيقها من المادة (4/ب) من قانون العمل، فنص على الآتي: (حرص المشرع على حماية العامل وحقوقه أثناء فترة عمله وخوفا من أن يتنازل عنها أو عن بعضها أثناء تلك الفترة اعتبر المشرع أن أي تنازل عنها باطل خوفا من شبهة الضغوط التي يمارسها صاحب العمل على العامل، وعليه فان توقيع العامل للمخالصة بتاريخ 1997/11/30، بعد أن وجه إليه رب العمل بتاريخ 1997/11/23 إشعارا بالاستغناء عن خدماته اعتبارا من تاريخ 1998/1/1 واعتبار الفترة الواقعة بين تاريخ الكتاب وتاريخ إنهاء الخدمة مدة إشعار، يعني أن المحذور الذي خشي منه المشرع وهو تنازل العامل عن أي حق من حقوقه خوفا على مصدر رزقه قد زال لان العامل يعرف أن علاقة العمل بينه وبين رب العمل قد انتهت بتوجيه الكتاب له بالاستغناء عن خدماته. ولذلك فان توقيع العامل على المخالصة بعد اسبوع من توجيه الإشعار جاء بإرادة حرة ولا يمكن أن ينصرف إليها ما ورد في المادة (4/ب) من قانون العمل لأنها مخالصة مقيدة قانونا، وذلك رجوعا عن أي اجتهاد سابق).تمييز حقوق (2003/61- هيئة عامة)، مجلة نقابة المحامين، العدد السابع والثامن والتاسع، السنة الثانية والخمسون، عمان، 2004، ص 1524.

(1) انظر تمييز حقوق (1998/2298)، مجلة نقابة المحامين، العدد السادس، السنة السابعة والأربعون، عمان، 1999، ص 1856.

(2) انظر تمييز حقوق (1998/648)، مجلة نقابة المحامين، العدد السادس، السنة السابعة والأربعون، عمان، 1999، ص 1870.

أما الحكمة من ذلك فتكمن في أن هذه الحقوق تعد من قبيل الحقوق المكتسبة كأصل قانوني عام، ذلك أن الحقوق التي كفلها المشرع في قانون العمل تمثل الحد الأدنى الذي لا يجوز النزول عنه، أما ما زاد عن الحد الأدنى المقرر فانه يحقق مصلحة العامل، وبالتالي يكون الاتفاق عليه جائزا وصحيحا بالرغم من تضمنه مخالفة ما[1]، خاصة وان القول بغير ذلك سيكون مدعاة لالحاق الضرر بالعامل.

أما مسألة تحديد ما إذا كان الشرط يعد اكثر فائدة للعامل من عدمه فإنها تعد مسألة موضوعية لا شخصية تخضع في تقديرها لسلطة قاضي الموضوع[2].

ثانيا- الجزاء الجنائي:

لم يشأ المشرع جعل ضمان تطبيق قانون العمل محصورا بما يترتب على مخالفة إحكامه من بطلان فحسب، بل أن السعي إلى توفير قدر اكبر من الحماية للعمال وحقوقهم حدت بالمشرع إلى إضفاء الحماية الجنائية أيضا على هذه الأحكام[3]، وبالتالي فإنه قد يوقع الجزاء الجنائي على

(1) لقد قضت محكمة التمييز في قرار لها بتطبيق الشرط الأكثر منفعة للعامل، فنصت على الآتي:(تقضي المادة(4/أ) من قانون العمل بأنه لا تؤثر أحكام هذا القانون على أي حق من الحقوق التي يمنحها أي قانون آخر أو عقد عمل أو اتفاق أو قرار إذا كان أي منها يرتب للعامل حقوقا افضل من الحقوق المقررة له بموجب أحكام هذا القانون وعليه وحيث أن العقد الموقع من قبل الطرفين ينص على أن يتعهد الفريق الأول (المدعى عليها) بأن يدفع للفريق الثاني (المدعية) مبلغا قدره خمسماية دينار في حالة فصله من العمل فصلا يتعارض مع أحكام قانون العمل أو نصوص العقد فيكون بالتالي هذا الشرط نافذا بين الطرفين بالإضافة إلى الحقوق التي رتبها قانون العمل مثل بدل الفصل التعسفي أو المكافأة). تمييز حقوق (98/978)، مجلة نقابة المحامين، العدد الخامس، السنة السابعة والأربعون، عمان، 1999، ص3102.

(2) انظر: د.محمد عبد اللـه نصار وزميله، المرجع السابق، ص39.

(3) تتمثل العقوبات الجنائية التي أوردها المشرع الأردني بشأن مخالفة قانون العمل بالغرامة في الغالب الأعم من الأحوال، إلا انه ونظرا لخطورة بعض المخالفات خرج عن ذلك في بعض الاحيان ففرض عقوبات أخرى وهي الحبس، حيث أوردها مرتين، والمصادرة، حيث أوردها مرة واحدة. فقد نصت المادة (11) منه على الحبس والمصادرة، فنصت على ما يأتي:(لا يجوز لغير مديريات التشغيل العامة ومكاتب التشغيل الخاصة المرخصة القيام بأعمال الوساطة لتشغيل أو تسهيل تشغيل العمال في داخل المملكة وخارجها، وللوزير إغلاق المحل المخالف لأحكام هذه المادة واحالته إلى المحكمة ويعاقب كل من يخالف أحكام هذه المادة بغرامة لا تقل عن مأتي دينار ولا تزيد على ألف دينار أو بالحبس لمدة لا تقل عن ثلاثين يوما أو بكلتا العقوبتين وأقفال أي محل يستعمل لهذه الغاية ومصادرة موجوداته المتعلقة بغرض التشغيل).

صاحب العمل أو المدير المسؤول أو كلاهما معا إذا ما تم مخالفة نصوص قانون العمل في بعض الأحوال، حيث تعد جرائم العمل من قبيل الجنح التي يترتب على ارتكابها غالبا عقوبات مالية- أي غرامات[1].

كما أن العقوبات الواردة في قانون العمل تمثل الحد الأدنى من العقاب، بمعنى انه لو وجد عقوبة اشد في أي قانون آخر لمخالفة أحكامه، فإن تلك العقوبة تكون واجبة التطبيق أيضا[2]، الأمر الذي نص على مثله المشرع الأردني في المادة (139) من قانون العمل والتي جاءت على النحو آلاتي:(كل مخالفة لأحكام هذا القانون أو أي نظام صادر بمقتضاه لم تعين لها عقوبة فيه يعاقب مرتكبها بغرامة لا تقل عن خمسين دينارا ولا تزيد على مائة دينار ويشترط في ذلك أن تفرض على المخالف العقوبة المنصوص عليها في قانون العقوبات المعمول به إذا كانت العقوبة المقررة للمخالفة فيه أشد مما هو منصوص عليه في هذا القانون).

كما نصت المادة (119/ب) منه على عقوبة الحبس فنصت على الآتي:(كل من ادخل عمدا بيانا غير صحيح في الميزانية العمومية للنقابة أو اشترك في ذلك أو أجرى أي تزوير في النظام الداخلي للنقابة أو في أي تعديل فيه أو اشترك في ذلك أو اغفل إدراج أي نص فيه عوقب بغرامة لا تقل عن خمسمائة دينار ولا تزيد على ألف دينار أو بالحبس لمدة لا تقل عن ثلاثة أشهر ولا تزيد على سنة وتضاعف العقوبة بالقياس إلى حدها الأعلى في حالة تكرار المخالفة).

[1] لم يحدد المشرع الأردني في قانون العمل موقفه من اوجه صرف المبالغ المحكوم بها بموجب هذا القانون على غرار ما فعل بعض المشرعين، كالمشرع المصري الذي ذهب حصر اوجه صرفها بالقائمين على تطبيق قانون العمل والمؤسسات العمالية، الأمر الذي يصب في مصلحة العمال وتطبيق القانون الذي وضع لحمايتهم، فقد جاء في (المادة الخامسة) من قانون إصدار قانون العمل رقم (12) لسنة 2003 ما نصه:(تؤول إلى وزارة القوى العاملة و الهجرة جميع المبالغ المحكوم بها عن مخالفة أحكام القانون المرافق، ويكون التصرف فها على الوجه الآتي:

- ثلثان يخصصان للصرف في الأوجه وبالشروط و الأوضاع التي يصدر بها قرار من وزير القوى العاملة والهجرة على الأغراض الاجتماعية وتحفيز العاملين والمشاركين في تطبيق هذا القانون.
- ثلث يخصص للمؤسسات الثقافية العمالية والاجتماعية العمالية التابعة للاتحاد العام لنقابات عمال مصر يوزع بينها بقرار يصدر من وزير القوى العاملة و الهجرة بالاتفاق مع الاتحاد العام لنقابات عمال مصر).

[2] انظر: د.محمد السعيد الزقرد، المرجع السابق، ص23. د.محمد نصر الدين منصور، المرجع السابق، ص19.

المطلب الثالث
التفتيش والتحقق من تنفيذ أحكام قانون العمل

إذا كانت قواعد قانون العمل تتصف بأنها قواعد آمرة لا يجوز للأفراد مخالفة أحكامها، فان ضمان تطبيقها يقتضي السماح بالرقابة والتفتيش عند تنفيذها، الأمر الذي لم يغب عن بال المشرع فقضى بإنشاء مديرية للتفتيش في وزارة العمل[1] وأناط بموظفيها من المفتشين[2] التحقق من مراعاة الأحكام القانونية في أماكن العمل[3]، حيث سمح لهم في سبيل ذلك القيام بما يأتي:

---

[1] انظر المادة الثانية من نظام مفتشي العمل رقم (56) لسنة 1996 والصادر بمقتضى المادة (70) من قانون العمل، حيث حدد المشرع أهداف التفتيش بالآتي:

أ- التحقق من تطبيق الأحكام القانونية المتعلقة بظروف العمل وحماية العمال أثناء قيامهم بعملهم من أي استغلال أو ضرر قد يلحق بهم من جراء تعسف صاحب العمل، كفرضه ساعات عمل تخالف الحد الأقصى المقرر، أو حرمان العمال من أجورهم أو جزء منها.

ب- تقديم المعلومات التقنية والمشورة لأصحاب العمل والعمال بشأن مراعاة الأحكام القانونية المقررة بموجب قانون العمل أو الأنظمة أو التعليمات أو القرارات الصادرة بمقتضاه، أو أي قانون آخر له علاقة بالعمل.

ج- تشجيع التعاون بين أصحاب العمل ونقاباتهم من جهة، والعمال ونقاباتهم من جهة أخرى، وذلك في سبيل تحسين العلاقات الإنسانية والإسهام في تحقيق التنمية الاقتصادية.

د- الاهتمام بتأمين شروط السلامة والصحة المهنية في العمل.

هـ- جمع المعلومات الخاصة بتنظيم سوق العمل بما في ذلك عدا العمال وفئاتهم وحاجاتهم التدريبية وأي أمور أخرى تتعلق بشروط الاستخدام. انظر المادة الثالثة من نظام مفتشي العمل. وانظر كذلك المادة العاشرة من نظام مفتشي العمل والتي أسندت بعضا من الواجبات إلى مديرية التفتيش تتمثل في تقديم تقارير سنوية وأخرى شهرية حول مواضيع متنوعة تسهم في تمكين وزارة العمل من تخطيط ورسم سياساتها.

[2] لقد منح المشرع لمفتشي العمل صلاحيات واسعة بدليل ما أوردته المادة التاسعة من قانون العمل والتي جاء فيها ما نصه:(يمارس مفتش العمل أثناء قيامه بوظيفته الصلاحيات المخولة لأفراد الضابطة العدلية بموجب قانون أصول المحاكمات الجزائية المعمول به ويعمل بالضبط الذي ينظمه في حدود وظيفته حتى يثبت غير ذلك). لذلك فقد حرص المشرع على توافر قدر من الكفاءة والتأهيل فيمن يشغل مهمة التفتيش على العمل، فتطلب في المفتش توافر الشروط الآتية: 1. أن يكون قد حصل على الدرجة الجامعية الأولى على الأقل. 2. أن يكون قد اشترك في دورة تدريبية واحدة على الأقل وفقا للبرنامج الذي تضعه الوزارة. 3. أن يكون قد تدرب ميدانيا على أعمال التفتيش لمدة ستة أشهر بمرافقة مفتش عمل. انظر المادة الرابعة من نظام مفتشي العمل.

[3] انظر كذلك المواد (9، 39، 48، 114) من قانون العمل.

1. القيام بزيارات شاملة لأماكن العمل أينما كانت وفي أي ساعة من ساعات العمل، كما أن له أثناء القيام بهذه الزيارة اصطحاب أي موظف حكومي مختص كموظف الصحة أو البلدية، على انه يجب على المفتش إخطار صاحب العمل أو من ينوب عنه بوجوده في المؤسسة، اللهم إلا إذا اعتقد بأن هذا الأخطار قد لا يمكنه من الاطلاع على حقيقة الأوضاع في المؤسسة، فحينئذ يجوز له القيام بزيارة المؤسسة دون إخطار صاحب العمل[1].

وبالمقابل فانه لا يجوز لصاحب العمل منع المفتش من أداء مهامه، بل انه يقع على عاتقه تقديم التسهيلات اللازمة لذلك وتمكينه من الدخول إلى المؤسسة أو أي قسم من أقسامها[2].

2. الاطلاع على أي سجلات أو كشوفات أو وثائق أخرى تتعلق بالعمل، كما له أن يأخذ صورا أو نسخا عنها أو مقتطفات منها، الأمر الذي ينطبق على المواد المستعملة والمنتجة في المؤسسة، إذ يجوز له أخذ عينات منها لتحليلها ومعرفة مدى تأثيرها على صحة العاملين في المؤسسة وسلامتهم وأخطار صاحبها بذلك[3]؛ إذ يقع على عاتق صاحب العمل أيضا تمكين المفتش من الاطلاع على تلك الوثائق والمستندات المتعلقة بالمؤسسة والعمل والعمال التي يرى ضرورة الاطلاع عليها أو أخذ صورة عنها أو نسخها أو نسخ أي جزء منها[4].

3. الطلب من صاحب العمل إزالة أي مخالفة لاحكام قانون العمل أو الأنظمة والتعليمات الصادرة بمقتضاه خلال مدة لا تزيد على سبعة أيام من تاريخ تبلغه إنذارا خطيا بذلك[5]، فمثلا يجوز للمفتش الطلب من صاحب العمل اتخاذ الإجراءات اللازمة لمعالجة النواقص أو إدخال تعديلات على التركيبات أو المخططات أو أساليب العمل إذا كانت تشكل تهديدا لصحة العمال وسلامتهم[6]، وإلا كان صاحب العمل عرضة للمسائلة القانونية، حيث أجاز المشرع لوزير العمل

---

[1] انظر المادة الخامسة من نظام مفتشي العمل.

[2] انظر المادة التاسعة من نظام مفتشي العمل. وقد قضى المشرع بتزويد مفتش العمل ببطاقة خاصة تثبت شخصه وصفته وفقا لنموذج تعتمده وزارة العمل، والحكمة من ذلك تتمثل في تمكين المفتش من مزاولة عملة من جهة، ومن اجل اطمئنان صاحب العمل إلى صفة الشخص الذي يقوم بالتفتيش عليه من جهة أخرى. انظر المادة الرابعة من نظام مفتشي العمل.

[3] انظر المادة الخامسة من نظام مفتشي العمل.

[4] انظر المادة التاسعة من نظام مفتشي العمل.

[5] انظر المادة التاسعة من قانون العمل.

[6] انظر المادة الخامسة من نظام مفتشي العمل.

أو من يفوضه في كل حالة لا تزال فيها المخالفة أن يقرر بعد إحالة الأمر إليه من المفتش إغلاق المؤسسة لحين إزالة تلك المخالفة أو صدور قرار من المحكمة بشأنها، إذ يجوز للمحكمة أيضا فضلا عن الحكم بإزالة المخالفة أن تقضي بغرامة لا يقل مقدارها عن خمسين دينارا ولا يزيد على خمسمائة، على انه لا يجوز للمحكمة في كل الأحوال تخفيض الغرامة عن حدها الأدنى لأي سبب من الأسباب التقديرية المخففة[1].

ومع ذلك نعتقد بأنه كان من الأولى بالمشرع الأردني توسيع صلاحيات مفتش العمل وتمكينه من إيقاع بعض الجزاءات على أصحاب العمل المخالفين، وذلك بغية حث أصحاب العمل على الإسراع في إزالة المخالفات، فضلا عن تحقيق نوع من التناسب بين المخالفات المرتكبة والجزاءات الموقعة، ذلك أن المفتش على دراية وعلم اكثر بمقدار وحجم المخالفة ومدى التعنت الذي بدى من صاحب العمل في إزالة المخالفة[2].

4. إعداد تقرير بنتائج الزيارات بما في ذلك المخالفات في تطبيق الأحكام والإجراءات القانونية وأي تقارير أخرى تتعلق بأوضاع المؤسسات التي يزورها والنشاطات التي يقوم بها[3].

ونظرا لخطورة المهام التي يمارسها المفتش على أسرار صاحب العمل ومصالحة، فقد الزمه المشرع بالتقيد بالسرية التامة بشأن أي شكوى تقديم إليه وعدم إفشاء أي معلومات تتعلق بالعمليات الصناعية أو التجارية أو التجهيزات الخاصة بها والتي يصل علمها إليه أو تقدم له بحكم عمله[4]، ليس فقط أثناء ممارسته لعمله بوصفه موظفا، بل حتى بعد انتهاء خدمته، كما يحظر عليه التفتيش في أي مؤسسة يكون له مصلحة فيها[5].

---

(1) انظر المادة التاسعة من قانون العمل.

(2) لقد ذهب جانب من المشرعين إلى منح المفتش صلاحيات واسعة جدا وعلى نحو يفوق ما هو قائم في التشريع الأردني، فمثلا يعطي المشرع الفرنسي للمفتش صلاحيات عدة كتوقيع بعض الجزاءات على العمال، وإحالة أصحاب العمل المخالفين في قضايا الصحة والسلامة العامة، كما أن له السعي لإجراء مصالحة بين العامل وصاحب العمل في حالة قيان نزاع بينهما، فضلا عن انه قد يكون موفقا في النزاعات الجماعية.

ومع ذلك فقد فرض المشرع الفرنسي على المفتش نوعا من الرقابة بشأن المخالفات التي يخطر صاحب العمل بضرورة إزالتها، فسمح لصاحب العمل بالاعتراض عليها لدى المدير الإقليمي للعمل خلال شهرين.

Evelyne Barberousse-Guibert Diana Topezu, Le Guide Pratique du Droit , Editiion du club france loisirs, Paris , 1986, p259, 260.

(3) انظر المادة الخامسة من نظام مفتشي العمل.

(4) قد يؤخذ على المادة المذكورة حصرها المعلومات والأسرار الواجب الاحتفاظ بها في المعلومات الصناعية والتجارية، مع أن المعلومات التي يحرص صاحب العمل عليها والمتعلقة بعمله قد لا تكون صناعية أو تجارية.

(5) انظر المادة السادسة من نظام مفتشي العمل.

المطلب الرابع
القواعد الخاصة بتفسير نصوص قانون العمل

لا شك في أن النص القانوني الذي يضعه المشرع يكون في أحيان غير قليلة محل شك غير قاطع الدلالة، فالنصوص القانونية وبما فيها نصوص قانون العمل قد يكتنفها الغموض والإبهام بحيث يصبح أمر استنباطها غير يسير، ولا يخفى ما لهذا الأمر من تأثير مباشر على حقوق العامل ومصالحه، لذلك فإن القضاء في مثل هذه الحالات غالبا ما يلجأ إلى محاولة استقصاء نية المشرع ومعرفة الحكمة أو العلة من وجود ذلك النص، وهو إذ يجتهد بهذا الصدد لا يسير على وفق هواه، بل هو محكوم بقواعد محدده للتفسير، والتي اسهم الفقه القانوني أيضا في إرساء جزء كبير منها[1].

وعليه فإن قواعد التفسير في هذا الصدد تقضي بأن لا اجتهاد في مورد النص إذا ما كان النص جلي المعنى وواضحا، فلا يجوز الخروج عنه أو محاولة تأويله.

أما إذا كان النص غامضا يحتمل التفسير فإن البعض ارتأى وجوب تطبيق القواعد العامة في التفسير والتي تقضي بمحاولة استجلاء نية وقصد المشرع من ذلك النص عبر البحث عن الحكمة من وضعه، وبما لا يخل بالتوازن الذي يفترض أن المشرع ابتغى تحقيقه بين طرفي العلاقة القانونية وهما العامل ورب العمل، إلا أن مثل هذا الاتجاه في التفسير لم يكن محل قبول لدى جانب كبير من الفقه، إذ لم يسلم به وحاول إيجاد قواعد خاصة بتفسير تلك النصوص غير ظاهرة المعنى.

فقد اتجه جانب من الفقه إلى تفسير الغموض الذي قد يكتنف نصوص قانون العمل بما هو اصلح للعامل، وبعبارة أخرى فان الشك يفسر لمصلحة العامل، إذ يستند هذا الاتجاه إلى كون قانون العمل قانونا حمائيا يهدف أساسا إلى حماية العامل وحقوقه، وعلى اعتبار أن العامل هو الطرف الأضعف والأولى بالرعاية[2].

وبعبارة أخرى فان التفسير الذي يجب أن يرجح إذا ما وجد نص غامض يحتمل مصلحة العامل أو رب العمل هو ذلك التفسير الذي يصب في مصلحة العامل لا رب العمل، والتسليم

---

[1] انظر: د.حمدي عبد الرحمن، المرجع السابق، ص36.

[2] انظر: د.عبد الودود يحيى، شرح قانون العمل، الطبعة الثالثة، دار النهضة العربية، القاهرة، 1989، ص45. د.محمد حسن منصور، المرجع السابق، ص42.

بمثل هذا الرأي لا يستند فقط إلى طبيعة قانون العمل وعدم جدوى القواعد التقليدية في التفسير، بل والى قواعد العدالة التي قد يلجا إليها - بوجه عام - والتي تقضي دائما بأنصاف الطرف الضعيف.

ومن جانب آخر فإنه يجب ألا يجرى التفسير الخاص بتلك النصوص على إطلاقه، فقانون العمل وان كان يعد قانونا حمائيا بالدرجة الأساس، إلا انه لا ينكر وجود مصالح أخرى قصد المشرع تحقيقها من خلاله، فالتفسير بما هو اصلح للعامل لا يعد بالمبدأ المطلق الذي يحرم تجاوزه، لأن السير بهذا الاتجاه إلى مداه يعد أمرا غير جدير بالتأييد لانه قد يضفي حماية أخرى جديدة للعامل لم يقصد إليها المشرع[1].

المطلب الخامس
الإجراءات الخاصة بالتقاضي في منازعات العمل

لم يشأ المشرع إخضاع إجراءات التقاضي والتنفيذ الخاصة بمنازعات العمل إلى الأحكام العامة في هذا الخصوص، بل افرد لتلك المنازعات بعض الأحكام الملائمة لظروف العامل المالية وضعفه الاقتصادي، حيث يسر المشرع على العمال اقتضاء حقوقهم المقررة لهم في قانون العمل عبر أيجاد وسائل وأدوات تراعي فقر العامل وعوزه من خلال إجراءات عدة[2]

[1] انظر: د.احمد السعيد الزقرد، المرجع السابق، ص27. د.عبد الودود يحيى، المرجع السابق، ص46.

[2] لقد ذهب جانب من الفقه إلى القول بوجود وسائل أخرى تدل على نية المشرع في تبسيط إجراءات التقاضي، أهمها ما يأتي:

أولا. إقرار امتياز المبالغ المستحقة للعامل على رب العمل: حيث تكون لجميع المبالغ المستحقة للعامل امتياز على جميع أموال المدين من منقول وعقار، ويتم استيفاؤها بعد المصروفات القضائية ومصروفات التفليسة والتصفية، حيث نصت المادة (51) من قانون العمل على ما يأتي:(1.تعتبر الأجور والمبالغ المستحقة بموجب أحكام هذا القانون، للعامل أو ورثته أو أي مستحقين لها بعد وفاته، ديونا ممتازة امتيازا عاما من الدرجة الأولى بالمعنى القانوني لهذه الكلمة. 2.يفقد العامل حقه في الامتياز العام المنصوص عليه في البند (1) من هذه الفقرة إذا ثبت للمحكمة المختصة أن الأجور والمبالغ المتحققة له والتي يشملها هذه الامتياز لا تستند إلى أي أساس قانوني. ب- في حالة تصفية المؤسسة أو إفلاس صاحب العمل يدفع المصفي أو وكيل التفليسة للعامل أو لورثته فورا بمجرد وضع يده على أموال صاحب العمل ما يعادل اجر شهر واحد من المبالغ المستحقة له وذلك قبل تسديد أي مصروفات أخرى بما في ذلك المصروفات القضائية ومصروفات التفليسة أو التصفية).

انظر: د.سيد محمود رمضان، الوسيط في شرح قانون العمل، الطبعة الأولى، دار الثقافة، عمان، 2005، ص62. كما ويماثل تمتع العامل بصفة التضامن بين المدينين إعطاءه الحق في رفع دعوى مباشرة على مدين صاحب العمل كالمقاول الأصلي وصاحب المشروع الذي يعمل لديه المقاول(صاحب العمل)، حيث تنص المادة (15/هـ) من قانون العمل على انه:(1- لعمال المقاول الذين يشتغلون في تنفيذ مقاولة رفع دعوى مباشرة على صاحب المشروع للمطالبة بما يستحق لهم قبل المقاول وذلك في حدود ما يستحق للمقاول على صاحب المشروع وقت رفع الدعوى.2- ولعمال المقاول الفرعي رفع دعوى مباشرة

نجمل أهمها على النحو الآتي:

أولا: الإعفاء من الرسوم القضائية:

فقد أعفى المشرع الدعاوى التي يتم رفعها من الرسوم القضائية وبغض النظر عن النزاع أو الجهة التي يرفع إليها[1]، أي سواء تعلق الأمر بدعوى مرفوعة أمام محكمة الصلح[2]، أم

على كل من المقاول الأصلي وصاحب المشروع في حدود المستحق للمقاول الأصلي والمستحق على المقاول الأصلي للمقاول الفرعي وقت رفع الدعوى.3- للعمال المذكورين في الفقرتين السابقتين أن يستوفوا حقوقهم بالامتياز على المبالغ المستحقة للمقاول الأصلي أو المقاول الفرعي ويستوفون حقوقهم عند تزاحمهم بنسبة حق كل منهم).

ثانيا. إقرار التضامن في المسؤولية بين أصحاب العمل: حيث يقع على عاتق أصحاب العمل بالتضامن المسؤولية في تسديد ما للعمال من حقوق، كما ويكون الخلف الخاص - في بعض الحالات- مسؤولا بالتضامن مع أصحاب العمل السابقين عن الإيفاء بجميع الالتزامات المترتبة للعامل.حيث نصت المادة(16) من قانون العمل على ما يأتي:(يبقى عقد العمل معمولا به بغض النظر عن تغيير صاحب العمل بسبب بيع المشروع أو انتقاله بطريق الإرث أو دمج المؤسسة أو لأي سبب آخر ويظل صاحب العمل الأصلي و الجديد مسؤولين بالتضامن مدة ستة أشهر عن تنفيذ الالتزامات الناجمة عن عقد العمل مستحقة الأداء قبل تاريخ التغيير وأما بعد انقضاء تلك المدة فيتحمل صاحب العمل الجديد المسؤولية وحده)، وتطبيقا لذلك قضت محكمة التمييز في إحدى قراراتها بالآتي:(إذا باع رب العمل مشغله فان رب العمل الجديد هو الخصم في المطالبة بالحقوق العمالية الناجمة عن العمل السابق للعامل ما لم يقم العامل بمطالبة رب العمل السابق والجديد بتلك الحقوق بالتضامن خلال ستة اشهر من تخلي صاحب العمل السابق عن المشغل وذلك عملا بالمادة (16) من قانون العمل رقم 8 لسنة 1996 وحيث أن العامل أقام دعواه بعد اكثر من ستة اشهر على تخلي رب العمل السابق عن المشغل فان دفع رب العمل (المدعى عليه) الدعوى بانتفاء الخصومة بينه وبين العامل (المدعي) دفع مقبول ويكون ما ذهبت إليه محكمة الاستئناف برد الدعوى لعدم الخصومة في محله وموافقا للقانون. تمييز حقوق رقم (99/2584)، مجلة نقابة المحامين، العدد الرابع والخامس والسادس، السنة الخمسون، عمان، 2002، ص810.

[1] انظر تمييز حقوق رقم (2005/2531- هيئة عامة)، مجلة نقابة المحامين، العدد الأول والثاني والثالث، السنة الخامسة والخمسون، عمان، 2007، ص149.

[2] تنص المادة (137/ج) من قانون العمل على ما يأتي:(تعفى الدعاوى التي تقدم إلى محكمة الصلح من جميع الرسوم بما في ذلك رسوم تنفيذ القرارات الصادرة عنها). وقد جاء في إحدى قرارات محكمة التمييز تطبيقا لهذه المادة، إذ نص القرار على الآتي:(أعفت المادة (1/137) من قانون العمل رقم (8) لسنة 1996 الدعاوى المقدمة أمام محكمة الصلح من جميع الرسوم بما في ذلك رسوم القرارات الصادرة عنها ولا يرد القول أن المطالبة بأجور العمل الإضافي وأيام الجمع والأعياد الدينية أو الرسمية لا ينطبق عليها قانون العمل وانما القانون المدني). تمييز حقوق (98/2037)، مجلة نقابة المحامين، العدد الأول والثاني، السنة السابعة والأربعون، عمان، 1999، ص330.

ادعاء مقدم إلى سلطة الأجور[1]، أم تعلق الأمر بنزاع عمالي جماعي[2] قام وزير العمل بإحالته إلى المحكمة العمالية[3].

أما العلة التي توخى المشرع تحقيقها من منح هذا الإعفاء فتتمثل في تخفيف الأعباء التي قد تحول بين العامل وحقوقه، فضلا عن محاولة تحفيزه للمطالبة بها[4].

ومع ذلك، فان التساؤل الذي يطرح نفسه هنا يدور حول نطاق هذا الإعفاء، سواء من حيث الأشخاص أو حتى من حيث درجات التقاضي، فهل يشمل العامل وصاحب العمل، أم انه مقصور على الطرف الأضعف؟ وهل هذا الإعفاء فقط أما محاكم الدرجة الأولى أم انه يشمل محاكم الدرجة الثانية؟

لم يحدد المشرع الأردني موقفه من ذلك بشكل مباشر، ألا انه يفهم من النصوص التي أوردها بان الإعفاء يشمل الدعاوى المرفوعة أمام سلطة الأجور، وكذلك محاكم الصلح وبغض النظر عمن يقوم برفعها أي سواء أكان العامل أم صاحب العمل، أما غيرها من المحاكم الأعلى

---

(1) نصت المادة (54/ز)على ما يأتي:(يعفى من الرسوم والطوابع الادعاء المقدم من العامل لسلطة الأجور وكذلك قراراتها المقدمة للتنفيذ إلى دوائر الإجراء).

(2) يقصد بالنزاع العمالي الجماعي بحسب ما نصت المادة الثانية من قانون العمل:(كل خلاف ينشأ بين مجموعة من العمال أو النقابة من جهة وبين صاحب عمل أو نقابة أصحاب العمل من جهة أخرى حول تطبيق عقد عمل جماعي أو تفسيره أو يتعلق بظروف العمل وشروطه).

(3) لم يصرح المشرع الأردني مباشرة بالإعفاء من الرسوم إذا ما أحيل النزاع إلى المحكمة العمالية، إلا أن ذلك يمكن استنباطه من الجهة التي أناط المشرع بها إحالة النزاع إلى المحكمة، أي وزير العمل، حيث نصت المادة(124/أ) من قانون العمل على ما يأتي:(إذا لم يتمكن مجلس التوفيق من إنهاء النزاع العمالي الجماعي فيترتب على الوزير إحالته إلى محكمة عمالية يتم تشكيلها من ثلاثة قضاة نظاميين ينتدبهم المجلس القضائي لهذه الغاية بناء على طلب الوزير ويرأسها أعلاهم في الدرجة ويجوز انعقادها بحضور اثنين من أعضائها وفي حالة اختلافهما في الرأي يدعى القاضي الثالث للاشتراك في نظر القضية وإصدار القرار فيها).انظر كذلك د.احمد أبو شنب، المرجع السابق، ص21.

(4) لقد تعرضت محكمة التمييز في إحدى قراراتها إلى العلة من إعفاء العامل من الرسوم، فنصت بالآتي:(مراعاة لفقر العامل وما يعانيه من الحاجة عند فصله وتأكيد المصلحة للعمال وحتى لا يحجم الكثيرون منهم عن المطالبة بحقوقهم وتيسير سبل وإجراءات التقاضي فقد نص المشرع في المادة (137) من قانون العمل وكاستثناء من الأصل العام المتقدم ذكره على إعفاء العمال بالنسبة للقضايا العمالية التي يرفعها العامل من جميع الرسوم بما فيها رسوم التنفيذ). تمييز حقوق (2002/549- هيئة عامة)، مجلة نقابة المحامين، العدد الرابع والخامس والسادس، السنة الثانية والخمسون، عمان، 2004، ص422.

درجة - ونعني بذلك محكمة الاستئناف، فلا نص على الإعفاء من الرسوم أمامها[1]، الأمر الذي يجدر بالمشرع الأردني تداركه بالنص على الإعفاء من الرسوم أمامها[2]، لان العلة التي من اجلها تم الإعفاء من الرسوم لدى المحاكم الأدنى درجة متوافرة هنا أيضا.

ثانيا- نظر الدعوى العمالية على وجه الاستعجال:

حيث يتم النظر والفصل في هذه الدعوى على وجه السرعة، وذلك مراعاة لظروف العامل وحاجاته التي قد لا تحتمل التأخير[3].

فقد أشار المشرع إلى ذلك صراحة في النزاعات المرفوعة إلى سلطة الأجور[4]، لا بل انه ذهب إلى ابعد من ذلك عندما الزم محكمة الصلح بصفة الاستعجال وحدد لها المدة الواجب

[1] لقد ذهبت محكمة التمييز الأردنية إلى التوسع في تطبيق الإعفاء من الرسوم ليشمل جميع الدعاوى العمالية، فقد جاء في قرار لها ما نصه:(إذا كان طلب إعادة المحاكمة يتعلق بحكم استئنافي في دعوى موضوعها مطالبات عمالية فأنه يكون معفى من الرسوم كأي دعوى عمالية). تمييز حقوق رقم (99/2584)، مجلة نقابة المحامين، العدد الحادي عشر، السنة السابعة والأربعون، عمان، 1999، ص3690.

[2] لقد ذهب جانب من المشرعين إلى النص مباشرة على الإعفاء من الرسوم القضائية أمام المحاكم المختلفة وبغض النظر عن درجتها، ومثال ذلك ما نصت عليه المادة (6) من قانون العمل المصري والتي جاء فيها:(تعفى من الرسوم القضائية في جميع مراحل التقاضي الدعاوى الناشئة عن المنازعات المتعلقة بأحكام هذا القانون التي يرفعها العاملون و الصبية المتدرجون وعمال التلمذة الصناعية أو المستحقون عن هؤلاء و للمحكمة في جميع الأحوال أن تشمل حكمها بالنفاذ المعجل وبلا كفالة ولها في حالة رفض الدعوى أن تحكم على رافعها بالمصروفات كلها أو بعضها. وتعفى الفئات المشار إليها في الفقرة السابقة من رسم الدمغة على كل الشهادات و الصور التي تعطى لهم و الشكاوى و الطلبات التي تقدم منهم تطبيقا لأحكام هذا القانون).

[3] لقد أشارت محكمة التمييز إلى العلة من صفة الاستعجال التي تتميز بها الدعاوى العمالية، إذ نصت على ما يأتي:(خص قانون العمل الدعاوى العمالية بصفة الاستعجال بحيث تنظر الدعوى ويفصل فيها خلال ثلاثة أشهر من تاريخ ورودها للمحكمة وذلك نظرا لما لهذا النوع من الدعاوى من صفة خاصة كونها تقام من فئة معينة وتستهدف حقا مترتبا بذمة خصم معين ولحمل العامل على متابعة دعواه والحيلولة دون تراخي أو إهمال). تمييز حقوق (2000/439)، مجلة نقابة المحامين، العدد الرابع والخامس، السنة الحادية والخمسون، عمان، 2003، ص 944.

[4] تنص المادة(54/أ) من قانون العمل على مل يأتي:(لمجلس الوزراء بناء على تنسيب الوزير أن يعين سلطة من ذوي الخبرة والاختصاص في شؤون العمل تسمى (سلطة الأجور) تتألف من شخص أو أكثر للنظر في الدعاوى المتعلقة بالأجور في منطقة معينة ومنها النقص في الأجر المدفوع أو الحسميات غير القانونية منه أو تأخير دفعه أو أجور ساعات العمل الإضافية على أن يتم الفصل فيها بصورة مستعجلة).

فيها الفصل بالنزاع بثلاثة اشهر[1]، وهو يماثل ما جرى عليه المشرع أيضا بصدد النزاعات المرفوعة إلى المحكمة العمالية، حيث الزم المشرع المحكمة بإصدار قرارها خلال ثلاثين يوما فقط[2]، الأمر الذي فات المشرع التأكيد على مثله بصدد النزاعات المرفوعة إلى سلطة الأجور، إذ كان من الأولى به تحديد مدة قصوى للفصل في النزاع.

ثالثا- تيسير إجراءات التقاضي في النزاعات العمالية:

رغبة من المشرع الأردني في تمكين العامل من حقوقه بابسط الطرق وأيسرها فقد أوجد المشرع الأردني جهتان تتمتعان بالصفة القضائية مهمتهما الأساسية هي حل النزاعات العمالية بعيدا عن الشكليات والإجراءات الصعبة التي يلتزم بهما القضاء العادي عند نظره للنزاعات المختلفة، و هاتان الجهتان هما:

أ. سلطة الأجور: إذ نصت المادة(54/ب) من قانون العمل على انه:(لا تكون سلطة الأجور ملزمة بتطبيق الإجراءات والأصول المتبعة في المحاكم).

ب. المحكمة العمالية: إذ نصت المادة(124/ج) من القانون نفسه على ما يأتي:(تنظر المحكمة العمالية في النزاع العمالي المعروض عليها وتفصل فيه وفقا للإجراءات التي تراها مناسبة لتحقيق العدالة بين الطرفين على أن تراعي في ذلك أي إجراءات خاصة منصوص عليها في هذا القانون ويجوز لكل من الطرفين توكيل محام أو اكثر أمام المحكمة).

يتضح من خلال النصين السابقين أن لسلطة الأجور وللمحكمة العمالية اتخاذ الإجراءات التي تعتقد أي منهما بأنها الأنسب للسير في القضية المعروضة بغية حل النزاع القائم[3].

---

[1] تنص المادة(137/أ) من قانون العمل على ما يأتي:(تختص محكمة الصلح بالنظر، بصفة مستعجلة، في الدعاوى الناشئة عن نزاعات العمل الفردية باستثناء الدعاوى المتعلقة بالأجور في المناطق المشكل فيها سلطة للأجور بمقتضى أحكام هذا القانون، على أن يتم الفصل فيها خلال ثلاثة اشهر من تاريخ ورودها للمحكمة).

[2] نصت المادة(124/) من قانون العمل على آلاتي:(يعطى النزاع العمالي الذي يحال إلى المحكمة العمالية صفة الاستعجال بحيث تباشر النظر فيه خلال مدة لا تزيد على سبعة أيام من تاريخ الإحالة على أن تصدر المحكمة قرارها في النزاع وتبلغه إلى الوزير خلال ثلاثين يوما من ذلك التاريخ ويكون هذا القرار قطعيا، غير قابل للطعن أمام أي جهة قضائية أو إدارية).

[3] انظر: د.احمد عبد الكريم أبو شنب، المرجع السابق، ص19.

يضاف إلى ذلك كله، أنه يجوز لطرفي عقد العمل تضمينه شرط التحكيم[1]، فلا نص يحظر مثل هذا الشرط في قانون العمل، وبالتالي فانه يجوز لطرفي العقد اللجوء إلى محكمين لفض أي نزاع يثار بينهم، أما الحكمة من عدم حظر المشرع الأردني لشرط التحكيم هذا فيتمثل بالدرجة الأساس في التيسير على طرفي النزاع، وتمكينهم من حسمه في اقصر وقت[2]، فضلا عن التخفيف عن كاهل المحاكم النظامية بتقليل عدد الدعاوى المقامة أمامها.

---

[1] (التحكيم هو عبارة عن عقد بمقتضاه يتفق شخص أو أكثر على إحالة نزاع نشأ أو ينشأ بينهما في تنفيذ عقد معين على محكمين للفصل فيه بدلا من الالتجاء إلى القضاء المختص وإذا وجد مثل هذا الشرط التزم الطرفان به وليس لهما أن يطرحا على المحكمة نزاعا اتفق في العقد على أن يكون الفصل فيه بواسطة المحكمين. فإذا اتفق طرفا عقد العمل في المادة (7) من عقد العمل على ما يلي (أية خلافات تنشأ بين الفريقين وتكون ناتجة عن هذا العقد تحال للتحكيم وفق أحكام قانون التحكيم الأردني الساري المفعول). فإن المستفاد من حكم هذه المادة بأن الطرفين اتفقا على حل أي نزاع ينشأ بينهما عن تنفيذ عقد العمل يتم اللجوء فيه إلى التحكيم. وحيث أن العقد شريعة المتعاقدين وبما أن الجهة المدعى عليها المميزة تمسكت بشرط التحكيم الوارد بعقد العمل فإذا تمسكها هذا لا يخالف حكم العقد أما القول أن شرط التحكيم الوارد في عقد العمل يخالف أحكام قانون العمل والنظام العام فقول غير وارد ما دام أن قانون العمل لم يرد فيه أي نص يمنع من اللجوء إلى التحكيم). تمييز حقوق (2005/10)، مجلة نقابة المحامين، العدد السابع والثامن والتاسع، السنة الرابعة والخمسون، عمان، 2006، ص1087.

[2] جاء في قرار محكمة التمييز ما نصه:(يستفاد من المادة (137/أ) من قانون العمل حصر الدعاوى العمالية بمحاكم الصلح مهما بلغت قيمتها تسهيلا على العمال وتلافيا للنص السابق في قانون العمل الملغي رقم 21 لسنة 1960 الذي كان يعتبر المحكمة صاحبة النظر بالدعوى بحسب قيمة الدعوى. وأن النص القانوني هذا لا يمنع أطراف عقد العمل من الاتفاق باللجوء إلى التحكيم. ما دام أن التحكيم في حقيقته هو مؤسسة قضائية اختيارية يوجدها الخصوم باختيارهم لحسم نزاع قام فيما بينهم وأن المحكمين يمارسون مهام القضاة من حيث التحقيق في القضية المعروضة ويصدرون حكما ملزما للطرفين وحيث أن الهدف من التحكيم هو التيسير على المتقاضين باختصار الوقت واحترام إرادة الطرفين بما يتقون به لفض نزاعاتهم بأيسر السبل لذلك فإن التحكيم هو طريق استثنائي من القاعدة العامة في حل النزاع وليس فيه أي مخالفة للنظام العام). تمييز حقوق (2005/10)، مجلة نقابة المحامين، العدد السابع والثامن والتاسع، السنة الرابعة والخمسون، عمان، 2006، ص1087.

المبحث الخامس
مصادر قانون العمل

يقصد بمصادر قانون العمل المنابع والأصول التي يستمد منها قانون العمل مجموع قواعده ومضامينها، فهي أذن مجموعة من المصادر التي درج المشرع على استقاء أحكام هذا القانون منها، وهي بالضرورة لا تطابق مصادر أي قانون آخر لاختلاف النشأة والأهداف والعلاقات التي تحكمها، إذ يتمتع قانون العمل في هذا الإطار بشيء من الخصوصية وبالتالي باختلاف في بعض مصادره.

وعليه فإن مصادر قانون العمل يمكن إجمالها من خلال مطلبين نخصص الأول منهما للمصادر الدولية، فيما نعالج في الثاني المصادر الداخلية.

المطلب الأول
المصادر الدولية

لقد أشار الإعلان العالمي لحقوق الإنسان الصادر عن الجمعية العامة للأمم المتحدة عام 1948 إلى حق الإنسان في العمل، حيث نصت المادة "23" منه على ما يأتي: (لكل شخص الحق في العمل، وله حرية اختياره بشروط عادلة مرضية كما أن له الحق بالحماية من البطالة..)، وعلى صعيد آخر أقرت الجمعية العامة للأمم المتحدة الاتفاقية الدولية للحقوق الاقتصادية والاجتماعية والثقافية عام1966، والتي أكدت بدورها على حق الإنسان في العمل ومنحته بعض الحقوق المرتبطة به[1].

___

[1] تنص المادة (1/6) من الاتفاقية الدولية للحقوق الاقتصادية والاجتماعية والثقافية لعام1966 على ما يأتي:(تعترف الدول الأطراف في هذا العهد بالحق في العمل، الذي يشمل ما لكل شخص من حق في أن تتاح له إمكانية كسب رزقه بعمل يختاره أو يقبله بحرية، وتقوم باتخاذ تدابير مناسبة لصون هذا الحق). في حين تنص المادة (7) منها على انه:(تعترف الدول الأطراف في هذا العهد بما لكل شخص من حق في التمتع بشروط عمل عادل ومرضية تكفل علي الخصوص: أ. مكافأة توفر لجميع العمال، كحد أدني: 1- أجرا منصفا، ومكافأة متساوية لدي تساوي قيمة العمل دون أي تمييز، علي أن يضمن للمرأة خصوصا تمتعها بشروط عمل لا تكون أدني من تلك التي يتمتع بها الرجل، وتقاضيها أجرا يساوي أجر الرجل لدي تساوي العمل. 2- عيشا كريما لهم ولأسرهم طبقا لأحكام هذا العهد.

إلا أن الاهتمام الدولي بتنظيم علاقات العمل سبق ذلك بكثير، فقد عقدت مؤتمرات دولية عدة في أواخر القرن التاسع عشر وبدايات القرن العشرين، وذلك بغية توحيد قواعد قانون العمل في الدول المختلفة، إلا أن بعض تلك المؤتمرات لم تفلح في مسعاها، في حين نجح بعضها في عقد اتفاقات جزئية حول بعض الموضوعات[1].

ومع ذلك، فقد بقيت رغبة الأسرة الدولية في توحيد القواعد تزداد مع مرور الوقت، يحثها إلى ذلك أسباب عدة كالحد من ظاهرة هجرة الأيدي العاملة، والمساهمة في تدعيم السلم العالمي بالتخفيف من أعباء المنافسة التجارية الضارة بين الدول[2]، ومن خلال المساواة بين العمال

ب. ظروف عمل تكفل السلامة والصحة.

ج. تساوي الجميع في فرص الترقية، داخل عملهم، إلي مرتبة أعلي ملائمة، دون إخضاع ذلك إلا لاعتباري الأقدمية والكفاءة.

د. الاستراحة وأوقات الفراغ، والتحديد المعقول لساعات العمل، والإجازات الدورية المدفوعة الأجر، وكذلك المكافأة عن أيام العطل الرسمية). كما أشارت المادة (8) منها إلى حق الأشخاص في تكوين النقابات والانضمام إليها، وحق النقابات في تكوين اتحادات، والحق في الإضراب؛ أما المادة (9) فقد أشارت حق الشخص في الضان الاجتماعي. ومن جانب آخر فقد تطرقت المادة (3/8) من الاتفاقية الدولية للحقوق المدنية و السياسية لعام 1966 إلى عدم جواز إكراه الشخص على السخرة والعمل الجبري بوصفها من إحدى حقوقه.

[1] لقد بدأت محاولات تدويل قانون العمل عام 1890م عندما انعقد أول مؤتمر دولي لقانون العمل في برلين، حيث اشتمل جدول أعماله على بحث مسائل عدة من بينها: تشغيل النساء والأحداث، العمل في المناجم، الراحة الأسبوعية، إلا أن المؤتمر انفض دون التوصل إلى اتفاق لاختلاف وجهات النظر بشأن فكرة توحيد قانون العمل ذاتها؛ كما تبع ذلك مؤتمرين آخرين انعقدا عام 1905م، وعام 1906م، في مدينة برن بسويسرا بدعوة من الحكومة السويسرية، حيث أسفرا عن عقد اتفاقيتين إحداهما حول حظر تشغيل النساء ليلا، والأخرى حول حظر استخدام الفسفور الأبيض في صناعة الكبريت. انظر: د.غالب الداوودي، المرجع السابق، ص27. انظر كذلك: د.محمود جمال الدين زكي، قانون العمل، الطبعة الثالثة، مطبعة جامعة القاهرة، 1983، ص12.

[2] يقول الدكتور عبد المنعم البدراوي في إطار تحديد دواعي ومبررات توحيد تشريعات العمل ما نصه:(فقد يخشى المشرع في بلد من البلاد أن تؤدي الوسائل التي يضعها لتحسين حال العمال ورفع مستواهم إلى ارتفاع نفقة الإنتاج بدرجة تصبح معها الصناعة الوطنية عاجزة عن الوقوف في ميدان المنافسة الدولية...ولا يمكن علاج هذه الحالة ألا إذا توصلت الدول الصناعية إلى توحيد التشريعات العمالية.وهذا هو السر في النجاح الذي صادفته مشروعات الاتفاقيات الدولية التي أعدتها منظمة العمل الدولية التي أنشأتها اتفاقية فرساي). د.عبد المنعم البدراوي، توحيد القانون الخاص، عمان، 1998، ص15.

الوطنين والأجانب، هذا فضلا تحقيق العدالة الاجتماعية عن طريق إنصاف الطبقة العاملة والتخفيف من معاناتها بوصفها الشريحة الأكبر في المجتمعات المختلفة[1].

لذلك، فقد أسفرت الجهود الدولية عن إنشاء منظمة العمل الدولية عام 1919م؛ وعلى نحو مماثل فقد انشاءت على الصعيد الإقليمي في وقت لاحق منظمة العمل العربية[2]، وذلك في عام 1970م بوصفها وكالة متخصصة في نطاق جامعة الدول العربية[3].

أولا- منظمة العمل الدولية:

منظمة العمل الدولية: هي منظمة دولية تهدف إلى وضع قواعد دولية للعمل وتقديم المساعدات الفنية للحكومات في الحقل الاجتماعي ونشر المعلومات المتعلقة بقضايا العمل[4]، ومقرها جنيف[5].

---

[1] انظر: د.احمد عبد الكريم أبو شنب، المرجع السابق، ص62. د.عامر محمد علي، المرجع السابق، ص46.

[2] يشار إلى انه تم إنشاء منظمة للعمل على مستوى العالم الإسلامي، إذ تم التوقيع على دستور الاتحاد الإسلامي الدولي للعمل عام 1981 في جنيف، والذي وضع في مقدمة أهدافه تحقيق ما يأتي:

أ.تمثيل قوة العمل المسلمة على الصعيد الدولي وفي المحافل الدولية والعمل لتحقيق مطالبها. ويدخل في ذلك العمال المسلمون المهاجرون الذي يعملون في دول أخرى، أو يعملون في بلادهم تحت سيطرة غيرهم ويتعرضون لاضطهاد عنصري أو ديني. ب.مساندة المنظمات المنضمة في الدفاع عن حقوقها، وتحسين ظروف العمل ورفع المستوى المادي والاجتماعي والفكري لأعضائها وتأمين حاضرهم ومستقبلهم. ج.الدفاع عن الحرية النقابية وحماية قيادات العمل النقابي، وتمكينهم من مواصلة القيام بواجباتهم. د.مقاومة كل صور التحكم والاستغلال في أوضاع العمل والدعوة لاستلهام القيم والمثل والممارسات الإسلامية عند تحديد المبادئ التي تحكم قضية العمل ووضع تشريعاته وإقامة علاقات العمل على أساس العدل الإسلامي وشعار الواجبات بالأمانة والحقوق بالعدالة.....انظر المادة التاسعة من دستور الاتحاد.

[3] انظر المادة الأولى من دستور منظمة العمل العربية.

[4] لقد كان تأسيس منظمة العمل الدولية في عام 1919م، بعد انتهاء الحرب العالمية الأولى, وقيام مؤتمر السلام في 1919/1/25 بتشكيل لجنه من (15) عضوا لدراسة مسألة التشريع الدولي اثر المطالب التي تقدم بها العمال، وقد تم عقد أول مؤتمر للعمل الدولي في واشنطن خلال الفترة من 10/29- 1919/11/29م, حيث تم انتخاب أول مجلس إدارة لمكتب العمل الدولي عام 1922م، وتعيين مدير عام لمكتب اعمل الدولي. وعقب الحرب العالمية الثانية التي فرضت معطيات جديدة، تم إدخال بعض التعديلات على دستور المنظمة خلال الفترة (1919 - 1972) دون تغيير في جوهر فلسفة ومضمون المنظمة وهيكلها الأساسية, ويشار إلى أن عدد الدول الأعضاء في المنظمة ازداد من 39 دولة عام 1919م، إلى 150 دولة في منتصف عام 1989م، ثم إلى 174 دولة عام 2004م.

[5] انظر: د.عبد الواحد كرم، قانون العمل في التشريع الأردني، الطبعة الأولى، دار الثقافة، عمان، 1998، ص26

وتتشكل منظمة العمل الدولية من ثلاث أجهزة رئيسية هي:

1. **مكتب العمل الدولي:** وهو الأمانة العامة الدائمة للمنظمة، ومقره جنيف، وله مكاتب إقليمية في مناطق عدة من العالم، ويعد الجهاز الإداري التنفيذي للمنظمة، ويعمل تحت إشراف المجلس الإداري وعليه تقع مهمة تسيير أعمال المنظمة.

2. **المجلس الإداري:** وهو الجهاز التنفيذي للمنظمة، حيث يشرف على أعمال مكتب العمل الدولي، ويضع جدول أعمال دوراته، ويعيين مديره العام، فضلا عن إعداد ميزانية المنظمة، والدعوة لعقد المؤتمر العام والمؤتمرات الإقليمية واللجان والاجتماعات الأخرى.

3. **مؤتمر العمل الدولي:** وهو السلطة العليا في المنظمة، ويعقد مرة كل عام في جنيف.

يشار إلى أن الأردن كان قد انضم إلى منظمة العمل الدولية عام 1956، وقد صادق[1] إلى ألان على 23 اتفاقية دولية للعمل[2].

[1] جدير بالملاحظة أن الاتفاقات التي تبرم بواسطة أي منظمة دولية أو إقليمية لا تدخل حيز النفاذ إلا بعد المصادقة عليها من مجلس الأمة شأنها في ذلك شأن أي اتفاقات أو معاهدات أخرى. انظر المادة (33) من الدستور الأردني.

[2] اتفاقات منظمة العمل الدولية التي صادق عليها الأردن إلى ألان هي: الاتفاقية رقم 19 لعام 1930 بشأن العمل الجبري أو الإلزامي، والاتفاقية رقم 81 لعام 1947 بشأن تفتيش العمل في التجارة والصناعة، الاتفاقية رقم 98 لعام 1949 بشأن مبادئ حق التنظيم والمفاوضة الجماعية، والاتفاقية رقم 100 لعام 1951 بشأن تساوي أجور العمال الذكور والإناث عند تساوي قيمة العمل، والاتفاقية رقم 105 لعام 1957 بشأن إلغاء العمل الجبري والإلزامي، الاتفاقية رقم 106 لعام 1957 بشأن الراحة الأسبوعية بالتجارة والمكاتب، الاتفاقية رقم 111 لعام 1958بشأن التمييز فيما يخص الاستخدام في المهن، الاتفاقية رقم 116 لعام 1961 بشأن المراجعة الجزئية للاتفاقيات التي بناها المؤتمر العام في دورته السابقة بقصد توحيد النصوص الخاصة بإعداد مجلس الإدارة للتقارير عن سير الاتفاقيات، الاتفاقية رقم 117 لعام 1962 بشأن الأهداف والمستويات الأساسية للسياسة الاجتماعية، الاتفاقية رقم 118 لعام 1962 بشأن المساواة في المعاملة بين الوطنيين وغير الوطنيين في الضمان الاجتماعي، الاتفاقية رقم 119 لعام 1963 بشأن الوقاية من الآلات، الاتفاقية رقم 120 لعام 1963 بشأن الشروط الصحية في المنشآت التجارية والمكاتب، الاتفاقية رقم 122 لعام 1964 بشأن سياسة الاستخدام، الاتفاقية رقم 123 لعام 1963 بشأن السن الأدنى للقبول في العمل تحت الأرض بالمناجم، الاتفاقية رقم 124 لعام 1965 بشأن الفحص الطبي الخاص بلياقة الأحداث للعمل تحت الأرض بالمناجم، الاتفاقية رقم 135 لعام 1971 بشأن حماية ممثلي العمال في المؤسسات والتسهيلات التي تعطى لهم، الاتفاقية رقم 138 لعام 1973 بشأن الحد الأدنى لسن الاستخدام، الاتفاقية رقم 142 لعام 1975 بشأن دور وتوجيه التكوين المهني في الاستفادة من الثروات، الاتفاقية رقم 182 لعام 1999 بشأن القضاء على أسوء أشكال عمالة الأطفال، الاتفاقية رقم 159 لعام 1983 بشأن التأهيل المهني والعمالة (المعوقين)، الاتفاقية رقم 144 لعام 1976 بشأن المشاورات الثلاثية لتعزيز تطبيق معايير العمل الدولية، الاتفاقية رقم 150 لعام 1978 بشأن إدارة العمل، الاتفاقية رقم 147 بشأن المعايير الدنيا الواجب مراعاتها في السفن التجارية.

ثانيا- منظمة العمل العربية:

لقد قامت الدول العربية بإنشاء منظمة العمل العربية، إذ تركزت أهداف هذه المنظمة بتنسيق الجهود الدولية في مجال علاقات العمل والعمل على توحيد تشريعات العمل وظروفه، والقيام بالدراسات والأبحاث في الموضوعات العمالية المختلفة، فضلا عن القيام بتقديم المعونة الفنية، ووضع الخطط لنظام التأمينات الاجتماعية والتدريب المهني[1]، وإزاء ذلك فقد تم من خلالها إبرام العديد من الاتفاقيات وإقرار العديد من التوصيات.

[1] لقد أنيط بمنظمة العمل العربية عند إنشائها تحقيق العديد من الأهداف نص عليه دستورها، وذلك على النحو الآتي:

أولا: تنسيق الجهود في ميدان العمل والعمال على المستويين العربي والدولي.

ثانيا: تنمية وصيانة الحقوق والحريات النقابية.

ثالثا: تقديم المعونة الفنية في ميادين العمل إلى أطراف الإنتاج الثلاثة في الدول الأعضاء.

رابعا: تطوير تشريعات العمل في الدول الأعضاء والعمل على توحيدها.

خامسا: تحسين ظروف وشروط العمل في الدول الأعضاء بما يحقق: أ.تأمين وسائل السلامة والصحة المهنية وضمان بيئة عمل ملائمة. ب.توسيع قاعدة التأمينات الاجتماعية لتشمل الفئات العمالية في مختلف الأنشطة الاقتصادية وشمول كافة فروع التأمينات للوصول إلى الضمان الاجتماعي الشامل. ج.توفير الخدمات الاجتماعية للعمال وتحسين مستواها. د.تقنين الحد الأدنى للأجور وضمان أجر للعامل يتناسب مع المتغيرات الاقتصادية والاجتماعية. هـ.تنمية علاقات العمل. و.توفير الحماية اللازمة للمرأة العاملة والأحداث.

سادسا: تنمية الموارد البشرية العربية للاستفادة من طاقاتها الكاملة في التنمية الاقتصادية والاجتماعية، وذلك من خلال: أ.تخطيط القوى العاملة. ب.تطوير الاستخدام ومكافحة البطالة بجميع أشكالها. ج.تهيئة فرص العمل للمرأة بما يتناسب وقدراتها وظروفها. د.تيسير تنقل القوى العاملة العربية داخل الوطن العربي، ومساواتها بالعمال الوطنيين في الحقوق والواجبات، والعمل على إحلالها محل الأيدي العاملة الأجنبية. هـ.الاهتمام بأوضاع العمال العرب المهاجرين، والدفاع عن حقوقهم، والحفاظ على هويتهم الثقافية وانتمائهم القومي، والعمل على تحفيزهم للعودة إلى الوطن العربي للمساهمة في التنمية والبناء.

سابعا: تنمية القوى العاملة العربية ورفع كفاءتها الإنتاجية وذلك عن طريق: أ.تطوير إدارات العمل، ودعم أجهزة منظمات العمال وأصحاب الأعمال. ج.توسيع قاعدة التدريب المهني، وتطوير أساليبه وبرامجه. د.نشر الثقافة العمالية المستمدة من خصائص المجتمع العربي. هـ.التأهيل المهني للمعاقين، وكفالة فرص العمل المناسبة لهم.

ثامنا: إعداد دليل، ووضع أسس التصنيف والتوصيف المهني.

تاسعا: تعريب مصطلحات العمل والتدريب المهني. انظر المادة الرابعة من دستور منظمة العمل العربية. وانظر كذلك: د.سيد محمود رمضان، المرجع السابق، ص80.

وعلى نحو مشابه لمنظمة العمل الدولية تتشكل منظمة العمل العربية من ثلاثة أجهزة، وهي على النحو الآتي:

1. **مكتب العمل:** وهو السكرتارية الدائمة للمنظمة[1].
2. **المجلس الإداري:** وهو المكلف بتنفيذ قرارات وتوصيات المؤتمر العام[2].

(1) مقر مكتب العمل العربي في دولة المقر، وهى جمهورية مصر العربية، ويرأس المكتب مدير عام يكون مسئولا عن سير العمل فيه، وعن تنفيذ قرارات مؤتمر العمل العربي والمجلس الإداري. ويعاون المدير العام مدير مساعد ومستشار ينتخب كل منهما لمدة أربع سنوات بالتناوب بين فريقي العمال وأصحاب الأعمال. أما اختصاصات مكتب العربي فهي كالآتي: أ.جمع وتوزيع المعلومات عن الموضوعات العمالية في الوطن العربي، والقيام بالاستقصاءات الخاصة التي يطلبها مؤتمر العمل العربي. ب.إعداد جميع الوثائق الخاصة بالبنود التي تدرج على جدول أعمال دورات مؤتمر العمل العربي والمجلس الإداري واللجان المتخصصة واجتماعات الخبراء والقيام بأعمال السكرتارية. ج.إعداد البحوث في مجالات العمل المختلفة ونشرها. د.تقديم المعونة والمشورة لحكومات الدول الأعضاء. ويتكون مكتب العمل العربي من عدد من الإدارات الفنية والمكاتب لتحقيق أهداف منظمة العمل العربية ويشرف على إدارة المراكز والمعاهد التابعة لمنظمة العمل العربية. انظر المواد (10، 11، 12) من دستور منظمة العمل العربية.

(2) المجلس الإداري هو صاحب الصلاحية الأولى في المنظمة بعد مؤتمر العمل العربي، إذ يشكله مؤتمر العمل العربي - من بين أعضائه - وتكون مدته سنتين، ويتكون من ثمانية أعضاء أصليين: أربعة أعضاء يمثلون فريق الحكومات، وعضوين يمثلان فريق أصحاب الأعمال، وعضوين يمثلان فريق العمال، إضافة إلى ثلاثة أعضاء احتياطيين بواقع عضو واحد عن كل فريق؛ كما يشارك في اجتماعاته بصفة مراقب، ممثل عن كل من: أ.الأمانة العامة لجامعة الدول العربية. ب.الاتحاد الدولي لنقابات العمال العرب. ج.الاتحاد العام لغرف التجارة والصناعة والزراعة للبلاد العربية. د.مجلس وزراء العمل و الشئون الاجتماعية بدل مجلس التعاون لدول الخليج العربي. هـ.منظمة العمل الدولية. أما اختصاصاته فهي على النحو الآتي: أ.متابعة تنفيذ قرارات وتوصيات مؤتمر العمل العربي. ب.متابعة سير العمل بالمنظمة، وتنفيذ خططها المعتمدة، وترتيب أولويات التنفيذ ووسائله، وتقييم نتائجه، ومراقبة التصرفات المالية للمنظمة، ومراقبة الالتزام بأنظمة ولوائح العمل النافذة في المنظمة. ج.دراسة مشروعات خطط عمل المنظمة وموازنتها وإجراء التعديلات وإصدار التوجيهات اللازمة بشأنها ورفعها للمؤتمر للنظر في اعتمادها و إعداد جدول أعمال المؤتمر. د.دعوة المؤتمر لعقد دورة غير عادية إذا دعت الضرورة لذلك. هـ.يعقد دورتين عاديتين كل عام، مرة في شهر مايو / أيار والثانية في شهر نوفمبر/ تشرين الثاني. و.يجوز له أن يعقد دورة غير عادية بطلب من ثلثي أعضائه، على أن يتم هذا الانعقاد في غضون شهر من تاريخ طلب الانعقاد. ي.ينتخب المجلس من بين أعضائه الأصليين، في أول دورة له بعد المؤتمر، رئيسا له ونائبين للرئيس من الفريقين الآخرين.

3. **المؤتمر العام:** وهو السلطة العليا في المنظمة[1].

وقد صادق الأردن على ستة اتفاقيات من اصل تسعة عشرة من اتفاقيات منظمة العمل العربية[2].
وجدير بالذكر أيضا أن الأردن كان قد ابرم ثلاث عشرة اتفاقية ثنائية في مجال العمل، كان اغلبها مع الدول العربية[3].

---

[1] يتكون مؤتمر العمل العربي من مندوبي الدول الأعضاء، ويجتمع مرة كل عام في النصف الأول من شهر مارس / آذار في دولة المقر، ويجوز عقده في أي دولة عضو بقرار من المؤتمر، كما يجوز أن يجتمع المؤتمر في دورة غير عادية بناء على طلب دولة أو أكثر بموافقة ثلث الدول الأعضاء، أو بناء على قرار من مجلس الإدارة بموافقة ثلثي عدد أعضائه. أما وفد كل دولة فيتكون من أربعة مندوبين: أثنين عن الحكومة، وواحد عن أصحاب الأعمال، وواحد عن العمال. ويختص مؤتمر العمل العربي بما يأتي: أ.تحديد الخطوط الأساسية لعمل المنظمة ورسم سياستها لتحقيق أهدافها. ب.تقديم المشورة لجامعة الدول العربية في النواحي العمالية. ج.دراسة التقارير السنوية التي ترسلها الدول الأعضاء بصفة دورية. د.تعيين المدير العام والمدير المساعد لمكتب العمل العربي والمستشار. هـ.تشكيل مجلس الإدارة واللجان الدستورية و النظامية. و.الدعوة إلى عقد لجان متخصصة ثلاثية التكوين، واجتماعات الخبراء في ميادين العمل المختلفة. ز.المصادقة على خطط عمل المنظمة وبرامجها وموازناتها. انظر المواد (5،6،7،8،9) من دستور منظمة العمل العربية.

[2] اتفاقيات منظمة العمل العربية التي صادق عليها الأردن هي: الاتفاقية رقم (1) لعام 1966 بشأن مستويات العمل. الاتفاقية رقم (2) لعام 1967 بشأن تنقل الأيدي العاملة. الاتفاقية رقم (4) لعام 1975 بشأن تنقل الأيدي العاملة (معدلة). الاتفاقية رقم (9) لعام 1977 بشأن التوجيه والتدريب المهني. الاتفاقية رقم (11) لعام 1979 بشأن المفاوضة الجماعية. الاتفاقية رقم (17) لعام 1993 بشأن تشغيل وتأهيل المعوقين.

[3] يبلغ عدد الاتفاقيات الثنائية التي أبرمها الأردن في مجال القوى العاملة ثلاث عشرة اتفاقية، وهي على النحو الآتي: اتفاقية على تبادل القوى العاملة بين الأردن والباكستان عام 1978. اتفاقية اليد العاملة الفنية بين الجماهيرية العربية الليبية الشعبية الاشتراكية والمملكة الأردنية الهاشمية عام1979. اتفاقية بين حكومة المملكة الأردنية الهاشمية وحكومة دولة الإمارات العربية المتحدة حول التعاون في مجال القوى العاملة عام 1982. اتفاقية بين حكومة الجمهورية التونسية وحكومة المملكة الأردنية الهاشمية وحكومة بشأن التعاون في مجال القوى العاملة عام 1983. اتفاقية بين حكومة المملكة الأردنية الهاشمية وحكومة الجمهورية التركية بشأن التعاون في مجال القوى العاملة عام 1982. اتفاقية بين حكومة المملكة الأردنية الهاشمية وحكومة المملكة المغربية بشأن التعاون في مجال القوى العاملة عام 1983. اتفاقية بين حكومة مصر العربية وحكومة المملكة الأردنية الهاشمية بشأن التعاون في مجال القوى العاملة عام 1985. اتفاقية بين حكومة المملكة الأردنية الهاشمية وحكومة الجمهورية الفليبينية بشأن التعاون في مجال القوى العاملة عام 1988. اتفاقية بين حكومة المملكة الأردنية الهاشمية وحكومة دولة قطر بشأن تنظيم استخدام العمال الأردنيين في دولة قطر عام 1997. اتفاقية بين حكومة المملكة الأردنية الهاشمية وحكومة الجمهورية اليمنية حول التعاون في مجال القوى العاملة عام1997.اتفاقية تعاون فني بين حكومة المملكة الأردنية الهاشمية وحكومة الكويت بشأن تنقل الأيدي العاملة عام.2001.اتفاق بشأن التعاون في مجال القوى العاملة بين حكومة المملكة الأردنية الهاشمية وحكومة الجمهورية السورية عام2002.اتفاقية التعاون في مجال القوى العاملة مع جمهورية السودان عام2003.

وإذا كان توحيد قوانين العمل فيما مضى يعد ضرورة ألجأت الدول إلى إنشاء المنظمات الدولية والإقليمية، فان ضرورة توحيدها في الوقت الحاضر لم تفتر، بل أنها مازالت تزداد أهمية يوما بعد يوم، وذلك لوجود تقارب سياسي وتبادل اقتصادي كبير بين الدول، حيث افرز الواقع على المستوى الدولي أهمية انتقال رؤوس الأموال وإقامة المشاريع الاستثمارية الكبرى أو المشتركة، والتي تحتاج بالضرورة إلى أيد عاملة كثيرة قد تنتقل من دولة إلى أخرى، الأمر الذي حدا بالعديد من الدول إلى توقيع اتفاقيات ثنائية أو جماعية وإنشاء تكتلات اقتصادية كبيرة[1]، مما أفضى بدوره إلى محاولة إيجاد قواعد مشتركة يكون من مهامها تنظيم الأحكام والأسس التي تطبق على العمال، لضمان تحسين أوضاعهم وتقاربها في مختلف الدول، ولعل المثال الأبرز في هذا الصدد ما حدث بالفعل من توحيد للقواعد المنظمة لعلاقات العمل في الدول المنضمة إلى الاتحاد الأوروبي.

المطلب الثاني
المصادر الداخلية

يعد مصدرا رسميا لقانون العمل كل مصدر اقر المشرع بضرورة اللجوء أليه لاستنباط الحكم القانوني المتعلق بمسالة ما ترتبط بعلاقات العمل.

ومن استقراء نصوص قانون العمل نلاحظ أنه يشير إلى المصادر الآتية: التشريع، العرف، مقتضيات العدالة، وعقود العمل الجماعية والأنظمة الداخلية.

ومع ذلك فان المصادر الداخلية لقانون العمل قد لا تقتصر على المصادر الرسمية، بل أنها قد تكون تفسيرية أو استرشادية، كما هو الحال بالنسبة للقضاء والفقه.

أولا- التشريع:

إذا كان التشريع هو المصدر الأساسي لمجمل الأحكام والقواعد القانونية، فإنه يعد كذلك بالنسبة لتلك الحاكمة لعلاقات العمل، إذ يستمد قانون العمل أحكامه من التشريع الداخلي بمراتبه المختلفة، التشريع الأساسي والعادي والفرعي، وذلك على النحو الآتي:

---

[1] هنالك تكتلات اقتصادية كبيرة على المستوى الإقليمي أو الدولي يعول عليها في المستقبل توحيد تشريعات العمل في الدول الأعضاء في تلك التكتلات أو المنظمات، كالاتحاد الأفريقي وجامعة الدول العربية والاتحاد الأوربي ...... وغيرها من المنظمات.

1- التشريع الأساسي "الدستور":

إذ غالبا ما يتضمن هذا التشريع مرتكزات وتوجيهات عليا تصب في إطار تحقيق درجة من العدالة الاجتماعية، وتحسين أوضاع العمال.

الأمر الذي يتجلى بصورة واضحة في نص المادة (2/6) من الدستور الأردني لسنة 1952، والتي جاءت على النحو الآتي: (تكفل الدولة العمل والتعليم ضمن حدود إمكانياتها وتكفل الطمأنينة وتكافؤ الفرص لجميع الأردنيين).

وكذلك في نص المادة (23) والتي نصت على ما يأتي:

(1 - العمل حق لجميع المواطنين وعلى الدولة أن توفره للأردنيين بتوجيه الاقتصاد الوطني والنهوض به.

2 - تحمي الدولة العمل وتضع له تشريعا يقوم على المبادئ الآتية:

أ. إعطاء العامل أجرا يتناسب مع كمية عمله وكيفيته.

ب. تحديد ساعات العمل الأسبوعية ومنح العمال أيام راحة أسبوعية وسنوية مع الأجر.

ج. تقرير تعويض خاص للعمال المعيلين، وفي أحوال التسريح والمرض والعجز والطوارئ الناشئة عن العمل.

د. تعيين الشروط الخاصة بعمل النساء والأحداث.

هـ. خضوع المعامل للقواعد الصحية.

و. تنظيم نقابي حر ضمن حدود القوانين) [1].

ومع ذلك، فإن نصوص هذا التشريع الأساسي لا تصلح بحد ذاتها للتطبيق المباشر، وبالتالي فإنه لا بد لها من أداة تحقق من خلالها هذه التوجهات الكبرى، وهذه الأداة تتمثل عادة بسن القوانين، وما يستتبعها من أنظمة تصدر بناء عليها.

2- التشريع العادي:

وهو الذي يلي التشريع الأساسي في المرتبة، إذ يصدر بناء عليه وضمن الحدود التي رسمها، وقد تضمنت العديد من التشريعات - العادية - أحكاما ترمي إلى تنظيم علاقات العمل،

---

[1] انظر كذلك المادة (13) من الدستور الأردني.

كالقانون المدني الأردني رقم (43) لسنة 1976، والذي يعد الشريعة العامة بالنسبة للقواعد المنظمة لعقد العمل في حال انعدام النص أو غموضه، ذلك أن المشرع الأردني وبالرغم من إصداره قانون العمل رقم (21) لسنة 1960 أورد فصلا خاصا بتنظيم علاقات العمل تحت عنوان عقد العمل، علاوة على أن هذا القانون تضمن النظرية العامة للعقد والتي تسري على العقود كافة وبضمنها عقود العمل[1].

كما وصدر القانون البحري رقم (12) لسنة 1972 متضمنا أحكاما خاصة باستخدام العمال البحريين وتنظيم ما يتعلق بهم من أحكام[2].

وفي الإطار الدقيق والمتخصص فإن قانون العمل يعد الوسيلة والأداة الرئيسة والاهم في تنظيم علاقات العمل وما يتعلق بها من تفاصيل وجزئيات.

3- التشريع الفرعي:

لما كانت علاقات العمل وظروفها متغيرة ومتطورة بشكل مواز ومرادف للتطور الاجتماعي والاقتصادي والتكنولوجي، فانه لا بد من ترك مجموعة من الأحكام بيد السلطة التنفيذية لتنظيمها بما يتوافق مع ظروف وأوضاع العمل والمجتمع، إذ غالبا ما يترك المشرع بعض التفصيلات الدقيقة والمتغيرة لتنظيمها عبر التشريع الفرعي الذي يتميز بسهولة إصداره وتعديله كلما دعت الحاجة إلى ذلك.

وفي هذا الإطار فقد نصت المادة (140) من قانون العمل على انه:(لمجلس الوزراء بناء على تنسيب من الوزير أن يصدر الأنظمة اللازمة لتنفيذ أحكام هذا القانون)، وبالفعل فقد تم إصدار العديد من الأنظمة تنفيذا لاحكام قانون العمل، كنظام مفتشي العمل رقم (56) لسنة 1996 ونظام مكاتب التشغيل رقم (26) لسنة 1997، ونظام تشكيل لجان مشرفي السلامة والصحة المهنية رقم (7) لسنة 1998، ونظام شروط وإجراءات الإضراب والإغلاق رقم (8) لسنة 1998، ونظام العناية الطبية الوقائية والعلاجية للعمال في المؤسسات رقم (42) لسنة 1998، ونظام وسائل الوقاية والسلامة من الآلات والماكينات الصناعية ومواقع العمل رقم (43) لسنة 1998، نظام تنظيم المكاتب الخاصة العاملة في استقدام و استخدام غير الأردنيين العاملين في

---

[1] انظر المادة(832) من القانون المدني. وانظر الفصل الثاني من الباب الثالث من الكتاب الثاني في القانون المدني، المواد(805-832). وانظر كذلك الباب الأول من الكتاب الأول من القانون ذاته.

[2] انظر الباب الخامس من قانون التجارة البحرية الخاص بتنظيم العمل البحري، المواد(131-170).

المنازل نظام رقم (3) لسنة 2003، نظام رسوم تصاريح عمل العمال غير الأردنيين رقم (36) لسنة 1997، نظام فئات عمال الزراعة الخاضعين لأحكام قانون العمل نظام رقم (4) لسنة 2003، نظام تنظيم شؤون الإتحاد العام لنقابات العمال و الإتحادات المهنية نظام رقم (44) لسنة 1998.

ثانيا- مبادئ الشريعة الإسلامية والفقه الإسلامي:

قد يثار التساؤل عن مبادئ الشريعة الإسلامية وفقهها بوصفهما مصدرين من المصادر الرسمية لقانون العمل، لاسيما وانهما يعدان كذلك في القانون المدني الأردني[1]، فما مدى إمكانية الرجوع إليهما إذا ما فقد الحكم أو كان مبهما في قانون العمل؟

لم يشر المشرع الأردني في قانون العمل إلى الشريعة الإسلامية وفقهها بوصفهما مصدرين من مصادر قانون العمل مع انه كان من الأحرى به فعل ذلك[2]، لما لهذه الشريعة

---

[1] جاء في المادة الثانية من القانون المدني الأردني ما نصه:(1.تسري نصوص هذا القانون على المسائل التي تتناولها هذه النصوص بألفاظها ومعانيها ولا مساغ للاجتهاد في مورد النص.

2.فإذا لم تجد المحكمة نصا في هذا القانون حكمت بأحكام الفقه الإسلامي الأكثر موافقة لنصوص هذا القانون فإن لم توجد فبمقتضى مبادئ الشريعة الإسلامية). تقابل: المادة الأولى من القانون المدني المصري رقم 131 لسنة 1948. المادة الأولى من قانون المعاملات المالية الإماراتي رقم (5) لسنة 1985. المادة الأولى من القانون المدني الليبي. المادة الأولى القانون المدني الكويتي رقم 67 لسنة 1980.

[2] لقد أشار جانب من المشرعين إلى الشريعة الإسلامية بوصفها مصدرا من مصادر قانون العمل، إذ أكدوا على ضرورة الرجوع إليها، فمثلا ينص قانون العمل المصري في المادة (187) على ما يأتي:(تطبق هيئة التحكيم القوانين المعمول بها، ولها أن تفصل في موضوع النزاع على مقتضى أحكام الشريعة الإسلامية أو العرف أو مبادئ العدالة وفقا للحالة الاقتصادية والاجتماعية السائدة في منطقة المنشأة...).

وكذلك هو الحال في نظم العمل السعودي، إذ تنص المادة (4) منه على الآتي:(يجب على صاحب العمل والعامل عند تطبيق أحكام هذا النظام الالتزام بمقتضيات أحكام الشريعة الإسلامية). كما نصت المادة (123) منه على الآتي:(لا يجوز لأي هيئة من الهيئات المنصوص عليها في هذا الباب أن تمتنع عن إصدار قرارها بحجة عدم وجود نص في هذا النظام يمكن تطبيقه. وعليها في هذه الحالة أن تستعين بمبادئ الشريعة الإسلامية وما استقرت عليه السوابق القضائية والعرف وقواعد العدالة).

الأمر الذي تبنى مثله قانون تنظيم علاقات العمل الإماراتي الاتحادي رقم (8) لسنة 1980في المادة (164) منه، والتي نصت على الآتي:(تطبق اللجان المنصوص عليها في هذا الباب أحكام هذا القانون والقوانين السارية وأحكام الشريعة الإسلامية وما لا يتعارض معها من قواعد العرف ومبادئ العدالة والقانون الطبيعي والقانون المقارن).

انظر كذلك: المواد (26)،(60)،(65) من قانون العمل القطري رقم 3 لسنة 1962. المادة (23) من قانون العمل العماني رقم (35) لسنة 2003.

وفقهها من دور في إمداد التشريعات الوضعية وإغنائها بالأحكام، لاسيما وان المشرع الأردني نفسه كان قد اختط لنفسه منهجا متميزا في الاستفادة من التراث الفقهي العظيم الذي خلفه فقهاء الشرع الحنيف، فكان سكوته عن جعل الشريعة الإسلامية وفقهها من مصادر تنظيم علاقات العمل موقفا يستحق إعادة النظر.

ومع ذلك، نعتقد بأن مبادئ الشريعة الإسلامية والفقه الإسلامي يعدان من المصادر غير المباشرة لقانون العمل، ذلك أن القانون المدني هو الشريعة العامة التي تحكم العقود كافة ما لم تقيد بقانون خاص، والقانون المدني بدوره يحيل إلى مجلة الأحكام العدلية فيما لا يتعارض معها من أحكام[1]، وما المجلة إلا تقنين لاحكام الفقه الحنفي في المعاملات المالية.

ثالثا- العرف:

يعد العرف[2] في مجال قانون العمل مصدرا رسميا احتياطا شأنه في ذلك شأن باقي فروع القانون، ومع ذلك فان العرف كمصدر للقواعد القانونية المنظمة لعلاقات العمل يكتسب أهمية خاصة وعلى نطاق واسع، ذلك أن المشرع لا يجد في العديد من الأحوال بديلا لما قد يتطرق أليه العرف المهني من تنظيم لبعض المسائل.

فعلى سبيل المثال[3]، تنص المادة (19/ج) من قانون العمل على إلزام العامل بما يأتي:

[1] تنص المادة (1449) من القانون المدني على ما يأتي:(1.يلغى العمل بما يتعارض مع أحكام هذا القانون من مجلة الأحكام العدلية.
- عند تطبيق أحكام هذا القانون تراعى أحكام القوانين الخاصة).

[2] يقصد بالعرف بوجه عام اعتياد الناس على سلوك معين في مسائل محددة مع الاعتقاد بإلزامية ذلك السلوك. انظر د.محمد السعيد رشدي، المرجع السابق، ص 60.

[3] انظر كذلك في القانون المدني العديد من النصوص، إذ تنص المادة (807) من القانون المدني الأردني على ما يأتي:(تبدأ مدة العمل من الوقت الذي عين في العقد فإن لم يعين وقت بدئه فمن تاريخ العقد ما لم يقض العرف أو ظروف العقد بغير ذلك).كما تنص المادة (2/810) منه على الآتي:(فإذا لم يكن الأجر مقدرا في العقد كان للعامل أجر مثله طبقا لما جرى عليه العرف فإذا لم يوجد عرف تولت المحكمة تقديره وفقا لمقتضيات العدالة).وجاء في المادة(811)من القانون ذاته:(تدخل في أجر العامل وتعتبر جزءا منه العمولات والنسب المئوية والمنح ومقابل الخدمة في الأعمال التي جرى العرف فيها على منحها وتحتسب عند تسوية حقوقه أو توقيع الحجز عليها).كما ونصت المادة(813) على انه:(إذا كان العمل المعقود عليه تعليم شيء مما يكون في تعلمه مساعدة من المتعلم للمعلم ولم يبين في العقد أيهما يستحق أجرا على الآخر فإنه يتبع في ذلك عرف ذوي الشأن في مكان العمل)، وفي موضع آخر نص (المادة5/814) على إلزام العامل بان(يحتفظ بأسرار صاحب

(المحافظة على أسرار صاحب العمل الصناعية والتجارية وأن لا يفشيها بأي صورة من الصور ولو بعد انقضاء عقد العمل وفقا لما يقتضيه الاتفاق أو العرف)، في حين تنص المادة(45) على ما يأتي: (يحدد مقدار الأجر في العقد وإذا لم ينص عقد العمل عليه فيأخذ العامل الأجر المقدر لعمل من نفس النوع إن وجد وإلا قدر طبقا للعرف فإذا لم يوجد العرف تولت المحكمة تقديره بمقتضى أحكام هذا القانون باعتباره نزاعا عماليا على الأجر).

رابعا- مقتضيات العدالة:

إن مبادئ أو مقتضيات العدالة كمصدر من مصادر قانون العمل تعبر عن مفهوم واسع وغير محدد بشكل دقيق، حيث يترك فيها أمر استلهام مضامينها للقضاء بقصد أيجاد حكم يحقق اكبر قدر ممكن من المساواة والأنصاف، وبما يقيم التوازن بين طرفي علاقة العمل من دون الإخلال بحقوق الطرف الأضعف فيها وهو العامل.

وقد أورد المشرع الأردني مبادئ العدالة كمصدر في قانون العمل في المادة (124/ج) منه، والتي تنص على الآتي:(تنظر المحكمة العمالية في النزاع العمالي المعروض عليها وتفصل فيه وفقا للإجراءات التي تراها مناسبة لتحقيق العدالة بين الطرفين على أن تراعي في ذلك أي إجراءات خاصة منصوص عليها في هذا القانون ويجوز لكل من الطرفين توكيل محام أو اكثر أمام المحكمة).[1]

العمل الصناعية والتجارية ولو بعد انقضاء العقد وفقا لما يقتضيه الاتفاق أو العرف). كما جاء في المادة(815) ما نصه(يلتزم العامل بكل ما جرى العرف على أنه من توابع العمل ولو لم يشترط في العقد).كما جاء في المادة(824) منه:(يلزم صاحب العمل كسوة العامل أو إطعامه إذا جرى العرف به سواء اشترط ذلك في العقد أم لا).

[1] انظر كذلك في القانون المدني المادة(810) والتي نصت على ما يأتي:(فإذا لم يكن الأجر مقدرا في العقد كان للعامل أجر مثله طبقا لما جرى عليه العرف فإذا لم يوجد عرف تولت المحكمة تقديره وفقا لمقتضيات العدالة).كما نصت المادة(2/820) على ما يأتي:(على أنه إذا كان للاختراع أو الاكتشاف في الحالات السالفة أهمية اقتصادية كبيرة جاز للعامل أن يطالب مقابل خاص تراعى فيه مقتضيات العدالة كما يراعى فيه ما قدمه صاحب العمل من معونة).

خامسا- عقد العمل الجماعي والأنظمة الداخلية للمؤسسات:

أن عقد العمل الجماعي والأنظمة الداخلية للمؤسسة اللذان قد يظهرا أثناء قيام علاقات العمل يعدان من المصادر التي ينفرد بها قانون العمل عن غيره من القوانين، لذلك فان جانب من الفقه يسميها بالمصادر الحرفية أو المهنية لقانون العمل.

أ. عقد العمل الجماعي:

إن عقد العمل الجماعي الذي يتم عبر اتفاق أصحاب العمل مع مجموعة من العمال أو ممثلين عنهم، قد يفرز في أحيان غير قليلة مزايا وحقوقا اكبر للطبقة العاملة على مستوى قطاع معين، ذلك أن العمال أو ممثليهم يكونون في مركز أقوى إثناء المفاوضات مع رب العمل، مما يعني أن ذلك قد يؤهلهم لفرض بعض الشروط التي تصب في مصلحة العامل، والتي ما كان الأخير ليستطيع التوصل إليها لو أنه قام بالتفاوض منفردا.

وإذا كانت هذه الشروط التي تحقق بعض المكاسب للعمال ملزمة لرب العمل أثناء تنفيذهما للعقد، فإن إمكانية تبني المشرع لمثل تلك الشروط قد تكون متاحة في كثير من الأحيان، وبالتالي فإنها تصبح مصدرا مفيدا ومؤثرا في نطاق تنظيم علاقات العمل.

ليس هذا فحسب، فقد ذهب المشرع الأردني إلى ما هو ابعد من ذلك عندما قضى بضرورة تطبيق عقد العمل الجماعي وتغليب أحكامه على فئات معينة، وبغض النظر عما ورد في عقد العمل الفردي، أي حتى وان كانت إرادة أطراف العقد الفردي لا تقر بما جاء في العقد الجماعي، إذ حددت المادة (42) من قانون العمل الفئات الملزمة بعقد العمل الجماعي فنصت على ما يأتي:

(أ- يكون عقد العمل الجماعي ملزما للفئات التالية:

1 - أصحاب العمل وخلفهم بمن فيهم ورثتهم والأشخاص الذين انتقلت إليهم المؤسسة بأي صورة من الصور أو عند اندماجها بغيرها.

2 - العمال المشمولين بأحكامه في حالة انسحابهم من النقابة أو انسحاب النقابة من الاتحاد والذي هو طرف في العقد الجماعي إذا كانوا أعضاء في تلك النقابة أو كانت النقابة عضوا في الاتحاد وقت إبرام العقد.

3 - عمال أي مؤسسة خاضعة لأحكام عقد العمل الجماعي ولو لم يكونوا أعضاء في أي نقابة.

4 - العمال في أي مؤسسة خاضعة لأحكام عقد العمل الجماعي ويرتبطون بعقود عمل فردية مع هذه المؤسسة وكانت شروط عقودهم أقل فائدة لهم من الأحكام الواردة في العقد الجماعي.

ب - يعتبر باطلا كل شرط مخالف لعقد العمل الجماعي يرد في أي عقد فردي أبرم بين أشخاص مرتبطين بالعقد الجماعي ما لم يكن هذا الشرط أكثر فائدة للعمال).

كما وأجازت المادة (43) من القانون نفسه لوزير العمل توسيع نطاق عقد العمل الجماعي ليشمل فئات لم تكن ممثلة فيه حين إبرامه عندما نصت على الآتي:(للوزير بناء على طلب أي من أصحاب العمل أو العمال وبعد إجراء دراسة مناسبة تشتمل النظر في توصيات لجنة يشكلها الوزير من أصحاب العمل والعمال المعنيين أن يقرر توسيع نطاق شمول أي عقد جماعي مضى على تنفيذه مدة لا تقل عن شهرين ليسري بجميع شروطه على أصحاب العمل والعمال في قطاع معين أو على فئة منهم في جميع المناطق أو في منطقة معينة وتنشر القرارات الصادرة بمقتضى هذه المادة في الجريدة الرسمية).

ب. الأنظمة الداخلية للمؤسسة:

يقصد بلوائح المشاريع الداخلية أو(النظام الداخلي للمؤسسة) كما جرت التسمية في قانون العمل الأردني: مجموعة القواعد العامة التي تحدد المسائل التفصيلية والتنظيمية التي لا يتطرق عقد العمل إليها.

وتكتسب هذه الأنظمة أهمية بالغة في إطار استلهام المشرع لبعض القواعد القانونية[1]، لا سيما إذا ما كانت هذه الأنظمة صادرة بعد مناقشة ومشاركة حقيقية من قبل العمال[2].

فضلا عن ذلك فان لهذه الأنظمة أهمية أيضا في مجال تسيير المؤسسة وحسن العمل فيها، لذلك فقد ارتأى المشرع الأردني إلزام أصحاب العمل بإصدارها وبعد ذلك تطبيقها في العلاقة بينه وبين عماله بعد المصادقة عليها من الجهات المختصة، إذ نصت المادة (55) من قانون العمل على الآتي:(على كل صاحب عمل يستخدم عشرة عمال فأكثر أن يضع نظاما داخليا

---

[1] انظر: د.السيد محمد السيد عمران، المرجع السابق، ص140. كما قد تسمى اللوائح الداخلية بالتعليمات المهنية. انظر د.غالب الداوودي، المرجع السابق، ص22.

[2] انظر: د.حمدي عبد الرحمن، المرجع السابق،ص25. د.عبد الغني عمرو الرويمض، المرجع السابق، ص43.

لتنظيم العمل في مؤسسته يبين فيه أوقات الدوام وفترات الراحة اليومية والأسبوعية ومخالفات العمل والعقوبات والتدابير المتخذة بشأنها بما في ذلك الفصل من العمل وكيفية تنفيذها وأي تفاصيل أخرى تقتضيها طبيعة العمل ويخضع النظام الداخلي للمؤسسة لتصديق الوزير ويعمل به من تاريخ تصديقه).

سادسا- القضاء:

القضاء هو الجهة التي تتولى تطبيق القوانين، فهو صاحب الاختصاص الأصيل في الفصل في المنازعات العمالية المرفوعة إليه، وسواء أكانت تلك المنازعات فردية أم جماعية.

وبالتالي فإن على القاضي حسم ما يرفع إليه من نزاعات، حتى وان لم يجد نصا قانونيا صريحا يطبق بشأنها، إذ عليه اللجوء إلى المصادر الأخرى، وإلا فلا مناص حينئذ من الاجتهاد وخلق القاعدة القانونية الملائمة[1].

وعلى ذلك فان القضاء يعد مصدرا للقاعدة القانونية المنظمة لعلاقات العمل لإتصاله ومساسه المباشر بواقع المجتمع ونشاطه عند قيامه بتطبيق القانون، فهو يسهم في فهم فحوى النصوص وتفسيرها إذا ما كانت تتسم بشيء من الغموض والإبهام أو حتى في حال فقدها، وهو بالتالي يحتل مركزا مهما على صعيد تطوير التشريع وخلق القواعد الخاصة بالعلاقات العمالية[2].

سابعا- الفقه:

لا يقتصر دور الفقه على اقتراح النصوص أو إبداء الآراء وخلق الأفكار الملائمة للتطبيق على علاقات العمل، بل انه إلى جانب ذلك يؤدي دورا مهما في إطار تحليل النصوص القانونية النافذة على تلك العلاقات، عبر تفسيرها أو انتقادها أو حتى محاولة فهمها فهما متطورا يتوافق مع الواقع العملي.

لذلك فإن الفقه كان دائما سباقا وشريكا في صنع وإرساء القواعد القانونية المنظمة للروابط التي يتناولها قانون العمل.

---

[1] انظر: د.غالب الداوودي، المرجع السابق، ص20.

[2] انظر: د.محمد علي عمران، الوسيط في شرح أحكام قانون العمل الجديد، القاهرة، ص17.

المبحث السادس
نطاق قانون العمل

يكتسب تحديد مجال انطباق قواعد قانون العمل بوجه عام أهمية كبيرة في إطار حصر وبيان الشرائح أو الفئات التي تخضع لقواعد هذا القانون، ذلك أن تدخل المشرع لتنظيم علاقات العمل وإقامة التوازن فيها يكون على درجة اكبر من الحساسية عند التطبيق كلما كانت تلك الشرائح أو الفئات اكبر، لا سيما وان هناك قوانين أخرى لها مساس مباشر بتنظيم العمل وما يترتب عليه من التزامات متقابلة.

وعليه، فإن عرض وتحديد مجال انطباق قانون العمل سيكون من خلال مطلبين نخصص الأول منهما لنطاق قانون العمل من حيث الإقليم، في حين يكون الثاني لنطاقه من حيث الأشخاص.

المطلب الأول
نطاق قانون العمل من حيث الإقليم

قد يكون رب العمل شخصا طبيعيا، كما انه قد يكون شخصا اعتباريا (حكميا)، وعلى العكس من العامل الذي لا يكون إلا شخصا طبيعيا، لذلك فإن لكلا طرفي العلاقة شخصية قانونية وهما بذلك قد يتمتعان بجنسية دولة معينة أو اكثر، كما أن مكان العمل قد يكون في دولة لا يتمتع أحد الطرفين أو كلاهما بجنسيتها، وبالتالي فإن احتمال قيام نزاع بين طرفي العلاقة التي قد يشوبها عنصر أجنبي سيفضي إلى وجوب البحث عن القانون المختص لحكم هذه العلاقة.

وبعبارة أخرى، فإنه طالما كانت عناصر علاقة العمل جميعها وطنية فإن القانون الذي سيحكم النزاع هو القانون الوطني، إذ لا تنازع بين القوانين من حيث المكان في مثل هذه الحالة.

أما إذا كان أحد عناصر تلك العلاقة أجنبيا، كأن يكون العامل أو رب العمل أجنبيا، أو أن يكون مكان العمل في دولة أخرى، فإن التساؤل قد يثار حول القانون الواجب التطبيق على هذه العلاقة؟

لذلك فقد اتجه الفقه الغالب إلى أن حل مشكلة التنازع هذه يكمن في تطبيق القانون الإقليمي، أي قانون الدولة التي يتم فيها تنفيذ العمل، فلا مجال لسريان أي قانون آخر عليها،

فالقواعد المتعلقة بتحديد سن العمل أو ساعاته، أو الحد الأدنى للأجور ومدد الإجازات- مثلا- يكون أمر تنظيمها مناطا بقانون الدولة التي يتم بها العمل لا سواه[1].

أما إذا كان تنفيذ العقد يجري في اكثر من دولة، فان القانون الواجب التطبيق يكون قانون الدولة التي يجري فيها تنفيذ العمل الرئيسي، إذ لا مجال لتطبيق قانون دولة أخرى، حتى وان تم تنفيذ جزء من العمل فيها بصفة فرعية أو مؤقتة؛ أما إذا تعذر تحديد الدولة التي يجري فيها تنفيذ العمل الرئيسي، كما هو الحال بالنسبة لعمال النقل الدولي، فان القانون الذي يحكم هذه العلاقة يكون قانون الدولة التي يكون فيها مركز إدارة الأعمال (مركز المشروع)، ذلك أن العمل الذي يتم خارج نطاق الدولة التي يوجد بها مركز المشروع يعد امتدادا لنشاطه، فالعامل يبقى يتلقى توجيهاته من هذا المركز ويكون تابعا له[2].

المطلب الثاني
نطاق قانون العمل من حيث الأشخاص

إن قانون العمل قانون اجتماعي، فهو موجود لتنظيم المجتمع في أحد جوانبه، وبالتالي فهو يؤثر فيه وفقا للصيغة التي ارتضاها المشرع، ويتأثر به بما يتلاءم مع الاتجاهات السائدة فيه، ولذلك فإن المشرع من خلال قانون العمل قد يستثني بعض الفئات من نطاق تطبيقه، إما لاعتبارات تتعلق بخصوصية العلاقة بين العامل ورب العمل، أو لاعتبارات أخرى تتعلق بصفة رب العمل.

---

[1] للمزيد من التفصيل انظر: د.حسن الهداوي، تنازع الاختصاص وأحكامه في القانون الدولي الخاص الأردني، الطبعة الأولى، دار مجدلاوي، عمان، 1993، ص161. وهناك رأي آخر في الفقه يفرق في شأن تحديد القانون الواجب التطبيق على عقد العمل بين أمرين:

أولا: فيما يتعلق بأركان وشروط صحة عقد العمل، إذ ينطبق عليها القانون الذي تحدده إرادة المتعاقدين الصريحة أو المفترضة التي قد يلجأ القاضي إلى استنباطها من خلال القرائن. وذلك طبقا للمادة (20) من القانون المدني الأردني.

ثانيا: فيما يتعلق بالقواعد والأحكام التي تنظم علاقة العمل، إذ يطبق بشأنها القانون الإقليمي. انظر: د.محمد السعيد الزقرد، المرجع السابق،ص34. د.هشام علي صادق وحفيظة السيد الحداد، مبادئ القانون الدولي الخاص، دار المطبوعات الجامعية، الإسكندرية، 2001، ص388.

[2] للمزيد من التفصيل انظر: د.هشام علي صادق وحفيظة السيد الحداد، المرجع السابق، ص395. د.منير عبد المجيد، تنازع القوانين في علاقات العمل الفردية، منشأة المعارف، الإسكندرية، 1991، ص 171.

لذلك، فقد نصت المادة الثالثة من قانون العمل الأردني على ما يأتي:

(مع مراعاة أحكام الفقرة (ج) من المادة (12) من هذا القانون[1] تطبق أحكام هذا القانون على جميع العمال وأصحاب العمل باستثناء:

أ- الموظفين العامين وموظفي البلديات.

ب- أفراد عائلة صاحب العمل الذين يعملون في مشاريعه دون أجر.

ج- خدم المنازل وبستانييها وطهاتها ومن في حكمهم.

د- عمال الزراعة عدا الذين يتم إخضاعهم لأي من أحكام هذا القانون وتحدد فئاتهم بمقتضى نظام يصدر لهذه الغاية[2]).

وعليه، فإنه يستثنى من تطبيق قانون العمل الأشخاص أو الفئات التالية الذكر:

أولا- الموظفين العامين وموظفي البلديات:

يقصد بالموظف بحسب ما حدد المشرع الأردني في المادة الثانية من نظام الخدمة المدنية رقم (55) لسنة 2002 ما يأتي:(الشخص المعين بقرار من المرجع المختص، في وظيفة مدرجة في جدول تشكيلات الوظائف الصادر بمقتضى قانون الموازنة العامة أو موازنة إحدى الدوائر بما في ذلك الموظف المعين بموجب عقد ولا يشمل الشخص الذي يتقاضى أجرا يوميا).

إذن فالاستثناء الذي أورده المشرع في قانون العمل يشمل الموظفين الذين يعملون في الجهاز الإداري للدولة، وبغض النظر عن الدائرة أو الموقع الذي يشغله[3]، كما انه يشمل موظفي

---

[1] تنص المادة(12/ج) من قانون العمل على ما يأتي:(تستوفي الوزارة من صاحب العمل رسما مقابل تصريح العمل الذي تصدره لكل عامل غير أردني أو تجدده بما في ذلك العمال المستثنيين من أحكام هذا القانون بموجب الفقرتين (ج) و(د) من المادة (3) منه ويعتبر هذا الرسم إيرادا للخزينة ويحدد مقداره بموجب نظام).

[2] يشار إلى أن المشرع كان قد ادخل تعديلا على الفقرة (ج) من المادة الثالثة من قانون العمل، لا سيما وان جدل كان قد أثير حول مفهوم ونطاق هذه الفقرة قبل تعديلها، حيث كان نصها على النحو الآتي:(عمال الزراعة ما عدا الذين يقرر مجلس الوزراء بتنسيب الوزير شمولهم بأحكام هذا القانون). الأمر الذي استدعى أحالته إلى الديوان الخاص بتفسير القوانين للاستفسار عن مدى شمول قانون العمل للعمال الذين تستخدمهم وزارة الزراعة بأجور يومية؟. انظر قرار رقم (2) لسنة 1997 تاريخ 1997/4/30م)منشور في عدد الجريدة الرسمية رقم (4208) بتاريخ 1997/6/1.

[3] تنص المادة الثالثة من نظام الخدمة المدنية على ما يأتي:(أ - تسري أحكام هذا النظام على الموظفين المدرجة وظائفهم ورواتبهم في جدول تشكيلات الوظائف لأي من الدوائر التي تخضع لأحكام هذا النظام، وعلى

البلديات[1]، والحكمة من إيراده هذا الاستثناء تتمثل في اختلاف طبيعة العلاقة التي تقوم بين (الموظف) والدولة عن تلك التي تقوم بين العامل و رب العمل الخاص، وبالرغم من أن كل منهما يقوم بعمل مقابل الحصول على اجر.

أضف إلى ذلك، أن السلطة العامة عادة ما تكون بعيدة عن الاعتداء على حقوق العامل، إذ لا مصلحة لها في تجاوز سلطاتها إزائه، فالعلاقة بينهما (تنظيمية) تحكمها قوانين ولوائح

موظفي أي مؤسسة رسمية عامة ليس لها نظام موظفين خاص بها ولهذه الغاية يمارس مجلس إدارتها صلاحيات مجلس الوزراء المقررة في هذا النظام و يمارس رئيس المجلس صلاحيات الوزير والمدير العام صلاحيات الأمين العام الواردة فيه. ب - تسري على القضاة النظاميين والشرعيين وموظفي السلك الدبلوماسي وشاغلي المناصب العليا في الديوان الملكي الهاشمي التشريعات الخاصة بهم). وتطبيقا لهذه المادة جاء في أحد القرارات ما يأتي:(أن موظفي السلك الدبلوماسي هم من الموظفين العامين بالمعنى المقصود بالفقرة) أ) من المادة (3) من قانون العمل رقم (8) لسنة 1996وبالتالي فإنهم لا يخضعون لأحكام قانون العمل). عدل عليا (2005/225)، مجلة نقابة المحامين، العدد الأول والثاني والثالث، السنة الرابعة والخمسون، عمان، 2006، ص324.

[1] تنص المادة (2/43) من قانون البلديات رقم 29 لسنة 1955على ما يأتي:(يضع الوزير بموافقة مجلس الوزراء وتصديق الملك أنظمة لموظفي البلديات ومستخدميها ينص فيها على واجباتهم ودرجاتهم وكيفية تعيينهم وترقيتهم وعزلهم وإجازاتهم واتخاذ الإجراءات التأديبية بحقهم والعناية الطبية بهم وتأمين حياتهم والتعويض عليهم وتخصيص رواتب تقاعد أو مكافآت لهم وإعطائهم علاوات ونفقات سفرية وإيفادهم في بعثات دراسية للتخصص وغير ذلك من الشؤون التي تتعلق بهم على أن تراعى الحقوق المكتسبة للموظفين بمقتضى القوانين والأنظمة السابقة).

وبالفعل فقد تم إصدار النظام المشار إليه وهو (نظام موظفي البلديات رقم (1) لسنة 1955). وما يجدر ذكره هو أن هذا النظام استثنى من تطبيقه بعض العمال كعمال المياومة الذين أبقاهم النظام خاضعين لاحكام قانون العمل، وتطبيقا لذلك جاء في قرار لمحكمة التمييز ما نصه:(يستفاد من أحكام المادة الخامسة من نظام موظفي أمانة العاصمة رقم 49 لسنة 1983 بأن كلمة الموظف تشمل الموظفين المصنفين وغير المصنفين والموظفين بعقود والموظفين المؤقتين وقد استثنت الفقرة (د) من فئة الموظفين المؤقتين العمال الذين يتقاضون أجور يومية وبالرجوع إلى نظام موظفي البلديات رقم (1) لسنة 1955 ونظام موظفي أمانة العاصمة لتحديد صفة من يعمل في البلديات وفي أمانة عمان الكبرى وما إذا كان يعتبر موظفا أم لا تجد أن كلا من النظامين قد استثنى عمال المياومة من عموم كلمة موظف الواردة في النظامين وعليه وحيث أن المدعية كانت تعمل لدى مجلس أمانة عمان الكبرى بوظيفة كاتبة وبأجرة يومية فبالتالي ينطبق عليها أحكام قانون العمل). تمييز حقوق (2000/574)، مجلة نقابة المحامين، العدد الحادي عشر والثاني عشر، السنة الخمسون، عمان، 2002، ص2892.

تصدرها الدولة باعتبارها من أشخاص القانون العام، وبالتالي فإن العلاقة بين الموظفين والدولة تكون خاضعة لنظام قانوني آخر هو القانون الإداري، وتحديدا نظام الخدمة المدنية[1].

ثانيا- أفراد عائلة صاحب العمل:

لقد راعى قانون العمل باستثنائه أفراد أسرة صاحب العمل من نطاقه اعتبارات إنسانية قد لا يكون من اليسير تجاوزها، إذ أن الحفاظ على العلاقات الأسرية وما لها من خصوصية يجعلها جديرة باستبعاد تطبيق هذا القانون الذي قد لا يخلو تدخله عليها من إفساد أو إرباك للروابط القائمة على الدم والعاطفة أساسا، لا سيما إذا ما كانت درجة القرابة التي تربط ما بين أطراف علاقة العمل من الدرجة المباشرة كالعلاقة بين الأب وابنه؛ أما إذا كانت درجة القرابة ابعد من ذلك - قرابة الحواشي- فأننا نعتقد بضعف تلك العلاقة، لا سيما إذا ما قيست مع سابقتها، وبالتالي فانه لا يجانب الصواب في اعتقادنا عدم جدارة المصلحة المتوخاة هنا وعدم شمول الاستثناء لها، وعلى العكس من الاتجاه الذي تبناه المشرع إذ انه لم يحدد إلى أي مدى تكون درجة القرابة مشمولة بهذا الاستثناء[2].

ومهما يكن من أمر، فإن المشرع اشترط لأعمال هذا الاستثناء ما يأتي:

1- **وجود صلة قرابة:** فلا بد من وجود هذه الصلة، إذ تعد هذه الصلة متوافرة بين الأشخاص الذين يجمعهم اصل مشترك[3]، وهي بالتأكيد لا تتحقق إلا في الشخص الطبيعي، إذ لا يطبق هذا الاستثناء إذا ما كان صاحب العمل شخصا معنويا والعامل قريبا لأحد الشركاء، لما هو معلوم من استقلال الشخصية القانونية لكل من الشركة والشريك[4].

---

[1] للمزيد من التفصيل انظر: د.خالد سمارة الزعبي، القانون الإداري وتطبيقاته في المملكة الأردنية، الطبعة الثانية، دار الثقافة، عمان، 1993، ص191. د.نواف كنعان، القانون الإداري الأردني - الكتاب الثاني، الطبعة الأولى، عمان، 1996، ص40.

[2] تنص المادة (35) من القانون المدني على الآتي:(1.القرابة المباشرة هي الصلة ما بين الأصول والفروع. 2.والقرابة غير المباشرة هي الرابطة ما بين أشخاص يجمعهم أصل مشترك دون أن يكون أحدهم أصلا أو فرعا للآخر سواء كانوا من المحارم أو من غير المحارم).

[3] تنص المادة (34) من القانون المدني على ما يأتي:(1.تتكون أسرة الشخص من ذوي قرباه. 2.ويعتبر من ذوي القربى كل من يجمعهم أصل مشترك).

[4] انظر: د.حمدي عبد الرحمن ود.خالد حمدي، شرح أحكام قانون العمل (الكتاب الأول)، القاهرة، 2002،ص106.

2- **أن يكون عمل أفراد العائلة في مشاريع صاحب العمل:** وهذا يعني أن قانون العمل يطبق في كل حالة لا يكون فيها المشروع الذي يعمل به أفراد الأسرة خاص بصاحب العمل الذي يتولى الإنفاق على أسرته، فلا يشمل هذا الاستثناء - مثلا- رب الأسرة الذي يعمل وأفراد أسرته لدى شخص آخر.

3- **أن يكون العمل دون اجر:** ونعتقد أن مؤدى ذلك أن تتوافر الإعالة الفعلية للعامل من رب العمل، وإلا فكيف يستطيع العامل أن يعيش! فلا بد إذن من أن يتولى صاحب العمل الأنفاق على أفراد أسرته العاملين في مشاريعه حتى يتم تطبيق الاستثناء، والأنفاق المقصود هنا هو التكفل بتوفير المأكل والملبس والمسكن والعلاج... إلى غير ذلك من الحاجات[1].

ثالثا- خدم المنازل ومن في حكمهم:

وعلة استثناء خدم المنازل وبستانييها وطهاتها ومن في حكمهم من أحكام قانون العمل تعود إلى خصوصية طبيعة العمل، والذي يمكن هذا العامل - في العادة - من الاطلاع على الكثير من أسرار المخدوم وشؤونه الخاصة والعائلية.

على انه يشترط كذلك لأعمال هذا الاستثناء شرطان هما:

1- **أن يكون العمل ماديا:** إذ يجب أن يقوم الخادم بأعمال مادية أو يدوية تتعلق بقضاء حاجات المخدوم أو ذويه، كالطاهي أو البستاني أو المربية، وبالتالي فإنه لا يعد من قبيل الخدمة المنزلية القيام بالأعمال الذهنية، فالمدرس الخاص - مثلا- لا يعد من قبيل الخدم، حتى و إن كان يزاول عمله داخل المنزل.

2- **أن يكون العمل في المنزل أو مكان ملحق به:** إذ يخرج من نطاق هذه الطائفة من يؤدون عملهم خارج المنزل، كالسائق الخاص[2]، في حين أن من يعملون في مكان تابع أو ملحق

---

[1] انظر: د.همام محمد محمود زهران، المرجع السابق، ص 63. يلاحظ بان جانب من الفقه يذهب إلى أن أساس استثناء أفراد الأسرة من قانون العمل يرجع إلى عدم تلقيهم أجرا من رب الأسرة، ذلك أن قانون العمل لا يطبق إلا على العمل التابع المأجور. انظر: د.بشار عدنان ملكاوي، أهم المبادئ القانونية التي تحكم عقد العمل الفردي في قانون العمل الأردني، الطبعة الأولى، دار وائل للنشر والتوزيع، عمان، 2005، ص 59.

[2] لقد ترددت أحكام محكمة التمييز بين جعل السائق من ضمن طائفة خدم المنازل، وبين جعله من خارج هذه الطائفة، أي من عاملا غير مستثن من تطبيق أحكام قانون العمل، فقد جاء في أحد قراراتها ما يأتي:(إذا كانت طبيعة عمل العامل كسائق خارج نطاق المنزل فانه لا يقاس على خدم المنازل وبستانييها وطهاتها الذين ينحصر عملهم في نطاق المنزل، ولا يعتبر السائق مستثنى من أحكام قانون العمل رقم 8 لسنة 1996). تمييز

للمنزل كالبستاني أو حتى كالبواب يعد من المشمولين بالاستثناء، فالعلة التي راعاها المشرع بإيراده للاستثناء تكون متحققة بالنسبة له أيضا[1].

رابعا- الأشخاص الذين يعملون في الزراعة:

ولعل استثناء هذه الطائفة من أحكام قانون العمل قد لا يكون عائدا فحسب إلى النشأة التاريخية لهذا القانون الذي ارتبط بشكل اكبر بالثورة الصناعية، بل ولأن مهنة الزراعة تحكمها في كثير من المجتمعات تقاليد وأعراف تختلف عن تلك المعروفة في مجالات المهن الصناعية، مما يعني أن هنالك اختلاف أيضا في طبيعة العلاقات القائمة بين العمال واصحاب العمل في كل من المجالين عن الأخر[2].

ومع ذلك فإن هنالك من يخضع لقانون العمل بالرغم من قيامه بأعمال تتعلق بالزراعة، فلا يعد من المشمولين بالاستثناء الذي أورده المشرع، فقد تم - تنفيذا لحكم المادة (3/د) من قانون العمل[3]- إصدار نظام خاص بعمال الزراعة الخاضعين لاحكام قانون العمل[4]، إذ جاء في المادة (3) من هذا النظام ما نصه:(تطبق أحكام القانون باستثناء أحكام الفصول الخامس والسادس

حقوق (1999/1147)، مجلة نقابة المحامين، العدد الرابع والخامس والسادس، السنة التاسعة والأربعون، عمان، 2001، ص 744.

في حين جاء بقرار آخر لها ما نصه:(السائق الخاص لا يختلف عن الخادم الشخصي في المنازل من حيث أن كل منهما يقدم خدمة لصاحب العمل أو لأسرته فيكون بالتالي شأن السائق الخاص هو شأن الخادم في المنزل من حيث عدم انطباق أحكام قانون العمل عليه). تمييز حقوق (1999/3378)، مجلة نقابة المحامين، العدد السابع والثامن، السنة الخمسون، عمان، 2002، ص 1668.

ونعتقد بان ما ذهب إليه القرار الأول أولى بالتأييد، فالسائق بحسب الأصل لا يعد من خدم المنازل، اللـهم إلا إذا كان يقيم بصفة مستمرة مع صاحب المنزل، كما لو كان مقيم في مكان ملحق بالمنزل، فعندئذ يصح قياسه على خدم المنازل واستثنائه من نطاق قانون العمل للعلة ذاتها التي استثني من اجلها خدم المنازل.

[1] انظر: د.محمد علي عمران، المرجع السابق، ص36. د.عبد الودود يحيى، المرجع السابق، ص50.

[2] يشير جانب من الفقه إلى أن استثناء عمال الزراعة من نطاق قانون العمل قد لا يكون متصلا بأي مسألة قانونية، وانما قد يرتبط بالسياسة الزراعية أو الاقتصادية في الأردن. انظر: د.بشار عدنان ملكاوي، المرجع السابق، ص55.

[3] جاء في المادة (3) من قانون العمل الآتي:(مع مراعاة أحكام الفقرة (ج) من المادة (12) من هذا القانون تطبق أحكام هذا القانون على جميع العمال وأصحاب العمل باستثناء: أ-...ب-...جـ-... د- عمال الزراعة عدا الذين يتم إخضاعهم لأي من أحكام هذا القانون وتحدد فئاتهم بمقتضى نظام يصدر لهذه الغاية).

[4] انظر: نظام عمال الزراعة الخاضعين لاحكام قانون العمل رقم (4) لسنة 2003.

والحادي عشر عدا المواد (137) و (138) و (139) من الفصل الثاني عشر[1] على الفئات التالية من عمال الزراعة:
أ- المهندس الزراعي[2].
ب- الطبيب البيطري.
ج- عامل الزراعة في المؤسسات الحكومية والمؤسسات الرسمية العامة بأجور يومية[3].
د- العامل الفني على الآلات الزراعية.
هـ- العامل الفني في الأماكن التالية:
1- مشاتل الأشجار المثمرة ونباتات الزينة والخضار ومزارع أزهار القطف وإنتاج الاشتال بالأنسجة وإنتاج البذور والتقاوى.
2- مفرخات الدواجن وتربية الأبقار والأغنام والتلقيح الاصطناعي.
3- مزارع تربية الأسماك.
4- مزارع تربية النحل).

---

[1] الأحكام التي لا يخضع لها عمال الزراعة الذين يشملهم قانون العمل والمشار إليها في المادة الثالثة من النظام الخاص بعمال الزراعة هي الأحكام المتعلقة بالتدريب المهني(الفصل الخامس من قانون العمل)، عقد العمل تحت التجربة(الفصل السادس من القانون)، نقابات العمال ونقابات أصحاب العمل(الفصل الحادي عشر)، تسوية النزاعات العمالية(الفصل الثاني عشر) باستثناء المادة (137) والمتعلقة بالمحكمة المختصة بنظر الدعوى وكيفيتها، المادة (138) والمتعلقة بمدة سقوط الدعوى وتقادمها، المادة (139) والمتعلقة بالجزاء الجنائي المترتب على مخالفة أحكام قانون العمل والأنظمة الصادرة بمقتضاه.

[2] يشترط لإخضاع المهندس الزراعي لأحكام قانون العمل وإستثنائه من طائفة عمال الزراعة إبرامه عقد عمل بوصفه مهندسا زراعيا ولأغراض تتصل بهذه الصفة، وبالتالي فانه لا يستفيد من هذا الاستثناء المهندس الزراعي الذي يبرم عقدا للقيام بأعمال الزراعة العادية، الأمر الذي تعرضت له الهيئة العامة بمحكمة التمييز في قرار حديث لها، فقضت بالآتي:(أن عمل المدعي المهندس الزراعي في مزرعة المدعى عليها حيث يقوم بالأعمال الزراعية هو عمل زراعي يتعلق بالأمور الزراعية وبالتالي لا يعد من فئة العمال الذين تنطبق عليهم أحكام قانون العمل رقم (8) لسنة 1996 والذي تستثنى المادة (3/د) منه عمال الزراعة وأنه لا مجال لتطبيق قانون العمل المعدل رقم 11 لسنة 2004 الساري المفعول بعد إنتهاء خدمات المهندس المميز ضده، وعليه فإن دعوى المميز ضده ليست بدعوى عمالية وبالتالي فهي خاضعة للرسوم). تمييز (2005/690- هيئة عامة)، مجلة نقابة المحامين، العدد الرابع والخامس والسادس، السنة الرابعة والخمسون، عمان، 2006، ص583.

[3] انظر: قرار الديوان الخاص بتفسير القوانين رقم (2) لسنة 1997، منشور في عدد الجريدة الرسمية رقم(4208) بتاريخ 1997/6/1.

أما الحكمة من إخضاع هذه الطائفة من العمال إلى قانون العمل، فتكمن في أن طبيعة أعمال هؤلاء تقترب من طابع المهن الصناعية، وان كانت تتم في إطار الأعمال المتعلقة بالزراعة.

وتجدر الإشارة هنا إلى أن أحكام القانون المدني هي التي تطبق على الطائفتين الأخيرتين من الأشخاص، وهم الذين يعملون في الخدمة المنزلية، وعمال الزراعة.

خامسا- عمال البحر:

بالرغم من أن المشرع الأردني لم ينص على هذا الاستثناء في المادة الثالثة من قانون العمل[1]، إلا أن من يقوم بالعمل من الأشخاص في البحر لا يخضعون لاحكام قانون العمل، ولا حتى لتلك الأحكام الخاصة بعقد العمل في القانون المدني، بل لاحكام قانون التجارة البحرية الذي افرد فيه المشرع الأردني نصوصا خاصة بتنظيم علاقات العمل البحرية، إذ اخضع لها كل من يقوم بعمل على ظهر السفينة مقابل أجر وتحت أشراف الربان أو مجهز السفينة.

أما العلة من إيراد هذه الأحكام فلا يتعدى اختلاف طبيعة العمل لاختلاف مكانه وظروفه[2].

وعليه فإنه يعد من قبيل العمال البحريين طاقم السفينة ومهندسيها وملاحيها، لا بل وحتى الأطباء والطهاة إذا ما ابرموا عقد العمل البحري.

---

[1] لقد ذهب جانب من المشرعين إلى النص على ذلك مباشرة، كما هو الحال في قانون العمل الليبي رقم 58 لسنة 1970، فقد نصت المادة الأولى منه على ما يأتي:(تسري أحكام هذا القانون على جميع الأشخاص الذين يعملون بمقتضى عقد عمل ومع ذلك لا تسري هذه الأحكام إلا فيما يرد به نص خاص على:... طاقم السفن البحرية ومهندسيها وملاحيها وغيرهم ممن يسري عليهم القانون البحري الليبي أو أي قانون خاص آخر). في حين ذهب جانب آخر من المشرعين إلى إيراد الأحكام الخاصة بالعمال البحريين ضمن قانون العمل، كما هو الحال في نظام العمل السعودي لعام 2005م، إذ افرد لها الباب الحادي عشر تحت عنوان عقد العمل البحري، (المواد 168-184).

[2] انظر المواد (131) من القانون البحري رقم 12 لسنة 1972. وللمزيد من التفصيل عن عقد العمل البحري انظر: د.كمال حمدي، عقد العمل البحري، الطبعة الثانية، منشأة المعارف، الإسكندرية، 2002، ص5. د.كيلاني عبد الراضي محمود، تطور عقد العمل البحري وأثره على اجر البحار، دار النهضة العربية، القاهرة، 2003، ص أ.

المبحث السابع
علاقات العمل في الفقه الإسلامي

إذا كان مصطلح عقد العمل غير معروف في الفقه الإسلامي، فإن ذلك لا يعني بالضرورة عدم تطرق الفقهاء المسلمون لتلك العلاقات الناشئة عن عمل شخص لدى آخر، بل وعلى العكس من ذلك فإن تناول الفقهاء المسلمون لما يسمى عندهم بإجارة الأشخاص أو الآدمي نالت حيزا غير ضيق من الطرح والمعالجة.

وبناء على ذلك، فإن دراسة علاقات العمل في الفقه الإسلامي ستكون من خلال مطلبين نخصص الأول منهما للتعريف بماهية عقد إجارة الأشخاص، والثاني لأحكام هذا العقد.

المطلب الأول
ماهية عقد إجارة الأشخاص

للوقوف على ماهية عقد إجارة الأشخاص نستعرض أولا تعريفه، ثم تناول أساس مشروعيته، لننتهي بتحديد أركانه.

أولا- تعريف عقد إجارة الأشخاص:

يقصد بالإجارة[1] لدى الحنفية:(بيع المنفعة المعلومة في مقابل عوض معلوم)[2]؛ وعرفها المالكية بأنها:(بيع منافع معلومة بعوض معلوم مع خروج فسادها)[3]؛ أما الشافعية فقد عرفوها

---

[1] الإجارة لغة مشتقة من الأجر:(الجزاء على العمل)، والجمع أجور. و الإجارة: من أجر يأجر، وهو ما أعطيت من أجر في عمل. ابن منظور، لسان العرب، الجزء الرابع، ص10.
والأجرة: الكراء، تقول استأجرت الرجل فهو يأجرني أي يصير أجيري، وأتجر عليه بكذا من الأجر فهو مؤتجر، ومعناه استؤجر على العمل، واجره الدار أكراها. احمد بن محمد الفيومي، المصباح المنير، الطبعة الأولى، دار الحديث، القاهرة، 2000، ص9. محمد بن أبي بكر الرازي، مختار الصحاح، الطبعة الأولى، دار الحديث، القاهرة، 2000، ص14.

[2] المادة (405) من مجلة الأحكام العدلية، وقد عرفت أيضا بأنها:(عقد يرد على المنافع بعوض). علي بن أبي بكر الرشداني الميرغيناني، الهداية شرح بداية المبتدي، المكتبة التوفيقية، القاهرة، الجزء الرابع، ص5.

[3] محمد بن محمد الطرابلسي المعروف بالحطاب، مواهب الجليل لشرح مختصر خليل، مكتبة النجاح، طرابلس، الجزء الخامس، ص389.

كالآتي:(عقد على منفعة مقصودة معلومة قابلة للبذل والإباحة بعوض معلوم)[1]؛ في حين عرفها الحنابلة بأنها:(عقد على منفعة مباحة معلومة تؤخذ شيئا فشيئا)[2].

وعليه فان استفادة شخص ما من عمل شخص آخر يعد من قبيل المنفعة المعلومة التي يستحق مقدمها عوضا أو أجرا معينا، فالشخص الذي يستفيد من عمل آخر - المستأجر- يقابل صاحب العمل في مفهوم القوانين الوضعية المعاصرة وفقهها، والآخر الذي يعمل لقاء اجر- الأجير- يقابل العامل، والعلاقة بينهما هي ما تعرف بعقد العمل.

ولكن تساؤلا قد يثار حول تنظيم الفقه الإسلامي لعلاقات العمل وما استخدم بشأنه من مصطلحات، فهل يا ترى يعد إدراج هذا التنظيم ضمن أحكام الإجارة من قبيل الخلط بين عقد العمل وعقد الإيجار، أم هل ينبع ذلك من عدم الفهم الدقيق لماهية العلاقة الناشئة بين العامل وصاحب العمل؟.

لعل تنظيم تلك العلاقات ضمن عقد الإجارة في الفقه الإسلامي- وكذلك في القانون الفرنسي- حتى مطلع القرن الماضي[3]- راجع إلى التقارب بين كلا العقدين من حيث محله أي المنفعة وما يقابلها من أجر، فكما إن إبرام عقد الإيجار يهدف إلى استخلاص منفعة معلومة كسكنى الدار، فإن إبرام عقد العمل يهدف إلى استخلاص منفعة معلومة من نوع آخر، غير إن ذلك لا يعني بحال الخلط بين كلا العقدين، ففقهاء الشرع الحنيف لم يعنوا ابتداء بوضع النظريات كما فعل فقهاء القانون الوضعي، بل أن جهودهم انصبت بالدرجة الأولى على وضع الحلول للجزئيات والمسائل التي طرحها الواقع، وما قد يطرح منها في المستقبل أيضا[4]، لذلك نرى أن

---

[1] محمد بن محمد الخطيب الشربيني، مغني المحتاج إلى معرفة ألفاظ المنهاج، المكتبة التوفيقية، القاهرة، الجزء الثالث، ص387.

[2] منصور بن يونس البهوتي، كشاف القناع عن متن الإقناع، دار عالم الكتب، الرياض، 2003، الجزء الخامس، ص1773.وعرفت أيضا كالأتي:(عقد على منفعة مباحة معلومة مدة معلومة من عين أو موصوفة في الذمة أو عمل معلوم بعوض معلوم)، عبد القادر بن عمر التغلبي الشيباني الحنبلي، نيل المآرب بشرح دليل الطالب، دار إحياء الكتب العربية، القاهرة، الجزء الأول، ص321.

[3] انظر في ذلك: د.محمود جمال الدين زكي، عقد العمل في القانون المصري، الطبعة الثانية، مطابع الهيئة المصرية العامة للكتاب، 1982، ص11.

[4] انظر: د.رمضان علي السيد الشرنباصي، المدخل لدراسة الفقه الإسلامي، الطبعة الثانية، مطبعة الأمانة، القاهرة، 1403هـ ص298. د.عباس حسني، الفقه الإسلامي- آفاقه وتطوره، مطبوعات رابطة العالم الإسلامي، سلسلة دعوة الحق (السنة الثانية- 1402هـ محرم- العدد (10))، الطبعة الثانية(1414هـ)،ص247.

الفقه الإسلامي وعند تعرضه لعقد الإجارة تناول العديد من المسائل التي تنظمها في الوقت الحاضر عقودا مستقلة متفرقة، فالإجارة في الفقه الإسلامي قد ترد على شيء منقول أو عقار، كما إنها قد ترد على عمل شخص ما، الأمر الذي لاحظ ضرورة إبرازه في التسمية والمصطلحات جانب من الفقه المالكي حيث استعمل مصطلح الإجارة للدلالة على أستأجار الأشخاص، ومصطلح الكراء للدلالة على أستأجار غير الأشخاص كالأشياء المنقولة والعقارات[1].

ومع ذلك فإن استعمال مصطلح دون آخر في إطار طرح موضوع ما، لا ينال من سلامة المعالجة ودقتها، فسواء أكانت التسمية عقد إجارة أم عقد عمل، فإن الأحكام الناتجة لن تكون مختلفة أو مغايرة عند التطبيق، فالعبرة دائما للمقاصد والمعاني لا للألفاظ والمباني.

ولعل هذا ما يفسر أيضا إحالة المشرع الأردني إلى أحكام عقد الإيجار في حال غموض أو فقد الحكم المتعلق بمسألة ما في عقد العمل، إذ نصت المادة (1/832) من القانون المدني على الآتي: (تسري أحكام الإيجار على عقد العمل في كل ما لم يرد عليه نص خاص).

إذن فالإجارة في الفقه الإسلامي تشمل إجارة المنقولات والعقارات، كما أنها تشمل إجارة الأشخاص، لذلك فقد عرفت أيضا على إنها:(عقد به يلتزم أحد المتعاقدين بأن يسمح للأخر بالانتفاع بملك أو عمل مدة معلومة في مقابلة عوض معلوم)[2].

والعامل في الفقه الإسلامي يكون بمقتضى عقد الإجارة إما خاصا لا يعمل إلا عند شخص واحد، كالخادم أو الموظف، وهو ما يسمى بالأجير الخاص، كما انه قد يكون مشتركا يعمل في مهنة معينة لدى أي شخص يرغب في الانتفاع بعمله، كالخياط أو الساعاتي أو الصائغ أو البناء أو الدلال، وهو ما يسمى بالأجير المشترك (أو العام)[3].

---

[1] انظر: د.نادرة محمود سالم، عقد العمل بين الشريعة الإسلامية والقانون الوضعي، دار النهضة العربية، القاهرة،1994، ص25،27،39،50. يلاحظ أيضا تأثر بعض القوانين العربية بما اخذ به الفقه المالكي من تفريق بين مصطلحي الإجارة والكراء، فقد جاء في الفصل(626) من قانون الالتزامات والعقود المغربي ما نصه: (الإجارة نوعان: إجارة الأشياء وهي الكراء، وإجارة الأشخاص أو العمل). انظر كذلك القانون المغربي رقم 6.79 بتنظيم العلاقات التعاقدية بين المكري والمكتري للأماكن المعدة للسكنى أو للاستعمال المهني.

[2] محمد حسنين محمد مخلوف العدوي، المقارنات التشريعية، الطبعة الأولى، دار المنار، القاهرة، 1999، ص49

[3] انظر:علي حيدر، درر الحكام شرح مجلة الأحكام، دار عالم الكتب، الرياض، 2003، المجلد الأول، ص453. الهداية للمرغيناني، المرجع السابق، ص23. عبد الرحمن بن إبراهيم المقدسي، العدة شرح العمدة، دار إحياء

وبعبارة أخرى فان الأجير الخاص هو من يؤجر نفسه مدة ما، أما الأجير العام فهو من يؤجر نفسه على عمل ما[1]، و لعل هذا ما يقودنا إلى المقارنة مع أحكام القوانين الوضعية، ذلك أن عقد العمل في هذه القوانين لا يشمل سوى العلاقة التي يكون أحد طرفيها الأجير الخاص، أي العمل الذي يخضع خلاله الأجير إلى توجيهات المستأجر مقابل اجر خلال مدة معلومة[2]، أما العلاقة التي يكون أحد طرفيها الأجير العام، وهو عادة ما يكون من أصحاب المهن الحرة، فان ما ينظمها من أحكام يخرج من نطاق علاقات العمل وقوانينها، ويندرج ضمن عقد آخر هو عقد المقاولة، إذ لا يكلف الأجير إلا بالقيام بالعمل ودون أن يكون تابعا للطرف الآخر، فيمارس عمله باستقلالية، ومن دون أن يكون ملزم بإكمال مدة معينة على الأغلب[3].

الكتب العربية، القاهرة، ص270. الشريف علي بن محمد الجرجاني، التعريفات، الطبعة الأولى، بيروت،1973، ص10. حيث عرف الأجير الخاص على انه:(الذي يستحق الأجرة بتسليم نفسه في المدة عمل أم لم يعمل، كراعي الغنم)، وعرف الأجير المشترك على انه:(من يعمل لغير واحد،كالصباغ).

[1] انظر موفق الدين بن قدامة المقدسي، الكافي في الفقه، دار إحياء الكتب العربية، القاهرة، الجزء الثاني، ص217. مجد الدين أبي البركات، المحرر في الفقه، الجزء الأول، 358.

[2] تنص المادة (2/805) من قانون المدني على ما يأتي:(أما إذا كان العامل غير مقيد بأن لا يعمل لغير صاحب العمل أو لم يوقت لعمله وقت فلا ينطبق عليه عقد العمل ولا يستحق به أجره إلا بالعمل حسب الإتفاق).

[3] عرفت المادة (780) من القانون المدني الأردني المقاولة على إنها:(عقد يتعهد أحد طرفيه بمقتضاه بأن يصنع شيئا أو يؤدي عملا لقاء بدل يتعهد به الطرف الآخر). وانظر كذلك المادة (781) إذ جاء فيها:(1. يجوز أن يقتصر الإتفاق على أن يتعهد المقاول بتقديم العمل على أن يقدم صاحب العمل المادة التي يستخدمها أو يستعين بها في القيام بعمله. 2. كما يجوز أن يتعهد المقاول بتقديم المادة والعمل). وجاء في المادة (792) ما نصه:(يلتزم صاحب العمل بتسلم ما تم من العمل متى أنجزه المقاول ووضعه تحت تصرفه فإذا امتنع بغير سبب مشروع رغم دعوته إلى ذلك وتلف في يد المقاول أو تعيب دون تعديه أو تقصيره فلا ضمان عليه). وجاء في المذكرات الإيضاحية لقانون المدني الأردني بهذا الخصوص ما نصه:(اتسع ميدان العمل والصناعة واتجه الناس إلى رفع شأن العامل والأعراض عن تسمية الواحد من أصحاب المهن الحرة بالأجير، وجرى العرف بينهم على اصطلاح عقد المقاولة...واصبح مفهوم عقد المقاولة شاملا بصورة تستتبع الأخذ بهذا الاصطلاح الجديد تقريرا للواقع وتماشيا مع العرف فيما لا يناقض آية قرآنية أو سنة نبوية مع إخضاع هذا العقد للأحكام الخاصة بالاستصناع والأجير المشترك على أساس مماثلتها). المذكرات الإيضاحية للقانون المدني الأردني، الطبعة الثالثة، مطبعة التوفيق، إعداد المكتب الفني في نقابة المحامين، عمان، 1992، الجزء الثاني، ص582

وما يجدر ذكره أيضا هو أن فقهاء الشرع الحنيف يعدون عمل موظفي الدولة من قبيل الإجارة الخاصة[1]، إذ تجري عليهم وعلى من يعملون لدى غير الدولة من الأشخاص الأحكام ذاتها، الأمر الذي يغاير ما هو عليه الحال في النظم القانونية الوضعية، ذلك أن موظفي الدولة يخضعون لنظام قانوني مختلف يكونون بموجبه في مركز قانوني منظم، فيخضعون لاحكام ما يسمى بالقانون الإداري[2]، ولا تقوم الرابطة بينهم والدولة على التعاقد أساسا.

ثانيا- دليل مشروعية عقد إجارة الأشخاص:

إن مشروعية عقد إجارة الأشخاص تستند إلى أدلة عدة من القرآن الكريم والسنة النبوية والإجماع.

أما أدلة المشروعية من القران الكريم، فيقول تعالى:(أهم يقسمون رحمة ربك نحن قسمنا بينهم معيشتهم في الحياة الدنيا ورفعنا بعضهم فوق بعض درجات ليتخذ بعضهم بعضا سخريا ورحمة ربك خير مما يجمعون)[3]، ويقول أيضا: (وإن أردتم أن تسترضعوا أولادكم فلا جناح عليكم إذا سلمتم ما آتيتم بالمعروف واتقوا الله واعلموا أن الله بما تعملون بصير)[4]، وقوله تعالى: (فان ارضعن لكم فاتوهن أجورهن)[5].

ويقول عز وجل: (ليس عليكم جناح أن تبتغوا فضلا من ربكم)[6]، إذ جاء في تفسير هذه الآية: أنها نزلت في قوم كانوا يكرون- يؤجرون- أنفسهم في موسم الحج وان أناسا آخرون كانوا يزعمون أن هؤلاء ليسو حجاجا فنزلت هذه الآية تدل على أن ابتغاء الفضل والرزق عن طريق الإجارة لا يمنع كونهم حجاجا[7].

---

[1] انظر: محمد بن الحسن الفراء، الأحكام السلطانية، دار الكتب العلمية، بيروت، 1983، ص248. احمد بن إدريس بن عبد الرحمن المشهور بالقرافي، الفروق، المكتبة العصرية، بيروت، 2003، ج3، ص6. د.طلبة عبد العال طلبة، الإجارة، الطبعة الأولى، المتحدون للطباعة، 2004، ص87.

[2] انظر: د.عبد الغني بسيوني، القانون الإداري، الدار الجامعية، بيروت، 1992، ص18.

[3] سورة الزخرف، الآية (32). تعني كلمة (سخريا): مسخرا في العمل مستخدما فيه. ومعنى الآية أن يكون كل منهم-أي الناس- مسخرا للآخر، ويخدم بعضهم بعضا، فالتسخير بمعنى الاستخدام لا من السخرية بمعنى الهزاء. انظر: محمد علي الصابوني، صفوة التفاسير، الطبعة التاسعة، دار الصابوني، القاهرة، المجلد الثالث، ص156.

[4] سورة البقرة، الآية (233).

[5] سورة الطلاق، الآية (6).

[6] سورة البقرة، الآية (198).

[7] إسماعيل بن كثير، تفسير القرآن العظيم، الطبعة الثانية، دار الفيحاء، دمشق، 1998، المجلد الأول، ص234.

كما يقول عز وجل: (قالت إحداهما يا أبت استأجره إن خير من استأجرت القوي الأمين * قال أني أريد إن انكحك إحدى ابنتي هاتين على أن تأجرني ثماني حجج فإن أتممت عشرا فمن عندك وما أريد أن اشق عليك ستجدني أن شاء الله من الصالحين)[1]، ويقول أيضا:(فانطلقا حتى إذا أتيا أهل قرية استطعما أهلها فأبوا أن يضيفوهما فوجدا فيها جدارا يريد أن ينقض فأقامه قال لو شئت لاتخذت عليه أجرا)[2]. كما ويقول:(قالوا يا ذا القرنين إن يأجوج ومأجوج مفسدون في الأرض فهل نجعل لك خرجا على أن تجعل بيننا وبينهم سدا)[3].

كما أن مشروعية الإجارة تستند إلى السنة النبوية المشرفة، فقد قال رسول الله صلى الله عليه وسلم:(ما بعث الله نبيا إلا رعى الغنم. فقال أصحابه: وأنت؟ فقال كنت أرعاها على قراريط لأهل مكة)[4]. وقال أيضا:(أعطوا الأجير اجره قبل أن يجف عرقه)[5]. كما وقال عليه الصلاة والسلام:(ثلاثة أنا خصمهم يوم القيامة، ومن كنت خصمه خصمته يوم القيامة، رجل أعطى بي ثم غدر، ورجل باع حرا فأكل ثمنه، ورجل استأجر أجيرا فأستوفى منه ولم يوفه اجره)[6]. وقال عليه الصلاة والسلام أيضا: (من استأجر أجيرا فليسم له اجره)[7].

---

[1] سورة القصص، الآية (26-27).

[2] سورة الكهف، الآية (77).

[3] سورة الكهف، الآية (94).

[4] محمد بن إسماعيل البخاري، صحيح البخاري (مع فتح الباري لابن حجر العسقلاني)، الفتح للإعلام العربي، القاهرة، 2000، المجلد الرابع، ص551. وعن عائشة رضي الله عنها قالت:(واستأجر رسول الله صلى الله عليه وسلم وأبو بكر رجلا من بني الديل هاديا خريتا-الخريت: الماهر بالهداية- وهو على دين كفار قريش، فدفعا أليه راحلتيهما، وواعده غار ثور بعد ثلاث ليال، براحلتيهما صبح ثلاث). المرجع السابق، ص553.

[5] أبي عبد الله محمد ابن ماجة، سنن ابن ماجة، دار إحياء الكتب العربية،1953، الجزء الثاني، ص716. البخاري، المرجع السابق، ص559.

[6] ابن ماجة، المرجع سابق، ص716.

[7] (رواه عبد الرزاق وفيه انقطاع ووصله البيهقي من طريق أبي حنيفة)، وفي الحديث دليل على ندب تسمية الأجر للأجير منعا للنزاع...انظر: محمد بن إسماعيل، سبل السلام، دار المنار، القاهرة، 2002، الجزء الثالث، ث108. محمد بن علي الشوكاني، نيل الاوطار من أحاديث سيد الأخبار، دار التراث، القاهرة، الجزء الخامس، ص293.

كما واجمع العلماء في عصر الصحابة وما بعده على جواز الإجارة لتلبية حاجات الناس ومستلزماتهم[1].

ثالثا- أركان عقد إجارة الأشخاص:

لا يقوم عقد إجارة الأجير الخاص في الفقه الإسلامي إلا بتحقق عدة أركان مجتمعة، وهي على النحو الآتي:

1- العاقدين: فلا بد من وجود المستأجر والأجير، اللذين يشترط في كل منهما أن يكون عاقلا بالغا رشيدا ومختارا، إذ لا تصح إجارة المجنون أو غير المميز أو المكره مثلا[2].

ومع ذلك فإنه تصح إجارة الصبي المميز لنفسه إذا ما تم الحصول على أذن وليه[3].

2- الصيغة: وهي الإيجاب والقبول أو ما يقوم مقامهما في كل ما يدل على تمليك المنفعة المقصودة من العمل، إذ يصح استخدام أي من الألفاظ المعروفة في إنشاء العقد كاستأجرت وعملة أو قبلت، كما وتجوز الإشارة المعهودة من الأخرس لإنشاء العقد[4].

3- المعقود عليه: وهي المنفعة التي يحصل عليها المستأجر، ويشترط فيها أن تكون مباحة ومعلومة ومقدور تسليمها، فلا يجوز أن تكون المنفعة محرمة، كاستئجار شخص للغناء أو الزمر أو حمل الخمر أو الاعتداء على الآخرين بالشتم أو الضرب أو القتل؛ كما يجب أن يكون كلا العاقدين عالما بالمنفعة ومحلها علما نافيا للجهالة التي قد تفضي إلى النزاع، فيجب أن يكون العامل عالما بمدة العمل أو الخدمة إذا ما كان تحديد العمل يعتمد على المدة، ويجب أن يبين المستأجر للأجير غاية العمل وان يحدد له المعمول فيه بالإشارة أو التعيين؛ كما لا يجوز

---

[1] انظر: عبد الله بن محمود بن مولود الموصلي، الاختيار لتعليل المختار، مكتبة محمد على صبيح، القاهرة، الجزء الثاني، ص77. عبد الرحمن بن محمد بن عسكر المالكي، إرشاد السالك إلى اقرب المسالك، مكتبة القاهرة، القاهرة، 1972، ص77. د.وهبة الزحيلي، المعاملات المالية، منشورات كلية الدعوة الإسلامية، 1991، الجزء الثالث، ص140.

[2] انظر: كشاف القناع للبهوتي، المرجع السابق، ج3، ص1774. مغني المحتاج للشربيني، المرجع السابق، ج3، ص388.

[3] انظر: درر الحكام لعلي حيدر، المرجع السابق، ج1، ص496.

[4] انظر: منصور يوسف البهوتي، الروض المربع، الطبعة السادسة، دار الفكر، ص214. الكافي لابن قدامة، المرجع السابق، ج2، ص198. مغني المحتاج للشربيني، ج3، ص389.

أستأجار شخص لامر لا يستطيع القيام به، كاستئجار الأمي للكتابة[1].

4- **الأجرة:** وهي العوض الذي يدفعه المستأجر للأجير في مقابل الحصول على المنفعة، ويشترط فيها أن تكون مالا متقوما مقدور التسليم ومعلومة لدى كلا العاقدين، فلا يجوز أن تكون خمرا أو آلة لهو أو طير في الهواء مثلا ، كما لا يجوز أن تكون مجهولة غير معروفة المقدار[2].

المطلب الثاني
أحكام عقد إجارة الأشخاص

إذا ما استوفى العقد أركانه وشروطه، فإنه يقع على عاتق طرفيه القيام بتنفيذه وفق الصيغة التي ارتضياها، وذلك لقوله تعالى:(...يا أيها الذين آمنوا أوفوا بالعقود)[3]، فيجب على

---

[1] إرشاد السالك لابن عسكر، المرجع السابق، ص77. الاختيار للموصلي، المرجع السابق، ج 2، ص78. علي بن احمد بن سعيد بن حزم، المحلى، دار التراث، القاهرة، الجزء الثامن، ص183.ويقول القرافي:(متى اجتمعت في المنفعة ثمانية شروط ملكت بالإجارة، ومتى انخرم منها شرط لا تملك. الأول: الإباحة؛ احترازا من العنا وآلات الطرب ونحوهما. الثاني: قبول المنفعة المعاوضة؛ احترازا من النكاح. الثالث: كون المنفعة متقومة؛ احترازا من التافه الحقير الذي لا يقابل بالعوض، واختلف في استئجار الأشجار لتجفيف الثياب، فمنعه ابن القاسم. الرابع: تكون مملوكة؛ احترازا من الأوقاف على السكنى، كبيوت المدارس والخوانق. الخامس: أن لا يتضمن استيفاء عين؛ احترازا من إجارة الأشجار لثمارها، والغنم إنتاجها، واستثنى من ذلك إجارة المرضع للبنها للضرورة في الحضانة. السادس: أن يقدر على تسليمها؛ احترازا من استئجار الأخرس للكلام. السابع: أن تحصل للمستأجر؛ احترازا من العبادات والإجارة عليها كالصوم ونحوه. الثامن: كونها معلومة؛ احترازا من المجهولات من المنافع، كمن استأجر آلة لا يدري ما يعمل بها، أو دار مدة غير معلومة. فهذه الشروط إن اجتمعت جازت المعاوضة وإلا امتنعت). الفروق للقرافي، المرجع السابق، الجزء الرابع، ص5.

[2] انظر: الكافي لابن قدامة، المرجع السابق، ج2، ص205. العدة للشيباني، المرجع السابق، 268. وانظر في هذه الأركان من الفقه الحديث: د.محمد بكر إسماعيل، الفقه الواضح من الكتاب والسنة على المذاهب الأربعة، الطبعة الثانية، دار المنار، القاهرة، 1997، الجزء الثالث، ص68. د.عبد الفتاح محمود إدريس، قبس من فقه المعاملات، الطبعة الأولى، القاهرة، 1997، ص79. د.عبد الرحمن محمد محمد عبد القادر، الوسيط في عقد الإجارة في الفقه الإسلامي، دار النهضة العربية، القاهرة، 1991، ص31 وما بعدها. وانظر كذلك: د.وهبة الزحيلي، المرجع السابق، ص149.

[3] سورة المائدة، الآية (1).

الأجير- نفسه- القيام بالعمل المناط به على الوجه المطلوب لتمكين المستأجر من استيفاء المنفعة الناتجة عن ذلك العمل.

وبالمقابل فإنه يجب على المستأجر دفع الأجرة المتفق عليها للأجير إذا كان الأخير لم يستوفها بعد، وإلا فإن الأجير يستحقها عقب إتمامه للعمل، ما لم يكن هناك عرف أو شرط تراضى عليه الطرفان يقضي بتعجيل أو تقسيط الأجرة كل شهر أو أسبوع أو غير ذلك[1]، حيث يقول رسول الـلـه صلى الـلـه عليه وسلم:(أعطوا الأجير اجره قبل أن يجف عرقه)[2].

والأجير يستحق اجره إذا قام بالعمل على الوجه المتفق عليه، كما انه يستحقه وان لم يقم بأي عمل بشرط أن يكون حاضرا في مدة العقد، قادرا عليه، وغير ممتنع عن أداءه، وإلا فأنه لا يستحقه[3].

كما يقع على عاتق الأجير- العامل- المحافظة على الأشياء التي تسلم إليه للقيام بالعمل، فهو وبالرغم من انه لا يكون مسؤولا عن تلف تلك الأشياء بين يديه، ألا انه يقع على عاتقه ضمانها في مواجهة صاحب العمل إذا كان تصرفه الذي أدى إلى تلف تلك الأشياء ينطوي على تعد أو تقصير منه في حفظها[4].

وتجدر الإشارة هنا، إلى أن الشريعة الغراء لم تهمل الجانب المعنوي في تلك العلاقة، فهي من جهة تقضي بضرورة إخلاص العامل في عمله وإتقانه ومراقبة الـلـه في أداءه، يقول

---

[1] انظر: سليم رستم باز، شرح المجلة، الطبعة الثالثة، دار الكتب العلمية، بيروت، المجلد الأول، ص265. الهداية للمرغيناني، المرجع السابق، ج4، ص7.مختصر خليل، المرجع السابق، ص273.نيل المآرب للشيباني، المرجع السابق، ج1، ص330.

[2] رواه ابن ماجة، مرجع سابق، ص716.

[3] انظر: درر الحكام لعلي حيدر، المرجع السابق، المجلد الأول، ص458.إرشاد السالك لابن عسكر، المرجع السابق، ص78.

[4] المحرر في الفقه لأبي البركات، المرجع السابق، ج1، ص358. الفروق للقرافي، المرجع السابق، ج4، ص13بداية المجتهد للقرطبي، المرجع السابق، ج2، ص364. وعلى خلاف الأجير الخاص يكون الأمر في ضمان الأجير العام- المقاول- كالخياط أو الصباغ فإنه يكون مسؤولا عن أي تلف يصيب الأشياء المسلمة له ولو لم يتعد أو يقصر في حفظهما، ولعل الحكمة من وراء ذلك هي حماية أموال الناس وحفظها إذا ما وضعت بأيدي غيرهم من الصناع أو الحرفيين. إذ يستند ذلك إلى قول الرسول الكريم: (على اليد ما أخذت حتى تؤديه). نفس المرجع. وانظر في شرح القاعدة: د.قطب مصطفى سانو، معجم مصطلحات أصول الفقه، الطبعة الأولى، دار الفكر، دمشق، 2000، ص42-43.

تعالى:(وقل اعملوا فسيرى الـلـه عملكم ورسوله والمؤمنون وستردون إلى عالم الغيب والشهادة فينبئكم بما كنتم تعملون)[1]، كما يقول رسول الـلـه صلى الـلـه عليه وسلم:(إن الـلـه يحب إذا عمل أحدكم عملا أن يتقنه)[2]، وهي تقضي من جهة أخرى بوجوب مراعاة كرامة ومشاعر الأجير فعلا وقولا، يقول تعالى:(يا أيها الذين آمنوا اتقوا الـلـه وقولوا قولا سديدا * يصلح لكم أعمالكم ويغفر لكم ذنوبكم ومن يطع الـلـه ورسوله فقد فاز فوزا عظيما)[3].

وأخيرا، فإن هذا العقد ينتهي في أي من الأحوال الآتية:

1- **موت أحد العاقدين:** إذ تنتهي الإجارة بوفاة المستأجر أو الأجير الذي تكون شخصيته في كثير من الأحيان محل اعتبار في اختياره كما هو الحل بالنسبة للخادم[4].

2-**عدم القدرة على العمل:** كما لو تم حبس العامل، أو وجد به عيب يحول دون قيامه بالعمل على الوجه المطلوب لإصابته بجنون أو مرض مثل ضعف البصر[5].

3- **هلاك محل العمل:** فإذا ما أستؤجر شخص للقيام بعمل ما داخل متجر، ثم انهدم ذلك المتجر لأي سبب كان، فإن العقد ينتهي لتعذر القيام بالعمل المتفق عليه[6].

4- **الإقالة:** فالإجارة تنتهي كما قامت باتفاق الطرفين على ذلك، لأن هذا العقد من عقود المعاوضات التي يقدم فيها كل طرف أداء معينا في مقابل أداء الآخر[7].

---

(1) سورة التوبة، الآية (105).

(2) لمزيد من التفصيل حول الجوانب المعنوية للعمل في الفكر الإسلامي راجع: د.محمد عقلة الابراهيم، حوافز العمل بين الإسلام والنظريات الوضعية، الطبعة الأولى، مكتبة الرسالة الحديثة، عمان، 1988، ص51. جمال الدين عياد، شريعة الإسلام(العمل والعمال)، مكتبة الخانجي، القاهرة، 1967، الجزء الثاني، ص131.

(3) سورة الأحزاب، الآية (70-71).

(4) انظر: عبد الـلـه بن محمد بن قدامة، المغني.الطبعة الأولى، دار الفكر، بيروت، الجزء الخامس، ص271. مغني المحتاج للشربيني، المرجع السابق، ج3، ص427. بداية المجتهد للقرطبي، المرجع السابق، ج2، ص362.

(5) انظر: المغني لابن قدامة، المرجع السابق، ج5، ص267، 294.

(6) قرب: د.نادرة محمود سالم، المرجع السابق، ص، 350، 339.

(7) انظر: علاء الدين الكاساني، بدائع الصنائع، الطبعة الثانية، دار الكتاب العربي، بيروت، 1982، الجزء الرابع، ص222.

5- **انتهاء المدة أو إنجاز العمل:** فاتفاق المستأجر على عمل الأجير لمدة معينة كسنة أو شهر يعني انه بانتهاء تلك المدة تنتهي الإجارة، ما لم يقوما بالتجديد طبعا، الأمر الذي ينطبق أيضا على إتمام الأجير للعمل المتفق عليه[1].

[1] انظر: الروض المربع للبهوتي، المرجع السابق، ص217. بدائع الصنائع للكاساني، المرجع السابق، ج4،ص223. المحلى لابن حزم، المرجع السابق، ج8، ص184. وانظر كذلك: د.وهبة الزحيلي، المرجع السابق، ص156. د.نادرة محمود سالم، المرجع السابق، ص، 350، 339.

الباب الأول

علاقات العمل الفردية

الباب الأول

علاقات العمل الفردية

يتمتع صاحب العمل في منشأته بسلطة توجيه الأوامر والتوجيهات لمن يعمل لديه من عمال بقصد إنجاز العمل، وهو بذلك يتمتع بسلطة تنفيذية، كما أن له إصدار لائحة للعمل ينظم من خلالها العمل ويبين فيها أوقات الدوام والراحة ومخالفات العمل والعقوبات التي تلائمها وكيفية تنفيذها، وهو بذلك يمارس سلطة تشريعية، كما أن له الحق في معاقبة من يثبت ارتكابه مخالفة تتعلق بالعمل، أي انه يضطلع بسلطة تأديبية أيضا.

وإزاء هذه السلطات التنفيذية والتشريعية والتأديبية التي تجتمع في يد صاحب العمل، فان على العامل أن أراد إبرام عقد العمل والاستمرار فيه الخضوع والانصياع لصاحب العمل في سلطاته المختلفة، مما قد يشكل خطرا عليه وعلى مصالحه، ذلك انه من غير المستبعد تجاوز صاحب العمل لسلطاته وتعسفه في استخدامها.

لذلك فقد تدخل المشرع لينظم العلاقة القائمة بين صاحب العمل ومن يعمل لديه من عمال، فتصدى لوضع سلطات صاحب العمل في نصابها وحدودها الصحيحة الملائمة، فتولى تحديد حقوق والتزامات كل من العامل وصاحب العمل قبل نشوء علاقة العمل وأثناء قيامها وعند انتهائها، فتطرق بالتنظيم والمعالجة لعقد العمل الفردي في جميع مراحله، أي عند تكوينه وبعد إبرامه وعقب انقضائه.

وبناء عليه، فان دراسة علاقات العمل الفردية ستكون في فصول ثلاث، وعلى النحو الآتي:

الفصل الأول: تكوين عقد العمل الفردي.

الفصل الثاني: آثار عقد العمل الفردي.

الفصل الثالث: إنقضاء عقد العمل الفردي.

الفصل الأول

تكوين عقد العمل الفردي

ينصب قانون العمل في إطار تنظيمه لتلك العلاقات الناشئة بين العامل ورب العمل على ضبط وتحديد الأداة أو الوسيلة العقدية التي يتم من خلالها إفراغ إرادة الطرفين وإظهارها.

حيث تبدو ملامح التدخل التشريعي على حرية المتعاقدين في إنشاء هذه العلاقات واضحة، وإلى الحد الذي قد يصدق فيه القول بأن هنالك أنموذجا عقديا مفروضا من قبل المشرع على المتعاقدين عند إبرامهما لهذا العقد.

وبعبارة أخرى، فإن الكيفية التي يتم من خلالها إبرام عقد العمل تتميز بوجود الكثير من القيود، فضلا عن تطلب العديد من الشروط، وعلى نحو مغاير لما هو عليه الحال في كثير من العقود الأخرى.

لذلك، فإن دراسة كيفية إبرام عقد العمل تستلزم أيضا الوقوف على قوامه وحقيقته، فلا بد من تحديد مضمون عقد العمل على نحو دقيق قبل التطرق لكيفية انعقاده.

وعليه فإن دراستنا في هذا الفصل ستكون من خلال المبحثين الآتيين:

المبحث الأول: ماهية عقد العمل الفردي.

المبحث الثاني: إبرام عقد العمل الفردي.

المبحث الأول

ماهية عقد العمل الفردي

ينعت قانون العمل الاتفاق الذي يتم بموجبه إنشاء علاقة العمل بين العامل ورب العمل بعقد العمل (الفردي)، وذلك تمييزا له عن عقد العمل المشترك أو الجماعي، الذي يكون فيه الاتفاق على شروط العمل بين مجموعة من العمال أو نقابة أو أكثر من نقابات العمال مع صاحب عمل أو أكثر ممن يستخدمون أولئك العمال[1].

إلا إن إطلاق مثل هذا الوصف أو حتى تعريفه واستنباط خصائصه المميزة له قد لا يبدو كافيا لتحديد ماهيته وكشف مضمونه، لا سيما وإن هذا العقد يعد من العقود الأكثر انتشارا و شيوعا في الحياة العملية، وكما هو الحال في الكثير من العقود الأخرى التي قد تشتبه به لاشتراكه معها في العديد من الخصائص؛ لذلك، فإن الحاجة تعن إلى تحديد أدق لمفهوم هذا العقد عبر استلهام وإيضاح عناصره والمعيار الذي يتم على أساسه التمييز بينه وبين العقود الأخرى.

وعليه، فإن التطرق إلى ماهية عقد العمل الفردي يمكن أن يتم من خلال المطالب الثلاثة الآتية:

المطلب الأول: تعريف عقد العمل وخصائصه.

المطلب الثاني: عناصر عقد العمل.

المطلب الثالث: تمييز عقد العمل عن غيره من العقود.

المطلب الأول

تعريف عقد العمل وخصائصه

لا شك في أن إيراد تعريف لعقد العمل الفردي يسهم في الكشف عن مضمونه، إلا إنه من الأهمية بمكان أيضا التطرق لخصائصه بغية إبراز مفهوم هذا العقد على وجه أدق، وتوصلا إلى تحديد اكبر للعناصر المكونة لتلك العلاقة الناشئة بموجبه.

---

[1] انظر المادة (2) من قانون العمل.

الفرع الأول
تعريف عقد العمل

لقد عرف المشرع عقد العمل في موضعين كان أولهما في القانون المدني، في حين كان الآخر في قانون العمل.

فقد نصت المادة (1/805) من القانون المدني على ما يأتي: (عقد العمل عقد يلتزم أحد طرفيه بأن يقوم بعمل لمصلحة الآخر تحت إشرافه أو إدارته لقاء أجر).

أما قانون العمل فقد نصت المادة (2) منه على ما يأتي:(عقد العمل:اتفاق شفهي أو كتابي صريح أو ضمني يتعهد العامل بمقتضاه أن يعمل لدى صاحب العمل وتحت إشرافه أو إدارته مقابل أجر. ويكون عقد العمل لمدة محدودة أو غير محدودة أو لعمل معين أو غير معين).

ويتضح من النصين السابقين تقارب مفهومهما على الرغم من اختلاف الألفاظ أو المصطلحات التي استخدمت في كليهما، فهما لا يفيدان إلا مدلولا متشابه المضمون والنطاق، فهذا العقد يحكم العمل التابع المأجور، والذي لا بد له من توافق إرادتي شخصين، أولهما صاحب العمل - أو المدير أو رئيس المنشأة- وهو الشخص الذي يتمتع بالإدارة أو الإشراف على العمل والعامل، وثانيهما العامل - أو المستخدم أو الفني - وهو الشخص الطبيعي الذي يعمل تحت سلطة شخص آخر مقابل أجر.

ومع ذلك فإن ثمة اختلاف بين التعريفين السابقين، يتمثل في أن التعريف الوارد في القانون المدني اغفل جانبا مهما من جوانب علاقة العمل، وهو ذلك الخاص بالمدة (أو الزمن)، إذ يصعب تصور عقد العمل - على الأغلب- إذا ما كان خاليا من إشارة إلى مدته، وسواء أكانت تلك المدة محددة أم غير محددة[1]، الأمر الذي تداركه المشرع في التعريف الوارد في قانون العمل، إذ جاء على نحو أدق، فأشار إلى أن هذا العقد قد يكون لمدة محددة أو غير محددة.

---

[1] انظر: د.محمود جمال الدين زكي، المرجع السابق،ص359 وما بعدها.

الفرع الثاني
خصائص عقد العمل

من خلال التعريفين السابقين لعقد العمل، يمكن ملاحظة العديد من الخصائص والمميزات التي يتسم بها هذا العقد[1]، وذلك على النحو الآتي:

أولا- إن عقد العمل من العقود الرضائية:

إذ يكفي لانعقاده تبادل التعبير عن الإرادتين المتطابقتين، فلا يشترط لانعقاده شكلية معينة، الأمر الذي أكده تعريف قانون العمل، إذ نص على إن عقد العمل(اتفاق شفهي أو كتابي صريح أو ضمني...).

ومع ذلك فقد عاد المشرع ليؤكد ضرورة كتابة هذا العقد، وذلك لتلافي المشاكل أو الخلافات التي قد يورثها عدم كتابته وللحفاظ على حقوق العمال، فقد نصت المادة (15/أ) من قانون العمل على أنه:(ينظم عقد العمل باللغة العربية وعلى نسختين على الأقل يحتفظ كل من الطرفين بنسخة منه، ويجوز للعامل إثبات حقوقه بجميع طرق الإثبات القانونية إذا لم يحرر العقد كتابة).

إلا إن ذلك لا يعني بالضرورة اندراج عقد العمل ضمن طائفة العقود الشكلية، فهو بالرغم من ذلك يبقى عقدا رضائيا، لأن الكتابة فيه للإثبات لا للانعقاد.

---

[1] قد يتساءل البعض عن مدى توافر خصائص أخرى في عقود العمل، كالإذعان مثلا، فهل يعد هذا العقد من عقود الإذعان؟

نعتقد أن الأصل اعتبار عقد العمل من عقود المساومة لا الإذعان، ذلك حرية الطرفين في مناقشة وتحديد شروط العقد هي الأساس، فضلا عن أن السمة البارزة لقانون العمل هي السمة الحمائية، ومن ثم فان تعسف صاحب العمل وفرضه الشروط القاسية على العمال يبقى ذي نطاق محدود، ألا أن ذلك لا يعني بالضرورة انعدام الحالات التي تتوافر فيها صفة الإذعان في عقد العمل، إذ تتوافر هذه الصفة كثيرا في حالات الركود الاقتصادي وتفشي البطالة، لان العامل يضطر تحت وطأة كسب عيشه ومن يعول إلى الرضوخ للشروط التي يمليها صاحب العمل، فلا يناقشها خشية عدول صاحب العمل عن التعاقد معه، ولاسيما أن كثيرا من العمال قد يرضون بنفس الشروط أو حتى بشروط اقل.

قرب: د.محمد حسن منصور، المرجع السابق، ص42.

ثانيا- إن عقد العمل من عقود المعاوضة:

فلا يعد عقد العمل من قبيل عقود التبرع، ذلك إن كلا الطرفين يأخذ مقابلا لما يعطي، فالعامل يقدم العمل ويأخذ الأجر في مقابل ذلك، وصاحب العمل يدفع الأجر مقابل حصوله على العمل.

ثالثا- إن عقد العمل عقد ملزم للجانبين:

إذ يعد عقد العمل من العقود التي يلزم كل طرف فيها بواجبات ترتب له حقوقا، فالعامل يلتزم بأداء العمل الذي يستفيد منه صاحب العمل، وبالمقابل فإن صاحب العمل يلتزم بدفع الأجر للعامل.

رابعا- إن عقد العمل يعد من العقود الواردة على العمل:

فعقد العمل يقوم على عناصر عدة من بينها العمل الذي يتعهد بأدائه العامل، إذ لا يتصور وجود ذلك العقد من دون وجود عمل، وإلا كنا بصدد عقد من نوع آخر.

خامسا- إن عقد العمل من العقود الزمنية:

ذلك أن عنصر الزمن يحتل دورا حيويا في هذا العقد، فغالبا ما يتم تحديد الأجر على أساسه، كما أنـه قـد يحـدد بموجبه مقدار العمل إذا ما كان العقد محدد المدة[1].

سادسا- أن عقد العمل عقد شخصي:

فشخصية العامل تدخل في اعتبار صاحب العمل عند قيامه بإبرام العقد[2]، لا بل وطوال مدة تنفيذه، فقد يرتضي- التعاقد مع شخص دون آخر، وذلك تبعا للخصائص والصفات التي تتوافر في العامل، إذ عادة ما يحبذ أصحاب العمل فيمن يعملون لديهم أن يكونوا ممن يتحلون بصفات معينة تتعلق بالعمل، كالأمانة والصدق، والكفاءة والدقة في العمل، والسرعة في الإنجاز، علاوة على حب التعاون، وحسن المظهر في بعض الحالات.

---

[1] انظر: د.علي العريف، شرح قانون العمل، مطبعة مخيمر، القاهرة، 1963، الجزء الأول، ص187. د. محمد عبد الله نصار و د.العوضي العوضي عثمان، المرجع السابق، ص72.

[2] انظر: د.عامر محمد علي، المرجع السابق، ص77.

أما صاحب العمل، فان شخصيته لا تعد غالبا محل اعتبار في عقد العمل، بدليل أن المشرع الزم من يحل محل صاحب العمل باستكمال عقود العمل التي أبرمها سلفه[1].

المطلب الثاني
عناصر عقد العمل

لما كان عقد العمل يتم باتفاق شخصين على عمل أحدهما مقابل أجر لدى الآخر الذي يتمتع بسلطة الإدارة أو الإشراف على الأول، أثناء مدة محددة أو غير محددة، فإن ذلك يعني ضرورة توافر مجموعة من العناصر لقيام تلك العلاقة، أو بالأحرى ذلك العقد، وهذه العناصر هي العمل والأجر والتبعية والمدة.

وسنتولى دراسة عناصر عقد العمل من خلال أربعة فروع، بحيث يكون لكل عنصر من العناصر السابقة فرع منفرد.

الفرع الأول
عنصر العمل

يقصد بالعمل كعنصر في عقد العمل الجهد المأجور الذي يقوم بأدائه العامل تحت إشراف أو إدارة صاحب العمل، وسواء أكان العمل فكريا أم جسمانيا[2].

وهو بذلك يشكل أحد الركائز التي يقوم عليها عقد العمل، إذ لا وجود للعقد إذا لم يتضمن جهدا أو نشاطا إنسانيا يقوم به العامل[3]، وبالتالي فإنه من الضرورة بمكان تحديد نوع وطبيعة ومحل ذلك الجهد.

---

[1] تنص المادة (16) من قانون العمل على ما يأتي:(يبقى عقد العمل معمولا به بغض النظر عن تغيير صاحب العمل بسبب بيع المشروع أو انتقاله بطريق الإرث أو دمج المؤسسة أو لأي سبب آخر ويظل صاحب العمل الأصلي والجديد مسؤولين بالتضامن مدة ستة أشهر عن تنفيذ الالتزامات الناجمة عن عقد العمل مستحقة الأداء قبل تاريخ التغيير واما بعد انقضاء تلك المدة فيتحمل صاحب العمل الجديد المسؤولية وحده).

[2] لقد عرفت المادة (2) من قانون العمل العمل على النحو الآتي:(كل جهد فكري أو جسماني يبذله العامل لقاء أجر سواء كان بشكل دائم أو عرضي أو مؤقت أو موسمي).

[3] انظر: د.محمد عبد الله نصار وزميله، المرجع السابق، ص80.

وإذا ما تم الاتفاق على تحديد العمل، فإنه يقع على عاتق العامل الالتزام بأدائه تحت إشراف وتوجيهات صاحب العمل أو المشروع، على أن يبذل في ذلك عناية الشخص المعتاد، وبما لا يتجاوز شروط وأحكام عقد وقانون العمل[1].

كما ويقع على عاتق رب العمل من جهة أخرى الالتزام بعدم تكليف العامل بغير ذلك العمل الـذي تـم تحديـده والاتفاق عليه، فلا يجوز له تغيير العمل من حين إلى آخر، كما لا يجوز له تشغيل العامل في عمل آخر مختلـف، إلا إذا دعت إلى ذلك حالة طارئة أو ضرورة، كحدوث حريق في المصنع، أو مواجهة فيضان داهم المنشأة، فعندها يجوز - استثناء - لرب العمل تكليف العامل بما تمليه ضرورة مواجهة هذا الخطر أو الحالة الطارئة، الأمر الذي أشارت إليه المـادة (17) مـن قانون العمل، والتي نصت على ما يأتي: (لا يلزم العامل بالقيام بعمل يختلف اختلافا بينا عن طبيعة العمل المتفق عليه في عقد العمل إلا إذا دعت الضرورة إلى ذلك منعا لوقوع حادث أو لإصلاح ما نجم عنه أو في حالة القوة القاهرة وفي الأحـوال الأخرى التي ينص عليها القانون على أن يكون ذلك في حدود طاقته وفي حدود الظرف الذي اقتضى هذا العمل).

الفرع الثاني
عنصـر الأجـر

يراد بالأجر المقابل الذي يتقاضاه العامل لقاء العمل الذي يؤديه[2]، والأجر على هذا النحو يعد أحد العناصر التـي لا يقوم عقد العمل بتخلفها، فلا يتصور وجود عقد العمل من دون أجر،لأن عقد العمل من عقود المعاوضة التي يأخذ فيها كلا الطرفين مقابلا لما يدفع، ففي مقابل العمل الذي يحصل عليه صاحب العمـل، يكـون للعامـل الحـق في الحصـول عـلى الأجر المتفق عليه، وبغض النظر عن مقدار ذلك الأجر أو طريقة دفعه، وبغض النظر عن نوعه أو تسميته أيضا، أي سواء أكان ذلك المقابل نقديا أم عينيا، أو كان يسمى أجرا أو مرتبا أو أتعابا، يدفع شهريا أم أسبوعيا أم يوميا أم غير ذلك.

---

[1] انظر: المادة (19) من قانون العمل، المادة (814) من القانون المدني.
[2] تنص المادة الثانية من قانون العمل على ما يأتي:(كل ما يستحقه العامل لقاء عمله نقدا أو عينا مضافا إليه سائر الاستحقاقات الأخرى أيا كان نوعها إذا نص القانون أو عقد العمل أو النظام الداخلي أو استقر التعامل على دفعها باستثناء الأجور المستحقة عن العمل الإضافي).

وبالتالي فإننا لا نكون أمام عقد عمل إذا ما اتفق الطرفان على قيام أحدهما بالعمل لـدى الآخـر مجانـا مـن دون مقابل (أجر)، إذ لا يعد مثل هذا العقد من عقـود المعاوضة أسـاسـا بـل مـن عقـود التبرع، أو مـا يـسـمى بعقـد الخـدمات المجانية تحديدا[1].

على أنه تجدر الإشارة هنا إلى أن المشرع افترض في حالتين أن العمل بأجر حتى وأن لم يتفق الطرفان على ذلك، أول هاتين الحالتين هي أن يقوم شخص بأداء خدمة يكون قوامها عمل لم تجر العادة على التبرع به، أمـا ثـانيهما فتتمثـل في أن يقوم شخص بعمل داخل في مهنته، حيث نصت المادة (680) من القانون المدني عـلى مـا يـأتي:(يفترض في أداء الخدمـة أن يكون بأجر إذا كان قوام هذه الخدمة عملا لم تجر العادة بالتبرع به أو عملا داخلا في مهنة من أداه).

الفرع الثالث

عنصر التبعية

لما كان عقد العمل لا يقوم إلا بتراضي الطرفين على قيام أحدهما بعمل تحت سلطة أو إشراف الآخر، فإن ذلك يعني عدم إمكانية وجود عقد العمل إذا ما استبعد حق صاحب العمل في الإشراف أو الإدارة، أو مـا يعبر عنـه بعنصر التبعية.

فالتبعية التي يقرها قانون العمل تعني إذن خضوع العامل إلى الملاحظات والتوجيهات التي يصدرها صاحب العمل، إذ يكون للأخير السلطة والحق في توجيه الأوامر والنواهي وإيقاع الجزاءات التي تكفل الالتزام بتلك التوجيهات[2]، حيث يبدو ذلك مبررا لضمان أداء العامل للمهام الموكلة إليه على الوجه الأوفق، و ما دامت هنالك مصلحة تقتضيها طبيعة العمل، وبعبارة أخرى فإن طبيعة العلاقة الناشئة بين الطرفين أثناء تنفيذ العمل تقضي بضرورة هيمنة صاحب العمل على نشاط العامل عبر تلك التوجيهات أو التعليمات التي تمثل وتضمن التبعية لصاحب العمل.

وهذه التبعية هي صلب ومضمون المعيار الذي حرص المشرع على تبنيه في القانون

---

[1] انظر: د.فتحي المرصفاوي، النظرية العامة في عقد العمل، الطبعة الأولى، المكتبة الوطنية، بنغازي، 1973، ص98.

[2] voir: Evelyne Barberousse-Guibert Diana Topezu,op.cit, p254.

المدني وقانون العمل[1]، فالتبعية القانونية على النحو المحدد تشريعيا يبرز دورها بوصفها عنصر في عقد العمل، ذلك أنها تلائم طبيعته وطبيعة العلاقات الناشئة بموجبه، كما أنها تعد المعيار الذي يتم على ضوئه تمييز هذا العقد عن غيره من العقود التي قد تشتبه به- كما سنلاحظ لاحقا.

ومع ذلك، فإن للتبعية القانونية صورتين مختلفتين تعبران عن مدى ودرجة خضوع العامل لسلطات صاحب العمل الرقابية أو الإشرافية، فهي قد تكون تبعية فنية أو تبعية تنظيمية (إدارية).

وتظهر التبعية القانونية بصورتها الفنية في الحالة التي يتحقق فيها لدى صاحب العمل درجة من الإلمام والمعرفة بالدقائق الفنية الخاصة بالعمل، خاصة إذا ما كان العمل حرفيا أو مهنيا، إذ يتمتع صاحب العمل في مثل هذه الحالة بالهيمنة الكاملة في إطار العمل، فهو يضع أسلوب العمل ويراقب جميع خطوات تنفيذه[2].

فصاحب العمل في هذه الحالة لا يمتلك خبرة فنية واسعة فقط، بل أنه في الوقت ذاته غالبا ما يكون متواجدا في المنشأة أو المكان الذي يتم فيه تنفيذ العمل، وهو بالتالي على مساس مباشر مع العامل في كافة مراحل تنفيذ العمل، الأمر الذي يجعل التبعية الفنية تتخذ شكل أتم صور التبعية القانونية وأشدها[3].

ومع ذلك فإنه ليس بالضرورة أن يكون صاحب العمل متخصصا في التفاصيل المتعلقة بمجال عمله كافة، لا بل أنه وفي ظل وجود المشروعات الضخمة التي بدا انتشارها واسعا في العصر الحالي، فإنه قد لا يكون لدى صاحب العمل أدنى معرفة بالمسائل الفنية الخاصة بالعمل،

---

[1] انظر: المادة (814) من القانون المدني، المادة (19) من قانون العمل. وقد أوضحت محكمة العدل العليا في إحدى قراراتها الركن المميز لعقد العمل الفردي، إذ قضت بما نصه:(أن الركن الأساسي لعقد العمل هو تبعية العامل لرب العمل من حيث الأشراف والإدارة فإذا انتفى عنصر التبعية انتفى عقد العمل، وعليه وحيث أن المستدعي يعمل رئيسا لقسم المحاسبة في نقابة المحامين النظاميين وان طبيعة عمله تقضي بذلك أن يكون تحت إشراف وإدارة صاحب العمل فبالتالي تكون العلاقة بين المستدعي ونقابة المحامين النظاميين يحكمها عقد العمل بالمعنى المقصود بالمادة الثانية من قانون العمل). عدل عليا (2004/223)، مجلة نقابة المحامين، العدد الأول والثاني والثالث، السنة الثالثة والخمسون، عمان، 2005، ص120.

[2] انظر: د.محمد عبد الله نصار وزميله، المرجع السابق، ص85.

[3] انظر: د.همام محمد محمود زهران، المرجع السابق، ص35.

فليس هناك ما يمنع صاحب العمل من الاستعانة بخبراء أو فنيين يقومون بالعمل وبواجب الإشراف والرقابة بتفويض منه، لا سيما وان تلك المشروعات تحتاج إلى أعداد غير قليلة من العمال.

ومن ثم فإن التبعية القانونية في هذه الحالة تبرز في صورتها الأخرى وهي التبعية التنظيمية أو الإدارية، إذ يكفي لتحقق هذه الصورة من التبعية في الواقع هيمنة رب العمل على العامل من خلال ممارسة حقه في الإشراف والتوجيه لظروف العمل وجوانبه المختلفة من حيث تنظيم ساعات العمل ونطاقه، وفترات الراحة والإجازات، ومراقبة جداول المرتبات، وإصدار لوائح العمل، وما إلى ذلك من مسائل تنظيمية.

ولما كانت التبعية القانونية على هذا النحو ترتبط بتحقق مظاهر إحدى الصورتين السابقتين، فإنها والحالة هذه تعد مسألة وقائع، ويكون أمر استخلاصها مناطا بقاضي الموضوع الذي يخضع في استنباطه لرقابة محكمة التمييز.

وعليه، فإن اعتبار أصحاب المهن الحرة - مثلا - كالطبيب أو المحامى مرتبطين بعقد عمل أم لا، يرتبط بوجود عنصر التبعية بينهم وبين من يمارسون العمل لديه.

فإذا ما قام طبيب بعلاج عمال مصنع أو منشأة معينة عبر الاتفاق مع صاحبها وخضوعه تنظيميا له، فإن العلاقة الناشئة بينهما تمثل عقد عمل لتوافر عنصر التبعية القانونية، وإن كان الطبيب يمارس عمله من الناحية الفنية على وجه الاستقلال، إذ لا يتصور تدخل صاحب العمل بمزاولة الطبيب لعمله أثناء الفحص أو العلاج، فارتباط الأخير بصاحب العمل لا يكون في مثل هذه الحالة إلا إداريا.

وعلى النقيض من ذلك لا يمكن اعتبار الطبيب أو المحامي عاملا لدى المرضى أو الموكلين الذين يترددون عليه، لأن مثل هذه العلاقة لا يتوافر فيها عنصر التبعية القانونية في أي من صورتيها المختلفتين، فمثل هذه العلاقات تخرج عن إطار عقد وقانون العمل إلى نظام قانوني آخر[1].

---

[1] انظر: د.فتحي المرصفاوي، المرجع السابق، ص102.
يلاحظ بان علاقات المتعاقدين مع أرباب المهن كالمحامين والأطباء تشابه علاقات العمل، ذلك أنها قد تعد من عقود المقاولة أو الوكالة، أي أنها تندرج كعقد العمل ضمن العقود الواردة على العمل، وبالتالي فان المرجع في تنظيم هذه العلاقات هو بحسب الأصل القانون المدني، ألا أن الواقع يشير أيضا إلى وجود قوانين خاصة عدة تتصل بتنظيم هذه العلاقات، الأمر الذي حدى بجانب من الفقه إلى تلمس الطبيعة الخاصة بها.

ولعل تساؤلا قد يثار في هذا الصدد حول الحالة التي يعمل فيها شخص لحساب آخر على نحو يكون فيه العامل لضعفه وحاجته إلى الأجر يعتمد اقتصاديا بشكل رئيسي - إن لم يكن كليا- على صاحب العمل، كما في الحالة التي يعمل فيها عدد من الأشخاص في بيوتهم لحساب صاحب مشروع يستأثر بكامل إنتاجهم ومن دون أن يمارس عليهم أي رقابة أو إشراف، فهل تعد مثل هذه العلاقة من قبيل عقود العمل؟.

لا شك في إن التصور الاقتصادي لعنصر التبعية يلفت الانتباه إلى بعض العلاقات المشابهة التي يجدر بالمشرع إسدال الحماية على طرفها الأضعف - كما فعل المشرع الفرنسي[1]- إلا أن ذلك لا يعني إن إمكانية اعتبارها من قبيل عقود العمل متاحة، ذلك أن تبني المشرع للتبعية الاقتصادية إلى جانب التبعية القانونية، لا يخلو من صعوبات تجعل من مسألة تكييف العقد مسألة عقيمة، لأنها تصبح والحالة هذه تعتمد على عنصر خارجي عن عقد العمل قد يصعب ضبطه لعدم ارتباطه به أساسا[2].

الفرع الرابع
عنصر المدة

تعد المدة عنصرا جوهريا في عقد العمل، إذ قد يشير طرفاه لمدته، فيجعلانه لمدة محددة أو غير محددة، كما إنهما قد يقدران الأجر على أساس الزمن كاليوم أو الأسبوع أو الشهر، إلا أن الأهم من ذلك هو أنه لا يمكن تصور قيام طرفاه بتنفيذه إلا خلال مدة من الزمن يستغرقها،

وملاحظة تميزها عن العقود التقليدية المنظمة في القانون المدني، ومن ثم معالجتها بصورة مستقلة، وإطلاق مسميات خاصة بها، كعقد العلاج الطبي وعقد المحاماة، للمزيد من التفصيل انظر: د.عبد الرشيد مأمون، عقد العلاج بين النظرية والتطبيق، دار النهضة العربية، القاهرة، 1986. د.فايز الكندري، عقد المحاماة في القانون الكويتي والمقارن، الطبعة الأولى، منشورات جامعة الكويت، الكويت، 1999.

[1] اخذ المشرع الفرنسي بفكرة التبعية الاقتصادية على سبيل الاستثناء، ووفق شروط معينة في بعض المهن، كعمال المنازل، وبائعي الصحف، وحمالي الأمتعة، للمزيد من التفصيل راجع: د.فتحي المرصفاوي، المرجع السابق، ص104.

voir: Evelyne Barberousse-Guibert Diana Topezu,op.cit, p254.

[2] انظر: د.محمد علي عمران، المرجع السابق، ص 47. د.عبد الغني عمرو الرويمض، المرجع السابق،ص103.

لذلك فان المادة (1/806) من القانون المدني تنص على ما يأتي:(يجوز أن يكون عقد العمل لمدة محدودة أو غير محدودة أو لعمل معين) [1].

فالعقد المحدد المدة هو ذلك العقد الذي يتم تحديد ميعاد انتهائه بتحقق واقعة مؤكدة الحدوث، لا يرتبط وقوعها بمحض إرادة أي من طرفيه، وبعبارة أخرى هو العقد الذي يضاف إلى أجل فاسخ، إذ قد يكون ذلك الأجل تاريخا محددا، أو انتهاء فترة معينة، وهذا الأجل على كل حال معلوم لدى الطرفين منذ إبرام العقد، ولا يستطيع أي منهما الانفراد بإنهائه قبل حلول الأجل، فانقضاء موسم الصيف يعد أجلا فاسخا إذا ما تم الاتفاق بين العامل وصاحب فندق على العمل خلال ذلك الموسم فقط ؛ كما يشابه ذلك ويساويه أن يكون انتهاء العقد مرتبط بإتمام القيام بعمل معين، كما في جني العامل لمحصول معين، إذ لا يتصور استمرار عقد العمل إلى ما بعد انتهاء العامل من جني ذلك المحصول[2].

أما العقد غير المحدد المدة فهو العقد الذي لا يتم عند إبرامه تحديد أجل معين ينتهي بحلوله، إذ لا يكون كلا الطرفين عالما بميعاد انتهاء العقد، حتى وأن كان الأجر يحسب على أساس الزمن، إذ لا مانع يحول دون إبرام عقد عمل لغير مدة محددة مع إن الأجر فيه يدفع للعامل شهريا.

وعلى خلاف العقد المحدد المدة فإن أي من طرفي العقد غير المحدد المدة يستطيع إنهاءه بالإرادة المنفردة، لأنه لا يتصور أن يكون العقد مؤبدا طوال الحياة لتعارض ذلك مع مقتضيات النظام العام التي راعاها المشرع، والتي تقضي بحماية حرية الفرد واستقلاله[3].

إلا إن حرية العاقدين بإنهاء العقد غير المحدد المدة لا تعني بالضرورة إمكانية قيام أي منهما بإنهاء العقد كيفما شاء أو في الوقت الذي يريد، فالقانون لا يجيز التعسف في استعمال هذا الحق - كما في غيره- بل يوجب توجيه أخطار إلى الطرف الآخر لتلافي مفاجأته وعدم

---

[1] انظر المواد (2)، (15) من قانون العمل.

[2] انظر: د. محمود جمال الدين زكي، المرجع السابق، ص359 وما بعدها.

[3] تنص المادة (2/806) من القانون المدني على ما يأتي:(ولا يجوز أن تتجاوز مدته خمس سنوات فإذا عقد لمدة أطول ردت إلى خمس). ولقد أقر الفقه الإسلامي ذات الحكم، إذ إن الإنسان مكرم شرعا. وبالتالي فإن إجارته لا بد أن تكون مقيدة بزمن معين لضمان عدم استحالته إلى رق. للمزيد من التفصيل انظر: د.أحمد النجدي زهو، الوقت وأهميته في الالتزام بمقتضى أحكام الإسلام، مكتبة النصر، القاهرة، 1991، ص60.

الإضرار به، وإلا فإن المتضرر منهما يستحق تعويضا عما أصابه من أضرار[1].

وجدير بالذكر كذلك أن مسألة تحديد ما إذا كان العقد محدد المدة من عدمه تكون من خلال استجلاء نية طرفي العقد، وإلا فإن للقاضي تحديد ذلك وفق القواعد التقليدية في التفسير مع الأخذ بالحسبان أن الشك يفسر لمصلحة العامل.

المطلب الثاني
تمييز عقد العمل عن غيره من العقود

إن إسباغ القاضي للوصف القانوني الملائم على العقد المبرم بين طرفين إذا ما ثار نزاع بشأنه يحتل دورا مهما في إطار تحديد الآثار المترتبة عليه، خاصة إذا ما تعلق ذلك التكييف بعقد العمل الذي خص فيه المشرع أحد طرفيه بحماية قد لا تتوافر في كثير من العقود الأخرى.

وبعبارة أخرى، فان الجهد البشري المتمثل في العمل يمكن أن يكون موضوعا لعقود مختلفة كعقد المقاولة أو الوكالة أو الشركة، والخلط في ماهية العقد ومن ثم النظام القانوني الذي يخضع له لا تبدو إزالته يسيرة دون اللجوء إلى معيار دقيق يتم على أساسه التمييز بين عقد وآخر، لا سيما وإن إمكانية قيام أحد الطرفين بتغيير التسمية أو تمويه العبارات تبقى متاحة، كما إن ذلك قد لا يكون بحسن نية، بل في سبيل الإفلات من بعض الأحكام التي تفرض للطرف الآخر بعض المزايا أو الحقوق.

وعليه سنتولى في هذا المطلب من خلال أربعة فروع تمييز عقد العمل عن عقد المقاولة والوكالة والشركة والإيجار.

الفرع الأول
عقد العمل وعقد المقاولة

تعرف المقاولة ابتداء على إنها (عقد يتعهد أحد طرفيه بمقتضاه بأن يصنع شيئا أو يؤدي عملا لقاء بدل يتعهد به الطرف الآخر)[2].

---

[1] انظر: المادة (807) من القانون المدني، المادة (23) من قانون العمل.

[2] المادة (780) من القانون المدني.

يلاحظ من هذا التعريف اشتراك عقد المقاولة مع عقد العمل بالعديد من الخصائص، فعقد المقاولة يعد من العقود التي ترد على العمل، كما أن كلا العقدين يعد رضائيا ومن عقود المعاوضة الملزمة للجانبين، لذلك فإن التفرقة بينهما قد تدق في كثير من الأحيان.

وللتفريق بين كلا العقدين ذهب الفقه إلى تبني معايير مختلفة يمكن عرض أبرزها كالأتي:

1. معايير طبيعة الالتزام:

اتجه جانب من الفقه إلى أن فحوى وطبيعة الالتزام في كل عقد تختلف عن مثيله في العقد الآخر، ففي حين ينحصر التزام العامل في عقد العمل ببذل عناية، يكون التزام المقاول في علاقته مع صاحب العمل تحقيق نتيجة.

إلا أن مثل هذا المعيار لا يعد دقيقا من الناحية العملية، فلا مانع يحول دون جعل التزام العامل تحقيق نتيجة معينة- وكما هو الحال في عقد المقاولة- ومثال ذلك العامل الذي يرتبط عمله بإنتاج عدد معين من القطع تكون أساسا لاحتساب أجره[1]، حيث يكون التزامه في هذه الحالة مرتبطا بتحقيق نتيجة معينة وهي إنتاج عدد من القطع؛ كما انه لا يوجد ما يحول دون أن يكون الالتزام في عقد المقاولة التزاما ببذل عناية لا تحقيق نتيجة، وكما هو الحال في بقية عقود العمل التي لا يرتبط فيها عمل العامل بإنتاج عدد معين من القطع.

2. معيار تحديد الأجر:

فقد ذهب جانب من الفقه إلى تأسيس التفرقة بين كلا العقدين على كيفية تحديد أجر الطرف الذي يقع على عاتقه القيام بعمل، ففي حين يحسب أجر العامل في عقد العمل على أساس الزمن، يتحدد الأجر في عقد المقاولة بناء على الإنتاج، أي مقدار ما يتم تحقيقه أو إنجازه[2].

إلا أن هذا المعيار لم يسلم من النقد أيضا، إذ وجه إليه نقد قريب من ذلك الموجه إلى سابقه، فلا مانع يحول دون احتساب الأجر في كلا العقدين على أساس الزمن أو مقدار العمل المراد إنجازه، فطبيعة الالتزام وطريقة تحديد الأجر من المسائل التي قد تكون متشابهة في كلا العقدين.

---

[1] انظر في عرضه: د. عبد الغني عمر الرويمض، المرجع السابق،ص108. د.محمد علي عمران، المرجع السابق، ص55.

[2] انظر في عرضه: د.علي العريف، المرجع السابق، ص193. د.محمد عبد الله نصار وزميله، المرجع السابق، ص91. د.حمدي عبد الرحمن، المرجع السابق، ص56.

3. معيار شخص صاحب العمل:

فإذا كان صاحب العمل هو الجمهور دون تحديد الأشخاص كان العقد عقد مقاولة، أما إذا كان صاحب العمل شخصا محددا أو عدة أشخاص محددين فإن العقد يعد عقد عمل.

ومع ذلك فإن هذا المعيار لا يعد منضبطا بالشكل الكافي للاستناد إليه في التمييز بين العقدين، ذلك أن الواقع يثبت في أحيان متعددة عدم صلاحيته للتطبيق، فعلى سبيل المثال قد يتفق مقاول مع صاحب عمل على أداء عمل معين بالذات، ويقتصر نشاط المقاول طوال تلك الفترة على صاحب العمل المذكور، ومع ذلك فإن هذا العقد لا يعد عقد عمل، لأن المقاول ببساطة لا يعمل تحت الإشراف المباشر لصاحب العمل[1].

4. معيار التبعية القانونية:

لقد اتجه الفقه الغالب إلى تبني التبعية القانونية كمعيار للتمييز بين عقد العمل وعقد المقاولة، إذا أن سلطة وحق صاحب العمل في الإشراف والرقابة بصورتيها الفنية والتنظيمية هي المناط المعول عليه في التفريق بين العقدين، ولعل ذلك يبدو جليا من خلال استعراض تعريف عقد العمل ومقارنته بنظيره عقد المقاولة، فلا وجود لعنصر التبعية في عقد المقاولة[2].

---

[1] انظر في عرض هذا الرأي: د.فتحي المرصفاوي، المرجع السابق، ص108.

[2] انظر د.محمود جمال الدين، المرجع السابق،ص255. د. فتحي المرصفاوي، المرجع السابق، ص110. وقد جاء في قرار لمحكمة التمييز الآتي:(إن مناط التفريق بين عقد العمل وعقد المقاولة يكمن في وجود رابطة التبعية بين رب العمل والعامل وحيث توصلت محكمة الاستئناف إلى أن المدعي كان يتعامل مع المدعى عليه باستيفاء اجر كل قطعة ويختلف هذا الأجر من قطعة إلى أخرى وان المدعي لم يكن مرتبطا بوقت معين للدوام وان عمله كان يحدده وجود عمل وكان يستخدم عمالا لحسابه لإنجاز الأعمال المسلمة إليه ويقوم بدفع أجورهم من حسابه وان المدعي كان يقوم بتنفيذ أعمال لأشخاص آخرين غير المدعى عليه وانه بالتالي لم يكن يعمل لديه تحت إشرافه ومراقبته وان رابطة التبعية والإشراف التي تستلزم تحمل رب العمل المخاطر الاقتصادية لعمل المدعي غير متحققة فيكون تكييف العلاقة العقدية بأنها علاقة مقاولة في محله). تمييز حقوق (1999/2950)، مجلة نقابة المحامين، العدد التاسع والعاشر، السنة الخمسون، عمان، 2002، ص 2188. كما جاء في إحدى القرارات ما نصه:(أن الركن الأساسي لعقد العمل الذي يقوم به هو ركن تبعية العامل لرب العمل من حيث الإشراف والإدارة فإذا انتفى عنصر التبعية فلا مجال للقول بوجود عقد عمل. وعليه وحيث أن العلاقة بين المستدعي والشركة التي يعمل بها يحكمها عقد المقاولة وفقا للمادة 780 من القانون المدني وليس عقد عمل لانتفاء عنصر التبعية فيكون بالتالي ما يتقاضاه المستدعي من بدل هو عبارة عن مكافأة يخرج عن نطاق قانون الضمان الاجتماعي، وهو بذلك لا يعتبر عاملا بالمعنى المقصود بقانون العمل وإنما هو مقاول...). عدل عليا (2003/151)، مجلة نقابة المحامين، العدد العاشر والحادي عشر، السنة الحادية والخمسون، عمان، 2003، ص 2540.

الفرع الثاني
عقد العمل وعقد الوكالة

الوكالة هي (عقد يقيم الموكل بمقتضاه شخص آخر مقام نفسه في تصرف جائز معلوم)[1].

يتضح من التعريف السابق أن عقد الوكالة يشترك مع عقد العمل في أن كلا منهما يرد على العمل، إذ يقوم شخص بالعمل لحساب شخص آخر،لا بل وتحت رقابة وإشراف الموكل في بعض الأحيان، الأمر الذي قد يثير لبسا في نطاق كلا العقدين، لذلك فقد اتجه الفقه إلى وضع معايير مختلفة بهدف تحديد وتمييز كل عقد عن الآخر، وهذه المعايير هي:

1. معيار الأجر:

أن أساس التفرقة بحسب هذا المعيار تكمن في عنصر الأجر، فإذا كان عقد العمل لا يقوم من دون وجود أجر للعامل، فإن الأصل في عقد الوكالة أنه من العقود التبرعية التي لا يشترط فيها وجود الأجر، وبعبارة أخرى فإن المقابل في عقد الوكالة قد لا يكون موجودا والاستثناء وجوده، أما عقد العمل فإن المقابل فيه دائما موجود ومحدد[2].

ولم يصمد هذا المعيار أمام النقد الذي وجه إليه، وذلك لأن الوكالة وبالرغم من إنها قد تكون غير مأجورة، إلا أن الواقع العملي يشير إلى إنها غالبا ما تكون على العكس من ذلك، أي مأجورة، وكما هو الحال في عقد العمل.

2. معيار طبيعة العمل:

أن العمل الذي يقوم به الوكيل لا يمكن أن يكون محله إلا تصرفا قانونيا، في حين إن محله في عقد العمل يكون أداء عمل مادي ذهنيا كان أم بدنيا.

ومع ذلك فإن الفقه لم يسلم بهذا المعيار، ذلك إن طبيعة العمل لا تحدد بالشكل الكافي ماهية النظام القانوني لأي من العقدين دائما، فعقد العمل لا يقتصر في محله على الأعمال المادية فحسب، بل أنه وعلى العكس من ذلك قد يتعداها إلى التصرفات القانونية كذلك، فمثلا يقوم العمال في المحال التجارية بإجراء تصرفات قانونية تتمثل بالبيع للعملاء، كما أن المحامين المرتبطين

---

[1] المادة (833) من القانون المدني.

[2] انظر المادة (709) من القانون المدني.

بعقد عمل مع شركة معينة تنصب وظيفتهم على إجراء التصرفات القانونية وتمثيل شركاتهم أمام القضاء، ويضاف إلى ذلك أن مانعا لا يحول دون ارتباط الوكيل بعقد عمل لدى قيامه بذلك العمل[1].

3. معيار التبعية القانونية:

لم يجد الفقه مناصا من الرجوع إلى هذا المعيار باعتباره المميز والفيصل في التفريق بين عقد العمل وعقد الوكالة، إذ إن التفرقة تبدو جلية بين كلا العقدين إذا ما تم التمييز بينهما على أساس هذا المعيار[2]، ولا يحتج على ذلك بأن الوكيل قد يخضع لرقابة أو إشراف الموكل كما هو الحال بالنسبة لعلاقة العمل، وبالتالي الذهاب إلى القول بعدم كفاية هذا المعيار، ذلك انه يكفي لأعمال هذا المعيار- كما سبق أن أشرنا- وجود التبعية القانونية في أبسط صورها، وهي التبعية التنظيمية أو الإدارية، والتي يمكن التحقق من قيامها بوجود أي من مظاهرها، كإدراج اسم العامل في جدول المرتبات، أو إلزامه بساعات عمل محددة... إلى ما لذلك من مظاهر.

الفرع الثالث
عقد العمل وعقد الشركة

الشركة: (عقد يلتزم بمقتضاه شخصان أو أكثر يساهم كل منهم في مشروع مالي بتقديم حصته من مال أو من عمل لاستثمار ذلك المشروع واقتسام ما قد ينشأ عنه من ربح أو خسارة)[3].

يتضح من التعريف السابق أن العمل قد يعد حصة يسهم بتقديمها أحد الشركاء، ومن ثم فإن مركز الشريك قد يقترب من مركز العامل، وبما يفسح المجال لخلط قد يشوب تحديد ماهية العقد.

والأساس القانوني الذي يمكن الارتكاز إليه لإزالة مثل هذا الخلط يكمن في معيار التبعية القانونية، فالعامل يؤدي عمله تحت إشراف أو رقابة صاحب العمل، في حين يقوم الشريك بعمله

---

(1) انظر: د.محمد عبد الله نصار وزميله، المرجع السابق، ص97. د.محمد علي عمران، المرجع السابق، ص61.

(2) انظر: د.علي العريف، المرجع السابق، ص195. د.حمدي عبد الرحمن، المرجع السابق، ص67.

(3) انظر المادة (582) وما بعدها من القانون المدني.

بقصد المشاركة، إذ لا يخضع لأشراف أو رقابة بقية الشركاء[1]. فضلا عن أن الشريك لا يمكن أن ينأى بنفسه عما يحصل من خسارة قد تلحق بالشركة، وإلا كان العقد باطلا أصلا، وعلى العكس من العامل الذي يتقاضى أجرا ولا علاقة له بالربح أو الخسارة، هذا من جهة، ومن جهة أخرى فإن القواعد والأحكام الحمائية وتلك الخاصة بانتهاء عقد العمل، قد لا تكون مناسبة لطبيعة عقد الشركة، لما بين العقدين من اختلاف واسع[2].

الفرع الرابع
عقد العمل وعقد الإيجار

الإيجار: (تمليك المؤجر للمستأجر منفعة مقصودة من الشيء المؤجر لمدة معينة لقاء عوض معلوم)[3].

ولعل الخلط بين عقد العمل وعقد الإيجار لا يبدو ممكنا إذا ما نظرنا إلى محل الانتفاع في كلا العقدين، حيث يكون في عقد العمل منصبا على الجهد البشري- أي العمل- ولا يكون في عقد الإيجار منصبا إلا على شيء معين، سواء أكان ذلك الشيء عقارا أم منقولا.

ومع ذلك، فأن الواقع قد يفرز ما يثير ذلك الخلط أو اللبس، فمثلا يثير الاتفاق الذي يتم بين سائق سيارة الأجرة ومالكها الذي يقوم بتسليمها إلى الأول تساؤلا عن ماهية العقد المبرم بينهما، فهل يعد هذا الاتفاق عقد إيجار لتلك السيارة، أم عقد عمل بين السائق ومالك السيارة؟

أن مناط التمييز بين كلا العقدين - وكما في العقود السابقة- هو عنصر التبعية القانونية، فإذا ما قام مالك السيارة بممارسة سلطة أو حق الرقابة والإشراف على سائق السيارة كان العقد عملا، إذ يكفي للتحقق من وجود التبعية القانونية توفر أحد مظاهر التبعية التنظيمية، أما إذا ما كان مالك السيارة لا يمارس ذلك الحق بل يقتصر دوره على أخذ الأجرة المحددة المتفق عليها من السائق، فإن العلاقة تعد من قبيل عقود الإيجار لا العمل[4].

---

[1] انظر: د.فتحي المرصفاوي، المرجع السابق،ص124. د.حمدي عبد الرحمن، المرجع السابق، ص73.

[2] انظر المادة (583) وما بعدها من القانون المدني.

[3] انظر المادة (658) من القانون المدني.

[4] انظر: د.علي العريف، المرجع السابق، ص195. د.فتحي المرصفاوي، المرجع السابق،ص 120. د.محمد علي عمران، المرجع السابق، ص69.

المبحث الثاني
إبرام عقد العمل الفردي

لكي يتم الاتفاق بين العامل وصاحب العمل على الوجه الصحيح لا بد من الالتزام بالأحكام التي حددها المشرع، إذ لا يكفي لإبرام عقد العمل توافر أركانه وشروط صحته، بل يجب بالإضافة إلى ذلك عدم مخالفة القيود التي فرضها المشرع في هذا الصدد.

فالمشرع من خلال تنظيمه لعقد العمل حاول التركيز على بعض المحاور والمفاصل التي ارتأى أهمية السيطرة عليها وتماشيها مع ما رسمه من سياسات وأهداف تحاول بمجملها حماية حقوق الأيدي العاملة.

لذلك نرى أن المشرع تدخل لفرض قيود على حرية تعاقد الأطراف على العمل لاعتبارات إنسانية في الوقت الذي لم يغفل فيه الاعتبارات الوطنية أيضا.

كما تدخل المشرع ليفرض قواعد خاصة بإثبات عقد العمل تدرأ عن العامل بوسيلة أو بأخرى خطر هـدر حقوقه أو ضياعها، بعد أن ترك أو ارجع الكثير من الأحكام الخاصة باركان ذلك العقد أو شروط صحته للقواعد العامة في القانون المدني.

ومن جهة أخرى فان حرص المشرع على انتظام وتحديد قواعد وأحكام عقد العمل بلغ حتى المراحـل التمهيدية التي قد تسبقه، وسواء أكانت تلك المرحلة على شكل عقد عمل تحت الاختبار، أم عقد تدريب، أم وسـاطة تـتم بـين طرفي العقد.

لذلك فإن دراسة إبرام عقد العمل ستكون من خلال المطالب الأربعة الآتية:

المطلب الأول: القيود الواردة على حرية التعاقد على العمل.

المطلب الثاني: مقدمات عقد العمل.

المطلب الثالث: أركان عقد العمل.

المطلب الرابع: صحة عقد العمل وإثباته.

المطلب الأول
القيود الواردة على حرية التعاقد على العمل

إذا كان التعاقد على العمل يخضع إلى مبدأ سلطان الإرادة كمبدأ عام، فان ذلك لا يعني بأي حال ترك الحرية المطلقة للأشخاص في التعاقد على العمل كيفما يشاءون دونما ضوابط أو قيود، فقانون العمل الذي ابتغى المشرع من وجوده إسباغ حماية معينة لمصالح محددة على مستوى الفرد والجماعة، لا يبتعد بقواعده الآمرة عن إيراد بعض القيود على حرية التعاقد على العمل، وذلك انطلاقا من اعتبارات اجتماعية أو إنسانية أو وطنية.

غير أن ذلك لا يعني بحال انحسار حرية العمل والتعاقد عليه بشكل يلغي إرادة أطرافه، بل إن تلك الحرية تبقى متاحة ما دامت إنها لا تخرج عن القيود التي فرضها المشرع.

وعليه، فان دراسة تلك القيود الواردة على حرية التعاقد على العمل ستكون من خلال فرعين، نخصص الأول منهما لتلك القيود الواردة للاعتبارات إنسانية واجتماعية، والآخر لتلك الواردة للاعتبارات وطنية.

الفرع الأول
القيود الواردة على حرية التعاقد على العمل
لاعتبارات إنسانية واجتماعية

لما كانت قدرات وظروف العمال تتفاوت تبعا لاختلاف الجنس أو العمر أو الحالة الصحية، فان تنظيم عمل كل منهم لا بد وان يرتبط بحماية تفرض لمراعاة خصوصيته التي يتميز بها، وطبيعة جسمه أو ظروفه، ومن هنا فقد خص المشرع الأحداث والنساء والمعاقين من العمال ببعض الأحكام اللازمة لرعايتهم والمحافظة على حقوقهم، وذلك على الوجه الآتي:

أولا- تشغيل الإحداث:

يقصد بالحدث في قانون العمل الأردني:(كل شخص ذكرا كان أو أنثى بلغ السابعة من عمره ولم يتم الثامنة عشرة)[1].

---

[1] المادة الثانية من قانون العمل.

وإذا كانت الأعمال بمجملها في الحاضر لا تخلو من مشقة أو أخطار، فان السماح للأحداث بالعمل في سن مبكرة وقبل تمام إعدادهم من الناحية البدنية والعقلية قد يؤدي إلى إلحاق الضرر بهم وإعاقة نموهم الجسماني، هذا فضلا عن الحيلولة بينهم وبين الحصول على قسط واف من التعليم والتربية، لذلك فقد حاول المشرع تنظيم أوضاعهم من خلال فرض بعض الأحكام الخاصة بعملهم[1].

وقد ركزت هذه الأحكام بشكل أساسي على السن الذي يسمح فيه بتشغيل الأحداث، وأنواع الأعمال التي يجوز تشغيلهم بها، فضلا عن تحديد ساعات العمل وأوقات الراحة والإجازات، وبما يمكن إيجازه على النحو الآتي:

- سن العمل:

لقد قضت المادة (73) من قانون العمل بحظر استخدام الأحداث قبل بلوغهم سن السابعة عشرة، فلا بد من أن يكمل الحدث السادسة عشرة من عمرة ليسمح له بالعمل، أما فرض هذا الحد الأدنى للسن من المشرع الأردني فيبدو انه تم عند تحديده مراعاة السن الذي يكمل الحدث ببلوغه مرحلة التعليم الأساسي.

- أنواع العمل وشروطه:

لم يترك المشرع أمر تشغيل الإحداث متاحا في مختلف أنواع العمل، وإنما فرض في هذا الصدد الالتزام بما يصدر من قرارات وزارية تحدد الأعمال التي لا يسمح فيها بتشغيل الأحداث، وهي الأعمال الخطرة أو المرهقة أو المضرة بالصحة، إذ يتم تحديد هذه الأعمال من قبل وزير العمل بعد استطلاع آراء الجهات الرسمية المختصة[2].

---

[1] لقد قامت منظمة العمل الدولية بدور بارز على الصعيد الدولي، حيث تم من خلالها إصدار العديد من التوصيات والاتفاقيات الدولية الخاصة بتنظيم عمل الأحداث وحمايتهم، للمزيد من التفاصيل انظر د.محمد أحمد إسماعيل، تنظيم العمل للأحداث في تشريعات العمل العربية، دار النهضة العربية، القاهرة، 1993،ص1.

[2] انظر المادة (74) من قانون العمل. انظر كذلك: قرار وزير العمل الخاص بالأعمال الخطرة والمرهقة أو المضرة بصحة الأحدث الصادر بمقتضى المادة (74) من قانون العمل المنشور في الجريدة الرسمية (العدد 4181). وجدير بالملاحظة أن القرار المذكور كان قد أورد على سبيل المثال اعملا في تسع وعشرون مجالا يحظر تشغيل الأحداث فيها، ومن أمثلتها: التعامل مع الآلات والأجهزة الخاصة بصناعة النفط والغاز. العمل

ليس هذا فحسب، بل يجب على صاحب العمل قبل تشغيل أي حدث أن يطلب منه أو من وليه تقديم المستندات التالية:

أ- صورة مصدقة عن شهادة الميلاد.

ب- شهادة بلياقة الحدث الصحية للعمل المطلوب صادرة عن طبيب مختص ومصدقة من وزارة الصحة.

ج- موافقة ولي أمر الحدث الخطية على العمل في المؤسسة.

وتحفظ هذه المستندات في ملف خاص للحدث مع بيانات كافية عن محل إقامته وتاريخ استخدامه والعمل الذي استخدم فيه وأجره وإجازاته[1].

- أوقات العمل والراحة:

لقد قضت المادة (75) من قانون العمل بتحريم تشغيل الأحداث أكثر من ست ساعات في اليوم، وألزمت صاحب العمل بتوفير فترة أو أكثر للحدث العامل في سبيل أخذ قسط من الراحة أو تناول الطعام.

كما قضت هذه المادة أيضا بأنه يجب تنظيم فترات العمل والراحة بحيث لا يشغل الحدث تشغيلا فعليا أكثر من أربع ساعات متصلة، إذ يجب منحه بعد ذلك مدة لا تقل عن ساعة للراحة.

في المحطات الحرارية ومحطات الغازات المضغوطة. تشغيل وإدارة الرافعات المختلفة في الموانئ والمطارات والمصانع وغيرها. صنع واستعمال المتفجرات. إعداد وتعبئة وتفجير الألغام. إعداد رجال الإطفاء. أعمال حراسة الأنفس والممتلكات. أعمال البناء والإنشاء والصيانة التي تتطلب رفع الصقالات (مثل: أ- رفع الصقالات في عمليات البناء والتركيب في البنايات العالية والشاهقة. ب- وضع القوالب والقواطع الخشبية عند صب الأسمنت في الأجزاء المختلفة من المشاريع الإنشائية. ج- وضع الصقالات والقوالب في أعمال البناء التي تتم في المناجم والأنفاق). الأعمال التي تتطلب إجهادا جسميا شديدا (مثل: أ- رفع أو حمل أو دفع الأثقال أكثر من 25 كغم للذكور و15 كغم للإناث. ب- فك وتركيب الآلات والماكنات. ج- الحصاد اليدوي. د- الأعمال التي تتطلب نفس الحركات بالأيدي بشكل مستمر أو وضع مفروض على الجسم ولا يتطلب جهدا جسديا كبيرا مثل تركيب البلاط الصيني والأعمال المشابهة لها وأعمال الطابعات وعمال التلغراف وأعمال السجاد اليدوي). 17- العمل على ظروف البيئة الداخلية غير الملائمة (مثل: أعمال صب وصهر المعادن وصهر ونفخ الزجاج والعمل في الأفران الصناعية والمخابز والمطابع الكبيرة والعمل في المناجم والبرادات). انظر المادة الثانية من قرار وزير العمل الخاص بالأعمال الخطرة والمرهقة أو المضرة بصحة الأحداث.

[1] انظر المادة (76) من قانون العمل.

وإذا كان الحد الأقصى لعدد ساعات تشغيل الحدث هي ستة، فان شكا قد يثار حول مقدار الأجر الـذي يستحقه، لا سيما وان عددها بالنسبة للعامل غير الحدث هي ثمانية، بمعنى أن إعمال مبدأ التناسب هنا يقضي بإمكانية التمييز بـين العامل الحدث والعامل غير الحدث من حيث مقدار ما يستحقه كل منهما من اجر، وذلك بناء عـلى عـدد سـاعات العمـل التي يؤديها كل منهما، فهل يجوز إعطاء الحدث أجرا اقل؟

نعتقد بعدم جواز التمييز في الأجر بين عامل وآخر بداعي أن أحدهم يعد حدثا، بدلالة نص المادة الثانية من قانون العمل والتي أكدت على اعتبار الحدث عاملا ما دام أنه يؤدي عملا تابعا مأجورا[1]، الأمر الذي يعززه قرار مجلس الوزراء الخاص بتحديد الحد الأدنى لأجور العمال، والذي لم يميز بين العمال الأحداث وغيرهم من العمال من حيث الحد الأدنى المستحق من الأجر[2].

ومن جانب آخر فانه يحظر على صاحب العمل أيضا تشغيل الحدث ليلا في الفترة الواقعة بين الساعة الثامنة مساء وحتى الساعة السادسة صباحا، أو في أيام الأعياد الدينية والعطل الرسمية وأيام العطل الأسبوعية[3].

- العقوبات:

ولقد كفل المشرع التزام أصحاب الأعمال بهذه الأحكام الخاصة بتشغيل الأحداث عـبر فـرض غرامـة ماليـة عـلى المخالف منهم، إذ يعاقب صاحب العمل أو مدير المؤسسة بغرامة لا تقل عن مائة دينار ولا تزيـد عـلى خمسـمائة دينـار وتضاعف العقوبة حالة التكرار، ولا يجوز تخفيض العقوبة عن حدها الأدنى للأسباب التقديرية المخففة[4].

---

[1] تنص المادة الثانية من قانون العمل في تعريفها للعامل على انه:(كل شخص ذكرا كان أو أنثى يؤدي عملا لقاء أجر ويكون تابعا لصاحب العمل وتحت إمرته ويشمل ذلك الأحداث ومن كان قيد التجربة أو التأهيل).

[2] جاء في المادة الثالثة من القرار الخاص بتحديد الحد الأدنى لأجور العمال ما نصه:(يطبق الحد الأدنى للأجور في هذا القرار على العمال المشمولين بأحكام قانون العمل رقم (8) لسنة 1996). يشار إلى أن بعض المشرعين- كالمشرع المصري- كان قد تبنى موقفا ميز فيه بين العامل الطفل وغيره من العمال في مقدار الأجر المستحق لكل منهما، الأمر الذي كان مثارا لنقد جانب من الفقه، للمزيد من التفصيل انظر: د.حسام الدين كامل الاهواني، حقوق الطفل في قانون العمل، مجلة العلوم القانونية والاقتصادية، تصدر عن جامعة عين شمس، العدد الأول، السنة السادسة والثلاثون، القاهرة، 1994، ص12.

[3] انظر المادة (75) من قانون العمل.

[4] المادة (77) من قانون العمل.

ثانيا- تشغيل النساء:

إن ما أورده المشرع من قيود على حرية عمل المرأة يمثل صورة لتوازن حاول المشرع فرضه بالتوفيق بين اعتبارين مختلفين، أولهما عدم إغفال مبدأ المساواة بين الرجل والمرأة أمام القانون، وثانيهما ما تدعو إليه ظروف الأنوثة والأمومة من مراعاة على اعتبار إنها تفضي إلى التمييز بين الجنسين.

ففي حين تشير المادة الثانية من قانون العمل إلى مبدأ المساواة بين الجنسين، وذلك عند تعريفها للعامل بأنه كل شخص ذكر كان أو أنثى يؤدي عملا مقابل اجر، عاد المشرع في مواد تالية من القانون ذاته إلى التأكيد على الخصوصية التي تتمتع بها المرأة، انطلاقا من الطبيعة البدنية الخاصة بها، وحساسية الدور الاجتماعي الملقى على عاتقها، إذ يمكن تتبع تلك الأحكام الحاصلة في العديد من المسائل والأوضاع التي التفت المشرع إليها[1]، حيث اخضع تشغيل المرأة إلى قيود عدة، يمكن إجمالها على النحو الآتي:

حظر تشغيل النساء في بعض الصناعات والأعمال، لا سيما الشاقة والخطرة منها، والتي يصدر بتحديدها قرار من وزير العمل[2].

الأمر الذي عاد ليؤكد المشرع على مثله بصدد النساء الحوامل بغية حمايتها والجنين من الأخطار، إذ حظر استخدامها في الأعمال التي تؤدى إلى التعرض إلى الإشعاعات والأبخرة والمواد الكيميائية[3].

---

[1] المواد (67- 72) من قانون العمل.

[2] لقد اصدر وزير العمل قرار خاصا بالأعمال و الأوقات التي يحظر تشغيل النساء فيها، وذلك استنادا للمادة(69) من قانون العمل التي تلزم بذلك، وقد نشر القرار في الجريدة الرسمية العدد (4201) الصادر بتاريخ1997/4/30م. حيث نصت المادة الثانية منه على ما يأتي:(يحظر تشغيل النساء في الصناعات والأعمال الآتية: 1.المناجم والمحاجر وجميع الأعمال المتعلقة باستخراج المعادن والحجارة تحت سطح الأرض. 2.صهر المعادن. 3. تغضيض المرايا بواسطة الزئبق. 4.صناعة المواد المتفجرة والمفرقعات والأعمال المتعلقة بها. 5.لحام المعادن بكافة أشكالها. 6. العمليات التي يدخل في تداولها أو تصنيعها مادة الرصاص مثل: صهر الرصاص, أول أكسيد الرصاص, صناعة مركبات الرصاص, إلخ.... 7.عمليات المزج والعجن في صناعة وإصلاح البطاريات الكهربائية. 8.تنظيف الورش التي تزاول الأعمال المبينة في البنود 6, 7 أعلاه. 9. صناعة الزفت (الإسفلت). 10. صناعة الكاوتشوك. 11. شحن وتفريغ وتخزين البضائع في الأحواض والأرصفة والموانئ ومخازن الاستيداع واستقبال وصيانة السفن).

[3] جاء في المادة الثالثة من قرار وزير العمل الخاص بالأعمال و الأوقات التي يحظر تشغيل النساء فيها ما نصه:(يحظر تشغيل النساء الحوامل في الأعمال التالية: 1. الأعمال التي تشمل التعرض للإشعاعات الذرية أو النووية وأشعة اكس خلال فترة الحمل. 2. أي عمل يستدعي تداول أو التعرض لأبخرة وأدخنة أي من

حظر تشغيل النساء ليلا من الساعة الثامنة مساء وحتى الساعة السادسة صباحا، على أنه قد يرد على هذه الحالة استثناء بالنسبة للأحوال والأعمال والمناسبات التي يصدر بتحديدها قرار من وزير العمل، كما في العمل في المستشفيات والمطارات وشركات النقل البرية والمائية والجوية[1].

منح المرأة العاملة الحق في الحصول على إجازة أمومة بأجر كامل قبل الوضع وبعده مجموع مدتها عشرة أسابيع، على أن لا تقل المدة التي تقع من هذه الإجازة بعد الوضع عن ستة أسابيع، ويحظر تشغيلها قبل انقضاء تلك المدة[2].

منح المرأة العاملة بعد انتهاء إجازة الأمومة الحق في أن تأخذ خلال سنة من تاريخ الولادة فترة أو فترات مدفوعة الأجر بقصد إرضاع مولودها الجديد لا يزيد في مجموعها على الساعة في اليوم الواحد[3].

مشتقات النفط. 3. الأعمال التي يصحبها التعرض لمواد ماسخة للأجنة (تراتوجينية) 4. الأعمال التي تستلزم التعرض للإثيلين في الصباغة وثاني كبريتيد الكربون في صناعة الحرير الصناعي والسيلفوان والمواد الهدروكربونية في تكرير البترول والزئبق والفسفور والنيتروبنزول والمنجنيز والكالسيوم والبيريليوم).

[1] لقد نص قرار وزير العمل الخاص بالأعمال و الأوقات التي يحظر تشغيل النساء على تحديد الأحوال والأعمال والمناسبات التي يجوز تشغيل النساء فيها في الفترة ما بين الساعة الثامنة مساء والسادسة صباحا، فقد نصت المادة الرابعة منه على الآتي:(لا يجوز تشغيل النساء ما بين الساعة الثامنة مساء والسادسة صباحا إلا في الأعمال التالية: 1. العمل في الفنادق والمطاعم والمقاهي ودور الملاهي والمسارح ودور السينما. 2. العمل في المطارات وشركات الطيران والمكاتب السياحية. 3.العمل في المستشفيات والمصحات والعيادات. 4.العمل في نقل الأشخاص والبضائع بالطرق المائية والجوية والبرية. 5.العمل في قطاع تكنولوجيا المعلومات والمهن المرتبطة بها. 6. أعمال الجرد السنوي وإعداد الميزانية والتصفية وقفل الحسابات والاستعداد للبيع بأثمان مخفضة والاستعداد لافتتاح المواسم، أو لمنع وقوع خسارة في البضائع أو أي مادة أخرى تتعرض للتلف أو لتجنب مخاطر عمل فني أو من أجل تسلم مواد معينة أو تسليمها أو نقلها ويشترط أن لا يزيد عدد الأيام التي تنطبق عليها أحكام هذه الفقرة على 30 يوما في السنة وأن لا تزيد ساعات العمل الفعلية على 10 ساعات في كل يوم كما يشترط إبلاغ مديرية العمل والتشغيل المعنية بذلك). يلاحظ بأنه تم إدخال تعديل هذه المادة بموجب القرار المعدل للقرار الخاص بالأعمال والأوقات التي يحظر تشغيل النساء فيها لسنة 1997م، والذي نشر في الجريدة الرسمية في العدد (4508)، والصادر بتاريخ 2001/10/1.

[2] انظر المادة (70) من قانون العمل. لقد ذهب جانب من المشرعين إلى منح العاملة الحامل حقوقا أخرى إضافة إلى إجازة الأمومة، كالرعاية الطبية، فقد جاء في المادة (153) من نظام العمل السعودي ما نصه:(على صاحب العمل توفير الرعاية الطبية للمرأة العاملة أثناء الحمل والولادة).

[3] انظر المادة (71) من قانون العمل.

إعطاء المرأة التي تعمل في مؤسسة تستخدم عشرة عمال أو أكثر الحق في الحصول على إجازة دون أجر لمدة لا تزيد على سنة للتفرغ لتربية أطفالها، ويحق لها الرجوع إلى عملها بعد انتهاء هذه الإجازة، على أن تفقد هذا الحق إذا عملت بأجر في أي مؤسسة أخرى خلال تلك المدة.

إلزام صاحب العمل الذي يستخدم ما لا يقل عن عشرين عاملة متزوجة تهيئة مكان مناسب يكون في عهدة مربية مؤهلة لرعاية أطفال العاملات الذين تقل أعمارهم عن أربع سنوات، على أن لا يقل عددهم عن عشرة أطفال[1].

- العقوبات:

لقد كفل المشرع الالتزام بهذه الأحكام التي جاءت في أغلبها كاعتراف بالحقوق اللصيقة بشخصية المرأة العاملة عبر فرض ذات العقوبة المترتبة على مخالفة القيود الواردة على تشغيل الأحداث، أي الغرامة بما لا يقل عن مائة دينار وبما لا يزيد على خمسمائة دينار ومضاعفة العقوبة حال التكرار، كما ولا يجوز تخفيض العقوبة عن حدها الأدنى للأسباب التقديرية المخففة[2].

ثالثا- تشغيل المعاقين:

لقد قرر المشرع الأردني قيودا على حرية صاحب العمل في اختيار عماله عندما الزم بتشغيل فئة من الأشخاص القادرين على أداء أعمال معينة بعد تأهيلهم بغية توفير فرص العمل لهم وحمايتهم من البطالة، هؤلاء الأشخاص هم العمال المعاقين.

والمقصود بالعمال المعاقين الأشخاص الذين لحق بقدراتهم نقص ما ناجم عن قصور عضوي أو عقلي أو حسي أو نتيجة عجز خلقي منذ الولادة[3].

وقد قضى المشرع في المادة (13) من قانون العمل بتشغيل هؤلاء الأشخاص وفقا لضوابط محددة، يمكن أجمالها على النحو الأتي:

1- أن يكون صاحب عمل يستخدم في منشأته خمسين عاملا أو أكثر.

---

[1] انظر المادة (72) من قانون العمل.

[2] انظر المادة (77) من قانون العمل.

[3] انظر: د.أحمد خليف الضمور، الوجيز في شرح التشريعات العمالية والاجتماعية في المملكة الأردنية الهاشمية، 2005، ص27. وانظر المادة الثانية من قانون رعاية المعوقين رقم (12) لسنة 1993.

2- أن يستخدم صاحب العمل من أولئك العمال عددا لا يقل عن اثنين بالمائة (2 %) من مجموع عماله.

3- أن تكون طبيعة العمل الذي يزاوله صاحب العمل تسمح باستخدام هذه الفئة من العمال.

4- أن يكون قد تم تأهيل من يتم تشغيله من هؤلاء العمال مهنيا بواسطة برامج وترتيبات ومعاهد التأهيل المهني الخاصة بهم، والمعتمدة من قبل وزارة العمل أو التي تم أنشأتها بالتعاون مع المؤسسات الرسمية أو الخاصة.

ولكن ماذا بشأن العمال غير المؤهلين مهنيا على النحو الذي حدد آنفا، كما هو الحال بالنسبة للعمال المعاقين الحاصلين على درجات علمية، أو حتى العمال المعاقين غير المؤهلين الذين يرغبون بشغل أعمال لا تتطلب التأهيل؟

نعتقد بان المشرع لم يولهم اهتمامه، وهو ما يشكل قصورا في قانون العمل يجدر تداركه.

5- أن يرسل صاحب العمل بيانا إلى الوزارة يحدد فيه الأعمال التي يشغلها المعوقون الذين تم تأهيلهم مهنيا وأجر كل منهم، وذلك بغرض تمكين الوزارة من بسط رقابتها على تطبيق أحكام المتعلقة بتشغيل هذه الفئة من العمال.

كما يلحق بهذه الفئة من العمال العامل العاجز جزئيا، إذ يجب بمقتضى المادة (14) من قانون العمل على صاحب العمل الذي يصاب لديه هذا العامل تشغيله وفقا لما يأتي:

1- أن تكون الإصابة الناجمة عن العمل قد ألحقت بالعامل عجز دائم جزئي.

2- ألا يمنعه ذلك العجز من أداء عمل غير عمله الذي كان يقوم به.

3- أن يتوافر لدى صاحب العمل عمل آخر يناسب حالة العامل.

4- أن يتقاضى العامل الأجر المخصص للعمل الجديد، على أن تحسب حقوقه المالية عن المدة السابقة لإصابته على أساس أجره الأخير قبل الإصابة.

الفرع الثاني
القيود الواردة على تشغيل الأجانب

يعد الحرص على التقليل من منافسة العمالة الوافدة للعمالة الوطنية وحماية الأخيرة من البطالة والاقتصاد الوطني من استنزافه بإخراج العملات الصعبة من ابرز العوامل التي تحث المشرع للتدخل على حرية أصحاب العمل في اختيار عمالهم، وفرض القيود المختلفة عليهم إذا ما رغبوا بالاستعانة بالعمال الأجانب.

فقد قضت المادة (12) من قانون العمل بضرورة مراعاة القيود التالية عند تشغيل العمال الأجانب، وتحت طائلة العقوبات:

1- ألا يستخدم أي عامل غير أردني إلا بموافقة وزير العمل أو من يفوضه.

2- أن يتطلب العمل الذي يتم استقدام العامل الأجنبي من اجله خبرة وكفاءة غير متوفرة لدى العمال الأردنيين، أو أن يكون العدد المتوفرة منهم لا يفي بالحاجة[1]، على أن تعطى الأولية في ذلك أيضا للخبراء والفنيين والعمال العرب.

3- أن يحصل العامل غير الأردني على تصريح عمل من الوزير أو من يفوضه قبل

---

[1] تقوم وزارة العمل لغرض تحديد المهن التي يتوافر فيها عمالة وطنية بإصدار قائمة المهن المغلقة، وهي قائمة يحدد بموجبها المهن التي لا يسمح فيها باستقدام العمالة الوافدة، ومن أمثلة المهن التي أدرجت على هذه القائمة: المهن الطبية، والهندسية، والإدارية والمحاسبية، والمهن الكتابية بما في ذلك أعمال الطباعة والسكرتارية، بالإضافة إلى أعمال المقاسم والهواتف والتوصيلات، وأعمال المستودعات، وأعمال البيع بكافة فئاتهم، وأعمال قص الشعر (الكوافير)، وأعمال الديكور، فضلا عن أعمال بيع المحروقات في المدن الرئيسية، ومهن الكهرباء، والميكانيك وتصليح السيارات، والسواقين، والحراس والمراسلون، وخدم العمارات، كما أضيف إليها المهن التعليمية بكافة تخصصاتها، باستثناء التخصصات النادرة عند تعذر وجود الأردني. انظر كذلك المادة (6) من تعليمات شروط وإجراءات استخدام واستقدام العمال غير الأردنيين لسنة 2005.
وما يجدر ملاحظته هو أن مفردات هذه القائمة عرضة للتغيير بين فترة وأخرى، وذلك تبعا لمدى حاجة أصحاب العمل للعمالة في هذه المهن.
ومن جهة أخرى فان المغلقة المهن قد تتخذ مفهوما آخر، فقد يقصد بها: المهن التي يشترط فيمن يمارسها من العمال أن يكون عضوا في النقابة الخاصة بتلك المهنة، وان تستمر عضويته فيها طوال مدة العقد.انظر معجم القانون،(اشترك بوضعه مجموعة من أساتذة القانون)، منشورات مجمع اللغة العربية، القاهرة، 1999، ص395.

4- استقدامه أو استخدامه[1]، ذلك انه لا يجوز منح تصريح العمل لأي شخص غير أردني دخل المملكة لغير قصد العمل[2]، كما يجب ألا تزيد مدة التصريح هذا على سنة واحدة قابلة للتجديد.

5- أن يستوفى من صاحب العمل رسما مقابل صرف تصريح عمل لكل عامل غير أردني أو تجديده، ويعتبر هذا الرسم الذي تستوفيه وزارة العمل إيرادا للخزينة، إذ يتم تحدد مقداره بموجب نظام يصدر لهذا الغرض[3].

---

[1] جاء في قرار لمحكمة التمييز الآتي:(إن عقود العمل التي يجريها العامل الأجنبي لا ترتب آثارها القانونية ومنها المطالبة بالحقوق العمالية الناجمة عن تلك العقود ما لم يكن العامل قد حصل على تصريح بالعمل من الجهة المختصة وفق القانون. تمييز حقوق (1999/2955)، مجلة نقابة المحامين، العدد الحادي عشر والثاني عشر، السنة الخمسون، عمان، 2002، ص 2864.

[2] انظر المادة (2/6) من تعليمات شروط وإجراءات استخدام واستقدام العمال غير الأردنيين لسنة 2005، والصادرة بموجب نص المادة (3) من نظام رسوم تصاريح عمل العمال غير الأردنيين رقم (36) لسنة 1997

[3] انظر: نظام رسوم تصاريح عمل العمال غير الأردنيين رقم (36) لسنة 1997. تعليمات شروط وإجراءات استخدام واستقدام العمال غير الأردنيين لسنة 2005 والتي جاء في المادة السادسة منها (13) شرطا وضابطا للسماح باستقدام العمال الأجانب ومنحهم تصاريح العمل وتجديدها، وهي على النحو الآتي:(يتم تنفيذ أحكام هذه التعليمات وفق الأسس التالية: 1. يتم استقدام واستخدام أو تجديد تصاريح العمل للعمال غير الأردنيين وفق احتياجات قطاعات سوق العمل وقائمة المهن المغلقة على أن تحدد الوزارة نسبة العمالة غير الأردنية في القطاعات التي ترتئيها وبما يخدم سياسة الإحلال التدريجي للعمالة الأردنية محل العمالة غير الأردنية. 2.لا يمنح تصريح العمل لأي شخص غير أردني دخل المملكة لغير قصد العمل. 3. يتم تجديد تصريح العمل أو تغيير مكان العمل للجنسيات المقيدة بالإقامة السنوية المشروطة لسنة واحدة بعد مخاطبة وزارة الداخلية بشأنها وفقا للأسس. 4. يتم تجديد تصريح العمل للمدة المتبقية من تاريخ حصوله على التصريح السابق. 5.عند مغادرة العامل الوافد غير المقيد بالإقامة السنوية البلاد يعتبر تصريح عمله الساري المفعول لاغيا بعد مرور شهرين من تاريخ المغادرة. 6. لا يتم تجديد تصريح عمل أي عامل غير أردني صدر بحقه قرار تسفير ما لم يتم إلغاء هذا القرار. 7. لا يسمح بانتقال العامل غير الأردني الذي تم استقدامه من خارج المملكة من صاحب عمل إلى آخر. 8. يجوز انتقال العامل المستخدم من صاحب عمل إلى آخر بعد الحصول على إخلاء طرف من صاحب العمل الذي يعمل لديه. 9. على صاحب العمل إبلاغ المديرية التي أصدرت تصريح العمل للعامل الوافد بترك العامل للعمل دون علمه. 10. لا يمنح صاحب العمل الذي استقدم العامل تصريح عمل لعامل آخر إلا بعد إحضار ما يثبت أن العامل الأسبق قد غادر المملكة. 11. تنظر اللجنة الفنية المشكلة من كل من وزارات العمل والداخلية والتعليم العالي في الطلبات المقدمة من الجامعات الرسمية والخاصة باستخدام أعضاء هيئات التدريس من غير الأردنيين. 12. يتم النظر في الطلبات المقدمة من أصحاب الشركات الاستثمارية في المناطق الصناعية المؤهلة والمناطق الحرة من قبل ممثل الوزارة في النافذة الاستثمارية في مؤسسة تشجيع الاستثمار والذي يتولى توقيع الاتفاقية الثنائية معها بما يضمن تدريب العمال الأردنيين والإحلال التدريجي

العقوبات:

ولقد كفل المشرع احترام وتطبيق ما أورده من أحكام بشأن تشغيل الأجانب عندما قضى في المادة (12) من قانون العمل بمعاقبة كل صاحب العمل أو مدير المؤسسة بغرامة لا تقل عن خمسين دينارا ولا تزيد على مائة دينار عن كل شهر أو الجزء من الشهر عن كل عامل غير أردني يستخدم بصورة تخالف أحكام هذا القانون، ولا يجوز تخفيض الغرامة عن حدها الأدنى في أي حالة من الحالات، أو لأي سبب من الأسباب.

وعلى الأخص تعد مخالفة لأحكام هذا القانون استخدام العامل غير الأردني في أي من الحالات التالية:

1. استخدامه دون الحصول على تصريح عمل[1].

للعمالة الأردنية محل العمالة غير الأردنية. 13. يمنح المكتب الإقليمي بناء على كتاب من وزارة الصناعة والتجارة العدد المطلوب من العمالة الوافدة على أن لا يقل عدد المستخدمين الأردنيين عن النصف).

انظر كذلك تعليمات أسس و شروط استيفاء رسوم تصاريح العمل للعمال غير العرب في مشاريع المناطق الصناعية المؤهلة التي يتم توسعتها، والصادرة أيضا بمقتضى البند (2) من الفقرة (ج) من المادة (3) من نظام رسوم تصاريح عمل العمال غير الأردنيين رقم (36) لسنة 1997.

[1] انظر المادة (12/و) من قانون العمل. وقد تعرضت محكمة التمييز الأردنية لتطبيق مماثل للحالة المشار إليها، إذ قضت بالآتي:(استقر الفقه والقضاء على انه يشترط لصحة القرار الإداري أن يكون مستندا إلى سبب صحيح يبرره من حيث الواقع والقانون، وحيث أن القرار الطعين المتضمن تسفير العمال غير الأردنيين (المستدعين) بداعي عدم وجود تصاريح عمل لديهم خلافا لاحكام المادة (12) من قانون العمل بالرغم من أن المستدعين قاموا بتجديد تصاريح العمل الخاصة بهم قبل صدور القرار الطعين، فيكون القرار بترحيلهم من البلاد لا يستند إلى سبب صحيح من الواقع ومخالفا للقانون ويستوجب الإلغاء). عدل عليا (99/97)، مجلة نقابة المحامين، العدد التاسع والعاشر، السنة السابعة والأربعون، عمان، 1999، ص3058.

ومع ذلك، نعتقد بان القرار السابق قد جانب الصواب. فالحالة التي ذكرها المشرع الأردني في المادة (13) من قانون العمل تتطلب لإيقاع العقوبة المنصوص عليها استخدام العامل الأجنبي دون الحصول على تصريح عمل، إلا أن ذلك لا يعني بحال عدم إمكان معاقبتهم أن هم قاموا بالحصول على تصريح عمل بعد ضبطهم وقبل تسفيرهم، والقول بغير ذلك يعني السماح بالالتفاف على هذا الحكم وإضاعة الحكمة التي شرع من اجلها، فلا يبادر العمل الأجنبي إلى الحصول على تصريح العمل إلا عقب ضبطه.

وعلى نحو مشابه للقرار السابق جاء في قرار آخر ما نصه:(يصدر الوزير قرارا بتسفير العامل المخالف لاحكام هذه المادة إلى خارج المملكة على نفقة صاحب العمل أو مدير المؤسسة ويتم تنفيذ هذا القرار من قبل السلطات المختصة وذلك وفقا لاحكام المادة (12/و) من قانون العمل رقم 8 لسنة 1996 وعليه وبما أن المستدعي لم يكن يحمل تصريح عمل بتاريخ صدور قرار تسفيره فيكون بالتالي القرار الصادر عن وزير

2. استخدامه بصورة مؤقتة أو دائمة لدى صاحب عمل غير المصرح له بالعمل لديه ما لم يكن حاصلا على إذن بذلك من الجهة المختصة في الوزارة[1].

ومع ذلك فانه يجوز انتقال العامل المستخدم من صاحب عمل إلى آخر بصورة دائمة بعد الحصول على إخلاء طرف من صاحب العمل الذي يعمل لديه[2].

3.استخدامه في مهنة غير المهنة المصرح له العمل بها[3].

كما ألزمت المادة المذكورة بتسفير العامل المخالف لهذه الأحكام إلى خارج المملكة على نفقة صاحب العمل أو مدير المؤسسة بقرار يصدره الوزير، ولا يجوز إعادة استقدام أو استخدام العامل غير الأردني الذي يتم تسفيره قبل مضي ثلاث سنوات على الأقل من تاريخ تنفيذ قرار التسفير[4].

العمل بإبعاد المستدعي خارج البلاد موافقا للقانون ولا يرد احتجاج وكيل المستدعي بان موكله احتصل بتاريخ لاحق على تصريح عمل وصوب وضعه ذلك لان الاجتهاد استقر على إن مشروعية القرار الإداري وسلامته تتحددان بحسب الأوضاع القانونية عند إصداره لا بما يستجد بعد ذلك من أحداث من شأنها أن تغير وجه الحكم). عدل عليا (97/389)، مجلة نقابة المحامين، العدد السابع والثامن، السنة السادسة والأربعون، عمان، 1998، ص3291. انظر كذلك: عدل عليا (98/533)، مجلة نقابة المحامين، العدد التاسع والعاشر، السنة السابعة والأربعون، عمان، 1999، ص3015.

[1] انظر المادة (12/و) من قانون العمل. وقد تعرض القضاء لمثل هذه الحالة في أحد أحكامه، فنص على الآتي:(لا يرد القول أن تصريح العمل للعامل غير الأردني للعمل في الأعمال الزراعية لا يخوله العمل في مصنع للاجبان بداعي أن ذلك ينطوي على مخالفة شروط الاستخدام وفقا للمادة (12/ج/3) من قانون العمل، إذ أن تربية الأبقار والأغنام في المزارع وتصنيع منتوجاتها يعتبر من الأعمال الزراعية إضافة إلى أن وجود مخالفة في شروط الاستخدام الواردة في الفقرة (ب) من المادة (12/ج) المشار إليها يقصد فيها تحقق المخالفة بحق صاحب العمل وليس لغايات ترحيل العامل الذي يحمل تصريح عمل عدل عليا (99/97)، مجلة نقابة المحامين، العدد التاسع والعاشر، السنة السابعة والأربعون، عمان، 1999، ص3058.

وما يلاحظ بصدد هذا القرار هو إشارته إلى أن استخدام العامل في غير المهنة المصرح له العمل بها إنما يشكل مخالفة بحق صاحب العمل، وهو ما نعتقد خلافه، فالغرض من إيراد هذا الحكم وبقية أحكام الفصل الثالث الخاص بالتشغيل و التوجيه المهني هو تنظيم سوق العمل وحماية العمالة الوطنية.

[2] انظر الفقرة السابعة والثامنة من المادة السادسة من تعليمات شروط وإجراءات استخدام واستقدام العمال غير الأردنيين لسنة 2005.

[3] انظر المادة (12/و) من قانون العمل.

[4] انظر المادة (12/ز) من قانون العمل.

المطلب الثاني
مقدمات عقد العمل

قد لا يتم إبرام عقد العمل بين العامل ورب العمل بصورة فورية أو مباشرة في كثير من الأحيان، ذلك إن الانتشار الواسع للصناعات الضخمة وما أدت أليه التطورات التقنية الهائلة التي شهدها العالم في العصر الحاضر أفضى إلى جملة من النتائج التي يبرز من بين أهمها ضرورة توفر قدر من الكفاءة والخبرة لدى العامل عند مزاولته لمهنته، يضاف إلى ذلك إن التخصص والندرة في الكثير من الأعمال صار مطلبا معهودا غير نادر الحدوث.

ولعل ذلك أدى بدوره إلى لفت الانتباه إلى أهمية المراحل التي تسبق مزاولة العامل لعمله، وسواء أكانت هذه المرحلة تتمثل في إعداد طالب العمل إعدادا مهنيا دقيقا، أم كانت تتضمن إخضاعه إلى فترة تختبر فيها قدراته، أم كانت تنطوي فقط على محاولة إيجاد أو توفير فرصة العمل الملائمة لقدرات العامل ورغباته.

إن هذه المراحل التي قد تسبق إبرام عقد العمل لم تعد من المسائل الهامشية التي لا يجدر تنظيمها ومعالجتها، بل وعلى العكس من ذلك، فإن المشرع وجه عنايته إليها بوصفها إحدى الركائز التي يتم تنظيم العمل وحماية العمال من خلالها، لذلك نرى من الضروري التعرض لأبرز أوجه تلك المراحل أو المقدمات التي تسبق عقد العمل، وذلك من خلال ثلاثة فروع، نخصص الأول منها إلى الوساطة في إبرام عقد العمل، والثاني لعقد التدريب المهني، أما الأخير فلعقد العمل تحت الاختبار.

الفرع الأول
الوساطة في إبرام عقد العمل

قد لا يستطيع العامل الحصول على العمل الذي يلائم ظروفه وقدراته ورغباته، كما أن صاحب العمل قد لا يتوفر لديه الوقت أو الفرصة الملائمة للبحث عن العامل المناسب الذي يمكن له القيام بالعمل على وجه حسن وبصفة مستمرة، لذلك فإن الحاجة والظروف قد تقضي بإتاحة المجال لطرف أو جهة أخرى تتولى البحث والتقريب بين أطراف العلاقة المزمع إنشائها، حيث تؤدي الوساطة دورا حيويا لا يمكن إنكاره، لا سيما وإن آثار تلك الوساطة لا تقتصر على تحقيق

النفع لطرفي عقد العمل فحسب، بل إنها تبرز كذلك بوصفها أداة أو وسيلة فاعلة على مستوى سوق العمل وحل مشكلة البطالة.

ومن هنا فإن الوساطة التي تتم لإبرام عقد العمل تتطلب تدخل طرف ثالث [1]، وهذا الطرف الذي يتولى التقريب بين وجهات النظر هو من تدخل المشرع لتحديده وتنظيم طريقة مزاولته لعمله.

فقد حصر المشرع مهام الوساطة في إبرام عقد العمل بإحدى جهتين، إما مديريات التشغيل التي تنشئها وزارة العمل، أو مكاتب الاستخدام التي تسمح بإنشائها الوزارة، إذ قضت المادة (10/أ) من قانون العمل بأن تتولى الوزارة توفير فرص العمل والتشغيل للأردنيين داخل المملكة وخارجها، وذلك بالتنسيق والتعاون مع الجهات المختصة، وقضت أيضا بالسماح لوزارة العمل بإنشاء مكاتب تكون تابعة لها لغرض تشغيل الأردنيين، أو الترخيص بإنشاء مكاتب خاصة لهذه الغاية، على أن يصدر نظام لهذه الغاية يتولى تحديد أحكام وشروط إنشاء المكاتب الخاصة المشار إليها، وبما في ذلك كيفية أدارتها وإشراف الوزارة عليها.

وبالفعل صدر نظام المكاتب الخاصة للتشغيل رقم (21) لسنة 1999، حيث بينت المادة الثالثة منه الشروط الواجب توافرها للترخيص بإنشاء مكتب خاص لتشغيل الأردنيين [2]، وهي

---

[1] يذهب جانب من الفقه إلى إطلاق تسمية (عقد العمل الفردي للتشغيل) على عملية الوساطة التي نظمها المشرع الأردني، والتي تتم بين العامل وصاحب العمل بقصد إبرام عقد العمل الفردي. انظر: د.غالب الداوودي، المرجع السابق، ص68.

ومع ذلك، فان مثل هذه الفكرة - أي عقد التشغيل- قد ينتابها شيء من الغموض، فقد يثار الشك مثلا حول أطراف هذا العقد، فهل هما العامل ومكتب التشغيل، أم مكتب التشغيل وصاحب العمل، أم الأطراف الثلاث: العامل وصاحب العمل ومكتب التشغيل؟

[2] ما يمكن ملاحظته من النصوص التي أوردها المشرع الأردني بخصوص مكاتب التشغيل هو أن أعمال هذه المكاتب تختص بتوفير العمل للعمال الأردنيين فقط، دون سواهم من العمال العرب أو الأجانب، وعلى خلاف ما هو عليه العمل في الواقع. فالمادة (10/أ) من قانون العمل تشير إلى أن مسألة تشغيل العمال تكون من مهام وزارة العمل. وبالطبع لن تسعى هذه الوزارة إلى توفير فرص العمل لغير الأردنيين، كما أن المشرع منحها في سبيل القيام بهذه المهمة - التي نصت عليها المادة السادسة من الدستور الأردني أيضا - الحق في إنشاء مكاتب تابعة لوزارة العمل للقيام بذلك، كما سمح للوزارة بالترخيص لمكاتب خاصة للقيام بالمهمة ذاتها وهي تشغيل الأردنيين، فقد نص المادة (10/أ) على ما يأتي:(تتولى الوزارة بالتنسيق والتعاون مع الجهات المختصة، مهام تنظيم سوق العمل والتوجيه المهني وتوفير فرص العمل والتشغيل للأردنيين داخل المملكة وخارجها ولهذه الغاية يجوز لها إنشاء مكاتب لتشغيل الأردنيين، أو الترخيص بإنشاء مكاتب خاصة لهذه الغاية).

على النحو الآتي:

1. أن يتخذ المكتب شكل شركة مساهمة عامة أو شركة محدودة المسؤولية[1]، كما ويجوز للحكومة أو أي من مؤسساتها الرسمية العامة المساهمة في أي منها بنسبة لا تتجاوز(30%) من رأسمالها.
2. أن يقدم المكتب لوزارة العمل تعهدا يتضمن الشروط والالتزامات التي يجب عليه التقيد بها وتنفيذها بما يكفل حسن آدائه لخدماته.
3. أن يقدم المكتب للوزارة كفالة بنكية بمبلغ مائة ألف دينار وفقا للصيغة التي يوافق عليها وزير العمل لضمان قيام المكتب بأعماله، وللوزير الحق بالتصرف بالكفالة لتغطية التعويضات والالتزامات التي تترتب عليه.

كما يعزز من وجهة النظر هذه أن نظام المكاتب الخاصة للتشغيل ينبئ بذلك. فقد أشار في اكثر من مرة إلى أن أعمال هذه المكاتب تنصب على تشغيل الأردنيين، فجاء في المادة (5) من النظام ما نصه:(يحق للمكتب القيام بالأعمال اللازمة لتشغيل الأردنيين في القطاع الخاص داخل المملكة وفي القطاعين العام والخاص خارجها)، انظر كذلك المادة (7) من النظام نفسه.

ومن جانب آخر، فان تشغيل العمالة غير الوطنية قد ينطوي على منافسة العمالة الوطنية والأضرار بها. لذلك وبغية تنظيم سوق العمل الأردني فان السماح بتشغيل غير الأردنيين وإنشاء مكاتب خاصة بذلك لا يجوز بحسب الأصل. على انه يستثنى من ذلك الحالات التي يسمح بها المشرع بذلك صراحة، كما هو الحال في بعض المهن التي لا يتوافر فيها أعدادا كافية من العمال الأردنيين كخدم المنازل ومن في حكمهم، والذين سمح المشرع باستقدامهم وإنشاء مكاتب خاصة لتشغيلهم وفق شروط خاصة وتحت رقابة وزارة العمل بالرغم من انهم من الطوائف المستثناة من تطبيق قانون العمل، وذلك بموجب المادة (10) من قانون العمل، والتي أشارت بدورها إلى ضرورة إصدار نظام خاص بها لتنظيم عملها، وهو ما حدث بالفعل، فقد اصدر المشرع نظام تنظيم المكاتب الخاصة العاملة في استقدام و استخدام غير الأردنيين العاملين في المنازل رقم (3) لسنة 2003.

ومع ذلك، فان إطلاق حظر تشغيل غير الأردنيين بواسطة مكاتب التشغيل الخاصة قد يثير بعض المشكلات. كتفويت الفرصة على هذه المكاتب في الحصول على مقابل من العقود التي يبرمها هؤلاء العمال الأجانب من خلالها. لا سيما إذا كانت فرصة العمل المتوفرة لم يتقدم لها عامل أردني. أو كانت خارج المملكة ولم يتقدم لشغلها أردني أيضا. لذا نقترح إدخال تعديل على الأحكام المتعلقة بالتشغيل وذلك للسماح بتشغيل غير الأردني بواسطة مكاتب التشغيل هذه في كل حالة يثبت فيها عدم توافر عامل أردني لفرصة العمل المتاحة وضمن ضوابط تضمن رقابة وزارة العمل.

[1] أشار المشرع في المادة (4) من النظام نفسه إلى عدم جواز إنشاء فروع للمكتب خارج المملكة إلا بموافقة وزير العمل.

أما الأعمال التي يجوز لمكاتب التشغيل الخاصة القيام بها فقد حددها هذا النظام - بعد أن أخضع هذه المكاتب لرقابة الوازرة[1]- عندما أقر لها في المادة الخامسة بالحق في القيام بالأعمال اللازمة لتشغيل الأردنيين في القطاع الخاص داخل المملكة وفي القطاعين العام والخاص خارجها بما في ذلك ما يلي:

أ- أعمال الوساطة بهدف التشغيل ومتابعة الإجراءات اللازمة لذلك.

ب- تلبية احتياجات أصحاب العمل من الباحثين عن عمل من الأردنيين.

ج- الاتصال مع الجهات الخارجية لتأمين احتياجاتها من القوى العاملة الأردنية وتنظيم تشغيلها لدى تلك الجهات بموجب عقود تبرم معها لهذه الغاية.

د- تنفيذ حملات إعلامية لدعوة الأردنيين الباحثين عن عمل لتقديم طلباتهم للاستفادة من خدماتها.

كما ويكون للوزير الحق في تحديد البدل الذي تتقاضاه هذه المكاتب مقابل خدماتها[2]، إلا أن ما لا يجب أن يغيب عن البال هو أن المشرع حرص على التأكيد على عدم جواز تقاضى المكتب من الباحث عن عمل أي بدل من أي نوع كان ولأي سبب قبل إيجاد فرصة عمل له وإبرام عقد العمل بينه وبين صاحب العمل.

أما البدل الذي يتقاضاه المكتب مقابل الخدمات التي يقدمها لأصحاب العمل في تلبية احتياجاتهم من الأردنيين الباحثين عن عمل فيحدد مقداره في العقود المبرمة معهم لهذه الغاية وتدرج البيانات الخاصة بها في السجلات المعتمدة المحفوظة لدى المكتب[3].

---

[1] لقد حددت تعليمات بدل الأتعاب التي تتقاضاها المكاتب الخاصة للتشغيل مقدار هذه الأتعاب بنسبة (5%) من مجموع قيمة أجر العقد المتفق عليه المبرم بين صاحب العمل وبين من توفر له عملا، على أن تتناقص هذه النسبة بنسبة (1%) عن كل مدة عقد أخرى يتم الاتفاق عليها، كما أشارت هذه التعليمات إلى أن البدل الذي يتقاضاه المكتب يعد شاملا لجميع أتعابه وخدماته، ومن ثم فانه لا يجوز للمكتب أن يتقاضى أي مبلغ إضافي عليه. انظر المادة الثانية والثالثة من تعليمات بدل الأتعاب التي تتقاضاها المكاتب الخاصة للتشغيل تعليمات بدل الأتعاب التي تتقاضاها المكاتب الخاصة للتشغيل، والصادرة استنادا لأحكام الفقرة (أ) من المادة (7) من نظام المكاتب الخاصة للتشغيل رقم (42) لسنة 1999، منشورة في الجريدة الرسمية العدد (4369) الصادر بتاريخ 1999/8/1.

[2] انظر المادة (10) من قانون العمل.

[3] انظر المادة (7) من نظام المكاتب الخاصة لتشغيل. والفائدة التي من اجلها الزم المشرع مكاتب التشغيل بإيراد بعض البيانات في سجلات خاصة تتمثل في تمكين وزارة العمل من بسط رقابتها على هذه المكاتب، فقد نصت المادة السادسة من النظام نفسه على ما يأتي:(أ.يعتمد الوزير السجلات ونماذج الوثائق المتعلقة بتنظيم أعمال المكتب ونماذج العقود التي تبرم مع الباحثين عن عمل. ب. لمفتش العمل الاطلاع على سجلات المكتب والوثائق والعقود وأخذ صور عنها).

العقوبات:

يتضح مما سبق بأنه لا يجوز لغير مديريات التشغيل العامة ومكاتب التشغيل الخاصة المرخصة القيام بـأعمال الوساطة لتشغيل أو تسهيل تشغيل العمال، وإلا عد من يقوم بذلك مخالفا لاحكام قانون العمل المتعلقة بالتشغيل.

وعلى أية حال، فان القيام بمخالفة الأحكام المتعلقة بالتشغيل سواء من مكاتب التشغيل الخاصة أو أي شخص آخر يتيح لوزير العمل بموجب المادة (11) من قانون العمل إغلاق المكتب أو المحل المخالف، فضلا عن إحالته إلى المحكمة، إذ يعاقب كل من يخالف هذه الأحكام بعقوبة تعد من اشد العقوبات التي أوردها قانون العمل وهي الغرامة التي لا تقـل عن مأتي دينار ولا تزيد على ألف دينار، أو بالحبس لمـدة لا تقـل عـن ثلاثين يومـا، أو بكلتا العقوبتين، وإقفـال أي محـل يستعمل لهذه الغاية، ومصادرة موجوداته المتعلقة بغرض التشغيل.

الفرع الثاني

عقـد التدريـب المهني

يعـد التـدريـب المهني أداة مهمة في تنمية الطاقات والقـوى البشـرية وتأهيلها بوصفها إحـدى ركائز التنمية الاقتصادية والاجتماعية، لذلك فإن المشرع لم يتوان عن تنظيم الأوضاع والجوانب المتعلقة به[1]، كما انه أتاح إنشاء معاهد التدريب المهني التي تتولى القيام بهذه المهمة[2].

---

[1] انظر: د.محمد نصر الدين منصور، المرجع السابق، ص53 وما بعدها.

[2] انظر المادة (36) من قانون العمل. كما أن اهتمام المشرع بالتدريب المهني حدى به إلى إصدار حزمة من التشريعات المتعلقة به وتطويرها وبصفة مستمرة، فضلا عن إنشاء مؤسسات هيئات عدة تقوم على التدريب المهني، وذلك بغية مواكبة التطورات الطارئة في المهن والصناعات المختلفة، وتلبية حاجات أصحاب العمل من العمالة المؤهلة والمتخصصة.

فعلى صعيد التشريعات كان تنظيم التدريب المهني يتم من خلال نظام التدريب المهني رقم (13) لسنة 1974، وفي فترة لاحقة لاحظ أهمية تنظيم أحكامه بموجب قانون فاصدر قانون مؤسسة التدريب المهني رقم (11) لسنة 1985 الساري المفعول، ثم عززه بقانون آخر هو قانون مجلس التعليم والتدريب المهني والتقني رقم (58) لسنة 2001، كما صدر بمقتضى هذه القوانين العديد من الأنظمة والتعليمات، إذ يعد من أبرزها نظام صندوق دعم التعليم والتدريب المهني والتقني رقم (95) لسنة 2002، تعليمات برامج التدريب المهني لعام 2006.

ويقصد بعقد التدريب المهني: الاتفاق الكتابي الذي يتم بمقتضاه إلحاق عامل لدى صاحب عمل بقصد تعلم مهنة أو حرفة معينة خلال مدة محددة لقاء أجر[1].

وعقد التدريب المهني على هذا النحو يختلف عن عقد العمل العادي الذي يكون الغرض من إبرامه الحصول على مقابل (الأجر)، ذلك إن الغاية من عقد التدريب تتمثل بتحقيق درجة من المعرفة والعلم بأصول وضوابط مهنة أو صناعة معينة دون أن يكون للأجر تلك الأهمية التي يحتلها في عقد العمل.

ولما كان عقد التدريب المهني يختلف عن عقد العمل فإن ذلك يعني بأن له شروطا وأحكاما مختلفة، يجدر بنا إبراز أهمها.

شروط عقد التدريب المهني:

إن إبرام عقد التدريب المهني لا يتم إلا بتوفر شروط عدة، بحسب ما قضت المادة (36) من قانون العمل، إذ لا بد من توافر ما يأتي:

1. أن يحرر عقد التدريب المهني خطيا بين العامل وصاحب العمل.
2. أن ينظم عقد التدريب وفق النموذج و الشروط التي تحددها مؤسسة التدريب المهني بموجب تعليمات تصدرها لهذا الغرض.

أما ما يتضمنه هذا النموذج من بيانات، فهي تدور حول تحديد العناصر الجوهرية لعقد التدريب المهني، كتحديد المهنة أو الحرفة المراد تعلمها، ومدة التدريب وحالات

أما على صعيد المؤسسات والهيئات فقد تم تأسيس الجهات الآتية: أ.مؤسسة التدريب المهني بهدف توفير فرص التدريب المهني لاعداد القوى العاملة الفنية ورفع كفاءتها، بالإضافة إلى تقديم خدمات الإرشاد المساندة لإنشاء وتطوير المؤسسات الصغيرة والمتوسطة. انظر المادة(4) من قانون مؤسسة التدريب المهني. ب.مجلس التعليم والتدريب المهني والتقني والذي أشارت المادة (3) من قانونه إلى أن الهدف من إنشاءه الارتقاء بمستوى التعليم والتدريب المهني والتقني بغية تنمية القوى البشرية بما يلبي متطلبات التنمية الشاملة في المملكة. ج.صندوق دعم التعليم والتدريب المهني والتقني والذي حددت أهدافه بصورة أساسية في دعم أنشطة التعليم والتدريب المهني والتقني وتطوير عمليات التدريب المختلفة في مؤسسات القطاع العام والخاص. انظر المادة الثالثة من نظام صندوق دعم التعليم والتدريب المهني والتقني.

[1] لقد أشارت المادة الثانية من تعليمات برامج التدريب المهني إلى تحديد المقصود بعقد التدريب المهني، إذ عرفته على النحو آلاتي:(عقد التدريب: اتفاق خطي يبرمه صاحب العمل مع المتدرب أو ولي أمره أو وصيه لتنظيم العلاقة بينهما وفقا لتعليمات تنظيم عقد التدريب المهني).

تجديدها، ومقدار الأجر الذي يتقاضاه المتدرب في كل مرحلة من مراحل التدريب، بالإضافة إلى البيانات الخاصة بالمتعاقدين وتوقيعهما[1].

3. أن يتولى المتدرب الذي أتم الثامنة عشرة من العمر التعاقد بنفسه، أما إذا كان حدثا فينوب عنه وليه أو وصيه.
4. أن يكون المدرب حائزا على المؤهلات والخبرات الكافية في المهنة أو الحرفة المراد تدريب العامل فيها.
5. أن تتوفر في المؤسسة نفسها الشروط المناسبة للتدريب.

آثار عقد التدريب المهني:

إذا ما تم إبرام عقد التدريب المهني فإنه يقع على عاتق طرفيه القيام بتنفيذ التزاماتهما، والتي تتمحور بالدرجة الأساس حول قيام صاحب العمل بتعليم المتدرب أصول المهنة وفنونها، وبشكل يتوائم مع قدرات المتدرب الجسدية والعقلية، وعلى أن يراعى عند القيام بذلك أيضا البرامج التي تحددها مؤسسة التدريب المهني[2].

كما يقع على عاتقه أداء الأجر المتفق عليه للمتدرب، إذ لا يجوز تشغيله بلا اجر، لا بل إن المشرع تدخل مباشرة لتحديد مقدار هذا الأجر في المرحلة الأخيرة من عقد التدريب، إذ قضت المادة (37) من القانون نفسه بعدم جواز أن يقل أجر المتدرب في المرحلة الأخيرة من مراحل العقد عن الحد الأدنى للأجر المعطى لعمل مماثل، وألا يكون تحديده بحال من الأحوال على أساس القطعة أو الإنتاج هذا إذا كان العقد خاضعا لاحكام قانون العمل، أما بالنسبة للعقود الخاضعة لاحكام القانون المدني، فان الأجر فيها لا يحتل الأهمية ذاتها، إذ يجوز إبرام العقد دون اشتراط حصول العامل على اجر، وإلا فانه يرجع في حكم هذه المسألة إلى العرف، إذ نصت المادة (813) منه على آلاتي:(إذا كان العمل المعقود عليه تعليم شيء مما يكون في تعلمه

---

[1] انظر (نموذج عقد التدريب المهني) في الملحق رقم (2) لتعليمات برامج التدريب المهني.

[2] انظر المادة (37) من قانون العمل. يرتبط صاحب العمل الذي يتولى تدريب المتدربين بمؤسسة التدريب المهني بموجب عقد ينظم العلاقة بينهما يسمى باتفاقية التدريب، فقد أشارت إلى ذلك المادة (7) من تعليمات برامج التدريب المهني لعام 2006م، كما خصص الملحق رقم (1) للتعليمات ذاتها لنموذج خاص بها، في حين تولت المادة الثانية من هذه التعليمات تعريف اتفاقية التدريب، فعرفتها على أنها:(اتفاق خطي تبرمه المؤسسة مع صاحب العمل لتنظيم و تحديد دور كل منهما في العملية التدريبية في ضوء التعليمات المعمول بها في المؤسسة وفقا لتعليمات تنظيم عقد التدريب المهني).

مساعدة من المتعلم للمعلم ولم يبين في العقد أيهما يستحق أجرا على الآخر فإنه يتبع في ذلك عرف ذوي الشأن في مكان العمل).

وقياسا على عقد العمل الفردي [1]، نعتقد بأنه يقع على عاتق صاحب العمل أيضا الالتزام بمنح العامل المتدرب شهادة بإتمام التدريب حال الانتهاء منه.

في حين أنه يقع على عاتق المتدرب الالتزام بأوامر صاحب العمل وتعليماته، وعدم إفشاء أسرار العمل التي وصلت إلى علمه أثناء تنفيذ العقد.

كما يقع على عاتق الطرفين الالتزام بأحكام قانون العمل وعدم مخالفته فيما لم يرد عليه اتفاق مشروع، أو كان من مقتضيات مزاولة العمل [2].

انتهاء عقد التدريب المهني:

ينتهي عقد التدريب المهني بانتهاء مدته أو إتمام الهدف المقصود من إبرامه، كما أنه ينتهي بوفاة أحد طرفي العقد، ويجوز كذلك لصاحب العمل فسخ العقد إذا ما تبين له عدم أهلية أو استعداد العامل المتدرب لتعلم المهنة بصورة حسنة [3].

وأخيرا، فانه يجوز إنهاء عقد التدريب المهني بالإرادة المنفردة لأي من الفريقين وبناء على طلبه في أي من الحالات التالية:

أ- إذا ارتكب أحدهما أي مخالفة لأحكام قانون العمل أو الأنظمة الصادرة بموجبه.

ب- إذا لم يقم أحدهما بواجباته وفقا لشروط العقد المبرم بينهما.

ج- إذا استحال تنفيذ شروط العقد لأسباب خارجة عن إرادة أحد الفريقين.

د- إذا نقل صاحب العمل مكان التدريب المحدد في العقد إلى مكان آخر يشكل الانتقال إليه صعوبة على المتدرب أو يضر بمصلحته، على انه لا يجوز للمتدرب أن يحتج بهذا السبب بعد مضي شهر واحد على نقله إلى مكان التدريب الجديد.

هـ- إذا كان استمرار المتدرب في العمل يهدد سلامته أو صحته وثبت ذلك بتقرير مفتش العمل أو تقرير طبي صادر عن لجنة طبية معتمدة [4].

---

[1] انظر: المادة (30) من قانون العمل. المادة (822) من القانون المدني.

[2] للمزيد من التفصيل حول آثار عقد التدريب المهني انظر: د.رأفت محمد حماد، آثار عقد التدريب المهني، دار النهضة العربية، القاهرة، 1995، ص21 وما بعدها.

[3] انظر: د. فتحي المرصفاوي، المرجع السابق، ص152.

[4] انظر المادة (38) من قانون العمل.

الفرع الثالث
عقد العمل تحت التجربة

عقد العمل تحت التجربة هو عقد عمل يشترط بمقتضاه إمضاء مدة محددة تحت الاختبار لمصلحة أحد الطرفين أو كلاهما[1].

ولهذا، فان هذا العقد يسمى أيضا بعقد العمل تحت الاختبار.

أما الغاية من إبرام هذا العقد، فتكمن في إتاحة المجال لكلا المتعاقدين أو أحدهما لتحديد مدى المصلحة أو المزايا التي قد تتحقق من إبرام عقد العمل بصورة نهائية[2].

---

[1] يعرف جانبا من الفقه عقد العمل تحت التجربة بأنه:(اتفاق يقصد منه طرفاه إعطاء الخيار لكل منهما بعدم الاستمرار في العلاقة العمالية بعد انقضاء مدة التجربة دون قيد أو شرط)، د.جمال فاخر النكاس، قانون العمل الكويتي المقارن، الطبعة الأولى، مطبوعات جامعة الكويت، الكويت، 1993،ص79. ويلاحظ على التعريف السابق تطلبه لإنهاء عقد العمل تحت التجربة انقضاء مدتها، مع أن مانعا لا يحول دون استعمال هذا الحق أثناء مدة التجربة، فقد جاء في المادة (16) من قانون العمل في القطاع الأهلي الكويتي رقم (38) لسنة 1964 ما نصه:(تحدد فترة تجربة العامل في عقد العمل بشرط ألا تزيد عن مائة يوم ولصاحب العمل الحق في الاستغناء عن خدماته دون إعلان خلال هذه المدة...).

[2] لقد ذهبت محكمة التمييز إلى جعل مجال شرط التجربة العقد غير محدد المدة فقط، أما إذا كان العقد محدد المدة فانه يحظر على صاحب العمل إنهاء العقد، إذ يجب عله استكمال مدته، فقد جاء في أحد قراراتها ما يأتي:(يستفاد من الشرط الوارد في عقد العمل المتضمن (أن مدة الخدمة في هذا العقد يجب أن تكون سنة وبناء على موافقة الطرفين فإنه يمكن تمديد مدة التعاقد تحت شروط مختلفة) أن إرادة المتعاقدين قد اتجهت إلى أن مدة العقد هي سنة واحدة ولكنها قابلة للتجديد وبذلك يكون عقد العمل هذا من العقود المحددة المدة الذي يستمر حتى تنتهي مدته، ولا تنطبق عليه الفقرة (ب) من المادة (35) من قانون العمل المتعلقة بإنهاء الاستخدام خلال مدة التجربة لأنها تنطبق على عقد العمل غير المحدد المدة فقط وعليه فإن وجود شروط التجربة في العقد لا يخرج عقد العمل المحدد المدة عن صفته هذه). تمييز حقوق (2002/2732)، مجلة نقابة المحامين، العدد السابع والثامن والتاسع، السنة الحادية والخمسون، عمان، 2003، ص 2095.
ومع ذلك، لا نعتقد بدقة الرأي السابق، فالعلة التي يستخدم من اجلها شرط التجربة متحققة في عقد العمل المحدد المدة والعقد غير المحدد، فلا فرق بينهما من هذه الناحية، الأمر الذي حدا بالمشرع إلى عدم التمييز بينهما في المادة (35)، فقد جاء حكمها مطلقا، والمطلق الاتفاق على التجربة في العقد المحدد المدة يعني التضييق على أصحاب العمل، وإضافة بحسب القاعدة يجري على إطلاقه، كما أن حظر حماية للعامل لا نعتقد بان المشرع قد قصد إليها، ولعله يؤيد هذه الوجهة من النظر ما ذهبت إليه محكمة التمييز نفسها عندما سمحت بإيراد شرط التجربة في العقد محدد المدة، فقد جاء في أحد قراراتها ما نصه:(اتفاق العامل ورب العمل على وضع شرط يقتضي بوجود فترة تجربة ضمن شروط العقد المحدد المدة هو صحيح وملزم للطرفين لأنه يتفق وأحكام القانون). تمييز حقوق (2002/1760)، مجلة نقابة المحامين، العدد السابع والثامن والتاسع، السنة الحادية والخمسون، عمان، 2003، ص 2113.

فصاحب العمل يتمكن من خلال عقد العمل تحت التجربة من الوقوف على كفاءة العامل وخبرته وقدراته وحجم الفائدة التي يمكن جنيها من التعاقد مع ذلك العامل؛ والعامل يتمكن من معرفة مدى ملائمة العمل وشروطه مع ظروفه وإمكانية الاستمرار فيه، وبالتالي تقرير ما إذا كان من المناسب إبرام عقد العمل أم لا[1].

ويلاحظ أن المشرع لم يصرح بإمكانية إبرام هذا العقد لمصلحة العامل، فالمادة (35) من قانون العمل تشير إلى منح هذا الحق لصاحب العمل، إذ نصت على آلاتي:(أ- لصاحب العمل استخدام أي عامل قيد التجربة وذلك للتحقق من كفاءته وإمكاناته للقيام بالعمل المطلوب....

ب- يحق لصاحب العمل إنهاء استخدام العامل تحت التجربة دون إشعار أو مكافأة خلال مدة التجربة).

وبالرغم من ذلك، نعتقد بان لا مانع يحول دون إبرام مثل هذا العقد مع اشتراط التجربة لمصلحة العامل، فحكم المادة السابقة لا يتعلق بالنظام العام، لا سيما وأن المشرع يقر بصحة الشرط الأصلح للعامل- كما مر معنا.

ليس هذا فحسب، بل نعتقد بان للعامل أن يشترط على صاحب العمل عدم تجربته[2]، وان يكون شرط التجربة لمصلحته بمفردة.

وإذا كان الغرض من إبرام عقد العمل تحت التجربة هو التحقق من مدى الفائدة المترتبة على التعاقد على العمل مع الطرف الآخر، فإن هذا العقد يختلف بالضرورة عن عقد التدريب المهني الذي يكون الغرض من إبرامه إعداد وتأهيل المتدرب الذي لا يتمتع بالخبرة أو المعرفة المهنية أو الحرفية أساسا.

تكييف عقد العمل تحت التجربة:

لقد ذهب جانب من الفقه إلى قياس عقد العمل تحت التجربة على عقد البيع بشرط التجربة، معتبرا هذا العقد عقدا معلقا على شرط واقف يتمثل في نجاح التجربة[3]، ولكن الفقه ما لبث أن انتقد هذا التكييف لعدم دقته، ذلك أن اعتباره على النحو السابق يعني أن العقد لا ينتج

---

[1] Voir: A.Dusart C.Tremeau, Droit du travail et droit social, foucher, paris, 1985, P238.

[2] Voir: A.Dusart C.Tremeau, op cit, P238.

[3] الشرط الواقف: هو الشرط الذي يعلق على وجوده نشوء الالتزام أو صحة التصرف القانوني. انظر د.عبد الواحد كرم، معجم مصطلحات الشريعة والقانون، الطبعة الثانية، عمان، 1998، ص248.

آثاره طالما إن الشرط لم يتحقق، وعقد العمل تحت التجربة بالطبع ليس كذلك، فهو منذ إبرامه ينتج آثاره كافة وكأنه عقد بات، وسبب ذلك هو إن هذا العقد عقد زمني (مستمر)، لا يترتب على إنهائه إغفال نتائج العقد في الماضي، إذ يكون الفسخ فيه كالانقضاء لا كالبطلان الذي يلحق بالعقود التي تتصف بالفورية ليمحي كل أثر لها[1].

لذلك فقد اتجه الفقه إلى تكييف عقد العمل تحت التجربة على أنه عقد عمل معلق على شرط فاسخ يتمثل بعدم رضاء أحد الطرفين أو كلاهما عن التجربة[2]، حيث يعد هذا التكييف الأكثر تعبيرا عن إرادة العاقدين الحقيقية، إلى جانب تماشيه مع طبيعة هذا العقد، وتجاوز ما قد يعوقه من عقبات قد تخرجه عن مجاله، ومن هنا فإنه من الطبيعي أن يترتب على عقد العمل تحت التجربة ما يأتي:

1] أن أقدمية العامل تحت التجربة تحتسب من تاريخ إبرام العقد، وليس من تاريخ انقضاء مدة التجربة، كما أن مدة الاختبار هذه تدخل ضمن حساب المكافأة والإجازات التي يستحقها العامل.

2] أن تحقق الشرط الفاسخ للعقد لا يترتب عليه أثر رجعي، وذلك لتعذر إعادة الحال إلى ما كانت عليه قبل التعاقد، ومن ثم فان نتائج العقد التي قامت في الماضي تحترم ولا مناص من إقرارها[3].

مدة التجربة:

لما كان عقد العمل تحت التجربة عقدا محدد المدة، فإن المشرع ورعاية منه لحقوق العامل لم يشأ ترك تلك المدة دون تحديد، لذلك فقد جعل لها حدا أقصى هو ثلاثة أشهر، وبالتالي فانه لا يجوز لطرفيه الاتفاق على أكثر من هذه المدة، كما أنه لا يجوز لهم تكرار ذلك العقد بالنسبة للعامل الواحد لدى نفس صاحب العمل في المهنة نفسها.

وإذا كان طرفا العقد لا يستطيعان إبرامه لأكثر من ثلاثة اشهر، أو إبرامه لأكثر من مرة، فإن مدة الاختبار هذه يوقف سريانها إذا ما عارض مضيها سبب ما، كما لو مرض العامل أو تم

---

[1] انظر: د.أحمد السعيد الزقرد، المرجع السابق، ص109. د.فتحي المرصفاوي، المرجع السابق، ص214.

[2] الشرط الفاسخ: هو الشرط الذي يترتب على تحققه زوال الالتزام. انظر: د.عبد الواحد كرم، معجم مصطلحات الشريعة والقانون، المرجع السابق، ص247.

[3] انظر: د.همام زهران، المرجع السابق، ص137. د.أحمد الزقرد، المرجع السابق، ص109.

إغلاق المنشأة لفترة ما، فيجوز لطرفي العقد في مثل هذه الحالات استئناف تلك المدة وإتمامها بعد زوال ذلك العارض[1].

و ينتهي هذا العقد بفسخ أحد أطرافه له إذا ما كان مشروطا لمصلحته خلال المدة المحددة له، سواء أكانت ثلاثة اشهر أم أقل من ذلك، ومن دون الحاجة إلى توجه إنذار بذلك للطرف الآخر.

وإذا ما فسخ العقد من قبل صاحب العمل فانه لا يجوز للعامل المطالبة بمكافئة نهاية الخدمة عن المدة التي أمضاها، لان ذلك يناقض طبيعة العقد وغايته.

و ينتهي هذا العقد في جميع الأحوال بانتهاء مدة الاختبار إذا لم يستعمل من له الحق في فسخه حقه خلال تلك المدة، وإلا فإن ذلك العقد يصبح عقد عمل غير ذي مدة محددة[2]، فقد جاء في المادة (35/ج) من قانون العمل ما نصه:(إذا استمر العامل في عمله بعد انتهاء مدة التجربة اعتبر العقد عقد عمل ولمدة غير محدودة وتحسب مدة التجربة ضمن مدة خدمة العامل لدى صاحب العمل).

ولكن هل يجوز لصاحب العمل إنهاء علاقة العمل أثناء مدة التجربة أو في نهايتها بالرغم من نجاح العامل أثناء فترة التجربة؟ وبعبارة أخرى، هل يجب أن يكون قرار صاحب العمل بفسخ العقد مبررا؟

نعتقد بان على صاحب العمل ألا يكون متعسفا في استخدام حقه في فسخ عقد العمل تحت التجربة، فالمشرع الأردني وان لم يتطرق إلى هذه الحالة تحديدا عند تنظيمه لاحكام عقد العمل تحت التجربة، إلا أن ذلك لا يعني بحال استبعاد تطبيق أحكام القواعد العامة بهذا الخصوص، ولا سيما تلك الأحكام المتعلقة بالتعسف في استعمال الحق[3]، فلا مانع يحول دون ذلك، فكيف يقوم صاحب العمل بفسخ عقد عامل اثبت جدارة وكفاءة أثناء تجربته ولم ينسب إليه أي

[1] انظر: د.عبد الغني الرويمض، المرجع السابق، ص92.
[2] انظر: د.محمد جمال الدين زكي، قانون العمل، المرجع السابق، ص398.
[3] انظر المادة (66) من القانون المدني. هناك اتجاه في الفقه يذهب إلى إطلاق حرية صاحب العمل في فسخ عقد العمل تحت التجربة. انظر: د.سيد محمود رمضان، المرجع السابق، ص204. د. جمال النكاس، المرجع السابق، ص81.

خطاء؟[1] ألا يكون في ذلك مدعاة لالحاق الضرر بالعامل؟. الأمر الذي يشير بدوره إلى أهمية تدخل المشرع هنا لحسم ما قد يثار من خلافات بشأنها.

بقي أن نشير إلى أن اجر العامل قيد التجربة لا يجوز بأي حال أن يقل عن الحد الأدنى المقرر للأجور[2].

المطلب الثالث
أركـان عقـد العمـل

إذا كان لكل عقد أركان لا يقوم بدونها، فإن لعقد العمل ثلاثة أركان هي الـتراضي والمحـل والسـبب فحسـب، فـلا شكلية أو عينية فيه.

فعقد العمل يعد مبرما إذا ما تراضى الطرفان على شروطه الجوهرية أولا، وتحقق وجود المحل والسبب على الوجه المحدد في القواعد العامة من القانون المدني، ذلك إن قانون العمل لم ينص على هذه الأركان على الرغم من أنـه تعـرض إلى كثير من الأحكام التي تخص تلك الأركان.

وعليه فإن دراسة أركان عقد العمل الثلاثة ستكون من خلال ثلاثة فروع، بحيث يكون لكل ركن فرع.

[1] لقد ذهبت محكمة التمييز في قرار لها إلى ضرورة استناد صاحب العمل إلى مبرر في إنهاء عقد العمل تحت التجربة، فقد نصت في إحدى قراراتها على ما يأتي:(يستفاد من المادة 35/ب من قانون العمل رقم 8 لسنة 1996 بأن الاستخدام تحت التجربة الجاري برضا واتفاق الطرفين يجيز لصاحب العمل إنهاء عمل المستخدم خلال هذه المدة، مع وجود مبرر لذلك، ويسعف ذلك أن العقد غير المخالف للقانون أو النظام العام أو الآداب العامة هو شريعة المتعاقدين). تمييز حقوق (2005/1886)، مجلة نقابة المحامين، العدد السابع والثامن والتاسع، السنة الرابعة والخمسون، عمان، 2006، ص1356. كما يمكن إستباط ذلك من قضائها الآتي:(أعطت المادة (35) من قانون العمل لصاحب العمل سلطة تقديرية بإنهاء خدمة العامل أثناء مدة التجربة إذا ما ثبت له عدم مقدرة العامل على إنجاز العمل الذي تم التعاقد علية). تمييز حقوق (2002/1760)، مجلة نقابة المحامين، العدد السابع والثامن والتاسع، السنة الحادية والخمسون، عمان، 2003، ص 2113.

[2] انظر المادة (35/أ) من قانون العمل.

الفرع الأول

التــــراضــــي

يعد التراضي بين العامل وصاحب العمل أهم أركان عقد العمل، حيث يتم التراضي بينهما بالتعبير عما يفيد توافق إرادتيهما على إنشاء علاقة عمل تابع ومأجور[1]، سواء أكان الإيجاب أم القبول صادرا عن العامل أو رب العمل، وسواء تم ذلك بطريقة تقليدية، أي باللفظ أو الكتابة أو الإشارة أو حتى بالسكوت وفقا للقواعد العامة في نظرية الالتزام، أو كان إبرامه عبر وسائل الاتصال الحديث، لاسيما شبكة الإنترنت، فقد بات انتشار واعتماد ما يسمى بعقد العمل الإلكتروني كثير الحدوث في الحياة العملية.

وفي الفرض كثير الانتشار في الحياة العملية أيضا يوجه صاحب العمل عرضا بالعمل لطالبيه عبر إعلان أو منشور يطلع عليه الكثير من الناس، الأمر الذي قد يثير خلافا حول مدى اعتبار هذا الإعلان إيجابا من قبل صاحب العمل، فهل يعد إيجابا؟

نعتقد بأن الإعلان في هذه الحالة لا يتجاوز كونه دعوة إلى التعاقد لا إيجابا[2]، ذلك إن عرض العامل الذي يتقدم لصاحب العمل وفق هذه الصورة قد لا يصادف قبولا لأسباب مختلفة، الأمر الذي يجعل تكييف ما يصدر عن العامل في مثل هذه الحالة يوصف بالإيجاب الذي لا بد له من التطابق مع قبول صاحب العمل للقول بأن العقد تم إبرامه.

وعلى نحو مشابه، نعتقد بان طلب العمل الذي يتقدم به العامل إلى صاحب العمل لا يعدو كونه استفسار عن إمكانية التعاقد على العمل، ذلك أن العامل لا يلزم بإبرام العقد إذا ما أبدى صاحب العمل موافقته على ذلك الطلب، بل أن للعامل الحرية الكاملة في مناقشة شروط العقد وتقدير ظروفه إذا ما وافق الطرف الآخر، ومن ثم قبول التعاقد معه أو رفضه، إلا انه يستثنى من ذلك الحالة التي يحدد فيها العامل ميعادا للقبول يبقى إلى حلوله ملزما بالتعاقد[3].

---

[1] انظر: د.محمود جمال الدين زكي، قانون العمل، المرجع السابق، ص389.

[2] تنص المادة (94) من القانون المدني على الآتي:(1- يعتبر عرض البضائع مع بيان ثمنها إيجابا.2- أما النشر والإعلان وبيان الأسعار الجاري التعامل بها وكل بيان آخر متعلق بعرض أو بطلبات موجهة للجمهور أو للأفراد فلا يعتبر عند الشك إيجابا وإنما يكون دعوة إلى التفاوض).

[3] تنص المادة (98) من القانون المدني على الآتي:(إذا عين ميعاد للقبول التزم الموجب بالبقاء على ايجابه إلى أن ينقضي هذا الميعاد).

وإذا كان لا بد من توافق إرادتي الطرفين لانعقاد عقد العمل، فإن هـذا التوافق لا بد لـه ابتداء مـن التطرق إلى المسائل الجوهرية في العقد، إذ يجب أن يتم توافق بين الإرادتين على تحديد العمل والأجر المستحق عن القيـام بـه، فضـلا عن تحديد مدة العقد.

فالتراضي على العمل يكون عبر اتفاق الطرفين على تحديد نوع ومقدار العمل أو مـدى العمـل المنـاط بالعامـل القيام به، فإذا ما حدث خلاف بين الطرفين على ذلك عند إبرام العقد، بأن أدعى صاحب العمل عمـل غير الـذي يدعيـه العامل، فإن العقد لا ينعقد لعدم توافق الإرادتين عليه، وذلك تطبيقا للقواعد العامة، إذ جاء في المادة (161) مـن القـانون المدني ما نصه:(يشترط في عقود المعاوضات المالية أن يكون المحل معينا تعيينا نافيا للجهالة الفاحشة.... وإذا لم يعين المحـل على النحو المتقدم كان العقد باطلا).

وكذلك هو الحال في التراضي على الأجر، إذ يجب توافق إرادتي الطرفين عند التعاقد على تحديده، ونوعـه ومقـداره والعلاوات والمزايا التي تستحق للعامل، بحيث يعتبر العقد غير منعقد إذا ما اختلفا في ذلك.

بيد أن عقد العمل ينعقد بالرغم من ذلك إذا ما تم إغفال تحديد الأجر من قبـل الطرفين، حيـث تكفـل المشـرع بتكملة إرادة الطرفين في هذه الحالة، لأن إغفالهما لتحديد الأجر يفضي إلى اللجوء إلى القواعـد المكملـة في القـانون، والتي تقضي بدورها بأن لا حرج على القاضي إذا ما قام بتحديده عبر الاستعانة بالعرف أو مبادئ العدالة إذا لم يجد ما يحدد ذلك من خلال استقصاء نية الطرفين، فقد نصت على ذلك صراحة المادة (810) من القانون المدني على انه:(إذا لم يكن الأجر مقدرا في العقد كان للعامل أجر مثله طبقا لما جرى عليه العرف فإذا لم يوجد عرف تولت المحكمة تقديره وفقا لمقتضيات العدالة)[1]، الأمر الذي يمكن استنباط مثله من تعريف المشرع للأجر في المادة الثانية من قانون العمل، والتي عرفتـه عـلى انه:(كل ما يستحقه العامل لقاء عمله نقدا أو عينا مضافا إليه سائر الاستحقاقات الأخرى أيا كان نوعها إذا نص القـانون أو عقد العمل أو النظام الداخلي أو استقر التعامل على دفعها باستثناء الأجور المستحقة عن العمل الإضافي).

---

[1] انظر كذلك: المادة (812) من القانون نفسه، والتي نصت على ما يأتي:(إذا عمل أحد لآخر عملا بناء على طلبه دون اتفاق عـلى الأجـر فلـه أجـر المثل إن كان ممن يعمل بالأجرة وإلا فلا)، والمادة (824) إذ نصت على انه:(يلزم صاحب العمل كسوة العامل أو إطعامه إذا جرى العرف به سواء اشترط ذلك في العقد أم لا).

ويجب أخيرا إن يتم التراضي بين الطرفين على مدة العقد، وإلا فإن اختلافهما حوله يعني عدم انعقاد العقد. ولكن العقد يعد منعقدا أيضا إذا ما تم إغفال تحديد مدته، فعقد العمل كما أسلفنا قد يكون غير ذي مدة محددة[1].

الفرع الثاني
المحل

إن محل التزام العامل هو أداء العمل الذي تم الاتفاق عليه، أما محل التزام صاحب العمل فهو دفع الأجر الذي تم تحديده.

غير أن المحل وفقا للنظرية العامة للالتزام لا بد أن تتوفر فيه عدة شروط بحيث لا يعد ركن المحل صحيحا إذا ما اختل أحد تلك الشروط[2]، وهذه الشروط هي باختصار أن يكون المحل أي العمل والأجر ممكنين غير مستحيلين، ومعينين أو قابلين للتعيين على الأقل، كما إنهما يجب أن يكونا مشروعين غير مخالفين للقانون ولمقتضيات النظام العام والآداب العامة.

وعليه فإنه يقع باطلا عقد العمل الذي يكون محله مما يستلزم القانون فيمن يؤديه إجازة معينة إذا لم تتوفر تلك الإجازة عند إبرام العقد، لان المحل يكون غير ممكن، فمثلا تتطلب إدارة صيدلية أن يكون العامل حاصلا على إجازة لذلك، وبالتالي فإن العقد لا يعد صحيحا إذا ما أبرمه شخصا غير حاصل على تلك الإجازة.

ولكي يكون المحل صحيحا غير باطل فإنه يجب أن يكون معينا أو قابلا للتعيين، فيجب أن يحدد نوع العمل ومداه، فضلا عن نوع الأجر ومقداره، على أن المحل في عقد العمل يعد قابلا للتعيين إذا ما تعلق بالأجر، ذلك أن المشرع تولى تحديده إذا لم يقم المتعاقدان بذلك، فقد أشار المشرع إلى ذلك في المادة (810) من القانون المدني سابقة الذكر، والتي وضعت الأسس التي يتم بموجبها تحديد الأجر.

---

[1] انظر المادة (15) من قانون العمل.المادة (806) من القانون المدني.

[2] انظر المواد (157- 164) من القانون المدني.

كما ولا يعد العقد صحيحا إذا ما كان محله التزام العامل بتوزيع المواد المخدرة أو الأشرطة والمطبوعـات المخلـة بالآداب العامة، لعدم مشروعية المحل في مثل هذه الحالة[1].

الفرع الثالث
السـبــب

إذا كان سبب الالتزام هو الغرض المباشر الذي التزم المدين لأجله، فإن سبب التزام أي من الطرفين يعد سببا لالتزام الآخر، وبالتالي فإن سبب التزام العامل هو الحصول على الأجر من صاحب العمل، في حين أن سبب التزام صـاحب العمـل هو الحصول على منفعة العمل الذي يؤديه العامل، والسبب، على هذا النحو لا يختلف من عقد عمل لآخر.

ولكن المشرع لم يقف عند هذا الحد في إطار تنظيمه للسبب كركن في العقد، حيث تطلب أن يكون الباعث الدافع إلى التعاقد مشروعا وغير مخالف للنظام العام، فلا يعد العقد صحيحا لأمر يتصل بغايته، فعقد العمل يعد باطلا إذا ما كان بغرض الاستعانة بالعامل لإدارة منزل للمقامرة، كما إن ذلك العقد يعد باطلا إذا ما كان الدافع إلى إبرامه الاستمرار في علاقة جنسية بين طرفيه[2].

المطلب الرابع
صحة عقد العمل وإثباته

إذا كان توافر أركان عقد العمل يكفي لانعقاده، فإن العقد يبقى موقوفا أو ممكنا فسخه إذا تخلف عنه أحـد شروط صحته، فلا بد لكي يعد انعقاده صحيحا من أن يكون التراضي فيه صحيحا، بأن يكون عقد العمل صادرا عـن شخص ذي أهلية لا يفسد رضاؤه أي عيب من العيوب.

ومن جهة أخرى فإن المشرع وفي إطار تنظيمه لعقد العمل كان قد خرج على القواعد

---

[1] انظر: د.محمود جمال الدين زكي، المرجع السابق، ص402. د. حمدي عبد الرحمن، المرجع السابق، ص115.

[2] انظر: د.محمود جمال الدين زكي، قانون العمل، المرجع السابق، ص403. د.حمدي عبد الرحمن، المرجع السابق، ص117. انظر كذلك المواد (165-166) من القانون المدني.

التقليدية في إثبات العقود، فقد أورد بعض الأحكام الخاصة بإثباته، لا سيما من جانب صاحب العمل الذي تطلب منه المشرع الكتابة لإثبات العقد.

الفرع الأول
صحة عقد العمل

إن القواعد العامة في القانون المدني تقضي بأن العقد يعد موقوفا إذا ما كان أحد العاقدين ناقص الأهلية، كما انه لا يكون نافذا أو يمكن فسخه إذا ما شاب رضاءه أي من عيوب الرضاء: الإكراه، والتغرير مع الغبن، والغلط. الأمر الذي ينطبق كذلك على عقد العمل، بحيث يكون العقد موقوفا أو يمكن فسخه ممن لم تتوفر في جانبه تلك الشروط، سواء أكان ذلك الجانب هو العامل أم صاحب العمل.

وعليه فإنه يشترط لصحة عقد العمل توافر شرطين هما توافر الأهلية للتعاقد وخلو الرضا من العيوب.

أولا. أهلية التعاقد:

إن الأهلية التي تطلبها المشرع في عقد العمل تختلف بحسب ما إذا كان المتعاقد هو صاحب العمل عنه إذا ما كان العامل، وذلك على الوجه الآتي:

صاحب العمل:

صاحب العمل هو كل شخص طبيعي أو معنوي يستخدم بأي صفة كانت شخصا أو أكثر مقابل أجر[1].

والأهلية الواجب توفرها في صاحب العمل لم يرد في قانون العمل أحكاما بشأن تحديدها، ومن ثم فإنه لا بد من الرجوع إلى القواعد العامة المتعلقة بذلك، والتي تقضي بدورها بأن صاحب العمل يعد كامل الأهلية إذا ما بلغ الثامنة عشرة من عمره غير محجور عليه ومتمتعا بقواه العقلية[2]، بحيث يستطيع هذا الشخص إبرام ذلك العقد بوصفه صاحب عمل، وبالتالي التمتع بما يترتب عليه من حقوق و تحمل التزامات الناجمة عنه.

---

[1] انظر المادة (2) من قانون العمل.

[2] انظر المادة (41) من القانون المدني.

على أنه يجوز أيضا لمن بلغ الخامسة عشرة من عمره إبرام ذلك العقد إذا ما أذن له في تسلم أمواله لأدارتها، على أن يكون ذلك في حدود إدارة تلك الأموال فحسب[1].

العامل:

العامل هو كل شخص ذكرا كان أو أنثى يؤدي عملا لقاء أجر ويكون تابعا لصاحب العمل وتحت إمرته، ويشمل ذلك الأحداث، ومن كان قيد التجربة أو التأهيل[2].

ولا شك في أن الشخص البالغ من العمر ثماني عشرة سنة يستطيع أن يبرم عقد العمل بوصفه عاملا وطرفا ذي أهلية كاملة، إلا إن المشكلة التي قد تثار في هذا الصدد هي حول مدى إمكانية من لم يبلغ هذا السن في إبرام عقد العمل، لا سيما وإن القدرات البدنية لذلك الشخص قد تمكنه في كثير من الأحيان من القيام بالعمل، فهل يستطيع من لم يبلغ الثامنة عشرة من عمره إبرام عقد العمل؟.

لقد أجاب على ذلك المشرع عندما حظر على من لم يكمل سن السادسة عشرة من عمره مزاولة العمل وإبرام العقد على ذلك، فقد نصت المادة (73) من قانون العمل على أنه: (مع مراعاة الأحكام المتعلقة بالتدريب المهني لا يجوز بأي حال تشغيل الحدث الذي لم يكمل السادسة عشرة من عمره بأي صورة من الصور).

إلا إن إبرام العقد مع من هم بهذا السن يبقى موقوفا كما تقضي القواعد العامة في القانون المدني، إذ لا بد من أن تلحق ذلك العقد إجازة تصدر عن الولي الشرعي لذلك العامل (القاصر) أو الوصي عليه، كما ويجوز أن تكون تلك الإجازة صادرة عن العامل نفسه إذا بلغ سن الرشد بعد إبرام ذلك العقد[3].

---

[1] تنص المادة (1/119) من القانون المدني على انه:(للولي بترخيص من المحكمة أن يسلم الصغير المميز إذا أكمل الخامسة عشر مقدارا من ماله ويأذن له في التجارة تجربة له. ويكون الإذن مطلقا أو مقيدا).

[2] انظر المادة (2) من قانون العمل. ويلاحظ بان التعبير بمصطلح المستخدم يؤدي المعنى ذاته الذي يؤديه مصطلح العامل، ومع ذلك فان جانبا من الفقه يشير إلى فارق بينهما، وذلك بحسب طبيعة العمل الذي يتم مزاولته، فالعامل هو من يقوم بالأعمال البدنية أي الأعمال التي تحتاج إلى مجهود جسماني، أما المستخدم فهو من يقوم بأداء أعمال ذهنية أي الأعمال التي يغلب عليها الطابع الفكري. انظر: د.غالب الداوودي، المرجع السابق، ص52. أما المشرع الأردني فانه لم يعر أهمية لهذه التفرقة فلم يرتب عليها أثرا، مع انه استخدم مصطلح المستخدم مرتين، وذلك في إطار تنظيمه للأحكام المتعلقة بالنقابات، انظر (المادة 100/ح، والمادة(114) من قانون العمل.

[3] تنص المادة (118) من القانون المدني على ما يأتي:(1.تصرفات الصغير المميز صحيحة متى كانت نافعة نفعا محضا وباطلة متى كانت ضارة ضررا محضا. 2.أما التصرفات الدائرة بين النفع والضرر فتعقد موقوفة على

وإذا تم إبرام العقد على النحو السابق فإنه يجب الالتزام بالقيود التي فرضها المشرع في تشغيل الإحداث، حيث لا يجوز تشغيلهم إلا وفق الشروط والأوضاع التي تحددها الجهات المختصة[1].

ثانيا- عيوب الرضا:

لم يتضمن قانون العمل أحكاما تفصيلية لما يترتب على عقد العمل إذا ما شاب رضا أي من طرفيه أحد عيوب الرضا، وبالتالي فإنه يتوجب والحالة هذه الرجوع إلى القواعد العامة؛ وعيوب الرضا وإن كان فرض حدوث بعضها يعد قليلا من الناحية العملية، إلا إنها مع ذلك تبقى ممكنة غير مستحيلة الوقوع، إذ يمكن أن يشوب رضا العامل أو صاحب العمل الإكراه أو التغرير مع الغبن أو الغلط.

1- الإكراه:

إن وجود خطر محدق يورث رهبة في نفس المتعاقد، وإن كان نادرا في عقد العمل إلا إنه من المتصور حدوثه، فمثلا قد يهدد عمال فندق بمغادرته في أوج الموسم السياحي بغرض الحصول على زيادة في الأجور، أو قد يهدد ممثل بالامتناع عن القيام بدور رئيسي قبيل التمثيل، وعلى النقيض من ذلك فقد يجبر صاحب العمل العامل على إبرام عقد لا يرتضيه الأخير لولا الضغط على إرادته وتهديده بإيقاع أضرار به أو بعائلته، فلا يعد العقد في مثل هذه الحالات نافذا لوجود عيب الإكراه الذي شاب رضاء أحد المتعاقدين[2].

2- التغرير مع الغبن:

إن استعمال أحد طرفي عقد العمل لوسائل احتيالية بغرض دفع الطرف الآخر إلى التعاقد معه يفضي- إلى إمكانية فسخ العقد إذا تم ذلك بغبن فاحش، فمثلا يعد من قبيل التغرير انتحال العامل لشخصية غير حقيقية أو استعماله لشهادات غير صحيحة أو توصيات مصطنعة تؤدي برب العمل إلى إبرام العقد ودفع اجر مرتفع إلى ذلك العامل، وكذلك هو الحال بالنسبة للعامل الذي يدخل عليه صاحب العمل الغش عند التعاقد بخصوص أوضاع وشروط العمل.

إجازة الولي في الحدود التي يجوز فيها له التصرف ابتداء أو إجازة القاصر بعد بلوغه سن الرشد. 3.وسن التمييز سبع سنوات كاملة).

[1] انظر المادة (74- 76) من قانون العمل.

[2] انظر: د.حمدي عبد الرحمن، المرجع السابق، ص122. انظر المادة (141) من قانون العمل.

وتطبيقا لذلك جاءت المادة (28/أ) من قانون العمل لتجيز لصاحب العمل فصل العامل دون إشعار إذا انتحل العامل شخصية أو هوية غيره أو قدم شهادات أو وثائق مزورة بقصد جلب المنفعة لنفسه أو الإضرار بغيره، إلا أن ما لا يجب أن يغيب عن الذهن هو أن ثمة فارق بين الحكم الموجود في القواعد العامة في القانون المدني والحكم الذي نص عليه المشرع في قانون العمل، ذلك انه يشترط لفسخ العقد بحسب القواعد العامة اقتران التغرير بغبن فاحش، الأمر الذي لم يأخذ به المشرع في قانون العمل، إذ يكفي لفسخ العقد استعمال العامل للوسائل الاحتيالية، أما ما ابتغاه المشرع من وراء الخروج على القواعد العامة هنا، فلعله يرجع إلى طبيعة العلاقة القائمة بين أطراف العمل وما تقتضيه من اعتبارات؛ الأمر الذي كان يجدر منح العامل مثله، وللعلة ذاتها.

وتجدر الإشارة هنا أيضا إلى أن ما يترتب على التغرير في الحالة التي نص عليها قانون العمل هو الحق في فسخ العقد ومن دون الحاجة إلى اللجوء إلى القضاء، إذ لا يستدعي الأمر رفع دعوى أمام القضاء، وعلى خلاف ما تقضي به القواعد العامة.

إلا إن الحكم المنصوص عليه في القواعد العامة يبقى قائما في غير الحالة المحددة في قانون العمل، كما في الحالة التي يكتم فيها العامل عن صاحب العمل التزاما قائما على عاتقه بعدم الاستخدام وتأكيده بوسيلة أو أخرى تحلله من أي ارتباط تجاه الغير[1].

3- الغلط:

ينتج الغلط أثره في عقد العمل إذا ما كان جوهريا بحيث يصبح من الجائز لمن وقع فيه فسخ العقد، حيث يعد الغلط جوهريا في العقد كلما كان لذات المتعاقد أو صفة من صفاته اعتبارا في العقد.

فيكون فسخ العقد ممكنا إذا وقع الغلط في ذات المتعاقد، كما لو كان فنانا أو طبيبا، وكذلك في إحدى صفاته، كحسن السمعة في المدرس أو دماثة الأخلاق في المربية.

على أنه لا يعد صفة جوهرية في عقد العمل اعتناق العامل لعقيدة دينية معينة، إلا في الحالات التي يكون فيها لتلك العقيدة تأثير على علاقة العمل، كما هو الحال في خادم المسجد[2].

---

[1] انظر: د.محمود جمال الدين زكي، قانون العمل، المرجع السابق، ص122.

[2] انظر: د.محمود جمال الدين زكي، قانون العمل، المرجع السابق، ص407.

الفرع الثاني
إثبــات عـقــد العـمــل

لقد خرج المشرع على القواعد العامة في إثبات العقود، فلم يشأ إخضاع عقد العمل إلى الأحكام ذاتها التي تطبق على غيره من العقود، فافرد له بعضا من الأحكام، إلا إن هذه الأحكام الخاصة بالإثبات لا تطال جميع عقود العمل، بل إنها خاصة بالعقود التي يشملها قانون العمل بالتنظيم فقط، حيث تبقى عقود العمل المستثناة من نطاق تطبيق قانون العمل خاضعة للأحكام نفسها التي تخضع لها باقي العقود في الإثبات ما لم توجد قوانين أو لوائح خاصة بها[1].

وعقد العمل كما أسلفنا لا يعد عقدا شكليا، فهو يتميز بوصفه من العقود الرضائية التي لا يتطلب إنعقادها إفراغه في شكل معين[2]، وبالتالي فإن هذا العقد قد ينعقد شفاهة أو كتابة؛ ومع ذلك فقد عاد المشرع ليؤكد ضرورة الكتابة في هذا العقد، وإلا فإن للعامل وحده إثبات أي من حقوقه بأية طريقة من طرق الإثبات[3]، فقد نصت المادة (15/أ) من قانون العمل على ما يأتي:(ينظم عقد العمل باللغة العربية وعلى نسختين على الأقل يحتفظ كل من الطرفين بنسخة منه، ويجوز للعامل إثبات حقوقه بجميع طرق الإثبات القانونية إذا لم يحرر العقد كتابة).

والحكمة من خروج المشرع على القواعد العامة في إثبات هذا العقد لا تكمن فقط في محاولة حث صاحب العمل على إفراغ العقود التي يبرمها كتابة لتسهيل الإثبات، والتقليل من المنازعات التي تثار بين الطرفين، بل ولحماية العامل ومحاولة التخفيف عنه في حالات عدم وجود عقد مكتوب على اعتبار إنه الطرف الأضعف في العقد، ولأن عدم كتابة العقد يعود في أغلب الأحيان لتقصير يعزى إلى صاحب العمل لا إلى العامل[4].

وبعبارة أخرى، يرتب المشرع على عدم كتابة العقد فسح المجال أمام العامل لإثبات حقوقه بجميع طرق الإثبات بما فيها البينة أو القرائن، وعلى العكس من صاحب العمل الذي لا

---

[1] انظر المادة الثالثة من قانون العمل.

[2] انظر كذلك المادة الثانية من قانون لعمل اذ تنص على ما يأتي: (عقد العمل: اتفاق شفهي أو كتابي صريح أو ضمني...).

[3] انظر تمييز حقوق رقم (2005/2531- هيئة عامة)، مجلة نقابة المحامين، العدد الأول والثاني والثالث، السنة الخامسة والخمسون، عمان، 2007، ص149.

[4] انظر: د.السيد محمد السيد عمران، المرجع السابق، ص319.

يجوز له إثبات مضمون العقد إلا بالإقرار أو اليمين، ومعلوم بأن هذا التمييز الذي جاء في صالح العامل ما كان إلا لحمل صاحب العمل على كتابة العقد وتيسير الإثبات على خصمه إن هو توانى عن القيام بواجبه.

كما اشترط المشرع أن تكون اللغة العربية هي اللغة التي يفرغ بها العقد، وان يكتب على نسختين[1]، ذلك إن تمكين الطرفين من كتابة هذا العقد بإحدى اللغات الأجنبية أو من نسخة واحدة قد يشكل خطورة على حقوق العامل الذي قد لا تؤهله قدراته من معرفة ما يقع عليه من التزامات بموجب هذا العقد لعدم معرفته بتلك اللغة، أو لعدم إتاحة المجال أمامه للإطلاع على نسخة أخرى من العقد غير تلك التي يحتفظ بها صاحب العمل.

ومع ذلك، نعتقد بأنه كان من الأولى بالمشرع الأردني جعل عدد نسخ عقد العمل ثلاثة لا اثنتين[2]، بحيث يحتفظ كل من طرفي العقد بنسخة كما هو الحال في القانون النافذ، وعلى أن تودع النسخة الثالثة لدى وزارة العمل، ليس فقط من اجل الرجوع إليها في حال اختلاف نسختي الطرفين عن بعضهما، أو بغرض تمكين أحدهما من الحصول على صورة لها في حال فقده نسخته، بل ومن اجل إحكام رقابة وزارة العمل على ما يرد في هذه العقود وحث أصحاب العمل على جعلها موافقة لاحكام قانون العمل، خصوصا وان جانبا من أصحاب العمل قد يعمد إلى تضمين هذه العقود شروطا تخالف أحكام القانون بهدف فرضها على عامل يجهل تلك المخالفة أو ليس لديه اطلاع كاف على القانون، ومن ثم استغلاله وتحقيق بعض المكاسب على حسابه.

وعلى أية حال فإن هذا العقد عند كتابته يجب أن يتضمن البيانات والشروط الجوهرية، وعلى الأخص اسم صاحب العمل ومكان العمل، واسم العامل ومؤهلاته ومحل إقامته، كما يجب أن يتضمن نوع العمل على وجه التحديد، ومقدار الأجر المتفق عليه وكيفية وأوقات دفعه، وكذلك

---

[1] انظر المادة (15) من قانون العمل.

[2] لقد تنبه جانب من المشرعين- كالمشرع اليمني- إلى أهمية وفائدة إيداع نسخة من عقد العمل لدى وزارة العمل، لذلك نراه ينص على ضرورة تحرير العقد من ثلاثة نسخ، فقد جاء في المادة (30) من قانون العمل اليمني رقم 5 لسنة 1995ما يأتي:(يعد عقد العمل الفردي المكتوب من ثلاث نسخ، وتكون النسخة الأصلية للعامل، ونسخة لصاحب العمل، ونسخة لمكتب الوزارة المختصة وتكون النسخ موقعه من طرفي العقد، وفي حالة عدم وجود عقد مكتوب على العامل أن يثبت حقوقه بجميع طرق الإثبات).

سائر المزايا النقدية والعينية المتفق عليها[1].

وعقد العمل إذا ما تم كتابته على هذا الوجه فإنه يعد حجة على كلا الطرفين، فلا يجوز من بعد ذلك لأي منهما إثبات عكسه إلا بدليل مماثل، ذلك انه لا يجوز مخالفة ما هو ثابت بالكتابة إلا بالكتابة طبعا .

ومن جهة أخرى، فقد نصت المادة (8/ب) من قانون العمل على إلزام صاحب العمل بان يحتفظ في مؤسسته بجملة من السجلات وتضمينها بيانات محددة، وذلك بغية تسير أمر الرقابة عليه والتثبت من انصياعه لاحكام قانون العمل الآمرة[2]، وهذه السجلات هي:

1. سجل العمال[3].

---

[1] البيانات التي من الممكن ان ترد في عقد العمل كثيرة جدا، ويعد من أبرزها البيانات الآتية: اسم العامل ورقمه الوطني وعمره وموطنه ومكان إقامته وجنسيته وجنسه وحالته الاجتماعية، وديانته إذا دعت الحاجة، اسم صاحب العمل وعنوانه، نوع العمل وطبيعته والواجبات الملقاة على العامل بصدده، مدة العمل، مقدار الأجر والعلاوات التي تستحق للعامل والرواتب الإضافية كأجر الشهر الثالث عشر، الشروط المتعلقة بتنظيم وقت العمل اليومي والسنوي كأن يذكر في العقد الإجازات التي تستحق للعامل والمدة اللازم إمضائها يوميا في المنشأة، شروط التعاقد:كشرط التجربة وشرط عدم منافسة صاحب العمل والشروط المتعلقة بالاختراعات التي يتوصل اليها العامل وشرط التحكيم وشرط الالتزام بالنظام الداخلي للمؤسسة ولائحة الجزاءات، البيانات المتعلقة بالأوراق والوثائق المرفقة كالبطاقة الشخصية أو تصريح العمل فيذكر رقمها وتاريخ ومكان وجهة صدورها، فضلا عن تاريخ إبرام العقد، وتاريخ بدأ سريان العقد وانتهائه، توقيع طرفي التعاقد، إذ يجب أن يوقع على نسختي العقد كل من صاحب العمل أو من يفوضه والعامل أو وليه ان كان العامل ناقص الأهلية.

[2] جاء في المادة الثامنة من نظام مفتشي العمل رقم 56 لسنة 1996 ما نصه:(يترتب على صاحب العمل القيام بما يلي: ب- تمكين المفتش من الإطلاع على الوثائق والمستندات المتعلقة بالمؤسسة والعمل والعمال التي يرى ضرورة الإطلاع عليها أو اخذ صورة عنها أو نسخها أو نسخ أي جزء منها). انظر كذلك قرار وزير العمل الخاص بالسجلات الواجب على صاحب العمل الاحتفاظ بها والصادر بمقتضى أحكام المادة (8) من قانون العمل رقم (8) لسنة 1996.

[3] يجب أن يتضمن سجل العمال البيانات الآتية:1- اسم العامل من أربعة مقاطع ورقمه الوطني وتاريخ ميلاده وجنسيته. 2- المؤهل العلمي والتخصص. 3- المهنة (طبيعة العمل). 4- تاريخ التحاقه بالعمل (اليوم, الشهر, السنة) وتاريخ انتهاء عمله وسببه (اليوم, الشهر, السنة). 5- مقدار الأجر. انظر المادة (3) من قرار وزير العمل الخاص بالسجلات الواجب على صاحب العمل الاحتفاظ بها.

ويلاحظ أن القرار المذكور اغفل إيراد بعض البيانات في سجل العمال، كالمركز الذي يشغله في المنشأة، لاسيما وان تحديد طبيعة العمل قد لا يكفي لبيان مثل هذا الأمر.

2. سجل الأجور [1].

3. سجل العمل الإضافي [2].

4. سجل الغرامات [3].

5. سجل الإجازات [4].

6. سجل العمال المتدربين [5].

---

[1] يجب تضمين سجل الأجور البيانات الآتية: 1- اسم العامل من أربعة مقاطع. 2- مقدار الأجر (شهريا, إسبوعيا, يوميا, بالساعة, بالقطعة). 3- العلاوات والزيادات وأية امتيازات أخرى. 4- الاقتطاعات القانونية. 5- مجموع الأجر وتوقيع العامل باستلامه وتاريخ الاستلام. انظر المادة (3) من قرار وزير العمل الخاص بالسجلات الواجب على صاحب العمل الاحتفاظ بها.

[2] يتضمن سجل العمل الإضافي البيانات الآتية: 1- اسم العامل من أربعة مقاطع. 2- عدد ساعات العمل الإضافي التي عمل بها في اليوم الواحد وتاريخ الاستلام وتوقيع العامل باستلامها ومجموع الأجور عنها. 3- عدد أيام العطل الرسمية أو الدينية أو الأسبوعية التي عمل بها ومجموع الأجور عنها وتوقيع العامل باستلامها وتاريخ الاستلام. انظر المادة (3) من قرار وزير العمل الخاص بالسجلات الواجب على صاحب العمل الاحتفاظ بها.

[3] يتضمن سجل الغرامات البيانات الآتية: 1- اسم العامل من أربعة مقاطع. 2- مقدار الأجر. 3- قيمة الغرامة المقتطعة. 4- تاريخ فرض الغرامة وسببها. انظر المادة (3) من قرار وزير العمل الخاص بالسجلات الواجب على صاحب العمل الاحتفاظ بها. انظر كذلك المادة 48 من قانون العمل.

[4] بالنسبة لسجل الإجازات فان صاحب العمل يلزم بإدراج البيانات الآتية: 1- اسم العامل من أربعة مقاطع. 2- نوع الإجازة التي حصل عليها ومدتها وتاريخ بدئها وانتهائها. 3- برنامج الإجازات السنوية للعمال المتفق عليه في الشهر الأول من كل عام وفقا لأحكام المادة (61) فقرة (د) من القانون. 4- رصيد الإجازات المتبقية لكل عامل. 5- الرصيد المدور للإجازة السنوية المتفق على تأجيلها للسنة التالية.

والإجازات المقصودة هنا هي جميع الإجازات التي قد يستحقها العامل بموجب قانون العمل، ومن ثم فان على صاحب العمل إيراد بيان خاص بكل من الإجازات الآتية: السنوية, المرضية, للدراسة, الثقافة العمالية, الحج, الإجازات المتعلقة بالمرأة العاملة. انظر المادة (3) من قرار وزير العمل الخاص بالسجلات الواجب على صاحب العمل الاحتفاظ بها.

[5] يجب أن يتضمن سجل العمال المتدربين البيانات الآتية: 1- اسم العامل المتدرب من أربعة مقاطع وعمره وتحصيله العلمي. 2- رقم وتاريخ كتاب مؤسسة التدريب المهني بالموافقة. 3- مدة التدريب ومكانه ومراحله ونوع المهنة موضوع التدريب. 4- الأجر عن كل مرحلة من مراحل التدريب. 5- موافقة ولي الأمر للمتدرب الذي لم يكمل الثامنة عشرة من عمره. انظر المادة (3) من قرار وزير العمل الخاص بالسجلات الواجب على صاحب العمل الاحتفاظ بها.

انظر كذلك نص المادة (76) من قانون العمل، إذ جاء فيها:(على صاحب العمل قبل تشغيل أي حدث أن يطلب منه أو من وليه تقديم المستندات التالية: أ- صورة مصدقة عن شهادة الميلاد. ب- شهادة بلياقة الحدث الصحية...ج- موافقة ولي أمر الحدث الخطية على العمل في المؤسسة، وتحفظ هذه المستندات في ملف خاص للحدث مع بيانات كافية عن محل إقامته وتاريخ استخدامه والعمل الذي استخدم فيه وأجره وإجازاته).

7. سجل إصابات العمل والفحوص الطبية[1].

وبناء عليه فان على صاحب العمل الاحتفاظ بجملة من الوثائق والمستندات، من أهمها ملف خاص بكل عامل، طوال فترة التعاقد معه، على أن يتضمن هذا الملف جميع البيانات والمعلومات المتعلقة بالعامل وعمله، أي حتى تلك الخاصة بالتطورات والجزاءات وأسباب وتاريخ إنهاء خدمته[2].

ولكن التساؤل الذي يثار هنا قد يدور حول مدى استفادة طرفي العقد من هذا الملف، فهل يستطيع العامل أو رب العمل الاحتجاج بما ورد من بيانات في هذا الملف؟

نعتقد أن للعامل دون صاحب العمل الاستعانة بهذا الملف لإثبات حقوقه، فالبيانات المدونة في هذا الملف تعد حجة على صاحب العمل لصدورها منه، لا بل ونعتقد بأنه يجوز للعامل أيضا الإفادة مما ينفعه من هذه البيانات دون ما يضره منها، ذلك إن هذا الملف يحضر وتدون فيه المعلومات كافة دون أدنى رقابة أو إطلاع من العامل وفي غيبته، وبعبارة أخرى فإن للعامل تجزئة البيانات الواردة في هذا الملف ليحتج ببعضها ويرفض بعضها الأخر، وذلك بحسب ما تقضي مصلحته في الدعوى[3].

---

[1] يجب أن يتضمن سجل إصابات العمل والفحوص الطبية البيانات الآتية: 1- اسم العامل من أربعة مقاطع وطبيعة عمله. 2- تاريخ التعيين. 3- تاريخ وقوع الإصابة. 4- سبب الإصابة. 5- الإجراءات التي اتخذتها المؤسسة. 6- وصف الإصابة. 7- مدة التعطيل. 8- الإجراءات الطبية المتخذة. 9- خلاصة وتاريخ التقرير الطبي القطعي. 10- أي ملاحظات أخرى. انظر المادة (3) من قرار وزير العمل الخاص بالسجلات الواجب على صاحب العمل الاحتفاظ بها.

[2] الأوراق والوثائق التي ترد في ملف العامل متعددة وكثيرة، سواء أكان ما يرد منها في الملف نسخة أصلية عن تلك الوثيقة أم صورة مصدقة أم صورة غير مصدقة وذلك بحسب الأحوال، إذ يعد من أهمها: شهادة ميلاد العامل، صورة عن البطاقة الشخصية، صورة عن جواز السفر، وتصريح العمل ان كان العامل غير أردني، عقد الزواج وصورة عن دفتر العائلة، الشهادات الدراسية: كالشهادات المدرسية والشهادة الجامعية، الشهادات المهنية ولا سيما تلك المتعلقة بالدورات التي اجتازها العامل لدى جهات متخصصة كمؤسسات ومراكز التدريب المهني والفني، شهادات الخبرة، مشارطة التحكيم، الكفالات المالية أو الشخصية، وثيقة بحسن السيرة والسلوك، التقارير الطبية، الموافقة الخطية للولي ان كان العامل ناقص الأهلية.

[3] انظر: د.السيد محمد السيد عمران، المرجع السابق، ص320.

وما قيل بشأن ملف العامل ينطبق على أي وثيقة أخرى صادرة من رب العمل، كما في السجلات التي يقوم بتنظيمها[1]، والإشعار بمقدار الأجر الموجه منه إلى مؤسسة الضمان الاجتماعي ودائرة ضريبة الدخل[2].

بقي أن نشير إلى إن المشرع أوجب على صاحب العمل الاحتفاظ بالأوراق والشهادات الخاصة بالعمال لردها إليهم عند انتهاء العقد[3]، ونعتقد بالا بأس أيضا من إعطاء العامل إيصالا بما يكون قد أودعه لديه من أوراق أو شهادات بسبب العمل، وذلك لتلافي فقدان تلك الأوراق أو إتلافها وما قد يترتب على ذلك من أضرار بالعامل.

---

[1] لقد قضت محكمة التمييز في إحدى قراراتها بما يأتي:(لا يخالف القانون الحكم للعامل بحقوقه العمالية استنادا إلى مستند صادر عن محاسب الشركة المدعى عليها وان لم يكن هذا المستند موقعا من المفوضين عن الشركة طالما أن البيانات الواردة في المستند مستخلصة من سجلات الشركة وموقع من محاسب الشركة ويتعلق بأحد العاملين فيها). تمييز حقوق (2001/707- هيئة عامة). مجلة نقابة المحامين. العدد السابع والثامن، السنة الخمسون، عمان، 2002، ص 1485.

[2] جاء في قرار لمحكمة التمييز الآتي:(الإشعار الموجه لضريبة الدخل المتضمن مقدار الراتب الأساسي الذي تتقاضاه المميزة ضدها ينطوي على إقرار بمقدار الراتب وهو ملزم للمميزة ورب العمل لغايات احتساب حقوق المدعية العمالية إضافة إلى جواز إثبات الحقوق العمالية بكافة طرق الإثبات). تمييز حقوق رقم (2005/2531- هيئة عامة)، مجلة نقابة المحامين. العدد الأول والثاني والثالث، السنة الخامسة والخمسون، عمان، 2007، ص149.

[3] انظر المادة (30) من قانون العمل، فقد جاء فيها:(... ويلزم صاحب العمل برد ما أودعه العامل لديه من أوراق أو شهادات أو أدوات).

الفصل الثاني
آثار عقد العمل الفردي

آثار عقد العمل هي الالتزامات والحقوق الناشئة بموجبه لكل طرف في مواجهة الآخر.

وإذا كان القانون المدني وقانون العمل متفقين حول ماهية الالتزامات الجوهرية التي يتوجب على كل طرف أدائها، فإن القول بأن قانون العمل جاء ليضع العامل في مركز أفضل مما هو عليه في القانون المدني لا يجانب الصواب، ذلك أن كثير من الشروط والقيود التي أوردها قانون العمل أتت لتصب في مصلحة العامل، حيث قررت له العديد من المزايا والحقوق وعلى نحو أوسع مما هو عليه الحال في القانون المدني.

ومع ذلك فإن التوازن بين التزامات الطرفين يبدو جليا في هذا القانون أيضا، إذ يهدف المشرع من خلال قانون العمل إلى تنظيم العلاقة بين العامل وصاحب العمل، وبما يكفل استقرارها وحسن انتظامها، فضلا عن السعي إلى قطع أوجه النزاع التي قد تثار خلال تنفيذ العقد أو حتى بعد انتهائه.

وعليه فسنواجه آثار عقد العمل الفردي من خلال دراسة الالتزامات المتعددة التي تقع على عاتق كل طرف فيه، وذلك في المبحثين الآتيين:

المبحث الأول: التزامات العامل.

المبحث الثاني: التزامات صاحب العمل.

المبحث الأول
التـزامـــات العـامـل

لقد نظم المشرع الأردني الجوانب المتعلقة بما يتوجب على العامل القيام به من جراء إبرامه لعقد العمل. حيث وردت الأحكام التي تتولى تحديد التزامات العامل في القانون المدني وقانون العمل، إلا إن هـذه الأحكـام لم تـأت متطابقـة تماما، فقد جاء قانون العمل ليؤكد بعض ما ورد في القانون المدني من التزامات تقع عـلى عـاتق طرفي العقـد مـن جهة، وليضيف بعض التفاصيل المتعلقة بتلك الالتزامات من جهـة أخرى، في حين بقي في القانون المدني أحكام عـدة لـبعض الالتزامات التي لم يتناولها قانون العمل.

وعلى النقيض من ذلك تضمن قانون العمل بالإضافة إلى الأحكام الخاصة بالالتزامات التي تقع عـلى عـاتق العامـل وصاحب العمل، الوسائل التي يتم من خلالها ضمان أداء العامل لتلك الالتزامات عـلى الوجـه المطلـوب، فقـد أتـاح قـانون العمل إيقاع الجزاءات التأديبية على العامل إذا ما ارتكب مخالفة تعد إخلالا منه بأحد التزاماته، حيث بـين قـانون العمـل طرق وضوابط إيقاع تلك الجزاءات.

ولذلك، فإن دراسة التزامات العامل ستكون من خلال مطلبين نجملهما على النحو الاتي:

المطلب الأول: مضمون التزامات العامل

المطلب الثاني: الجزاء المترتب على إخلال العامل بالتزاماته.

المطلب الأول
مضمون التزامات العامل

إن تنفيذ عقد العمل يجب أن يكون طبقا لما اشتمل عليه وبطريقة تتفق مع ما يوجبه حسن النية، شأنه في ذلك شأن باقي العقود[1]، لذلك فقد جاء المشرع ليؤكد على الالتزامات التي تقع على عاتق العامل، إذ قضى في القانون المدني وقانون العمل بأنه يجب على العامل القيام بما يأتي:

---

[1] انظر المادة (202) من القانون المدني.

1. أن يؤدي العمل بنفسه وأن يبذل في تأديته عناية الشخص المعتاد.
2. أن يأتمر بأوامر صاحب العمل الخاصة بتنفيذ العمل المتفق عليه.
3. أن يحافظ على أسرار العمل حتى بعد انتهاء العقد.
4. أداء ما عليه من حقوق بشأن ما يتوصل إليه من اختراعات.
5. أن يحرص على حفظ الأشياء المسلمة إليه لتأدية العمل.

وأضاف التزاما آخر في القانون المدني ولم ينص عليه في قانون العمل يتمثل في التزام العامل بعدم منافسة صاحب العمل.

وعلى العكس من ذلك قضى قانون العمل بالتزام آخر هو ضرورة خضوع العامل للفحوصات الطبية للتحقق من خلوه من الأمراض المهنية والسارية[1].

وبالتالي فإن تحديد فحوى ومضامين التزامات العامل لا يتم من خلال قانون العمل وحده، أو القانون المدني بمفرده، بل من خلال القانونين معا، بدليل وجود بعض الأحكام أو التفاصيل الخاصة بتلك الالتزامات في أحد القانونين دون الأخر.

وعليه، فإن دراسة مضمون التزامات العامل ستكون من خلال عدة فروع يمكن إجمالها على الوجه الآتي:

الفرع الأول: التزام العامل بأداء العمل.

الفرع الثاني: إطاعة أوامر صاحب العمل.

الفرع الثالث: المحافظة على أسرار العمل.

الفرع الرابع: عدم منافسة صاحب العمل.

الفرع الخامس: التزامات العامل وحقوقه المتعلقة بمخترعاته.

الفرع الأول
التزام العامل بأداء العمل

لقد نصت كل من المادة (814) من القانون المدني والمادة (19) من قانون العمل وبعبارات متقاربة على إلزام العامل بضرورة تأدية العمل بنفسه وأن يبذل في تأديته عناية الشخص العادي.

---

[1] انظر كذلك المادة (85) من قانون العمل.

على إن قيام العامل بتنفيذ الالتزام الذي يقع على عاتقه بأداء العمل، لا يتم تحديد نطاقه على وجه الدقة إلا وفق الضوابط والقيود والإستثناءات التي أشار إليها المشرع في غير موضع من القانون المدني وقانون العمل.

فالتزام العامل بأداء العمل يجب أن يكون وفقا للضوابط الثلاثة الآتية:

أولا- أن يؤدي العامل العمل بنفسه:

إذا كان عقد العمل من العقود الشخصية، فإن ذلك يعني بأن لشخص العامل دورا أساسيا في إبرام العقد، لأن صاحب العمل لا يتعاقد مع العامل إلا لثقته في مهارته أو أمانته، أو لما يتوفر لديه من صفات أخرى تجعله كفئا للقيام بالعمل المطلوب، ومن ثم فإنه لا يجوز للعامل تكليف غيره بالقيام بالعمل الموكل إليه، إذ يجب عليه أداؤه بنفسه.

كما وينبني على الاعتبار الشخصي في عقد العمل، بأن هذا العقد ينتهي بوفاة العامل أو بفقده لأهليته، فلا يحق لورثته من بعده القيام بذلك العمل، كما لا يحق لصاحب العمل طلب ذلك منهم.

وإذا كان على العامل أداء العمل بصفة شخصية كأصل عام، فإن ثمة استثناء قد يرد على هذا الأصل، إذ يتمثل في الحالة التى يتفق فيها الطرفان على فسح المجال أمام العامل للاستعانة بغيره للقيام بالعمل المناط به، كما هو الحال بالسبة لنبواب الذي يجيز له صاحب العمل بموجب الاتفاق المبرم بينهما إحلال غيره محله للعمل أثناء مدة الإجازة.[1]

ثانيا- القيام بالعمل المتفق عليه:

إذ يجب على العامل القيام بالعمل الذي تم تحديده بموجب الاتفاق الذي أبرمه مع صاحب العمل، فلا يجوز له القيام بغيره، كما لا يجوز لصاحب العمل تكليف العامل بأداء عمل آخر إلا برضائه، أي حتى وإن كان تكليفا بعمل آخر يصب في مصلحته، إذ يعد مثل هذا الالتزام تطبيقا للقواعد العامة التي تقضي بعدم جواز تعديل العقد بالإرادة المنفردة من قبل أي طرف[2].

وما يجب الالتفات أليه هنا، هو أن العامل ملزم أيضا بالقيام بما يتطلبه العمل من توابع، إذ قد يتطلب إتمام العمل أمورا أخرى، كالانتقال إلى مكان خارج المنشأة في بعض الأحيان، فيكون من الواجب على العامل أداء هذا العمل ما دام أن العرف يقضي بذلك، الأمر الذي أكد

[1] انظر: د.السيد محمد السيد عمران، المرجع السابق، ص329.

[2] انظر المادة (199) من القانون المدني وما بعدها.

عليه المشرع صراحة في القانون المدني عندما نص في المادة (815) على انه:(يلتزم العامل بكل ما جرى العرف على أنه من توابع العمل ولو لم يشترط في العقد).

وإذا كان الأصل على النحو السابق تحديده، فإن المشرع أجاز الخروج على هذا الأصل في حالتين حددتهما المادة (17) من قانون العمل والتي نصت على آلاتي:(لا يلزم العامل بالقيام بعمل يختلف اختلافا بينا عن طبيعة العمل المتفق عليه في عقد العمل إلا إذا دعت الضرورة إلى ذلك منعا لوقوع حادث أو لإصلاح ما نجم عنه أو في حالة القوة القاهرة وفي الأحوال الأخرى التي ينص عليها القانون على أن يكون ذلك في حدود طاقته وفي حدود الظرف الذي اقتضى هذا العمل).

إذن، يجوز استثناء تكليف العامل بغير العمل المتفق عليه في حالتين وهما:

1. حالة الضرورة أو القوة القاهرة:

فقد قضت المادة (17) من قانون العمل بجواز خروج صاحب العمل على شروط العقد وتكليف العامل بعمل آخر غير المتفق عليه إذا دعت لذلك ضرورة ما منعا لوقوع حادث أو لإصلاح ما نشأ عنه، أو في حالة القوة القاهرة.

فإذا ما غمرت مياه الفيضان أرض المصنع وهددت بإتلاف الآلات أو المواد الخام أو المنتجات الموجودة فيه، فإن لصاحب العمل تكليف عماله أو بعضهم بتصريف هذه المياه، لأن الضرورة تتطلب تضافر الجهود لدرء مثل هذا الخطر، وإلا فإن العامل إذا ما رفض القيام بمثل هذا العمل يعد مخلا بما أوجبه عليه القانون من ضرورة الاستجابة لتعليمات صاحب العمل في مواجهة ما تفرضه حالة الضرورة.

كما ويساوي هذه الحالة بالحكم الحالة التي ينص فيها القانون على جواز تكلف العامل بعمل يختلف عن عمله الأصلي.

ولما كانت حالة الضرورة أو القوة القاهرة أمرا عارضا لا يدوم، فإنه يتوجب على صاحب العمل إعادة العامل إلى عمله الأصلي إذا ما انتهت تلك الحالة أو القوة القاهرة[1].

[1] انظر: د.السيد محمد السيد عمران، المرجع السابق، ص326.

2. حالة تكليف العامل بعمل لا يختلف عن عمله الأصلي اختلافا بينا

فقد أجازت المادة (17) من قانون العمل كذلك لصاحب العمل تكليف العامل بعمل غير المتفق عليه بشرط ألا يكون هذا العمل مختلفا عن العمل الأصلي اختلافا بينا، والاختلاف البين هو الاختلاف الذي ينصب على العمل من الناحية الجوهرية.

فقد منح المشرع لصاحب العمل الحق في تكليف العامل بعمل آخر ونقله إليه ما دام أن الغرض من ذلك لا يتجاوز تحقيق مصلحة العمل أو إعادة تنظيمه، أو حتى مراعاة الحالة الصحية للعامل[1]، فإذا تبين خلاف ذلك، بأن كان الغرض من إجراء التغيير مجرد الإساءة إلى العامل وإمتهانه أو بقصد تحقيق مصلحة غير مشروعة، فإن العامل لا يكون ملزما بالانصياع لأوامر صاحب العمل، فضلا عن انه يكون من حقه ترك العمل[2].

فمثلا لا يعد تغييرا بينا لنوع العمل نقل العامل من آلة إلى أخرى لا يتطلب العمل عليها زيادة في الحذر أو الجهد، وعلى العكس من الحالة التي يكلف فيها العامل بغسل الأرضيات بدلا من صيانة الآلات، حيث يعد هذا التغيير جوهريا في نوع العمل، ومن ثم فإن للعامل رفضه[3]؛

---

[1] قد تكون مراعاة الوضع الصحي للعامل ونقله إلى العمل الذي يحدده صاحب العمل إما بطلب من العامل نفسه وبناء على رغبته، كما انه قد يتم بإرادة صاحب العمل منفردا إذا قدر بان الحالة الصحية للعامل تقضي بنقله إلى عمل آخر، إذ لا يوجد ما يمنع من ذلك. فقد جاء في المادة التاسعة من نظام العناية الطبية الوقائية و العلاجية للعمال في المؤسسات (رقم (42) لسنة1998) ما يأتي:(على مدير المؤسسة مراعاة الحالة الصحية للعامل إذا تطلبت نقله إلى عمل يتناسب مع حالته الصحية على أن يتم إشعار المديرية بذلك).

[2] تنص المادة (29) من قانون العمل على انه:(يحق للعامل أن يترك العمل دون إشعار مع احتفاظه بحقوقه القانونية عن انتهاء الخدمة وما يترتب له من تعويضات عطل وضرر وذلك في أي من الحالات التالية: أ- استخدامه في عمل يختلف في نوعه اختلافا بينا عن العمل الذي اتفق على استخدامه فيه بمقتضى عقد العمل على أن تراعى في ذلك أحكام المادة (17) من هذا القانون.... ج- نقله إلى عمل آخر في درجة أدنى من العمل الذي اتفق على استخدامه فيه).

[3] لا تثار مشكلة الاختلاف البين في طبيعة العمل إذا قبل العامل بالعمل الجديد، لان هذا القبول يعبر عن توافق إرادته مع إرادة صاحب العمل، وانما تثار هذه المشكلة إذا لم يرض به العامل ورفضه، الأمر الذي طبقته محكمة العدل العليا في أحد قراراتها، والذي جاء به ما يأتي:(إذا كان الحادث الذي وقع للمستدعي أثناء قيامه بعمل كلفه به صاحب العمل وهو قيادة باص الفندق لجلب مواد بناء للفندق علما بأن المستدعي موظف استقبال فيكون الحادث قد وقع للمستدعي أثناء العمل وفقا للمعنى الوارد في المادة الثانية من قانون الضمان الاجتماعي وما نجم عنه يعتبر إصابة عمل أما الاحتجاج أو الدفع بأن العامل غير ملزم بالقيام بعمل يختلف اختلافا بينا

وبصفة عامة يكون الاختلاف بينا حالما كان العمل الجديد أدنى مرتبة أو ميزة من الناحية المادية أو الأدبية من العمل السابق[1]، حيث يبقى أمر تقدير ما إذا كان الاختلاف بينا من عدمه مسألة خاضعة لتقدير قاضي الموضوع الذي يقرر ذلك مستهديا بظروف الحال وملابساته.

وجدير بالذكر أن ما سبق القول به من تغيير للعمل المتفق عليه ينطبق على كل تغيير يلحق مكان العمل الذي سبق تحديده في العقد، فلا يجوز لصاحب العمل تغيير ذلك المكان إذا تم الاتفاق عليه، وإلا فإن ذلك التغيير يجب ألا يكون واسعا أو بقصد الإساءة إلى العامل[2]، فقد نصت المادة (18) من قانون العمل على انه:(لا يلزم العامل بالعمل في مكان غير المكان المخصص لعمله إذا أدى ذلك إلى تغيير مكان إقامته وذلك ما لم يرد نص صريح يجيز ذلك في عقد العمل).

ثالثا- أن يبذل العامل عناية الشخص المعتاد:

لقد أوجب المشرع على العامل عند قيامه بالعمل بذل قدر من العناية تتمثل بعناية الشخص المعتاد، وهي العناية التي يبذلها العامل العادي الذي يكون من ذات درجة العامل ومهارته[3]، إذ أكدت على ذلك المادة (1/814) من القانون المدني[4] والمادة (19/أ) من قانون العمل[5].

عن طبيعة العمل المتفق عليه في عقد العمل وفقا للمادة 17 من قانون العمل رقم 8 لسنة 1996 هو دفع غير وارد ذلك أن المقصود من حكم هذه المادة هو حماية العامل الذي لا يرغب في القيام بعمل يختلف عما هو متفق عليه في عقد العمل أما إذا قبل العامل أن يؤدي العمل الذي كلف به فإن قبوله لا يحرمه من حقوقه التي نص عليها القانون بإعتبار أننا أصبحنا بصدد توافق إرادتي العامل وصاحب العمل على أن يؤدي العامل العمل الذي كلف به ولو كان مخالفا لعمله المتفق عليه في العقد).عدل عليا (2004/269)، مجلة نقابة المحامين، العدد الرابع والخامس والسادس، السنة الثالثة والخمسون، عمان، 2005، ص863.

(1) انظر: د.عبد الودود يحيى، المرجع السابق، ص183.

(2) انظر: د.السيد محمد السيد عمران، المرجع السابق، ص328. ويجوز للعامل ترك العمل بموجب المادة(29/ب) من قانون العمل والتي نصت على ما يأتي:(يحق للعامل أن يترك العمل... في أي من الحالات التالية: ب- استخدامه بصورة تدعو إلى تغيير محل إقامته الدائم إلا إذا نص في العقد على جواز ذلك).

(3) انظر: د.نادرة محمود سالم، المرجع السابق، ص204.

(4) تنص المادة (1/814) من القانون المدني على انه:(يجب على العامل:... أن يؤدي العمل بنفسه ويبذل في تأديته عناية الشخص العادي).

(5) جاء في المادة (19/أ) من قانون العمل ما نصه:(على العامل:...تأدية العمل بنفسه وان يبذل في تأديته عناية الشخص العادي...).

أما الاستثناء على ما سبق فهو مطالبة العامل ببذل عناية أقل أو أشد من تلك المنصوص عليها قانونا، إذ يجوز الاتفاق بين الطرفين على أن يبذل العامل عناية أكبر من عناية الرجل المعتاد، كما يجوز التراضي على ما هو دون ذلك.

والعامل بحسب الأصل يجب أن يقصر عمله على صاحب العمل الذي تعاقد معه، فلا يجوز له أن يعمل لدى غيره ما دام أن مدة العقد الأول لم تنته، اللهم إلا إذا تم الاتفاق على غير ذلك، أما الفائدة المترتبة على ذلك فتتمثل في ضمان أداء العامل لعمله على اكمل وجه، أي على النحو الذي يؤدي به العمل من الشخص المعتاد، ذلك أن انشغاله بعمل آخر قد يؤثر على طاقته وقدرته على العمل المتفق عليه، هذا فضلا عن أن حظر عمل العامل لدى الغير يسهم في توفير اكبر قدر من فرص العمل لطالبيه.

وما نقول به من حظر العمل أثناء مدة العقد لدى صاحب عمل آخر وبالرغم من أهميته لم ينص عليه المشرع في قانون العمل، مع انه كان حريا به فعل ذلك[1]، وعلى غرار ما فعل المشرع في القانون المدني، الذي لا مناص من تطبيق حكمه هنا بوصفه الشريعة العامة في تنظيم علاقات العمل، فقد جاء في المادة (816) من القانون المدني ما نصه:(لا يجوز للعامل أن يشغل نفسه وقت العمل بشيء آخر ولا أن يعمل مدة العقد لدى غير صاحب العمل وإلا جاز لصاحب العمل فسخ العقد أو إنقاص الأجر بقدر تقصير العامل في عمله لديه)[2].

من جانب آخر، فإن التزام العامل ببذل عناية الرجل المعتاد يتضمن المحافظة على البضائع والمواد والأدوات المسلمة إليه للقيام بعمله، وإلا فإنه يعد مسؤولا عن تعويض صاحب

[1] لقد التفت جانب من المشرعين إلى أهمية التأكيد والنص في قانون العمل على منع العامل من العمل لدى صاحب عمل آخر، فعلى سبيل المثال جاء في المادة (57) من قانون العمل المصري ما نصه:(يحظر على العامل أن يقوم بنفسه بواسطة غيره بالأعمال الآتية:... العمل الغير سواء بأجر أو بدون أجر إذا كان في قيامه بهذا العمل ما يخل يحسن أدائه لعمله أو لا يتفق مع كرامة العمل أو يمكن الغير أو يساعده على التعرف على أسرار المنشأة أو المنشأة أو منافسة صاحب العمل).

[2] جدير بالملاحظة أيضا أن السماح للعامل بالعمل لدى صاحب عمل آخر قد يورث شكا حول تكييف العقد، فقد يخرجه ذلك من طائفة عقود العمل إلى مجال عقد آخر، بدليل نص المادة (805) من القانون المدني والتي جاء فيها: (أما إذا كان العامل غير مقيد بأن لا يعمل لغير صاحب العمل أو لم يوقت لعمله وقت فلا ينطبق عليه عقد العمل ولا يستحق به أجره إلا بالعمل حسب الاتفاق).

العمل إذا ما كان الضرر ناجما عن تعد أو تقصير منه في حفظهما[1]، كأن يقوم بإتلافها أو أن تكون قد سرقت منه، الأمر الذي يقتضي منه كذلك حفظ أدوات العمل في الأماكن المخصصة لها، وعدم استخدامها خارج مكان العمل دون ترخيص من صاحب العمل، وهو ما أكد عليه المشرع في المادة (19) من قانون العمل والتي قضت بضرورة أن يحرص العامل على حفظ الأشياء المسلمة إليه لتأدية العمل ومنها أدوات العمل والمواد وسائر اللوازم الخاصة بعمله[2].

وعلى نحو مشابه، فان الالتزام ببذل عناية الشخص المعتاد ومبدأ حسن النية في تنفيذ العقود يتطلبان من العامل أن يكون صحيحا معافى لا يحول بينه وبين أداء عمله علة أو مرض، ومن ثم فانه يقع على عاتقه الالتزام بالخضوع للفحوصات الطبية اللازمة للتحقق من خلوه من الأمراض المهنية والسارية، سواء عند إبرام العقد أو أثناء تنفيذه، خاصة وان تأثير هذه الأمراض قد لا يقتصر على العامل بمفرده، فقد يمتد إلى غيره من العمال أو حتى عملاء المنشأة، الأمر الذي حدى بالمشرع إلى النص مباشرة على إلزام العمال بالخضوع لتلك الفحوصات[3]، وإلزام أصحاب العمل بالترتيب لإجرائها[4].

---

[1] تنص المادة (49) من قانون العمل على ما يأتي:(إذا ثبت أن العامل قد تسبب في فقد أو إتلاف أدوات أو آلات أو منتجات يملكها أو يحوزها صاحب العمل أو كانت في عهدة العامل وكان ذلك ناشئا عن خطأ العامل أو مخالفته تعليمات صاحب العمل فلصاحب العمل أن يقتطع من أجر العامل قيمة الأشياء المفقودة أو المتلفة أو كلفة إصلاحها على أن لا يزيد ما يقتطع لهذا الغرض على أجر خمسة أيام في الشهر ولصاحب العمل حق اللجوء إلى المحاكم النظامية المختصة بالمطالبة بالتعويض عن الأضرار التي تسبب العامل بها). كما تنص المادة (817) من القانون المدني على الآتي:(يضمن العامل ما يصيب مال صاحب العمل من نقص أو تلف أو فقد بسبب تقصيره أو تعديه). انظر: كذلك المادة (27/ب) من قانون العمل.

[2] انظر كذلك المادة (814) من القانون المدني.

[3] فقد جاء في المادة (19/د) من قانون العمل ما نصه:(على العامل:....الخضوع للفحوصات الطبية اللازمة التي تقتضي طبيعة العمل ضرورة إجرائها قبل الالتحاق بالعمل أو بعد ذلك للتحقق من خلوه من الأمراض المهنية والسارية).

[4] لقد أشار المشرع في المادة (85) من قانون العمل إلى ضرورة قيام مجلس الوزراء بناء على تنسيب وزير العمل بإصدار نظام خاص بالعناية الطبية الوقائية والعلاجية للعمال وواجبات أصحاب العمل في توفيرها والفحوص الطبية الدورية للعمال، وبالفعل صدر نظام العناية الطبية الوقائية و العلاجية للعمال في المؤسسات رقم (42) لسنة 1998، إذ نصت المادة الثالثة منه على ما يأتي:(على كل صاحب عمل أو المدير المسؤول وضع الترتيبات اللازمة لإجراء الفحص الطبي الدوري للمحافظة على لياقة العاملين الصحية بصفة مستمرة

الفرع الثاني
إطاعة أوامر صاحب العمل

تقتضي علاقة التبعية بين طرفي عقد العمل خضوع العامل في كل أوجه نشاطه إلى سيطرة صاحب العمل، والذي يقوم بتوجيه العامل والإشراف عليه عبر إصدار الأوامر والتعليمات اللازمة للقيام بالعمل المطلوب، سواء أكانت تلك الأوامر أو التعليمات فردية توجه إلى العامل مباشرة شفاهة أو كتابة، أم كانت على شكل أوامر عامة يتضمنها النظام الداخلي للمؤسسة، والتي غالبا ما تشتمل على تحديد جوانب مختلفة تتعلق بالعمل، كمواعيد ابتدائه وانتهائه، وأوقات الراحة والإجازات، إذ تكتسب هذه الأنظمة قوة إلزامها من العقد المبرم مع العامل، على اعتبار إن هذه الأنظمة وما تتضمنه من تعليمات وأوامر مكملة للعقد وشروطه.

كما ولا يقتصر التزام العامل هذا على الخضوع لأوامر صاحب العمل فحسب، بل هو ملزم كذلك بإطاعة مرءوسيه ممن يضعهم صاحب العمل، كالمدراء والمفوضين الذين تكون مهمتهم مزاولة الإشراف على العمل ومتابعة العمال.

الشروط الواجب توفرها في أوامر صاحب العمل:

إن انصياع العامل لأوامر صاحب العمل لا يكون مطلقا أو واجبا إلا حيث تكون تلك الأوامر تبغي تحقيق مصلحة العمل، وبما لا يخرج عن إطار الشروط المحددة في المادة (3/814) من القانون المدني والمادة (19/أ) من قانون العمل، وهذه الشروط هي:

ولاكتشاف ما قد يظهر من أمراض).انظر كذلك المادة الثانية من تعليمات الفحص الطبي الدوري للعمال في المؤسسات والصادرة استنادا لأحكام المادتين (4 و10) من نظام العناية الطبية الوقائية والعلاجية، ويشار إلى أن هذه التعليمات تنص على إلزام أصحاب العمل بأجراء الفحوصات الطبية بصور دورية مختلفة المدد وذلك بحسب مجال العمل، إذ تتراوح ما بين ستة اشهر وسنة وسنتين. فيجب إجرائه مرة واحدة كل ستة أشهر للعمال في مجالات: البتروكيماويات، المبيدات الحشرية، الأسمدة الزراعية والمحسنات الزراعية، صهر المعادن الثقيلة، الضجيج والاهتزازات، المواد المشعة: كما يجب إجرائه مرة واحدة كل سنة للعاملين في مجالات: المناجم والتعدين، صناعة الزجاج، الغزل والنسيج،أعمال النجارة. أما العاملين في المؤسسات والأعمال الأخرى التي لم يرد ذكرها قيما سبق فان الفحص الطبي الدوري يجرى لهم مرة واحدة كل سنتين. انظر المواد (3-5) من تعليمات الفحص الطبي.

1- ألا تكون تلك الأوامر مخالفة للقانون أو النظام العام أو الآداب:

فلا يجب على العامل الانصياع لأوامر صاحب العمل إذا ما كانت تلك الأوامر تهدف إلى تحقيق مصلحة غير مشروعة لصاحب العمل أو غيره.

2- ألا تكون تلك الأوامر خارج نطاق العقد أو مخالفة لشروطه:

فليس من الواجب على العامل إطاعة صاحب العمل إذا ما كلفه بعمل خارج عن إطار الاتفاق المبرم بينهما إلا حيث يجيز القانون ذلك، كما في حالة الضرورة- على نحو ما مر معنا آنفا.

3- ألا يترتب على هذه الأوامر تعريض سلامة العامل أو غيره للخطر:

فلا يجب إطاعة الأمر الصادر عن صاحب العمل إذا كان يحمل في طياته احتمال تعريض حياة أي شخص أو سلامته للخطر، وإلا فإن الأمر يعد متعارضا مع ما يقتضيه مبدأ حسن النية في تنفيذ العقد.

4- أن يكون الأمر صادرا في حدود تنفيذ العمل ومتعلقا به:

فنطاق التزام العامل بإطاعة أوامر صاحب العمل أو ممثله يجب ألا يخرج عن حدود العمل ومكانه وزمانه، فلا يجوز لصاحب العمل التدخل بحياة العامل الشخصية وسلوكياته خارج العمل، اللهم إلا إذا اقتضت طبيعة العمل خلاف ذلك، كما هو الحال بالنسبة للأشخاص الذين يقومون بأعمال تتطلب منهم التزاما بسلوك قويم لا يخالف الأخلاق حتى خارج نطاق العمل، كما لو كان العمل هو إدارة مدرسة خاصة للبنات، فيستطيع صاحب العمل توجيه مديرة تلك المدرسة فيما يتعلق بسلوكها خارج المدرسة حيثما كان لذلك السلوك تأثير على سمعة المدرسة[1].

---

[1] انظر: د.همام محمد محمود زهران، المرجع السابق، ص144. د.السيد محمد السيد عمران، المرجع السابق، ص331. د.محمد علي عمران، المرجع السابق، ص130.

الفرع الثالث
المحافظة على أسرار العمل

لقد أوجبت المادة (5/814) من القانون المدني والمادة (18/ب) من قانون العمل على العامل الاحتفاظ بأسرار صاحب العمل الصناعية والتجارية ولو بعد انقضاء العقد، وذلك وفقا لما يقتضيه الاتفاق أو العرف.

فالعامل بموجب أحكام قانون العمل والقانون المدني ملزم بأن يكون أمينا على جميع الأسرار الصناعية والتجارية التي يطلع عليها بسبب عمله، فلا يفشيها أو يعطيها للغير وإلا كان مخلا بالتزامه.

ويقصد بالأسرار الصناعية: جميع المعلومات المتعلقة بطرق الإنتاج ومراحله وما يستلزمه من الآلات أو مواد أولية، أما الأسرار التجارية فتعني: جميع المعلومات المتعلقة بنشاط المحل ومعاملاته وتكاليف أو أسعار البضائع أو الخدمات التي يقدمها.

ولما كان النصين السابقين – المادة(5/814) مدني، (18/ب)عمل- يقصرا الالتزام بالاحتفاظ بأسرار العمل الصناعية والتجارية فقط، فإن التساؤل قد يثار حول مدى شموليته لأسرار العمل الأخرى، أي تلك التي لا تعد من قبيل الأسرار الصناعية أو التجارية، كما في الأسرار التي تصل إلى علم شخص يعمل لدى جمعية أو مؤسسة لا تزاول نشاطا صناعيا أو تجاريا، فهل يكون العامل ملزما بعدم إفشائها؟

نعتقد بان عليه المحافظة عليها سواء نص العقد المبرم بينهما على ذلك أم لا، ليس فقط لان العرف قد يقضي بذلك، أو لان العامل ملزم عند أدائه لعمله ببذل عناية الشخص المعتاد[1] وبطريقة تتفق مع ما يوجبه حسن النية في تنفيذ الالتزامات[2]، بل ولان المشرع نفسه عاد في موضع لاحق من قانون العمل ليقضي بمنح صاحب العمل حق فسخ العقد أن أخل العامل بالتزامه هذا، وذلك في المادة (28/و) والتي لم يفرق فيها المشرع بين أسرار وأخرى، فجاءت بنص عام يشمل جميع الأسرار الخاصة بالعمل، فقد نصت المادة المذكورة على ما يأتي:(لصاحب العمل فصل العامل دون إشعار... إذا أفشى العامل الأسرار الخاصة بالعمل).

[1] انظر: المادة (18) من قانون العمل، والمادة (814) من القانون المدني.

[2] انظر المادة (202) من قانون العمل.

وبناء عليه، فإنه لا يجوز للعامل بأي حال إفشاء أي من أسرار العمل، سواء أكان ذلك الإفشاء بمقابل أو بدونه، أم كان لصاحب عمل منافس أو لغيره، كما يستوي في ذلك أن يكون إفشاء أو إذاعة السر بحسن نية أم بسوء نية، فالعامل ملزم بالمحافظة على أسرار العمل ما دام إنها تعد كذلك، وإلا فإن انتشار وذيوع مثل هذه الأسرار يعفي العامل من هذا الالتزام لانعدام المصلحة من إلزامه بذلك[1].

كما ولا يعد التزام العامل بالحفاظ على أسرار العمل قائما طوال مدة تنفيذ العقد فقط، بل إن هذا الالتزام يبقى ملقى على عاتق العامل حتى بعد انتهاء العقد، ما دام أن هناك مصلحة في كتمانها، خاصة وأن القول بغير ذلك يعني إتاحة المجال أمام العامل للتحايل على رب والحصول على أسرار عمله وإفشائها، لذلك فإن هذا الالتزام يبقى ماثلا ما بقيت المصلحة في كتم تلك الأسرار، وبشرط ألا تكون تلك الأسرار متعلقة بارتكاب عمل يحرمه القانون، كما لو كانت تلك المعلومات ترتبط بجريمة ارتكبها صاحب العمل، إذ لا يجوز للعامل التكتم عليها أو اعتبارها من قبيل الأسرار قطعا.

وأخيرا، فإن العامل وإن كان ملزما بالمحافظة على أسرار العمل وعدم إفشائها للغير، فإن ذلك لا يعني بالضرورة منعه من الاستفادة مما وصل إلى علمه من معلومات وخبرة بسبب العمل، فيجوز له القيام باستخدام تلك الأسرار والإفادة منها لحسابه الخاص بشرط ألا يكون العامل ملزم بعدم منافسة صاحب العمل، وبشرط ألا تكون هذه الأسرار اختراعا أو اكتشافا مسجلا باسم صاحب العمل أو له حق استغلاله[2].

الفرع الرابع
عدم منافسة صاحب العمل

لما كان العامل يستطيع الإطلاع على أسرار صاحب العمل والتعرف على عملائه، فإن مصلحة صاحب العمل لا تقضي بالمحافظة على تلك الأسرار فقط، بل إنها تقضي بالإضافة إلى ذلك بمنع العامل من استخدام تلك الأسرار أو الاستفادة منها أثناء تنفيذ العقد المبرم بينه وبين

[1] انظر: د.السيد محمد السيد عمران، المرجع السابق، ص337. د.نادرة محمود سالم، المرجع السابق، ص227.

[2] انظر: د.محمد عبد الله نصار وزميله، المرجع السابق، ص158. د.عبد الغني عمر الرويمض، المرجع السابق، 146.

صاحب العمل، أو حتى بعد انتهاءه، لذلك فإن المشرع في القانون المدني راعى مصلحة صاحب العمل تلك وسمح له بتضمين عقد العمل شرطا يلزم بمقتضاه العامل بعدم منافسته بمزاولة عمل مماثل، سواء أكان ذلك العمل يتم لحسابه الخاص، أم كان يتم لحساب صاحب عمل آخر.

فقد نصت المادة (818) من القانون المدني على ما يأتي:

(1. إذا كان العامل يقوم بعمل يسمح له بالإطلاع على أسرار العمل ومعرفة عملاء المنشأة جاز للطرفين أن يتفقا على أن لا يجوز للعامل أن ينافس صاحب العمل أو يشترك في عمل ينافسه بعد انتهاء العقد.

2. على أن الاتفاق لا يكون مقبولا إلا إذا كان مقيدا بالزمان والمكان ونوع العمل بالقدر الضروري لحماية المصالح المشروعة لصاحب العمل).

شروط صحة الاتفاق على عدم المنافسة:

والمشرع إن كان قد سمح بإيراد مثل هذا الشرط لصالح صاحب العمل، إلا أنه في الوقت ذاته لم يغفل مصالح العامل وما قد يشكله قبول مثل هذا الاتفاق من خطورة على حريته، لذلك فقد تطلب المشرع لصحة وقيام الاتفاق على عدم منافسة العامل لرب العمل بعد انتهاء عقد العمل عدة شروط هي:

أولا- أن يتمكن العامل من الاطلاع على أسرار العمل ومعرفة العملاء:

فلا يجوز لصاحب العمل الاتفاق مع العامل على عدم المنافسة إلا إذا كان العمل الموكل إلى العامل القيام به يسمح له بمعرفة عملاء رب العمل أو الإطلاع على سر أعماله، كما لو كان مدير تسويق أو مبيعات في المنشأة، أما إذا لم يكن العامل في مركز يؤهله من ذلك، كما لو كان بوابا أو حارسا، فإن مصلحة صاحب العمل في إبرام الاتفاق معه تكون غير متحققة، ذلك إن داعي إبرامه غير ذي أهمية أو جدوى.

ثانيا- أن يكون لصاحب العمل مصلحة مشروعة في اتفاق عدم المنافسة:

فإذا كان صاحب العمل يزمع اعتزال ممارسة العمل نهائيا أو تحويل نشاطه إلى مجال آخر، فان مصلحته في إبرام اتفاق عدم المنافسة مع العامل تعد منتفية، وعلى الغرار ذاته إذا كان القصد من إبرام الاتفاق احتكار مجال العمل والتضييق على العامل، إذ لا تكون المصلحة هنا مشروعة، وبالتالي فان اتفاق عدم المنافسة لا يكون صحيحا.

ثالثا- أن يكون المنع من المنافسة نسبيا:

إذ لا يجوز جعل ذلك الاتفاق مطلقا، بل لا بد من أن يكون محددا، وبما لا يجاوز القدر اللازم لحماية مصالح رب العمل المشروعة.

فهذا الاتفاق يجب أن يكون محددا من حيث نوع العمل والمكان والزمان، فلا يجوز أن يشمل الاتفاق المنع من ممارسة أعمال لا يزاولها صاحب العمل، كما لا يجوز منع العامل من المنافسة خارج الأماكن التي يمتد إليها نشاط صاحب العمل، ولا يجوز أيضا جعل المنع بصورة دائمة أو لفترات طويلة، وحبذا لو تصدى المشرع لوضع حد أقصى- لا يسمح بتجاوزه لهذه المدة، كأن يجعله خمس سنوات[1].

أما إذا لم يكن اتفاق عدم المنافسة نسبيا على النحو المذكور، فإن للعامل الحرية في مزاولة أي عمل وفي أي مكان أو وقت.

رابعا- ألا يقترن الاتفاق على عدم المنافسة بشرط جزائي مبالغ فيه:

فلا يجوز التوسل بالشرط الجزائي للضغط على إرادة العامل وإرغامه على الاستمرار في خدمة صاحب العمل، وفي ذلك جاءت المادة (819) من القانون المدني، حيث نصت على إنه:(إذا اتفق الطرفان على تضمين العامل في حالة الإخلال بالامتناع عن المنافسة تضمينا مبالغا فيه بقصد إجباره على البقاء لدى صاحب العمل كان الشرط غير صحيح).

وواضح من النص أن المشرع تشدد مع صاحب العمل في هذه الحالة، لرفع الظلم والإجحاف عن كاهل العامل، فالجزاء المترتب على المبالغة في مبلغ التعويض الاتفاقي لا يجعله

[1] لقد ذهب جانب من المشرعين إلى الحد من حرية طرفي اتفاق عدم المنافسة في تحديد مدته، فقد اعتبره صحيحا مادام أن مدة لم تتجاوز خمس سنوات، أما الحكمة من ذلك فلا تجاوز حماية الطرف الضعيف في العقد. فقد جاء في المادة (2/685) من القانون المدني الليبي ما نصه:(غير أنه يشترط لصحة هذا الاتفاق أن يتوافر فيه ما يأتي:

أ) أن يكون الاتفاق مكتوبا.

ب) أن يكون العامل بالغا رشده وقت إبرام العقد.

ج) أن يكون القيد مقصورا من حيث الزمان والمكان ونوع العمل،على القدر الضروري لحماية مصالح رب العمل المشروعة على ألا يتجاوز هذا القيد خمس سنوات بالنسبة إلى من تقلد منصب المدير وثلاث سنوات في الأحوال الأخرى، وإذا اتفق على مدة أطول أنزلت إلى هذا الحد).

قابلا للتخفيض كما في القواعد العامة[1]، بل يجعله باطلا[2].

وتجدر الإشارة هنا إلى أن المشرع الأردني لم يشترط أن يكون هذا الاتفاق مكتوبا، مع انه كان من الأحرى بـه فعـل ذلك[3]، أما الفائدة المبتغاة من تبني شرط الكتابة هذا فتكمن في خطورة وأهمية تحديد ما قد ترتبه موافقـة العامـل عـلى ذلك الاتفاق من آثار مستقبلية تتصل بحرية عمله.

أثر الاتفاق على عدم المنافسة:

إن توفر الشروط السابقة في الاتفاق على عدم المنافسة يعني قيامه صـحيحا، وبالتـالي فإنـه يتوجـب عـلى العامـل احترامه والامتناع عن مزاولة أي نشاط يشكل منافسة لرب العمل، أو حتى المساهمة كشريك أو عامـل في أي مشروع آخـر قد يقوم بتلك المنافسة، وإلا فإن إخلاله بهذا الالتزام قد يفضي إلى انعقـاد مسـئوليته في مواجهـة صـاحب العمـل بوصـفها مسؤولية عقدية، وعلى العكس من صاحب العمل الذي يستخدم ذلك العامـل مـع علمـه بوجـود شرط عـدم المنافسـة، إذ تقوم مسئوليته في مواجهة صاحب العمل الأول بوصفها مسؤولية تقصيرية لا عقدية[4].

---

[1] تنص المادة (364) من القانون المدني على ما يأتي:(1- يجوز للمتعاقدين أن يحددا مقدما قيمة الضمان بالنص عليها في العقد أو في اتفاق لاحق مع مراعاة أحكام القانون.2 - ويجوز للمحكمة في جميع الأحوال بناء على طلب أحد الطرفين أن تعدل في هذا الاتفاق بما يجعل التقدير مساويا للضرر ويقع باطلا كل اتفاق يخالف ذلك).

[2] انظر: د.عبد الودود يحيى، المرجع السابق، ص189. د.السيد محمد السيد عمران، المرجع السابق، ص341. للمزيد من التفصيل انظر: د.سهير منتصر، شروط عدم المنافسة في عقود العمل الفردية والجماعية، القاهرة، 1982، ص45.

[3] إمعانا في حماية العامل فقد ذهب جانب من المشرعين إلى جعل الاتفاق على عدم المنافسة اتفاقا شكليا تشترط فيه الكتابة. انظر على سبيل المثال المادة (2/685) من القانون المدني الليبي.

[4] انظر: د.عبد الودود يحيى، المرجع السابق، ص189. يلاحظ أن العامل وصاحب العمل المنافس يسألون في مواجهة صاحب العمل مجتمعين، ولكن لا بوصفهم متضامنين بل متضاممين، للمزيد من التفصيل انظر: بحثنا مع الدكتور محمد سليمان الأحمد، المسؤولية التضاممية، منشور في مجلة نقابة المحامين الأردنيين، العددان الحادي عشر والثاني عشر، السنة الثامنة والأربعون، 2000، ص 10.

الفرع الخامس
التزامات العامل وحقوقه المتعلقة بمخترعاته

إذا كان الحق الأدبي يثبت دائما للمخترع، فينسب إليه ويستطيع تسجيله باسمه في براءة اختراع[1]، فإن حق الاستغلال المالي لذلك الاختراع قد لا يكون كذلك، فهو على الرغم من أن الأصل فيه ثبوته للمخترع، إلا إن المشرع كان قد خرج على ذلك في بعض الأحيان، عندما جعله لشخص آخر، الأمر الذي قد يثير تساؤلا عن مدى الحقوق والالتزامات المترتبة للعامل من جراء توصله لاختراع ما، فهل تكون الحقوق المتعلقة بتلك الاختراعات من نصيب العامل أم صاحب العمل، أم إنها توزع بينهم فيكون للعامل الحق الأدبي ولصاحب العمل الحق المالي مثلا؟

لعل الإجابة على التساؤل السابق تحتاج إلى إمعان النظر في ماهية أو طبيعة الاختراع الذي وفق إليه العامل، فليست كل الاختراعات ذات طبيعة واحدة، مما يعني عدم انسحاب حكم واحد على جميع الاختراعات التي يتوصل إليها العامل، الأمر الذي لم يغفله المشرع، حيث تولى تفصيل الأحكام الخاصة بذلك في المادة (820) من القانون المدني، والمادة (20) من قانون العمل. فضلا عن المادة (6) قانون حماية حق المؤلف رقم 22 لسنة 1992[2].

وبصورة عامة يمكن تقسيم حقوق والتزامات العامل المتعلقة بمخترعاته إلى ثلاثة أنواع، وذلك على الوجه الآتي:

---

[1] الاختراع: هو ابتكار جديد قابل للاستغلال الاقتصادي.

أما براءة الاختراع: فهي شهادة تمنح من جهة حكومية مختصة لشخص تثبت حقه في اختراع معين. انظر: د.عبد الواحد كرم، المرجع السابق، ص68، ص23.

[2] يعد القانون المدني قانونا عاما بالنسبة لقانون العمل وقانون حماية حق المؤلف، ومن ثم فان نصوصهما مقدمان عليه عند التطبيق بحسب القاعدة التي تقضي بان الخاص يقيد العام، ولكن ما يثار لدى البعض قد يدور حول القانون الذي يأخذ أولوية عند التطبيق من بين القانونين الآخرين، فأيهما يعد خاصا، وأيهما يعد عاما بالنسبة لحقوق والتزامات العامل المتعلقة بمخترعاته، اهو قانون العمل، أم قانون حماية المؤلف؟

لقد كفانا المشرع الأردني مؤونة البحث في هذه المسألة عندما جاء في القانونين المذكورين بأحكام متطابقة ونصوص شبه متطابقة - في بعض الاحيان- لتنظيم الحقوق المتعلقة بمخترعات العامل، كما انه حسم اوجه الخلاف وزاد الأمر وضوحا عندما أكد بالنص مباشرة على أن القانون الواجب التطبيق في حالة التعارض هو قانون حماية المؤلف، والذي جاء في المادة (6/ب) منه ما يأتي:(على الرغم مما ورد في الفقرة(أ) من هذه المادة وفي أي قانون آخر...).

أولا- الاختراعات الحرة:

ويقصد بها الاختراعات التي يتوصل إليها العامل بمعزل عن علاقة العمل التي تربطه بصاحب العمل.

فالعامل في مثل هذه الحالة يتوصل إلى اختراعه بصورة مستقلة ومنقطعة الصلة عن عقد العمل، كأن يوفق إليه خارج مكان العمل، وفي غير أوقاته الرسمية، ودون الاستعانة بأية أدوات أو مواد مملوكة لصاحب العمل، وبالتالي فإن هذا النوع من الاختراعات لا يتصور فيه مشاركة صاحب العمل للعامل، لا في الحق الأدبي ولا في حق الاستغلال المالي، فهو حق خالص للعامل حتى وإن بدا أن ما توصل إليه العامل من اختراع ما كان ليتحقق لولا الخبرة التي اكتسبها لدى رب العمل، فلا يثبت لصاحب العمل قبله أي حقوق بشأنها، لا بل حتى وإن تضمن عقد العمل شرطا يمنح بموجبه صاحب العمل الحق فيما توصل إليه العامل من مخترعات حرة، إذ يكون هذا الشرط باطلا ولا يرتب أثرا[1]، وما سبق ذكره هو الحكم المستفاد من القواعد العامة في القانون المدني، والتي جاء فيها ما نصه:(إذا وفق العامل إلى اختراع أو اكتشاف جديد أثناء عمله فلا حق لصاحب العمل فيه إلا في الأحوال الآتية...)، والحالات المذكورة فيها ليس من بينها الاختراعات التي يتوصل إليها العامل بمعزل عن علاقة العمل.

وهو الحكم ذاته الذي اخذ به المشرع في قانون العمل وقانون حماية حق المؤلف، إذ جاء في المادة (20/ب) من قانون العمل آلاتي:(تكون حقوق الملكية الفكرية للعامل إذا كان حق الملكية الفكرية المبتكر من قبله لا يتعلق بأعمال صاحب العمل ولم يستخدم خبرات صاحب العمل أو معلوماته أو أدواته أو مواده الأولية في التوصل إلى هذا الابتكار ما لم يتفق خطيا على غير ذلك)[2].

ولعل ابرز ما يلاحظ على هذا النص هو السماح باستئثار صاحب العمل بحقوق العامل في الاختراعات الحرة إذا ما تم الاتفاق بين الطرفين على ذلك، والتساؤل المطروح هنا هو هل كان خروج المشرع في قانون العمل على ما هو مقرر في القانون المدني جديرا بالتأييد؟

نعتقد بان رعاية حقوق العامل وتغليب الصفة الحمائية أولى وأدنى إلى القبول والتأييد.

---

[1] انظر: د.عبد الودود يحيى، المرجع السابق، ص191. د.محمد علي عمران، المرجع السابق، ص138.

[2] تقابل المادة (6/ج) من قانون حماية حق المؤلف والتي جاء فيها ما نصه:(تكون حقوق الملكية الفكرية للعامل إذا كان حق الملكية المبتكر من قبله لا يتعلق بأعمال صاحب العمل ولم يستخدم العامل خبرات صاحب العمل أو معلوماته أو أدواته أو مواده الأولية في التوصل إلى هذا الابتكار ما لم يتفق خطيا على غير ذلك).

ذلك أن مسايرة الرأي الذي انتهجه المشرع في قانون العمل قد يفضي إلى نتائج يصعب تبريرها، تتمثل بالدرجة الأولى في سلب حقوق العامل فيما يتوصل إليه من اختراعات ومصادرتها، صحيح أن المشرع أتاح للعامل الحق في استبقاء تلك الحقوق له، إلا أن الشك يساورنا حول مدى قدرة العامل في فرض مثل هذا الأمر على صاحب العمل، فهو في الغالب الأعم من الأحوال لا يستطيع فرض شروطه، لا سيما مثل هذا الشرط !

ومن جهة أخرى فان معرفة العامل لعدم أحقيته فيما يبذل من جهود في سبيل التوصل لاختراع ما قد يقتل روح الابتكار لديه أو يحد منها، كما يعزز من وجهة النظر هذه معرفة الموقف السابق - قبل التعديل- للمشرع الأردني من الأمر نفسه، فقد كانت المادة (20) سابقة الذكر محل تعديل متكرر وفي فترة وجيزة[1]، إذ كانت المادة هذه قبل تعديلها تنحو إلى إعطاء العامل بعض الحقوق في أحوال معينة وتسلم بانفراده ببعضها الآخر في أحوال أخرى، وبعبارة أخرى كانت هذه المادة اكثر اتفاقا وانسجاما مع غاية هذا القانون والسمة السائدة فيه، فقد جاء فيها ما نصه:(إذا توصل العامل إلى اختراع جديد فليس لصاحب العمل أي حق في هذا الاختراع ولو كان العامل قد استنبطه أثناء عمله على أن تعطى الأولوية في شراء هذا الاختراع لصاحب العمل).

ثانيا- الاختراعات العرضية:

ويقصد بها الاختراعات التي يتوصل إليها العامل أثناء القيام بالعمل دون أن يكون مكلفا بالبحث والابتكار.

فاختراعات العامل التي تندرج تحت هذا النوع لا تكون منقطعة الصلة عن علاقة العمل التي تربطه بصاحب العمل، كما في النوع الأول، بل وعلى العكس من ذلك، فإن اختراعه هنا ما كان ليتحقق لولا قيام تلك العلاقة، فالعامل يوفق إلى اختراعه أثناء قيامه بالعمل المنوط به، وبالرغم من أنه غير مكلف بالتوصل إلى اختراع ما، فهو غير متفرغ له ولا يتقاضى عنه أجرا؛ وبعبارة أخرى فالابتكار والابتداع غير داخل أساسا في صميم عمله.

ولما كانت هذه الاختراعات غير مقصودة أصلا عند إبرام العقد، فأن الأصل أن يكون الحق الأدبي والمالي فيها حقا خالصا للعامل دون رب العمل، إلا إذا وجد اتفاق بشأنهما في العقد، حيث يجوز لصاحب العمل تضمين عقد العمل شرطا يمنحه الحق المالي على اختراعات

[1] انظر: القانون المؤقت رقم 55 لسنة 2001، والقانون المؤقت رقم 56 لسنة 2001

العامل العرضية، شريطة أن يكون هذا الشرط صريحا، إذ يمكن استنباط هذا الحكم من المادة(1/820) من القانون المدني، والتي جاء فيها:(إذا وفق العامل إلى اختراع أو اكتشاف جديد أثناء عمله فلا حق لصاحب العمل فيه إلا في الأحوال الآتية... ب- إذا اتفق في العقد صراحة على أن يكون له الحق في كل ما يهتدي إليه العامل من اختراعات)، أي سواء أكان هذا الاختراع مقصودا لذاته وتم التعاقد مع صاحب العمل لأجله، أم كان توصل العامل له غير مقصود لذاته في العقد، أي اختراعا عرضيا.

وقريب من ذلك ما أشار أليه قانون العمل وقانون حماية حق المؤلف عندما أجازا الاتفاق بين الطرفين على منح الحق في الاختراع لاحدهما، ألا أن الأصل في هذين القانونين أن يكون الحق في الاختراع لصاحب العمل لا العامل، إذ نصت المادة (20/أ) من قانون العمل على انه:(تكون حقوق الملكية الفكرية لصاحب العمل.... إذا استخدم العامل خبرات صاحب العمل أو معلوماته أو أدواته أو آلاته أو مواده الأولية في التوصل إلى هذا الابتكار ما لم يتفق خطيا على غير ذلك)[1].

إذن يجوز الاتفاق خطيا بين العامل وصاحب العمل على استئثار الأخير بالحق في الاختراعات التي يتوصل إليها العامل عرضيا، على انه يكون للعامل في الاختراعات ذات الأهمية الاقتصادية الحق في المطالبة بمقابل خاص يقدر وفقا لمقتضيات العدالة، على أن يراعى في تقدير ذلك المقابل أيضا مقدار المعونة التي قدمها صاحب العمل، وما استخدم العامل من منشأته[2].

ثالثا- اختراعات الخدمة:

ويقصد بها الاختراعات التي يتوصل إليها العامل الذي تكون طبيعة عمله تقتضي منه البحث والابتكار.

---

[1] تقابل المادة (6/ب) قانون حماية حق المؤلف والتي جاء على النحو الآتي:(على الرغم مما ورد في الفقرة(أ) من هذه المادة وفي أي قانون آخر، إذا ابتكر العامل أثناء استخدامه مصنفا متعلقا بأنشطة أو أعمال صاحب العمل أو استخدم في سبيل التوصل إلى ابتكار هذا المصنف خبرات أو معلومات أو أدوات أو آلات أو مواد صاحب العمل الموضوعة تحت تصرفه، فان حقوق التأليف تعود لصاحب العمل إلا إذا اتفق خطيا على غير ذلك).

[2] انظر: المادة (2/820) من القانون المدني. د.محمد علي عمران، المرجع السابق، ص138.

فالعامل في هذا النوع من المخترعات يكون مكلفا بالقيام بالبحث والابتداع، والذي تقع نفقاته على عاتق صاحب العمل، حيث يقوم الأخير بتهيئة كافة الأدوات والمواد اللازمة لقيام العامل بمهمته، وبالتالي فإنه من الطبيعي أن يكون حق الاستغلال المالي لهذه المخترعات من حق صاحب العمل لا العامل، فقد جاء في المادة (820) من القانون المدني ما نصه:(إذا وفق العامل إلى اختراع أو اكتشاف جديد أثناء عمله فلا حق لصاحب العمل فيه إلا في الأحوال الآتية:

أ. إذا كانت طبيعة العمل المتفق عليه تستهدف هذه الغاية.

ب. إذا توصل العامل إلى اختراعه بواسطة ما وضعه صاحب العمل تحت يده من مواد أو أدوات أو منشآت أو أي وسيلة أخرى لاستخدامه لهذه الغاية). الأمر الذي نص على مثله قانون العمل وقانون حماية حق المؤلف[1].

بقي أن نشير إلى أن القانون أعطى للعامل الحق في المطالبة بمقابل خاص يقدر وفقا لمقتضيات العدالة إذا كان للاختراع أهمية اقتصادية جدية[2].

المطلب الثاني
الجزاء المترتب على إخلال العامل بالتزاماته
(سلطة صاحب العمل التأديبية)

إن إيقاع الجزاء المدني على العامل الذي يخل بأحد التزاماته قد لا يبدو فاعلا ومنسجما مع طبيعة علاقات العمل في كثير من الأحيان، فمن الناحية العملية قد لا يفضي لجوء صاحب العمل لرفع دعوى أمام القضاء إلى الحكم له بتعويض الأضرار التي أصابته أو إقراره على فسخ العقد المبرم بينه وبين العامل، وبعبارة أخرى فإن رفع مثل هذه الدعوى لإيقاع الجزاء المدني على العامل قد لا يعد أمرا ذا جدوى لما قد تستغرقه إجراءاتها من وقت، فضلا عن ضعف قدرات العامل المالية وعدم ملاءته، إذ يصعب الحصول على مبلغ التعويض منه في حالة الحكم به عليه، ولو حتى من أجره، لأن المشرع أحاط الأجر بضمانات وإجراءات يصعب تخطيها[3].

---

[1] انظر: المادة (20/أ) من قانون العمل. المادة (6/ب) قانون حماية حق المؤلف.

[2] انظر: المادة (2/820) من القانون المدني. د.محمد علي عمران، المرجع السابق، ص136.

[3] انظر: د.السيد محمد السيد عمران، المرجع السابق، ص350.

وعليه، فان إيقاع الجزاء المدني قد يؤدي إلى إرباك العلاقة بين العامل وصاحب العمل الذي قد لا يرمي أساسا إلى الحصول على التعويض من العامل أو فسخ العقد معه، بل إلى الاكتفاء بردع العامل ومنعه من تكرار المخالفة وزجر غيره من زملائه، لذلك كان حسن سير العمل وانتظامه يقضي بفسح المجال لإيقاع جزاءات من نوع آخر يكون أمر تحديد مداها وتوقيعها من حق صاحب العمل وضمن إجراءات وشروط تكفل عدم خروجها عن تحقيق مصلحة العمل وضمان السلوك السوي من العامل: فتوقيع عقوبات تأديبية على العامل إذا أمر تؤيده طبيعة عقد العمل الذي تنشأ بموجبه علاقة تبعية بين طرفيه.

غير أن إعطاء صاحب العمل الحق والسلطة في محاسبة وعقاب العامل الذي يرتكب خطأ ما بمخالفة التعليمات أو الأوامر الصادرة إليه لا يعني بالضرورة ترك مطلق الحرية لصاحب العمل في فرض ما يشاء من جزاءات من دون رقابة أو رادع، بل أن المشرع في قانون العمل وإن كان قد أقر مثل تلك السلطة لصاحب العمل، إلا أنه كفل بوسيلة أو بأخرى عدم خروجها عن الغاية التي شرعت من أجلها، وذلك عبر فرض الكثير من القيود والضمانات التي لا تبتعد عن فرض نوع من الرقابة على صاحب العمل أثناء ممارسته لتلك السلطة.

وعليه، سنتولى دراسة أوجه الجزاء المترتب على إخلال العامل بالتزاماته عبر أربعة فروع يمكن إجمالها على النحو الآتي:

الفرع الأول: لائحة الجزاءات التأديبية

الفرع الثاني: أنواع الجزاءات التأديبية

الفرع الثالث: إجراءات التأديب وضماناته

الفرع الرابع: الرقابة القضائية على استعمال السلطة التأديبية.

الفرع الأول
لائحة الجزاءات التأديبية

يقصد بلائحة الجزاءات التأديبية: مجموعة الأحكام التي يضعها صاحب العمل لتحديد المخالفات والعقوبات وشروط توقيعها.

وتكتسب هذه اللائحة أهمية بالغة في إطار تنظيم المنشأة وسير العمل فيها، ذلك إنها تدفع العامل إلى تجنب ارتكاب أي خطأ قد يعرضه لمسائلة رب العمل الذي يملك سلطة تأديبية، لذا

فقد جاء قانون العمل ليؤكد على أهمية وضع هذه اللائحة وليفرض جملة من الأحكام الخاصة بها، فقد نصت المادة (55) منه على أنه:(على كل صاحب عمل يستخدم عشرة عمال فأكثر أن يضع نظاما داخليا لتنظيم العمل في مؤسسته يبين فيه أوقات الدوام وفترات الراحة اليومية والأسبوعية ومخالفات العمل والعقوبات والتدابير المتخذة بشأنها بما في ذلك الفصل من العمل وكيفية تنفيذها وأي تفاصيل أخرى تقتضيها طبيعة العمل).

ولعل ابرز ما يلاحظ هنا هو أن المشرع الأردني تحدث عن الجزاءات التأديبية في المادة (55) الخاصة بالنظام الداخلي للمؤسسة، إلا انه تحدث عنها في موضع آخر مطلقا عليها وصف أدق هو (لائحة الجزاءات)[1]، وذلك في معرض حديثه عن حماية الأجور، إذ جاء في المادة(48) من قانون العمل ما نصه:(لا يجوز لصاحب العمل اتخاذ أي إجراء تأديبي أو فرض غرامة على العامل عن مخالفة غير منصوص عليها في لائحة الجزاءات المعتمدة من قبل الوزير...).

وعلى كل حال فقد أوجب المشرع لنفاذ هذه اللائحة أو النظام الداخلي وما قد يطرأ عليه من تعديلات أن يخضع لتصديق وزير العمل[2]، أما الحكمة من اشتراط مثل هذا الأمر فتكمن في تمكينه أو من يفوضه من الرقابة على استعمال السلطة التأديبية رقابة فاعلة، بحيث تكفل تحقق وإيجاد قدر معين من التناسب بين المخالفات والعقوبات المنظمة في تلك اللائحة، وعدم تعسف أو انفراد صاحب العمل في فرضها أو تحديدها، فضلا عن إفساح المجال للتحقق من عدم مخالفتها لأي نص من نصوص قانون العمل[3].

---

[1] قد يطلق على النظام الداخلي للمؤسسة تسميات مختلفة، فقد درج الفقه والتشريعات العمالية من وراءه إلى استخدام المصطلحات التالية للدلالة على المعنى ذاته: التعليمات المهنية، تعليمات العمل، لائحة العمل، لائحة المصنع، لائحة المنشأة، لائحة النظام الأساسي للمنشأة، لائحة تنظيم العمل والجزاءات.

[2] انظر المادة (48) والمادة (55) من قانون العمل. وتطبيقا لهاتين المادتين قضت محكمة التمييز بما يأتي:(اعتبار إنهاء عمل العامل بداعي أنه خالف النظام الداخلي لصاحب العمل قبل أن تتحقق المحكمة مما إذا كان نظام موظفي الشركة المدعى عليها قد جرى تصديقه من وزير العمل طبقا لأحكام المادة (55) من قانون العمل أم لا، يجعل الحكم سابقا لأوانه لما للتصديق أو عدمه من تأثير في نتيجة الدعوى). تمييز حقوق (2000/687)، مجلة نقابة المحامين، العدد الأول والثاني والثالث، السنة الحادية والخمسون، عمان، 2003،ص352.

[3] انظر: د.عبد الغني الرويمض، المرجع السابق، ص157.

وبناء على ما سبق فإن قانون العمل الزم أصحاب العمل الذين يستخدمون أكثر من عشرة عمال بوضع لائحة الجزاءات تلك، أما أصحاب العمل الذين يقل عدد عمالهم عن عشرة، فإنهم بالخيرة من أمرهم، إن شاءوا قاموا بوضع هذه اللائحة، على أن يلتزموا بها، وإلا فإنهم غير ملزمين بوضعها، حيث تكون ممارستهم لسلطاتهم التأديبية صحيحة ما لم تخالف نصوص قانون العمل والأنظمة الصادرة بموجبة.

كما يفترض في أصحاب العمل وضع لائحة الجزاءات في مكان ظاهر من المؤسسة ليتمكن العمال من الاطلاع عليها مسبقا، وليتم العلم بها والعمل على تجنب مخالفة أحكامها، ذلك انه لا يجوز لصاحب العمل - حسبما تشير المادة (48)- توقيع جزاء على العامل عن مخالفة غير واردة في تلك اللائحة، أو معاقبته بعقوبات أخرى أشد من تلك الموجودة فيها، أو غير منصوص عليها، فتلك الجزاءات تعد أيضا الحد الأقصى الذي لا يجوز لصاحب العمل تخطيه[1].

وعليه فإن وضع لائحة الجزاءات هذه لا يعني إلزام العمال بها بعد نفاذها فحسب، بل إن أصحاب العمل ملزمون بأحكامها أيضا.

الفرع الثاني
أنواع الجزاءات التأديبية

لم يرد تعداد الجزاءات التأديبية التي يمكن إيقاعها على العامل في قانون العمل، على الرغم من ذكر أغلبها في مواد متفرقة من هذا القانون.

ولما كانت العدالة تقضي بضرورة تنوع تلك الجزاءات وتدرجها لكي يتم معاقبة العامل المخالف بعقوبة تتلاءم مع درجة وجسامة المخالفة التي ارتكبها، فقد حدد المشرع تلك العقوبات بالأنواع التالية حصرا:

الإنذار، الغرامة، الوقف عن العمل، بالإضافة إلى الفصل من العمل دون إشعار.

ولعله من اللافت للنظر في هذا الصدد أن المشرع حدد العقوبات التي يجوز إيقاعها على العامل دون تحديد المخالفات التي تناسب تلك العقوبات، الأمر الذي يعني إتاحة المجال أمام رب العمل لاختيار أي من تلك العقوبات لإيقاعها على العامل المخالف، ولكن بشرط أن يكون هناك

---

[1] انظر: د.محمد عبد الله نصار وزميله، المرجع السابق، ص178.

قدر من التناسب بين العقوبة والمخالفة، وإلا فإن لقاضي الموضوع تقرير تعسف صاحب العمل في استعماله لسلطاته التأديبية.

كما لا يجوز لصاحب العمل اتخاذ أي إجراء تأديبي أو فرض غرامة على العامل عن مخالفة غير منصوص عليها في لائحة الجزاءات المعتمدة من قبل الوزير.

أولا- الإنــذار:

ويقصد به التنبيه الذي يوجه إلى العامل لارتكابه مخالفة ما بغرض تحذيره، ولفت نظره لما يترتب على ذلك من عواقب في حالة التكرار.

وعقوبة الإنذار بذلك تعد أخف أنواع العقوبات التأديبية، فتوقيعها لا يقترن بغير أثر معنوي، لأنه مجرد تحذير للعامل من ارتكاب مخالفة سبق أن ارتكبها وإلا كان عرضة لتوقيع عقوبة أشد في حالة العود، لذلك فإن توقيعها غالبا ما يرتبط بمخالفات بسيطة كالتأخر عن موعد بدء العمل فترة قصيرة من الوقت.

والسؤال هنا قد يرد حول شكل هذا الإنذار، فهل يشترط فيه أن يكون كتابة أو أن ترد فيه بيانات معينة؟

لم نلاحظ أي نص يلزم صاحب العمل في كل مرة يرغب فيها بتوجيه إنذار أن يصدره كتابة أو يلزمه بإيراد بيانات معينة فيه، وبناء عليه فانه يستوي أن يكون الإنذار شفهيا يوجه من صاحب العمل إلى العامل مباشرة، أو كتابيا يقوم العامل بالتوقيع على صورته مع استلام الأصل، أو إرساله إليه على يد محضر أو بكتاب موصى عليه، بيد أن المشرع اشترط - استثناء - أن يكون الإنذار كتابيا في حالات مخصوصة حددتها المادة (28) من قانون العمل، حيث يعتبر الإنذار شرطا لإيقاع عقوبة أشد هي الفصل من العمل دون إشعار، وذلك في حالتين هما:

1. إذا خالف العامل النظام الداخلي للمؤسسة بما في ذلك شروط سلامة العمل والعمال رغم إنذاره كتابة مرتين.
2. إذا تغيب العامل دون سبب مشروع أكثر من عشرين يوما متقطعة خلال السنة الواحدة، أو أكثر من عشرة أيام متتالية، على أن يسبق الفصل إنذار كتابي يرسل بالبريد المسجل على عنوانه وينشر في إحدى الصحف اليومية المحلية مرة واحدة.

ثانيا- الـغـرامـة:

ويقصد بها المبلغ المالي الذي يقتطع من أجر أو مستحقات العامل عقوبة له عن إخلاله بالتزاماته.

فالغرامة أو الخصم - كما تسمى في بعض الأحيان- عقوبة يوقعها صاحب العمل على العامل الذي يرتكب مخالفة تعد أشد من حيث جسامتها وخطورتها من تلك التي يعاقب فيها العامل بالإنذار، فمثلا قد توقع هذه العقوبة على العامل لقيامه بقراءة الصحف أو النوم أثناء العمل، كما إنها قد توقع على العامل الذي يتأخر عن الحضور إلى العمل في موعده لمدة تزيد عن تلك التي قد يعاقب فيها بالإنذار.

وعلى أية حال فإن الغرامة كعقوبة قد تكون بخصم مبلغ محدد من الأجر، كما إنها قد تكون بحرمان العامل من أجره لمدة معينة كيوم أو يومين، إذ يمتلك صاحب العمل سلطة تقدير مدى تناسب العقوبة مع المخالفة وتوقيعها على العامل.

ولما كانت مثل هذه العقوبة لا تقتصر في أثرها على الجانب المعنوي للعامل، وإنما تمتد إلى الجانب المادي لما تشكله من مساس بمورد رزقه وعائلته، فإن المشرع أحاط إيقاع هذه العقوبة بقيود عدة تكفل سلامة استخدامها من قبل صاحب العمل، إذ لا بد من الالتزام بالضوابط التي حددتها المادة (48) من قانون العمل، فلا يجوز توقيع هذه العقوبة إلا وفقا للشروط الآتية[1]:

1. ألا توقع عن المخالفة الواحدة غرامة تزيد في قيمتها عن أجر ثلاثة أيام: فلا يمتلك صاحب العمل الزيادة في مبلغ الغرامة عن هذا الحد، وسواء أكان الأجر محددا باليوم أو بالساعة، أم كان العامل يشتغل بالقطعة، حيث تكون العبرة في تحديد مبلغ الغرامة في الحالة الأخيرة عبر احتساب متوسط ما يتقاضاه العامل عن أيام العمل الفعلية في الاثني عشر شهرا

---

[1] قد يرى البعض أن هناك شروطا أخرى لفرض هذه العقوبة تم ذكرها في المادة (48) من قانون العمل، الأمر الذي آثرنا الإشارة أليه لاحقا في إجراءات التأديب وضماناته، وهذه الشروط المذكورة هي:
- أن تتاح للعامل فرصة سماع أقواله والدفاع عن نفسه قبل إيقاع العقوبة عليه.
- أن يكون للعامل حق الاعتراض على العقوبة التي فرضت عليه لدى مفتش العمل خلال أسبوع واحد من تاريخ تبليغها له.
- أن لا يتم فرض الغرامة على العامل بعد انقضاء خمسة عشر يوما على ارتكابها.

الأخيرة.[1]

2. ألا توقع اكثر من مرة على اجر الشهر الواحد: أي ألا يقتطع من الأجر أكثر من أجر ثلاثة أيام في الشهر نفسه، فإذا كان القيد الأول يفرض حدا أعلى من حيث القيمة المالية للغرامة، فإن المشرع لم يغفل كذلك إيراد حد أعلى من حيث المدة الزمنية، ولعل الغرض من أيراد كلا القيدين مجتمعين هو ضمان توافر حد أدنى من الأجر للعامل، حد لا يجوز المساس به، وإلا لأدى السماح بغير ذلك إلى تآكل الأجر بتكرار الغرامات المقتطعة منه.

ومع ذلك، نعتقد بأنه يجوز لصاحب العمل ترحيل ما يزيد عن تلك الحدود من غرامات إلى الأشهر اللاحقة إذا ما ضاق أجر أحد الأشهر عن استيعاب الغرامات المعاقب بها العامل.

وما يتبادر إلى الذهن هنا قد يتعلق بالغرامات التي لم تستوف في حالة فسخ العقد، فهل يستطيع صاحب العمل استيفائها من غير الأجر، كمكافأة نهاية الخدمة المستحقة للعامل؟

نعتقد بأنه لا يجوز لصاحب العمل استيفاء تلك الغرامات بعد فسخ العقد إذا ما كان هو من قام بالفسخ، إذ يجب الالتزام بتلك الحدود التي فرضها المشرع، الأمر الذي ينطبق كذلك على الحالة التي يدفع فيها صاحب العمل العامل إلى الفسخ، أما إذا كان العامل هو من قام بفسخ العقد، أي فسخه من تلقاء ذاته، فإن ضرورة تقليص فرص تحايل العامل تقضي بتمكين صاحب العمل من تحصيل تلك الغرامات من باقي مستحقات العامل الأخرى، اللهم إلا إذا كان ترك العامل للعمل في إحدى الحالات التي اقر بها المشرع للعامل بذلك، كما لو اعتدى رب العمل على العامل، أو قام بتخفيض اجره، إذ يبقى العامل مستحقا لكافة حقوقه القانونية[2].

---

[1] انظر المادة (32) من قانون العمل، إذ نعتقد بإمكانية القياس عليها لغايات إيقاع العقوبات التأديبية، وقد جاء فيها ما نصه:(إذا كان الأجر كله أو بعضه يحسب على أساس العمولة أو القطعة فيعتمد لحساب المكافأة المتوسط الشهري لما تقاضاه العامل فعلا خلال الاثني عشر شهرا السابقة لانتهاء خدمته وإذا لم تبلغ خدمته هذا الحد فالمتوسط الشهري لمجموع خدمته).

[2] جاء في المادة (29) من قانون العمل آلاتي:(يحق للعامل أن يترك العمل دون إشعار مع احتفاظه بحقوقه القانونية عن انتهاء الخدمة وما يترتب له من تعويضات عطل وضرر وذلك في أي من الحالات التالية: أ- استخدامه في عمل يختلف في نوعه اختلافا بينا عن العمل الذي اتفق على استخدامه فيه... ب- استخدامه بصورة تدعو إلى تغيير محل إقامته الدائم... ج- نقله إلى عمل آخر في درجة أدنى... د- تخفيض أجره... هـ- إذا ثبت بتقرير طبي صادر عن مرجع طبي أن استمراره في العمل من شأنه تهديد صحته. و- إذا اعتدى صاحب العمل أو من يمثله عليه... ز- إذا تخلف صاحب العمل عن تنفيذ أي حكم من أحكام هذا...).

3. أن يتم تقييد الغرامات التي توقع على العامل في سجل خاص: فقد ألزمت المادة (48) أصحاب العمل بفتح سجل لأغراض قيد الغرامات الموقعة على العمال مع بيان اسم العامل ومقدار أجره وسبب توقيع الغرامة عليه والتاريخ الذي تم إيقاعها فيه؛ ولعل الحكمة من ذلك لا تقتصر على تيسير مهام التفتيش والمراقبة أمام الجهات المختصة[1]، بل إنها تتعدى ذلك لتشمل تنظيم إيقاع تلك العقوبات وتلافي أي إرباك أو خلط قد يشوب توقيعها.

4. أن يتم تخصيص المبالغ المتقطعة من الأجور لمصلحة العمال في المؤسسة: فلا يجوز أن تكون تلك المبالغ مصدر إثراء لصاحب العمل، وإلا لأدى به ذلك إلى المبالغة والمغالاة في استعمال تلك السلطة، لذلك كان المشرع حريصا على تحديد أوجه صرف تلك الغرامات وبما يحقق أهدافا تتصل بتحسين النواحي الاجتماعية لعمال المنشأة، لذلك فقد عادت المادة (48) من قانون العمل لتقضي بإصدار قرار من وزير العمل يحدد فيه أوجه وطرق صرف تلك المبالغ[2].

---

[1] انظر المادة (8) من قانون العمل. كما تنص المادة الخامسة من نظام مفتشي العمل رقم 56 لسنة 1996 على انه:(يقوم مفتش العمل بالتحقق من مراعاة الأحكام القانونية في أماكن العمل وله في سبيل ذلك القيام بما يلي: ب- الإطلاع على أي سجلات أو كشوفات أو وثائق أخرى تتعلق بالعمل وان يأخذ صورا أو نسخا عنها أو مقتطفات منها، وأخذ عينات من المواد المستعملة والمنتجة وتحليلها لمعرفة مدى تأثيرها على صحة العاملين في المؤسسة وسلامتهم وإخطار صاحبها بذلك).

[2] استنادا لأحكام المادة (48) لقانون العمل فقد قام وزير العمل بإصدار قرار خاص بالغرامات التي تفرض على العمال، تم نشره في عدد الجريدة الرسمية (4568) تاريخ 2002/10/16. وقد جاء في هذا القرار تحديد اوجه صرف أموال الغرامات في الخدمات الاجتماعية الخاصة بعمال المؤسسة أو أي من فروعها وفي مجالات مختلفة مثل لها القرار ولم يحصرها وهي كالآتي: الخدمات ثقافية (كالندوات والمحاضرات وإنشاء المكتبات)، الخدمات الترويحية والترفيهية (كإنشاء أندية وملاعب وتكوين فرق رياضية وتنظيم حفلات ورحلات سياحية)، أو أي خدمات أخرى، كما أجاز القرار توزيع مبالغ نقدية من الغرامات المتحصلة على جميع العاملين وبالتساوي في مناسبات مختلفة كالأعياد الدينية والقومية. انظر المادة الثالثة من القرار.

وبغية تنظيم عملية الاستفادة من مبالغ الغرامات والتحكم في أوجه صرفها على النحو الأمثل بالنسبة للعمال فقد أشار القرار المذكور إلى ضرورة تشكيل لجنة منتخبة في كل مؤسسة للإشراف والتصرف بأموال الغرامات، إذ تولى لهذا الغرض تحديد كيفية تشكيلها وممارستها لمهامها والمدة التي تزاول فيها أعمالها والسجلات الواجب مسكها وطرق الرقابة عليها من قبل الجهات المختصة بوزارة العمل ولا سيما مفتش العمل. انظر المواد (2، 4-9) من القرار.

ثالثا- الوقف عن العمل:

ويقصد به منع العامل من مزاولة العمل فترة من الوقت مع حرمانه من الأجر خلالها لارتكابه مخالفة ما.

وعلى ذلك فانه لا يترتب على إيقاع هذه العقوبة إنهاء عقد العمل بين الطرفين، وكل ما هنالك من أثر هو وقف عقد العمل لمدة مؤقتة[1]، فلا ينتج آثاره خلالها.

والوقف عن العمل بوصفه عقوبة تأديبية يماثل عقوبة الغرامة من حيث حرمان العامل من أجره لمدة محددة، لذلك فإنه يجب على رب العمل عند توقيعه لهذه العقوبة مراعاة الضوابط الخاصة بعقوبة الغرامة، فلا يجوز له إيقاف العامل عن العمل بدون أجر لمدة تزيد على ثلاثة أيام في الشهر الواحد، ويجب بالإضافة إلى ذلك تسجيل العقوبة في سجل خاص يبين فيه اسم العامل ومقدار أجره وأسباب فرض العقوبة عليه.

ومن ذلك يتضح أن التزام صاحب العمل بهذه الضوابط ضرورة لا يمكن استبعادها، ذلك إن عقوبة الوقف عن العمل تعد في إحدى جوانبها تطبيقا فعليا وحقيقيا لعقوبة الغرامة، الأمر الذي حدا بالمشرع إلى إيراد أحكام كلا العقوبتين معا في ذات المادة (48) من قانون العمل، مما يؤكد تشابه أحكامهما.

على أن ما قد يثار في هذا السياق يدور حول مدى شدة عقوبة الوقف عن العمل أو مدى تأثيرها على العامل إذا ما قورنت بعقوبة الغرامة، فهل تعتبر هذه العقوبة أشد من عقوبة الغرامة أم أن العكس هو الصحيح؟

لعل النظر إلى تلك العقوبة من زاوية مدى ما يترتب عليها من أثر نفسي على العامل قد

---

[1] لم يفرد المشرع الأردني أحكاما خاصة بوقف عقد العمل مع انه جاء بتطبيقات عدة له، كما في حالة الإضراب أو بسبب التحاق العامل بالخدمة العسكرية أو بسبب مرض العامل الطويل.

والمقصود بوقف عقد العمل هو إنقضاء الالتزامات المترتبة على عقد العمل مدة من الوقت إلى حين زوال السبب الذي أدى إلى وقفه.

ولا يجب الخلط هنا بين وقف عقد العمل والعقد الموقوف، إذ يقصد بالأخير العقد الذي انعقد صحيحا ولكنه لا يرتب آثاره إلى أن تلحقه الإجازة فينفذ أو لا تلحقه فيبطل. لمزيد من التفاصيل انظر: المذكرات الإيضاحية للقانون المدني الأردني، الجزء الأول، منشورات نقابة المحامين الأردنيين، عمان، 1992، ص185. وكما هو واضح من تعريف العقد الموقوف فانه يكون غير قابل للتنفيذ منذ إبرامه. أما وقف تنفيذ العقد فهو يفترض أن العقد أبرم صحيحا ونافذا، ألا أنه طرأ سبب ما أدى إلى تجميده إلى فترة من الوقت، فلا يرتب آثاره خلالها ويتم متابعة تنفيذه بعد زوال هذا السبب.

للمزيد من التفصيل حول وقف عقد العمل انظر: د.خالد جاسم الهندياني، وقف عقد العمل، مجلة الحقوق، منشورات كلية الحقوق بجامعة الكويت، العدد الرابع، الكويت، 2000.

يوحي بأن عقوبة الوقف عن العمل أشد وطأة على العامل من عقوبة الغرامة، حيث لا يكتفى فيها بحرمانه من الأجر، بل إنه بالإضافة إلى ذلك يكون مستبعدا من العمل، مما قد يحمل في طياته معاني أعمق في الزجر والتلويح بفقدان العمل في حالة التكرار وعدم الامتثال للأوامر؛ أما إذا كان النظر إلى تلك العقوبة من زاوية مدى ما يترتب عليها من أثر مادي، فإن العامل لا يخسر سوى أجره عن مدة الإيقاف، أي مبلغ الغرامة فقط، وبعبارة أخرى، فإن العامل في حالة معاقبته بالغرامة يكون قد خسر بالإضافة إلى أجره الجهد المبذول خلال فترة تنفيذ العقوبة، وعلى العكس من العامل في حالة معاقبته بالوقف التأديبي، حيث لا يبذل جهدا ولا يأخذ أجرا، مما قد يوحي وعلى عكس النظر الأول بأن عقوبة الغرامة أشد وطأة على العامل من عقوبة الوقف التأديبي، الأمر الذي قد يعيد طرح المشكلة مجددا؟

نعتقد بأن ترجيح أحد الوجهتين السابقتين أو بالأحرى أحد الأثرين المعنوي أو المادي على العامل قد لا يبدو أمرا يسيرا، إذ يصعب الاتفاق حوله، لا سيما وإن شدة تأثير إحدى العقوبتين على العامل قد تختلف باختلاف ظروفه أو طبيعته، فما قد يؤثر في عامل قد لا يكون ذا قيمة لدى آخر، مما يحسن معه ترك أمر تقدير مثل ذلك الأمر إلى صاحب العمل الذي قد يكون على دراية كبيرة بمدى ملاءمة وتأثير أي العقوبتين على العامل وإيقاعها عليه.

رابعا- الفصل من العمل دون إشعار:

يعد الفصل من العمل دون إشعار من قبيل العقوبات التأديبية التي يحق لصاحب العمل إيقاعها على العامل، فلائحة الجزاءات التي يضعها صاحب العمل ويصادق عليها الوزير يجب أن تتضمن الفصل من العمل دون إشعار باعتبارها أحد الجزاءات التأديبية، فقد تطلب المشرع ذلك صراحة في المادة (55) من قانون العمل[1]، وعلى الرغم من أن حديثه عن الفصل في قانون العمل جاء في معرض بيان كيفية انتهاء عقد العمل و إنهاءه من قبل صاحب العمل أو العامل[2].

---

[1] جاء في المادة (55) من قانون العمل ما نصه:(على كل صاحب عمل يستخدم عشرة عمال فأكثر أن يضع نظاما داخليا لتنظيم العمل في مؤسسته يبين فيه أوقات الدوام وفترات الراحة اليومية والأسبوعية ومخالفات العمل والعقوبات والتدابير المتخذة بشأنها بما في ذلك الفصل من العمل وكيفية تنفيذها...)..

[2] يلاحظ أن المواد (21-35) من قانون العمل تتناول الحالات التي ينقضي فيها عقد العمل وما يترتب على ذلك من آثار، إذ جاء في المادة (28) منه حالات فصل العامل دون إشعار، وفي المادة (29) منه حالات ترك العامل العمل دون إشعار، إذ درج جانب من الفقه على اعتبار حالات الفصل من قبيل العقوبات التأديبية، في

وعليه، فالفصل من العمل يعد أقسى وأشد عقوبة تأديبية يمكن إيقاعها على العامل لما يترتب عليها من نتائج وخيمة تمس العامل في مصدر دخله، فليس بخاف على أحد ما تخلفه تلك العقوبة من آثار بالغة الخطورة على العامل من الناحية المادية والمعنوية، لا سيما إذا ما كانت فرص حصوله على عمل آخر خلال فترة قصيرة تبدو ضئيلة ومحدودة لانتشار البطالة.

لذلك، فإن حرص المشرع الذي دفعه إلى تمكين صاحب العمل من إيقاع تلك العقوبة على العامل الذي يرتكب خطأ على درجة من الجسامة، هو ذاته الذي حثه على عدم ترك أمر تقدير تلك الجسامة لصاحب العمل، فتولى هو بنفسه تحديد تلك الأخطاء وحصرها في المادة (28) من قانون العمل، فلا يجوز فصل العامل دون إشعار إذا لم تتوفر أي منها؛ وبعبارة أخرى فإن ضرورة إقرار مثل تلك العقوبة أفضت بالمشرع إلى إيجاد ضمانات تكفل عدم إساءة استعمال صاحب العمل لها وانفراده بتحديدها، وذلك عبر تحديد وحصر الحالات التي يجوز فيها فصل العامل من العمل عقابا له[1]، فضلا عن تحديد آثار الفصل الذي يتم إيقاعه، إذ تقتصر هذه الآثار على إنهاء العقد وحرمان العامل من بدل الإشعار[2]، فقد نصت المادة (28) من قانون العمل على ما يأتي: (لصاحب العمل فصل العامل دون إشعار وذلك في أي من الحالات التالية:)

حين لم يسلم جانب آخر بذلك لمبررات عدة، أبرزها موضع معالجة المشرع لها في القانون، ووجود حق مشابه للعامل في إنهاء العقد دون إشعار.

انظر حول هذا الخلاف: د.سيد محمود رمضان، المرجع السابق، ص 287 في الهامش.

[1] جاء في قرار لمحكمة التمييز ما نصه:(يستفاد من المادة 28 من قانون العمل أن فصل العامل من عمله يكون مبررا في أي حالة من الحالات التي عددتها هذه المادة فإذا ما وقع لغير حالة من هذه الحالات التي نص عليها قانون العمل كان الفصل تعسفيا وأن محاكم الموضوع تستقل باستخلاص الوقائع وتطبيق القانون عليها). تمييز حقوق (2002/1608- هيئة عامة)، مجلة نقابة المحامين، العدد الرابع والخامس والسادس، السنة الثانية والخمسون، عمان، 2004، ص662.

[2] لقد قضت محكمة التمييز في إحدى قراراتها بما نصه:(لا تتأثر مطالبة العامل بحقوقه العمالية المتمثلة ببدل مكافأة نهاية الخدمة وبدل الأعياد الدينية والرسمية وأيام الجمع وبدل الإجازات وأية مطالبة أخرى عدا بدل الإشعار والفصل التعسفي بالدعوى الجزائية المقامة من رب العمل ضده موضوعها السرقة ولا يتوجب وقف السير بها ما دام أن العامل قد أسقط دعوى بدل الإشعار وبدل الفصل التعسفي وذلك عملا بالمادة 28/ز من قانون العمل رقم 8 لسنة 1996 التي أجازت لرب العمل فصل العامل دون إشعار إذا أدين بحكم قضائي اكتسب الدرجة القطعية بجناية أو بجنحة ماسة بالشرف أو الأخلاق العامة). تمييز حقوق (2000/477)، مجلة نقابة المحامين، العدد الحادي عشر والثاني عشر، السنة الخمسون، عمان، 2002، ص 2884.

الحالات التي يجوز فيها توقيع عقوبة الفصل من العمل دون إشعار:

لقد أوردت المادة المشار إليها حالات عدة يمكن فيها فصل العامل من الخدمة (تأديبيا)، ويما يمكن إجماله على النحو الآتي:

1. انتحال العامل شخصية غير صحيحة أو تقديمه شهادات أو توصيات مزورة:

إن استعمال العامل وسائل احتيالية بقصد حمل صاحب العمل على إبرام العقد معه يمثل إحدى صور التغرير الذي يعيب الإرادة والتي تجعل فسخ العقد ممكنا إذا ما اقترن بغبن فاحش[1]، إلا إن المشرع وتيسيرا منه على صاحب العمل أتاح له فصل العامل من الخدمة بدلا من اللجوء إلى القضاء لإستصدار حكم بفسخ العقد، وحتى لو لم يقترن التغرير بغبن مطلقا، فيستطيع صاحب العمل إنهاء العقد بإرادته المنفردة، ودون الحاجة إلى انتظار انتهاء الإجراءات القضائية التي قد يطول أمدها، على أن ما يشترط لذلك هو أن يكون فعل العامل بقصد جلب المنفعة لنفسه أو الإضرار بغيره، بحسب ما أوضحت المادة (28/أ)، والتي جاء فيها جواز فصل العامل حال تحقق الحالة الآتية:(إذا انتحل العامل شخصية أو هوية غيره أو قدم شهادات أو وثائق مزورة بقصد جلب المنفعة لنفسه أو الإضرار بغيره).

وعلى ذلك، فان مفهوم المخالفة للشرط الاخير قد يفضي إلى نتيجة غير منطقية أو يصعب تبريرها، فماذا لو كان القيام بالتغرير بغير قصد تحقيق مصلحة العامل أو إلحاق الضرر بغيره، كما لو كان القصد منه جلب المنفعة لعامل آخر تربطه به صلة ما، فهل يستطيع صاحب العمل فصل العامل؟

نعتقد بان النص السابق لا يسعف صاحب العمل، ومن ثم فانه لا يستطيع فصل العامل[2].

---

[1] انظر المادة (145) من القانون المدني.

[2] لقد قضت محكمة التمييز في أحد أحكامها بما يأتي:(إن قيام المدعي (المميز ضده) بإدخال إحدى النساء إلى مستشفى الحكمة بالزرقاء ومعالجتها على حساب المدعي عليها المميزة على اعتبار أنها زوجته في حين كشف التحقيق أنها ليست كذلك فيكون ما أقدم عليه المدعي المميز ضده يعتبر إخلالا منه بالسلوك السوي للعامل واستغلالا غير مشروع منه لأموال التأمين الصحي لدى الشركة المميزة ولا يعتبر تلاعبا أو غشا أو تزويرا في سجلات الشركة المتعلقة بأعمالها ونشاطها مما يجوز معه فصله وفقا للمادة 12من لائحة الجزاءات لديها كما ولا يعتبر فصله متفقا مع المادة 28/ أ من قانون العمل إذ لم يرد أن المدعي المميز ضده قد انتحل شخصية أو هوية غيره أو انه قد قدم شهادات أو وثائق مزورة بقصد جلب المنفعة لنفسه كما تستلزم المادة28/أ من قانون العمل فبالتالي يكون قرار محكمة الاستئناف بأن فصل المدعي من العمل لا يتفق مع المادة 28 من قانون العمل وبأن المدعي يستحق مخصصاته من صندوق الوفاة والعجز كاملة هو في محله). تمييز حقوق (1999/2974)، مجلة نقابة المحامين، العدد الرابع والخامس، السنة الحادية والخمسون، عمان، 2003ص 797.

ويشار هنا إلى انه لا يشترط لتوقيع عقوبة الفصل من العمل في هذه الحالة أن يكون فعل العامل معاقبا عليه جنائيا، كما لا يلزم صاحب العمل بإبلاغ الجهات المختصة في هذه الحالة.

2. عدم قيام العامل بالتزاماته المترتبة عليه بموجب عقد العمل:

إن مرد حق صاحب العمل في هذه الحالة هو إن عقد العمل عقد ملزم للجانبين، يترتب على إبرامه التزامات متبادلة تسوغ لأحدهما التحلل من رابطة العقد إذا ما امتنع الطرف الآخر عن تنفيذ التزامه أو أخل به، وبالتالي يكفي لتحقق هذه الحالة إخلال العامل بأي من التزاماته كعدم قيام العامل بأداء العمل أو عدم إطاعته لأوامر صاحب العمل، كما يستوي أن يكون ذلك الإخلال عمديا أم غير عمدي[1]؛ ولكن هل يكون عادلا إطلاق هذا الحكم على كافة الالتزامات، الأساسية منها وغير الأساسية؟

لم يفرق المشرع بين الالتزامات الأساسية وغير الأساسية، مع انه كان من الأحرى به فعل ذلك، أي أن يشترط لفصل العامل هنا أن يكون الالتزام أساسيا، أي جوهريا، فلا يعد- مثلا- رفض العامل القيام بالعمل على آلة معطوبة إخلالا بالتزام أساسي، وعلى نحو مشابه، فانه لا يعد إخلالا منه بالتزام أساسي الخطأ المهني العادي الذي قد يقع فيه أي عامل[2].

3. ارتكاب العامل خطأ نشأت عنه خسارة مادية جسيمة لصاحب العمل:

إن جسامة الضرر لا الخطأ تتيح لصاحب العمل فصل العامل تأديبا، فيستوي أن يكون الخطأ الذي ارتكبه العامل عمديا أم غير عمدي، كما لا يشترط فيه أن يشكل جريمة يعاقب عليها القانون، فالمهم في الأمر هو أن تحدث خسارة أو ضرر مادي لا معنوي، وأن تكون تلك الخسارة جسيمة لا يسيره.

على أنه يجب للاستناد إلى ذلك الخطأ في فصل العامل أن يقوم صاحب العمل بإبلاغ الجهة أو الجهات المختصة بالحادث خلال خمسة أيام من وقت علمه بوقوعه؛ ولا شك في أن وزارة العمل تعد هنا من الجهات المختصة[3].

---

[1] انظر المادة (28/ب) من قانون العمل.

[2] انظر: د.السيد محمد السيد عمران، المرجع السابق، ص381. د.محمد عبد الله نصار، المرجع السابق، ص173

[3] انظر المادة (28/ج) من قانون العمل.

4. مخالفة النظام الداخلي للمؤسسة:

فلا يجب لفصل العامل في هذه الحالة أن يترتب ضرر ما على تلك المخالفة، بل إن العقوبة هنا تكون محض جزاء للخطأ لا غير، وبغض النظر عن مجال المخالفة التي ارتكبها العامل، كما لو تعلقت بأوقات العمل، أو التعليمات اللازم اتباعها لسلامة العمال أو المحل وهي الحالة التي أكد عليها المشرع مباشرة[1]، ومع ذلك فإنه يفترض لفصل العامل في هذه الحالة توافر ما يأتي:

1) أن يكون ذلك النظام مكتوبا ومعلنا في مكان ظاهر من المؤسسة.

2) أن يسبق الفصل إنذار العامل كتابة مرتين بعدم تكرار المخالفة وإلا عرض نفسه لعقوبة الفصل[2].

5. غياب العامل دون سبب مشروع:

يثبت لصاحب العمل الحق في فصل العامل وفسخ العقد حيثما تحقق غياب العامل عن العمل، ولكن ضمن الشروط الآتية:

أ. أن يكون غياب العامل دون سبب مشروع، فلا يجوز لصاحب العمل فصل العامل المتغيب عن العمل لمرض شديد ألم به وأقعده عن العمل، أو لوجود قوة قاهرة حالت دون وصوله إلى مكان العمل، فمثل هذه الأسباب تعد معقولة ومقنعة لتبرير التخلف عن الحضور إلى العمل.

---

(1) جاء في المادة (28/د) ما نصه:(لصاحب العمل فصل العامل دون إشعار وذلك في أي من الحالات التالية:إذا خالف العامل النظام الداخلي للمؤسسة بما في ذلك شروط سلامة العمل والعمال رغم إنذاره كتابة مرتين).

(2) لقد جاء في إحدى القرارات الصادرة عن محكمة التمييز تطبيقا لهذه الحالة، جاء فيه ما نصه:(يجوز لصاحب العمل فصل العامل دون إشعار إذا خالف العامل النظام الداخلي للمؤسسة بما في ذلك شروط سلامة العمل والعمال رغم إنذاره كتابة مرتين وذلك وفقا للمادة (28/د) من قانون العمل وعليه وحيث أن المميزة (الشركة...) لم تتقيد بشرط الإنذار الكتابي المسبق لمرتين قبل فصلها للمميز ضده فان قيامها بإنهاء خدماته لسوء سلوكه وعدم تقيده والتزامه بالتعليمات الإدارية المتبعة والمعلن عنها لجميع الموظفين العاملين لديها لا يتفق لأوانها المادة المذكورة أعلاه ويكون بالتالي مخالفا للقانون). تمييز حقوق (1947/98)، مجلة نقابة المحامين، العددان الثالث والرابع، السنة السادسة والأربعون، عمان،1999، ص1091. انظر كذلك تمييز حقوق (2000/705)، مجلة نقابة المحامين، العدد الرابع والخامس، السنة الحادية والخمسون، عمان، 2003، ص 855.

ب. أن تكون مدة الغياب أكثر من عشرة أيام متوالية، أو عشرين يوما متقطعة خلال السنة الواحدة، والمقصود بالسنة هنا سنة الخدمة الفعلية للعامل والتي تبدأ من تاريخ التحاقه بالعمل، كما إنها قد تكون السنة الميلادية إذا ما قرر صاحب العمل ذلك مسبقا.

جـ. أن يسبق الفصل توجيه إنذار كتابي يرسل من صاحب العمل إلى العامل بالبريد المسجل على عنوانه وينشر في إحدى الصحف اليومية المحلية مرة واحدة[1].

6. إفشاء أسرار صاحب العمل:

لقد أجاز المشرع لصاحب العمل فصل العامل إذا أفشى الأسرار الخاصة بعمله[2]، إذ يعد العامل مخلا بإحدى الالتزامات الملقاة على عاتقه، والمتمثل بالمحافظة على أسرار العمل- كما أسلفنا.

7. الحكم القطعي على العامل بجرائم معينة:

إن ارتكاب العامل لجريمة أثناء العمل وفي مكانه أو خارجه وفي غير أوقاته أو حتى قبل الالتحاق بالعمل وإبرام العقد يجيز لصاحب العمل فصل العامل مهما كانت العقوبة المقضي بها، وحتى لو تم إيقاف تنفيذها كذلك، ولكن فصل العامل بالاستناد إلى هذه الحالة منوط بتوفر شرطين حددتهما المادة (28/ز) من قانون العمل، وهما:

أ. أن يكون الحكم اكتسب الدرجة القطعية، فلا يجوز فصل العامل إذا كان الحكم قابلا للطعن، كما لا يكفي مجرد توجيه الاتهام إلى العامل أو تحريك الدعوى الجنائية ضده لمعاقبته بالفصل.

ب. أن يكون الحكم صادرا في جناية أو جنحة مخلة بالشرف أو الأخلاق العامة، فلا يجوز فصل العامل إذا كانت الجريمة المحكوم بها لا تعد جناية، كما لا يجوز فصله إذا كانت الجريمة تعد جنحة من غير تلك المحددة في النص، فلا يجوز لصاحب العمل - مثلا- فصل العامل لارتكاب جنح الضرب أو الجرح.

أما إذا كانت الجريمة التي ارتكبها العامل تعد ماسة بالشرف أو الأخلاق كما هو الحال في

---

[1] انظر المادة (28/هـ) من قانون العمل.

[2] انظر المادة (28/و) من قانون العمل.

ارتكابه لجرائم النصب أو السرقة أو شهادة الزور أو خيانة الأمانة، فإن لصاحب العمل فصل العامل من العمل بالاستناد إليها[1]، الأمر الذي ينطبق كذلك على ارتكاب العامل للجرائم المخلة بالآداب العامة كجرائم الحض على الفجور أو الفعل الفاضح العلني[2].

8. وجود العامل في حالة سكر بين أو تأثره بمخدر أو مؤثر عقلي:

لقد أجاز المشرع لصاحب العمل فصل العامل الذي يكون في حالة سكر أو متأثرا بما تعاطاه من مخدر أو مؤثر عقلي، لأن تناول المواد المسكرة والمخدرة يؤثر سلبا على العامل أثناء تأدية عمله، الأمر الذي قد يشكل مساسا وخطرا على مصالح رب العمل وحسن سير العمل، على أنه يشترط لفصل العامل بناء على هذه الحالة توفر ما يأتي:

أ. أن يكون العامل في حالة سكر بين أو متأثرا بالمادة المخدرة التي تعاطاها، فلا يكفي السكر البسيط أو تناول مخدرا غير مؤثر كمبرر للفصل، بل يجب أن يكون ظاهرا أو مؤثرا، أي شديدا و واضحا.

ب.أن يكون العامل قد تناول المادة المسكرة أو المخدرة عن علم وإرادة، فلا يجوز فصله إذا ما كان جاهلا بطبيعة المادة أو مكرها على تناولها.

ج.أن يظهر السكر أو تأثير المخدر على العامل أثناء ساعات العمل، ويستوي في ذلك أن يكون تناول المادة المسكرة في مكان العمل أو خارجه أو حتى قبل بدء أوقاته[3].

9. قيام العامل بارتكاب عمل مخل بالآداب العامة في مكان العمل:

وسواء أكان ذلك العمل المخل بالآداب العامة موجه إلى أحد رؤسائه أو أي من زملائه أو أي شخص آخر، فالمهم هو ارتكاب ذلك الفعل، وان يكون في مكان العمل لا خارجة[4].

10. اعتداء العامل على غيره من الأشخاص

لقد أجاز المشرع لصاحب العمل فسخ العقد وفصل العامل إذا ما قام الأخير بالاعتداء على

---

[1] انظر تمييز حقوق (2000/477)، مجلة نقابة المحامين، العدد الحادي عشر والثاني عشر، السنة الخمسون، عمان، 2002، ص 2884.

[2] انظر: د.عبد الغني الرويمض، المرجع السابق، ص317.

[3] انظر المادة (28/ح) من قانون العمل.

[4] انظر المادة (28/ح) من قانون العمل.

غيره، إذ يجوز فصل العامل إذا ارتكب ما من شأنه المساس والإخلال بهيبة صاحب العمل أو المدير المسئول أو أحد رؤسائه[1]، لان ذلك قد ينال من قدرة أي منهم على إدارة المنشأة.

وعلى نحو مشابه فان الاعتداء على أحد الزملاء أو العملاء أو موظفي الدولة أو غيرهم من الأشخاص يجيز لصاحب العمل فصل العامل[2]، لان ذلك يخل بحسن سير العمل، ويستوي في هذا الاعتداء أن يكون بالضرب أو بالتفوه بألفاظ نابية أو حتى بالتشهير والتهديد، أي سواء أكان الاعتداء ماديا أم معنويا.

كما ويستوي في هذا الاعتداء أن يكون أثناء العمل أو بسببه حتى وان كان خارجه مكان العمل، وبصرف النظر كذلك عن درجة أو شدة الاعتداء، فلا فرق بين الاعتداء فيما لو كان يسيرا أو على درجة من الجسامة، فأي فعل قد يشكل اعتداء على أي شخص يتيح لصاحب العمل فصل العامل بالاستناد إليه.

ومع ذلك، فإنه لا يعد من قبيل الاعتداء المذكور آنفا المشادة الكلامية التي قد تحصل بين العامل وصاحب العمل، ومن ثم فانه لا يجوز لصاحب العمل القيام بفصل العامل لهذا السبب[3].

الفرع الثالث
إجراءات التأديب وضماناته

إن فرض قدر من التوازن بين ما يتمتع به صاحب العمل من سلطات واسعة في مجال تأديب العمال من جهة، وبين ما يقتضيه مركز العامل من حماية تكفل له ضمان حقوقه من جهة أخرى؛ تجعل أمر وضع الضوابط الخاصة في مجال التأديب ضرورة بالغة الأهمية، لذلك فقد تدخل المشرع للحد من سلطات صاحب العمل التأديبية عبر فرض مجموعة من القواعد

---

[1] انظر المادة (28/ط) من قانون العمل. و تطبيقا لهذه المادة قضت محكمة التمييز بما يأتي:(إن حق رب العمل بفصل العامل دون إشعار إذا اعتدى على أحد رؤسائه بالتحقير وفقا للمادة (28/ط) من قانون العمل، يكون قبل انتهاء عمل العامل، أما إن حدث الاعتداء بعد انتهاء عمل العامل لدى رب العمل فانه لا يحرمه من بدل الإشعار). تمييز حقوق (2001/707- هيئة عامة)، مجلة نقابة المحامين، العدد السابع والثامن، السنة الخمسون، عمان، 2002، ص 1485.

[2] انظر المادة (28/ط) من قانون العمل.

[3] انظر: د.عبد الودود يحيى، المرجع السابق، ص203. انظر المادة (28/ط) من قانون العمل.

والإجراءات التي تضمن إزالة أي تعسف أو غلو قد يمارس على العامل من خلال تلك السلطات.

ولما كانت هذه الإجراءات والضمانات متعددة ومتنوعة، فإنه يجدر التعرض لها، إذ يمكن إجمالها على النحو الآتي:

أولا- سلطة توقيع الجزاءات:

لم يشأ المشرع جعل اختصاص أو سلطة توقيع الجزاءات التأديبية على العمال في يد أي مستخدم في المنشأة، لما قد يؤدي إليه وضعها في يد غير أهلها من آثار خطيرة على العامل، قد تجعله عرضة للتنكيل أو التحكم غير المبرر، لذلك فقد قضت المادة (28و48) من قانون العمل بأن يكون توقيع العقوبات من قبل صاحب العمل نفسه.

ومع ذلك، نعتقد بان مانعا لا يحول دون إيقاعها من قبل وكيله المفوض أو عضو مجلس الإدارة المنتدب أو مدير المنشأة أو الفرع، ذلك أن مفهوم التبعية القانونية لم يعد قاصرا على التبعية الفنية المباشرة، بل يشمل أيضا التبعية التنظيمية، لا سيما مع انتشار الصناعات الضخمة وازدياد أعداد العمال في المنشأة الواحدة[1].

ثانيا- مرحلة التحقيق والاتهام:

إن معاقبة العامل لا تتم مباشرة فور ارتكابه للمخالفة، بل لا بد لكي يكون الجزاء عادلا وملائما وصحيحا من سماع أقوال العامل وتحقيق دفاعه فيما نسب إليه من أفعال، وإذا كانت هذه المرحلة ضرورية لتوقيع الجزاء فإن المشرع لم يحدد الشخص الذي يتولى التحقيق مع العامل في تلك الاتهامات، لذلك فإنه يجوز أن يقوم بإجراء ذلك صاحب العمل نفسه، كما له أن يعهد به إلى غيره، على إنه يشترط في هذه المرحلة مراعاة القيدين الآتيين:

1. أن يكون الاتهام متعلقا بمخالفة متصلة بالعمل، فلا يجوز معاقبة العامل على مخالفة تقع في غير مكان العمل أو منقطعة الصلة عنه، إلا في الحالات التي يجيز فيها القانون ذلك، كما هو الحال بالنسبة للاعتداء الذي يرتكبه العامل بحق صاحب العمل أو غيره من الأشخاص بسبب العمل، أو كما في حالة ارتكاب العامل جناية أو جنحة مخلة بالشرف والأمانة والآداب العامة.

---

[1] يقصد بمدير المنشأة مدير المشروع أو الفرع، المستخدم الكبير الذي يعهد إليه بإدارة الشؤون اليومية في جزء أو نطاق ما من المنشاة أو فيها كلها.

انظر: كذلك: د.محمود جمال الدين زكي، قانون العمل، المرجع السابق، ص161.

كما يستوي في ذلك أن تكون تلك المخالفة محظورة في قانون العمل أو الأنظمة الصادرة بموجبه، أو في عقد العمل ولائحة الجزاءات الخاصة بالمنشأة، فالمهم في الأمر هو أن تكون المخالفة خاصة بالعمل ومتصلة به.

2. أن تتاح للعامل فرصة سماع أقواله للدفاع عن نفسه قبل فرض العقوبة عليه[1].

ثالثا- مرحلة توقيع العقوبة:

إذا ما ثبت ارتكاب العامل للمخالفة بعد التحقيق معه فيما نسب إليه من اتهامات، فإن لصاحب العمل إيقاع العقوبة التي يراها مناسبة بحق العامل، على أن إيقاع العقوبة يجب أن يتم ضمن القيود الآتية:

1. ألا توقع على العامل أكثر من عقوبة واحدة عن المخالفة الواحدة، فلا يجوز إيقاع عقوبتين تأديبيتين عن ذات المخالفة، فإذا ما عوقب العامل بعقوبة الإنذار فلا يجوز معاقبته مرة أخرى بالوقف عن العمل أو الغرامة مثلا.

بيد أن توقيع العقوبة التأديبية عن المخالفة لا يحول دون رجوع صاحب العمل على العامل بالتعويض المدني عما أصابه من أضرار[2]، كما لا يمنع توقيع العقوبة من إحالة العامل إلى الجهات المختصة بتوقيع العقوبة الجنائية إذا ما كانت المخالفة تشكل جريمة ما[3].

2. ألا يكون الأجراء التأديبي المتخذ بحق العامل يرجع إلى أسباب تتصل بالشكاوي والمطالبات التي تقدم بها إلى الجهات المختصة[4].

فالحق في تقديم الشكاوى والمطالبات حق كفله المشرع للعامل من اجل حماية حقوقه وفرض تطبيق أحكام قانون العمل التي لا يحترمها صاحب العمل، ومن ثم كان من غير

---

[1] انظر المادة (48/أ) من قانون العمل.

[2] تنص المادة (49) من قانون العمل على الآتي:(إذا ثبت أن العامل قد تسبب في فقد أو إتلاف أدوات أو آلات أو منتجات يملكها أو يحوزها صاحب العمل أو كانت في عهدة العامل وكان ذلك ناشئا عن خطأ العامل أو مخالفته تعليمات صاحب العمل فلصاحب العمل أن يقتطع من أجر العامل قيمة الأشياء المفقودة أو المتلفة أو كلفة إصلاحها على أن لا يزيد ما يقتطع لهذا الغرض على أجر خمسة أيام في الشهر ولصاحب العمل حق اللجوء إلى المحاكم النظامية المختصة بالمطالبة بالتعويض عن الأضرار التي تسبب العامل بها).

[3] انظر: د.محمد عبد الله نصار، المرجع السابق، ص183، د. همام محمد محمود زهران، المرجع السابق،ص458.

[4] انظر المادة (24) من قانون العمل.

المتصور أن يجر استعماله لحقه هذا مغرما عليه، خصوصا وان القول بغير ذلك قد يعني تقويض غايات قانون العمل برمتها.

3. ألا يتخذ بحق العامل أي إجراء تأديبي أو فرض غرامة عليه عن أي مخالفة من المخالفات المنصوص عليها في لائحة الجزاءات المعتمدة بعد انقضاء خمسة عشر يوما على ارتكابها[1].

ولعل الحكمة من تحديد المدة التي يجوز خلالها إيقاع الجزاء على العامل تكمن في ضمان تحقيق العقوبة التأديبية للغاية المقصودة منها بردع العامل وزجر غيره عبر معاقبته، فضلا عن عدم ترك المخالفة لفترة طويلة دون بت أو اتخاذها وسيلة لتهديد العامل وإرباكه، فكان لا بد من وضع حد أو سقف زمني لتوقيعها[2]، لذلك فقد حددها المشرع بخمسة عشر يوما.

ولضمان مراعاة صاحب العمل لما سبق من قيود فقد منح المشرع للعامل حق الاعتراض على العقوبة التي فرضت عليه لدى مفتش العمل خلال أسبوع واحد من تاريخ تبليغها له[3].

رابعا- جزاء مخالفة قواعد وإجراءات التأديب:

لم يفرض المشرع عقوبة جنائية خاصة على من يخالف القواعد المتعلقة بالتأديب، إلا أن ذلك لا يعني تركه وعدم معاقبته عن تلك المخالفة، إذ يمكن اللجوء في إزاء هذه المخالفة إلى العقوبة التي حددها المشرع لمن يخالف أي من أحكام قانون العمل والمنصوص عليها في المادة (139) من قانون العمل، فقد قضت هذه المادة بإيقاع عقوبة الغرامة التي لا يقل مقدارها عن خمسين دينار ولا يزيد عن مائة دينار[4].

---

[1] انظر المادة(48/ب) من قانون العمل.

[2] انظر: د.محمد السعيد الزقرد، المرجع السابق، ص223. د.السيد محمد السيد عمران، المرجع السابق، ص394

[3] انظر المادة(48/ب) من قانون العمل.

ويلاحظ على موقف المشرع الأردني من مسألة اعتراض العامل على العقوبة المفروضة عليه من قبل صاحب العمل انه لم يمنح مفتش العمل صلاحيات بشأنها، فلا يستطيع المفتش بناء على ذلك إلغاء تلك العقوبة على نحو ما هو عليه العمل لدى جانب من المشرعين، كالمشرع الفرنسي الذي أجاز إلغاء العقوبة الموقعة من قبل صاحب العمل أن لم تكن مبررة أو أصولية تمت بحسبما حدد المشرع.

Voir: A.Dusart C.Tremeau, op cit, P230.

[4] انظر المادة (139) من قانون العمل والخاصة بمخالفة أحكام القانون وأنظمته بصفة عامة، إذ جاء فيها:(كل مخالفة لأحكام هذا القانون أو أي نظام صادر بمقتضاه لم تعين لها عقوبة فيه يعاقب مرتكبها بغرامة لا تقل عن خمسين دينارا ولا تزيد على مائة دينار ويشترط في ذلك أن تفرض على المخالف العقوبة المنصوص عليها في قانون العقوبات المعمول به إذا كانت العقوبة المقررة للمخالفة فيه أشد مما هو منصوص عليه في هذا القانون).

الفرع الرابع
الرقابة القضائية على استعمال السلطة التأديبية

إن إحاطة المشرع للسلطة التأديبية برقابة سابقة لا يكفي لضمان عدم تجاوز صاحب العمل لحقه في إيقاع العقاب، ذلك إن إخضاع لوائح الجزاءات التأديبية لإعتماد وزير العمل لا يحول دون تعسف صاحب العمل في استعمال حقه عند التطبيق، فقد يوقع على العامل جزاء غير وارد في تلك اللائحة، أو قد يوقع الجزاء على العامل دون التقييد بالمدد والإجراءات المحددة في هذا الإطار، لا بل أن تقديم شكوى لمفتشي العمل قد لا يكون في أحيان كثيرة ذا جدوى بالنسبة للعامل، وخاصة إذا ما تعلق الأمر بعقوبة الفصل، لذلك كان لا بد من إخضاع السلطة التأديبية هذه لرقابة لاحقة يتم من خلالها إنصاف العامل ورفع الظلم عن كاهله، حيث يكون الملاذ الأخير للعامل في مثل هذه الحالة التظلم أمام القضاء.

ولكن التساؤل الذي يثار في هذا الصدد قد يدور حول حدود ونطاق الرقابة القضائية للسلطة التأديبية، فهل يجوز للعامل رفع دعوى أمام القضاء للنظر في مدى مشروعية الجزاء الموقع عليه، أم إن حقه يقتصر على رفع تلك الدعوى للنظر في مدى تناسب ذلك الجزاء مع المخالفة التي قام بارتكابها؟.

نعتقد بأن للقضاء الحق في الرقابة على العقوبات الموقعة على العامل لإبطالها وإزالة كل أثر لها، لا بل وحتى الحكم بالتعويض للعامل عن الأضرار التي أصابته إذا ما كان هنالك محل لذلك[1]، فيجوز للمحكمة مثلا إلزام صاحب العمل برد قيمة الغرامة إلى العامل، أو شطب الإنذار ورفعه من ملف العامل إذا ما تبين للمحكمة بأن معاقبة العامل بذلك الجزاء كان غير صحيح أو مبرر؛ أما بالنسبة لعقوبة الفصل، فإنه من الصعوبة بمكان إلزام صاحب العمل بإعادة العامل إلى عمله في الكثير من الأحوال، لما قد يؤدي إليه فرض هذا الأمر على صاحب العمل من اضطراب وإرباك للعلاقة مع العامل، لذلك فإن للمحكمة إلزام صاحب العمل بتعويض العامل عن إنهاء العقد دون مبرر[2].

---

[1] انظر: د.محمد علي عمران، المرجع السابق، ص187. د. فتحي المرصفاوي، المرجع السابق، ص293.

[2] انظر: د.عبد الودود يحيى، المرجع السابق، ص308.

كما ويحق للقضاء ممارسة الرقابة على مدى تناسب المخالفة مع الجزاء الذي أوقعه صاحب العمل، والذي قد يتعسف في استعمال السلطات الممنوحة إليه في تأديب العمال، ويستوي في ذلك أن تكون العقوبة الموقعة على العامل واردة في لائحة جزاءات المنشأة، أو من صاحب عمل لا يوجد في منشاته مثل تلك اللائحة، كما ويستوي في ذلك أن تكون العقوبة الواردة في اللائحة محددة بحدين أدنى وأقصى، أو محددة تحديدا جامدا، فللقضاء النظر في مدى ملائمة العقوبة وتناسبها مع المخالفة لإبطالها وإلغاء كل أثر مترتب عليها.

وجدير بالذكر إن حق القضاء هذا لا يصل إلى حد تعديل تلك العقوبة أو استبدالها بأخرى، فهو مقصور على الإبطال والتعويض فقط[1].

[1] انظر: د.احمد السعيد الزقرد، المرجع السابق، ص228.

المبحث الثاني
التزامات صاحب العمل

لقد جاء القانون المدني ليفصل الأحكام الخاصة بالتزام واحد من التزامات صاحب العمل، وهو التزامه الرئيسي المتمثل بدفع الأجر، فيما أحال الأمر في باقي الالتزامات إلى قانون العمل، حيث جاء الأخير بدوره ليؤكد على الالتزام الرئيسي من جهة وليورد جملة من الالتزامات الأخرى التي ارتأى فرضها لمصلحة العامل من جهة أخرى.

فقد الزم المشرع صاحب العمل بتنظيم محدد لوقت العمل، سواء أكان ذلك على الصعيد اليومي والأسبوعي، أم على الصعيد السنوي، ففرض للعامل ساعات محددة للعمل وأخرى للراحة وتناول الطعام، فضلا عن منحه عدة إجازات تلائم ظروفه وحاجاته المختلفة خلال السنة بشكل عام.

وتماشيا مع السياسة والأهداف التي ابتغى المشرع تحقيقها من خلال قانون العمل، فإن المشرع لم يقف عند حد الالتزامين السابقين، بل انه ذهب إلى ما هو ابعد من ذلك وليلزم صاحب العمل بالمحافظة على صحة العمال وسلامتهم، فضلا عن الالتزام المتعلق بإصابات العمل وامراض المهنة.

وبالإضافة إلى ذلك الزم المشرع صاحب العمل بالتزامات أخرى إذا ما قضى العرف بها، كالالتزام بتوفير الملبس والطعام للعامل في بعض الأحوال[1].

وعليه فإن دراستنا لالتزامات صاحب العمل ستكون من خلال ثلاثة مطالب يمكن أجمالها على الوجه الآتي :

المطلب الأول: الالتزام بدفع الأجر.

المطلب الثاني: الالتزام بالتنظيم القانوني لوقت العمل.

المطلب الثالث: التزامات صاحب العمل الأخرى.

[1] تنص المادة (824) من القانون المدني على ما يأتي:(يلزم صاحب العمل كسوة العامل أو إطعامه إذا جرى العرف به سواء اشترط ذلك في العقد أم لا).

المطلب الأول
الالتزام بدفع الأجر

يعد الأجر عنصرا من عناصر عقد العمل وأحد أركانه - كما أسلفنا، إلا انه من جانب آخر يعد الالتزام الرئيسي الذي يقع على عاتق صاحب العمل الوفاء به، فهو سبب التزام العامل بأداء العمل إذا ما رجعنا إلى الفكرة التقليدية لسبب الالتزام في العقد، كما انه يعد في الوقت ذاته مصدر رزق العامل وأسرته، لذلك فقد عني المشرع بتنظيم الجوانب المتعلقة به، سواء أكانت تلك الجوانب خاصة بتحديد أسس احتسابه وصوره أو ملحقاته، أم كانت متعلقة بتحديد قواعد الوفاء به من حيث العملة أو الزمان أو المكان أو الإثبات، أم كانت ترتبط بحمايته في مواجهة صاحب العمل أو دائنيه أو دائني العامل نفسه، هذا فضلا عن التعرض للجهة المختصة بالنظر في النزاعات التي قد تثار حوله.

وعليه فإن دراسة الالتزام بدفع الأجر ستكون من خلال خمسة فروع، حيث نخصص الأول منها لتحديد مفهوم الأجر وملحقاته، والثاني لأساس استحقاق الأجر، والثالث لقواعد الوفاء به، والرابع لسبل حمايته، أما الأخير فلدراسة الدعاوى المتعلقة به.

الفرع الأول
مفهوم الأجر وملحقاته

تنص المادة الثانية من قانون العمل عند تعريفها للأجر على ما يأتي:(الأجر: كل ما يستحقه العامل لقاء عمله نقدا أو عينا مضافا إليه سائر الاستحقاقات الأخرى أيا كان نوعها إذا نص القانون أو عقد العمل أو النظام الداخلي أو استقر التعامل على دفعها باستثناء الأجور المستحقة عن العمل الإضافي). أما القانون المدني فقد عرف اجر العامل في المادة (1/810) على انه: (ما يتقاضاه- العامل- بمقتضى العقد من مال أو منفعة في أي صورة كانت)[1].

[1] لقد تعرضت محكمة التمييز إلى تعريف الأجر في أحد قراراتها فنصت على الآتي:(الأجر: هو كل ما يدخل ذمة العامل من مال أيا كان نوعه مقابل قيامه بالعمل موضوع عقد العمل مهما كانت تسميته شريطة أن ينص القانون أو عقد العمل أو النظام الداخلي أو يستقر التعامل على دفعها للعامل باستثناء الأجور عن العمل الإضافي). تمييز حقوق (2002/2158- هيئة عامة)، مجلة نقابة المحامين، العدد الرابع والخامس والسادس، السنة الثانية والخمسون، عمان، 2004، ص774.

يلاحظ من خلال التعريفين السابقين تقاربهما من حيث المعنى، مع أن تعريف قانون العمل جاء ليؤكد على إلزام صاحب العمل بالأجر المتفق عليه في العقد- كما في تعريف القانون المدني- وليضيف ضرورة إلزامه بأداء الأجر المنصوص عليه في القانون أو النظام الداخلي للمؤسسة، هذا فضلا عن ذلك الذي استقر التعامل على دفعه- أي ما يقضي به العرف، وهو ما لم ينكره المشرع في القانون المدني مع انه لم يذكره في التعريف السابق، إذ أشار أليه في المادة (824) عندما نصت على آلاتي:(يلزم صاحب العمل كسوة العامل أو إطعامه إذا جرى العرف به سواء اشترط ذلك في العقد أم لا). وكذلك المادة(2/810) والتي نصت على ما يأتي:(فإذا لم يكن الأجر مقدرا في العقد كان للعامل أجر مثله طبقا لما جرى عليه العرف فإذا لم يوجد عرف تولت المحكمة تقديره وفقا لمقتضيات العدالة).

إذن فالأجر هو عبارة عن مقابل العمل أو ثمنه، وبصورة اكثر تفصيلا هو المقابل الذي يتقاضاه العامل لقاء العمل الذي يؤديه، هذا المقابل هو ما يتولى تحديده المتعاقدين عند إبرام العقد، أو قد يحدد بواسطة عنصر خارجي عن العقد أو ملحق به، كما في القانون والعرف والنظام الداخلي للمؤسسة، ليس هذا فحسب بل أن تحديد الأجر قد لا يكون بحسب إحدى الطرق السابقة، بل بواسطة المحكمة إذ جاء في المادة (45) من قانون العمل ما نصه:(يحدد مقدار الأجر في العقد وإذا لم ينص عقد العمل عليه فيأخذ العامل الأجر المقدر لعمل من نفس النوع إن وجد وإلا قدر طبقا للعرف فإذا لم يوجد العرف تولت المحكمة تقديره بمقتضى أحكام هذا القانون باعتباره نزاعا عماليا على الأجر).

وبغض النظر عن الأساس الذي قد يتحدد الأجر بموجبه، فان الأجر قد يكون نقديا أو عينيا، أو خليطا بين المقابل النقدي والمقابل العيني.

كما أن طرق تحديد ذلك المقابل قد تكون مختلفة من عمل إلى آخر أو من عامل إلى آخر، وذلك على النحو الآتي:

1.قد يتفق الطرفان على احتسابه على أساس مقابلة وحدة زمنية معينة بوحدة معينة من المال (أي الأجر بالزمن).

2.قد يتفق الطرفان على احتسابه على أساس قدر الإنتاج الذي ينجزه العامل، حيث يزيد ذلك المقابل بزيادة الإنتاج وينقص بنقصانه (أي الأجر بالقطعة).

3.قد يتراضى طرفا العقد على احتساب الأجر على أساس الجمع بين الطريقتين السابقتين،

أي احتسابه على أساس زمني مع مراعاة قدر الإنتاج، ويطلق على هذه الطريقة تسمية (الأجر بالطريحة)[1].

وبعبارة أخرى فان المقابل الذي يحصل عليه العامل لقاء عمله قد يختلف باختلاف الظروف أو الاتفاق المبرم بين الطرفين، إلا أن المهم في الأمر هو أن هذا المقابل يجب ألا يقل بأي حال من الأحوال عن الحد الأدنى للأجور الذي نصت على ضرورة الالتزام به وتحت طائلة العقوبات في حال المخالفة المادة (53) من قانون العمل، إذ نصت على ما يأتي:(يعاقب صاحب العمل أو من ينوب عنه بغرامة لا تقل عن خمسة وعشرين دينارا ولا تزيد على مائة دينار عن كل حالة يدفع فيها إلى عامل أجرا يقل عن الحد الأدنى المقرر للأجور وذلك بالإضافة إلى الحكم للعامل بفرق الأجر وتضاعف العقوبة كلما تكررت المخالفة).

أما كيفية تحديد الحد الأدنى للأجور فقد نصت عليه المادة (53) من القانون نفسه، إذ تم إناطة هذه المهمة بلجنة خاصة يتم تشكيلها بتنسيب من مجلس الوزراء من أطراف العمل، أي العمال واصحاب العمل بالإضافة إلى ممثلين عن وزارة العمل[2].

وعلى ذلك فلا مشكلة تثار بصدد نوع المقابل أو طريقة تحديده إذا ما كان ذلك المقابل أو الأجر الأساسي للعامل ضمن الحدود التي فرضها المشرع، إلا أن التزام صاحب العمل قد لا

[1] انظر: د.محمد السعيد الزقرد، المرجع السابق، ص241. د.عبد الغني الرويمض، المرجع السابق، ص184. وجدير بالذكر أن جانب من الفقه يشير إلى أن افضل طرق احتساب الأجر هي الأجر بالطريحة لما تحققه من منفعة طرفي عقد العمل في أن واحد. انظر: د.عامر محمد علي، الأجور العمالية والامتيازات المقررة لها في ضوء قانون العمل الأردني الجديد، مجلة اربد للبحوث والدراسات، تصدر عن جامعة اربد، المجلد الرابع، العدد الثاني، اربد، 2002، ص21. ومع ذلك نعتقد بوجود حالات كثيرة يكون احتساب الأجر فيها بالزمن أو القطعة افضل وأجدى بالنسبة لطرف دون آخر، لاسيما إذا ما كانت الظروف الاقتصادية غير مستقرة.

[2] تنص المادة (53) من قانون العمل على الآتي:(أ- يشكل مجلس الوزراء بناء على تنسيب الوزير لجنة تتألف من عدد متساو من ممثلين عن الوزارة والعمال وأصحاب العمل ويعين المجلس رئيسا لها من بين أعضائها تتولى تحديد الحد الأدنى للأجور مقدرا بالنقد الأردني وذلك بصفة عامة أو بالنسبة لمنطقة معينة أو مهنة معينة وتكون مدة العضوية فيها سنتين قابلة للتجديد. ب- تعقد اللجنة اجتماعاتها كلما دعت الحاجة إلى ذلك بدعوة من رئيسها وتقدم قراراتها إلى الوزير إذا لم تكن بالإجماع ليتولى رفعها إلى المجلس الوزراء ليتخذ القرار بشأنها على أن تأخذ بعين الاعتبار في تقديرها للأجر تكاليف المعيشة التي تضعها الجهات المختصة وتنشر القرارات النهائية التي تصدر بمقتضى هذه المادة في الجريدة الرسمية بما في ذلك تاريخ بدء العمل بها).

يكون مقتصرا على الأجر الأساسي فحسب، بل انه قد يدخل في مضمونه إضافات ومزايا أخرى تلحق به وتعتبر جزءا منه، كما هو الحال بالنسبة للعمولة أو الوهبة أو العلاوة أو غيرها من ملحقات أو توابع الأجر مثل لها المشرـع ولم يحصرها، إذ يمكن استخلاص أهمها من خلال نصوص قانون العمل ونصوص القانون المدني، بالإضافة إلى العرف، فقد جاء في المادة (811) من القانون المدني ما نصه:(تدخل في أجر العامل وتعتبر جزءا منه العمولات والنسب المئوية والمنح ومقابل الخدمة في الأعمال التي جرى العرف فيها على منحها وتحتسب عند تسوية حقوقه أو توقيع الحجز عليها).

صور الأجر وملحقاته:

أولا- العمولة:

ويقصد بها ما يتقاضاه العامل من نسب مئوية عن الصفقات التي يجريها لحساب صاحب العمل.

والعمولة أو العمالة – كما يسميها البعض [1] - عادة ما تعطى للطوافين والمندوبين و الجوابين والممثلين التجاريين، كما أنها قد تمنح لمستخدمي المنشآت والمحال التجارية عن ثمن ما ينتجونه أو يبيعونه من بضائع أو خدمات داخل المنشأة أو المحل.

والعمولة تحدد باتفاق الطرفين، إذ يمكن أن تكون جزءا من الأجر، كما أنها قد تكون كل الأجر بشرط ألا تنزل عما هو مفروض من حد أدنى للأجور.

وهي على كل حال تحتسب على أساس قيمة الصفقة، وبغض النظر عما إذا كان نشاط المحل أو المنشأة قد أفضى إلى تحقيق ربح أم لا، فهي تستحق للعامل بمجرد إتمام الصفقة، حتى وان أجرى صاحب العمل تخفيضات خاصة لبعض العملاء، كما أن العمولة تستحق للعامل عن الصفقات التي تمت أثناء تنفيذ عقد العمل أو حتى عن تلك التي تراخى تنفيذها إلى ما بعد انتهاءه إذا ما كانت نتيجة مباشرة لمجهود العامل [2].

---

[1] قد يطلق على العمولة في بعض الأحيان تسمية أخرى وهي (الكمسيون). انظر: د.احمد عبد الكريم أبو شنب، المرجع السابق، ص205.

[2] انظر: د.السيد محمد السيد عمران، المرجع السابق، ص459.

ثانيا- المشاركة في الأرباح:

أن منح العامل نسبة أو حصة من الأرباح التي تحققها المنشأة قد يحفزه إلى بذل مجهود اكبر لزيادة الإنتاج أو تحسينه، لذلك فانه يجوز لصاحب العمل إعطاء العامل جزءا من الأرباح المتحققة علاوة على الأجر أو باعتباره اجر العامل كله، إلا أن ذلك لا يعني بأية حال أن يصبح العامل شريكا في المنشأة، إذ تبقى له صفة العامل الخاضع لرقابة وأشراف صاحب العمل[1].

غير أن تحقيق الأرباح في المنشأة وحصول العامل على حصة منها قد لا يبدو أمرا مؤكدا أو واضحا في جميع الأحوال، لذلك فان ضمان حق العامل في الحصول على ذلك الحق قد يتطلب إلزام صاحب العمل بتقديم بيانا للعامل بما يستحقه بعد كل جرد، فضلا عن إلزامه بتقديم المعلومات الضرورية للتحقق من صحة هذا البيان للعامل أو إلى شخص موثوق به يتم تحديده لهذا الغرض[2].

وأخيرا فان انتهاء خدمة العامل لدى صاحب العمل قبل تحقق نتيجة الجرد لا يعني

[1] لقد أشارت محكمة التمييز إلى إمكانية تقاضي العامل لحصة من الأرباح بوصفها أجره كله، إذ جاء في قرار لها:(تخضع دعوى العامل الذي يتقاضى أجره حصة من الأرباح فقط لشروط الدعاوى المدنية وليس العمالية وعليه فإن مطالبة العامل بأجوره الناتجة عن الأرباح التي يستحقها عن الأشهر المطالب بها في دعواه تخضع للرسوم المقررة في جدول الرسوم الملحق بنظام رسوم المحاكم وتنظرها المحكمة المختصة حسب قيمة الدعوى ولا تختص سلطة الأجور بنظرها). تمييز حقوق (2002/2723). مجلة نقابة المحامين، العدد السابع والثامن والتاسع، السنة الحادية والخمسون، عمان، 2003، ص 2079.

ومع ذلك فانه يلاحظ على القرار المذكور آنفا إلزامه العامل بدفع الرسوم لان اجره عبارة عن حصة من الأرباح، وخلافا لأحكام المادة (137) من قانون العمل، الأمر الذي يطرح بدوره تساؤلا عن شرط التمتع بالإعفاء من الرسوم، اهو بمجرد تمتع الشخص بمركز العامل، أم انه يشترط بالإضافة إلى ذلك أن يكون أجره على صورة معينة أو ألا يكون حصة من الأرباح؟

لم نلحظ تمييز المشرع بين عامل وآخر بحسب اجره، لاسيما وان العلة من إعفاء العامل من الرسوم تتمثل- بحسب ما أشارت محكمة التمييز نفسها- بالآتي:(مراعاة لفقر العامل وما يعانيه من الحاجة عند فصله وتأكيد المصلحة للعمال وحتى لا يحجم الكثيرون منهم عن المطالبة بحقوقهم وتيسير سبل وإجراءات التقاضي فقد نص المشرع في المادة (137) من قانون العمل وكاستثناء من الأصل العام المتقدم ذكره على إعفاء العمال بالنسبة للقضايا العمالية التي يرفعها العامل من جميع الرسوم بما فيها رسوم التنفيذ). تمييز حقوق (2002/549- هيئة عامة)، مجلة نقابة المحامين، العدد الرابع والخامس والسادس، السنة الثانية والخمسون، عمان، 2004، ص422.

[2] انظر: د.سيد محمود رمضان، المرجع السابق، ص162.

حرمانه من الحصول على تلك الحصة من الأرباح، إذ يستطيع العامل المطالبة بها عن المدة التي أمضاها ولم يحصل خلالها على تلك الحصة.

ثالثا- الوهبة (الإكرامية):

الوهبة أو الإكرامية هي عبارة عن المبالغ التي يحصل عليها العامل من عملاء المنشأة بمناسبة أداءه للعمل لدى صاحب العمل[1].

والوهبة بحسب الأصل تتميز بكونها لا تعد جزءا من الأجر لأن من يدفعها ليس صاحب العمل بل أحد عملائه الذي لا تربطه بالعامل علاقة تعاقدية أصلا. فالعميل لا يقدمها في مقابل العمل كما هو الحال في الأجر، بل على سبيل التبرع منه، مما يجعلها حقا خالصا للعامل دون صاحب العمل.

وبالرغم من ذلك فإن أصحاب العمل غالبا ما يلتفتون إلى الوهبة عند إبرام عقد العمل وتحديد مقدار الأجر الذي يتقاضاه العامل، بحيث يتم التعويل في كثير من الأحيان على إمكانية اتصال العامل بالعميل وفرص حصول الأول على الوهبات، فيتم تحديد اجر العامل- بحسب طبيعة الحال- إما بما يتقاضاه من وهبات بالإضافة إلى اجر منخفض، أو حتى بمقدار ما يحصل عليه من وهبات فقط، كما هو الحال بالنسبة لبعض عمال الفنادق والمقاهي والمطاعم[2].

ولما كان اعتبار الوهبة من قبيل الأجر يعد خروجا على الأصل العام في هذا الصدد، فان اعتبارها أجرا أو جزءا منه يتطلب توافر الشرطين الآتيين:

1. أن يكون العرف جاريا بدفع الوهبة:

فلا بد من أن تكون عادة العملاء قد جرت على دفع الوهبة إلى العامل، بحيث تصبح هذه العادة محل اعتبار لدى صاحب العمل عند تقديره لأجر العامل.

وتجدر الإشارة إلى أن العرف لا يقصد هنا بمعناه القانوني الدقيق لتعذر تحققه في كثير من الأحوال، لذلك فإن الفقه الغالب يذهب إلى الاكتفاء بالعادة الجارية على دفع الوهبة فقط ودون تطلب توافر العرف بجميع عناصره[3].

---

[1] تسمي الوهبة في اللغة الدارجة بالقشيش. انظر: د.احمد عبد الكريم أبو شنب، المرجع السابق، ص209.

[2] انظر: د.سيد محمود رمضان، المرجع السابق، ص155.

[3] انظر: د.فتحي المرصفاوي، المرجع السابق، ص321. د.محمد السعيد الزقرد، المرجع السابق، ص48، د.محمد علي عمران، المرجع السابق، ص294.

2. أن توجد قواعد تسمح بضبط الوهبة:

فيجب لاعتبار الوهبة أجرا أو جزءا منه وجود أسس يمكن من خلالها تقدير ومعرفة حقوق العامل من حيث مقدار الوهبات التي يمكن تحصيلها - ولو على وجه التقريب- وكيفية احتسابها كذلك.

كأن يتم تجميع الوهبات التي يدفعها العملاء إلى مستخدمي المتجر الواحد في صندوق مشترك ليقوم رب العمل بعد ذلك بتوزيعها على مستخدميه بنفسه أو تحت إشرافه.

رابعا- المنحة:

ويقصد بها ما يعطيه صاحب العمل لعمالة علاوة على أجورهم المحددة بالعقد في مناسبات معينة عامة أو خاصة.

فقد يمنح صاحب العمل مبلغا نقديا أو أداء عينيا لجميع عمالة أو بعضهم في مناسبات محددة كالأعياد الدينية أو الوطنية أو عند حلول شهر رمضان أو في حالات الزواج أو الولادة أو الوفاة.

والأصل في المنحة أنها لا تعد جزءا من الأجر لأنها تعطى للعامل كتبرع من صاحب العمل، لذلك فهي تبقى دائما خاضعة لتقديره، فيستطيع صرفها وتحديد مقدارها وأوقاتها بحرية تامة.

ومع ذلك فإن المشرع اعتبرها – استثناء – على خلاف ذلك في حالتين هما:

1- حالة الاتفاق على المنحة (المنحة الاتفاقية):

إذ لا مانع يحول دون اعتبار المنحة جزءا من الأجر اتفاقا[1]، وسواء ورد الاتفاق عليها في عقد العمل الفردي أو عقد العمل الجماعي، فصاحب العمل وفقا لاحكام قانون العمل والقانون المدني ملزم بدفعها إلى العامل إذا ما تم الاتفاق على ذلك، إذ لا يعدو أن يكون ذلك إلا تطبيقا لأحد بنود الاتفاق الذي اكسب العامل حقوقا معينة.

2- حالة جريان العرف بدفع المنحة (المنحة العرفية):

حيث يجوز إلزام صاحب العمل بدفع المنحة لعمالة باعتبارها جزءا من الأجر في حالة اعتياده على إعطاءهم إياها، على أن أمر إلزامه بها يبقى مرهونا كذلك بتوفر الشروط الثلاثة

[1] انظر: د.سيد محمود رمضان، المرجع السابق، ص158.

الآتية:

أ-العموم: فلا بد أن تكون المنحة عامة تصرف لجميع العمال في المنشأة، أو على الأقل تصرف لطائفـة مـنهم عـلى ضوء شروط موضوعية منقطعة الصلة بالاعتبارات الشخصية.

ب-الاستمرار: إذ يجب أن تكون المنحة مستمرة تصرف بصفة دورية ومنتظمة لفترة زمنيـة كافيـة لنفـي تعليقهـا على محض مشيئة صاحب العمل، حيث يكون أمر تقدير مدى استقرارها خاضعا لاستنباط قاضي الموضوع، ووفقا لملابسات وظروف كل حالة على حدى.

جـ-الثبات: فلا يجوز أن تكون المنحة متغيرة تتفاوت في القيمة من مرة إلى أخرى، بل يجـب أن تكـون ثابتـة ولـو نسبيا، بحيث يدل ذلك على أن حرية صاحب العمل لم تعد مطلقة في تحديد مقدارها[1].

خامسا- المكافأة:

والمكافأة هي ما يعطي للعامل علاوة على أجرة بمناسبة أداءه لعمل متميز.

ومثالها المبالغ النقدية التي تعطى للعمال الذين يحققون اقتصادا في نفقات الإنتاج أو تحسين نوعه أو زيادته، كما أنها قد تعطى للعامل جزاء مواظبته على العمل دون تغيب، أو لصفات خاصـة بـه كحصـوله عـلى مؤهل فنـي في مجال العمل.

وجدير بالذكر أن الالتزام بمنح المكافأة للعامل قد يرجع إلى العرف أو إلى اتفاق مبرم بين الطرفين، وكما هـو الحـال بالنسبة للمنحة، حيث يشتركان في ذات الأحكام[2].

سادسا- العلاوة:

ويقصد بها كل ما يصرف للعامل زيادة على اجره الأصلي لإعتبارات تتعلق بأقدميته أو خبراتـه أو لمواجهـة أعبائـه العائلية أو غلاء المعيشة.

فقد يتفق الطرفان في عقد العمل على استحقاق العامل لعلاوة دورية تمنح له بمناسبة مـرور فـترة زمنيـة محـددة غالبا ما تكون إمضاء سنة كاملة، حيث يكون مثل هذا الاتفاق ملزما لصـاحب العمـل ويتوجب عليـه دفـع هـذه العـلاوة للعامل عند اكتمال الفترة المحددة.

---

[1] انظر: د.محمد عبد الـله نصار، المرجع السابق، ص196. د.السيد عمـران، المرجع السابق، ص462.
[2] انظر: د.عبد الغني الرويمض، المرجع السابق، ص197.

وجدير بالذكر أن مثل هذه العلاوة غالبا ما تقرر بنص القانون[1]، إلا أن المشرع الأردني لم يأت بأي تطبيق لها في قانون العمل- وليته فعل، الأمر الذي يجعل مصدر الإلزام بالعلاوة الاتفاق فقط.

كما أن العلاوة قد تمنح للعامل بمناسبة زواجه أو زيادة عدد أفراد أسرته الذين يعولهم وتسمى حينئذ بعلاوة الأعباء العائلية، أو لمواجهة ارتفاع تكاليف المعيشة وغلائها وهي ما تسمى بعلاوة غلاء المعيشة، وفي كلتا الحالتين تكون العلاوة جزءا من الأجر[2].

سابعا- المزايا العينية:

وتعني الخدمات التي تقدم للعامل دون مقابل إضافة إلى الأجر.

وقد نص عليها المشرع الأردني صراحة عند تعريفه للأجر، كما انه عاد ليؤكد عليها بنص خاص في القانون المدني، إذ نصت المادة (824) على ما يأتي:(يلزم صاحب العمل كسوة العامل أو إطعامه إذا جرى العرف به سواء اشترط ذلك في العقد أم لا).

والمزايا العينية بذلك قد تكون على شكل ملابس أو طعام، ألا إنها قد تتخذ أشكال أخرى، كأن تكون مسكنا لإقامة العامل بمفرده أو مع عائلته، أو نقلا مجانيا لهم من والى مكان العمل.

وما يلاحظ هنا هو أن ما يعد من قبيل المزايا العينية الملابس العادية (الكسوة) التي تصرفها بعض المنشآت لعمالها، أما ملابس العمل فلا تعد كذلك، بل إنها تكون من قبيل أدوات العمل ومستلزمات تنفيذه.

ولا تعتبر المزايا العينية جزءا من الأجر إلا إذا نص عليها عقد العمل أو كان العرف جاريا على تقديمها لعموم العمال أو لطائفة منهم.

كما يشترط أن تكون هذه المزايا مجانية دون مقابل، وإلا فإنها لا تعد جزءا من الأجر،

---

[1] انظر على سبيل المثال المادة (34) من قانون العمل المصري، والتي جاء فيها ما نصه:(ينشأ مجلس قومي للأجور برئاسة وزير التخطيط يختص بوضع الحد الأدنى للأجور على المستوى القومي بمراعاة نفقات المعيشة وبإيجاد الوسائل و التدابير التي تكفل تحقيق التوازن بين الأجور و الأسعار. كما يختص المجلس بوضع الحد الأدنى للعلاوة السنوية الدورية بما لا يقل عن 7% من الأجر الأساسي الذي تحسب على أساسه اشتراكات التأمينات الاجتماعية، وفي حالة تعرض المنشأة لظروف اقتصادية يتعذر معها صرف العلاوة الدورية المشار إليها. يعرض الأمر على المجلس القومي للأجور لتقرير ما يراه ملائما مع ظروفها في خلال ثلاثين يوما من تاريخ عرض الأمر عليه...).

[2] انظر: د.عبد الودود يحيى، المرجع السابق، ص90. د.عبد الغني الرويمض، المرجع السابق ص194.

أما إذا ما كان تقديم تلك الخدمات للعمال بمقابل أسعار رمزية، فان الفرق بين السعر الحقيقي والسعر الرمزي للخدمة فقط هو ما يعد من قبيل المزايا العينية، وبالتالي جزءا من الأجر[1].

ثامنا- البدل:

ويقصد به كل ما يعطى للعامل لمواجهة افتقاره الناجم عن أداءه للعمل.

فالعامل أثناء قيامه بالعمل المطلوب منه قد يتكبد بعض المصاريف في سبيل إنجاز العمل، والتي يتوجب على صاحب العمل تعويضه عنها، كما هو الحال في بدل الاستقبال والتمثيل وبدل الملابس وبدل السفر وبدل إستعمال السيارة الخاصة[2].

والأصل في البدل انه لا يعد جزءا من الأجر لأنه لا يعطى مقابل عمل، إلا انه خلافا للأصل قد يكون أجرا إذا ما كانت قيمة البدل تفوق القيمة الحقيقية التي تكبدها العامل، وبشرط أن تمنح له بصفة مستمرة ومنتظمة، كما هو الحال بالنسبة لمدير المنشأة الذي تصرف له شهريا مبالغ بدل التمثيل لمواجهة الأعباء التي يفرضها المركز الذي يشغله، كالمظهر ونفقات المآدب والمشروبات.

كما يعتبر البدل جزءا من الأجر إذا ما كان في مقابل مجهود إضافي تم إسناده إلى العامل[3]، أو في مقابل مخاطر يواجهها أثناء عمله كما هو الحال بالنسبة لبدل طبيعة العمل إذا ما كان العمل ليليا، أو بدل العمل في أماكن خطرة إذا ما كان يتم التعرض خلاله إلى مواد كيميائية أو إشعاعية مثلا[4].

---

[1] انظر: د.عبد الودود يحيى، المرجع السابق، ص80. د.محمد عبد الله نصار، المرجع السابق، ص202.

[2] قضت محكمة التمييز في قرار لها بالآتي:(حيث أن عقد عمل المدعي عند بداية عمله دلت بوضوح على أن أجره يمثل حاصل جمع أجرة عمله وسيارته ومقابل التحصيل الأسبوعي وبدل جهد إضافي، فإن بدل استعمال السيارة الخصوصية يدخل ضمن مفهوم الأجر من الاستحقاقات التي نص عليها عقد العمل). تمييز حقوق(2002/2158- هيئة عامة)، مجلة نقابة المحامين، العدد الرابع والخامس والسادس، السنة الثانية والخمسون، عمان، 2004، ص 774. كما جاء في قرار آخر ما يأتي:(ثبوت أن العامل كان يتقاضى بدل إفطار خلال السنتين الأخيرتين من عمله فهو يدخل ضمن تعريف الأجر في المادة الثانية من قانون العمل). تمييز حقوق(2000/670)، مجلة نقابة المحامين، العدد الرابع والخامس، السنة الحادية والخمسون، عمان، 2003، ص829.

[3] انظر تمييز حقوق (2002/2158- هيئة عامة)، مجلة نقابة المحامين، العدد الرابع والخامس والسادس، السنة الثانية والخمسون، عمان، 2004، ص 774.

[4] انظر: د.محمد علي عمران، المرجع السابق، ص301. تمييز حقوق (2005/768)، مجلة نقابة المحامين، العدد السابع والثامن والتاسع، السنة الرابعة والخمسون، عمان، 2006، ص1250.

بقي أن نشير إلى أن هذه الصورة من صور الأجر غير منصوص عليها في القانون المدني أو في قانون العمل، إلا أنها مما جرى عليه العمل في الواقع، ذلك أن مانعا لا يحول دون إمكانية تعدد صور الأجر وعدم اقتصارها على ما ذكر آنفا، فصور الأجر واردة في القانون على سبيل المثال لا الحصر كما يستشف من النصوص المتعلقة به[1].

---

[1] تعد مسألة تحديد مفهوم الأجر وملحقاته من اكثر المسائل إثارة للجدل في قانون العمل بوجه عام. لذلك فقد أثيرت هذه المسألة في ظل القانون الملغي، إذ تم طرحها أمام الديون الخاص بتفسير القانون. فاصدر قراره رقم (7) لسنة 1980 تاريخ 1980/5/5والمنشور في الجريدة الرسمية عدد (2944) الصادر بتاريخ 1980/7/1. كما أعيد طرحها في ظل القانون النافذ وتم عرضها على الديون الخاص بتفسير القوانين أيضا. فاصدر قراره رقم (5) لسنة 2003 تاريخ 2003/5/21والمنشور في الجريدة الرسمية عدد (4605) الصادر بتاريخ 2003/6/16. إذ جاء في القرار الاخير أن الديوان الخاص بتفسير القوانين وبالاستناد إلى قرارات محكمة التمييز يلاحظ اعتبارها الاستحقاقات الآتية من قبيل الأجر: 1.العمولات التي تدفع للعاملين في المجال التجاري لقاء ما يبيعونه من مواد أو للصفقات التي يتوسطون بها أو يعقدونها لحساب من يمثلونهم من أصحاب الأعمال مقابل جهدهم في عقد الصفقات. 2.بدل السكن النقدي أو العيني. 3.المكافأة المرتبطة بالأرباح وتحقيق الأهداف للمنشات في خططها السنوية. 4.حصة العامل من الأرباح. 5.تخصيص سيارة للعامل من صاحب العمل لتامين نقله عوضا عن منحه بدل انتقال نقدي (يدخل في مفهوم الأجر إذا نص عليه في العقد). 6.بدل أيام الجمع والعطل الرسمية.

ونعتقد بصحة اعتبار جميع ما ذكر من ملحقات الأجر باستثناء بدل الجمع والعطل الرسمية، ذلك إنها تعد من قبيل الأجر الإضافي الذي لا يعد جزء من الأجر. بدلالة نص المادة الثانية من قانون العمل(تعريف الأجر)، والمادة (59/ب) من قانون العمل.

كما اعتبر القرار السابق وبالاستناد إلى قرارات محكمة التمييز الاستحقاقات الآتية غير داخلة في مفهوم الأجر: 1.بدل الاشتراك في صندوق الادخار. 2.بدل العلاج (التامين الصحي). 3.بدل استخدام الهاتف الخلوي. 4.بدل التامين على الحياة.

ولا نعتقد بإمكانية استبعاد جميع الاستحقاقات السابقة من الأجر لا سيما إذا كان دفعها للعامل يتم بصورة منتظمة ومستمرة، ذلك أنها تدخل في اعتبار العامل عند التعاقد، كما أن بعضها قد يعد من قبيل المزايا العينية.

غير أن القرار السابق عاد ليشير مباشرة إلى اعتبار المكاسب والاستحقاقات التالية من قبيل الأجر: 1.الراتب أو الأجر الأساسي المعين في العقد. 2.المبالغ التي أجازت تعليمات صاحب العمل اعتبارها جزءا من اجر العامل. 3.العلاوة الفنية وعلاوة الاختصاص والمسؤولية. 4.بدل علاوة التحضير. 5.بدل التحميل والتنزيل.. بدل المناوبة. 7.بدل علاوة الموقع (الميدان). 8.بدل العمل الخطر. 9. بدل الخدمة للعاملين في الفنادق. 10.بدل النقلات للعاملين في شركات النقل والباطون. 11.العلاوة الأساسية. 12.علاوة أمناء الصناديق. 13.علاوة العاملين في الطيران (بدل ساعات طيران). 14.علاوة الحفر الخاصة بالعاملين في قسم حفر

الفرع الثاني
أساس استحقاق الأجر

إن المبدأ العام الذي يمكن استخلاصه مما سبق يقضي- بأن (لا اجر دون عمل)، فالأجر الذي يستحقه العامل بموجب عقد العمل - كما أسلفنا- هو المقابل الذي يتقاضاه عن العمل الذي يقوم بأدائه.

بيد أن مثل هذا المبدأ لا يعد صحيحا إذا ما جرى على إطلاقه، فهناك حالات يستحق فيها العامل أجرا على الرغم من عدم قيامه بالعمل، فقد نصت المادة (821) من القانون المدني على ما يأتي:(على صاحب العمل أن يؤدي للعامل أجره المتفق عليه متى أدى عمله أو أعد نفسه وتفرغ له وإن لم يسند إليه عمل).

فالعامل وفقا لهذا النص يستحق اجره كاملا إذا ما كان مستعدا للقيام بعمله وحال دون قيامه به سبب يرجع إلى صاحب العمل، وبغض النظر عن ماهية ذلك السبب، أي سواء أكان ذلك السبب راجع إلى تقصير صاحب العمل في صيانة المنشأة أو الآلات، أو عدم دفعه قيم ما تم

الآبار. 15.المكافآت الشهرية أو السنوية التي يقصد بها إدخال نوع من التغيير على الأجر بحسب نوع العمل أو توفر صفة في العامل كإلمامه بلغة أجنبية أو حصوله على مؤهل علمي أو جزاء ما يحققه من نتائج تعود بالنفع على المنشاة وحسن سير العمل فيها. 16.بدل الطعام النقدي.

أما المكاسب التالية فقد اعتبرها القرار غير داخلة في مفهوم الأجر ولا تعتبر جزءا منه: 1. المنح السنوية التي يدفعها صاحب العمل كمبالغ زيادة على الأجر المتفق عليه بمناسبة من المناسبات ولا ترتبط بنجاح أو فشل المؤسسة. 2.الإكراميات والوهبة والبغشيش: وهي ما يحصل عليه عمال بعض المنشات من العملاء من مبالغ نقدية لقاء قيامهم بخدمتهم، وتكون مباشرة أو عن طريق صاحب العمل. 3.بدل التمثيل. 4.بدل الملابس العيني والنقدي. 5.بدل الغربة. 6.بدل الضيافة. 7.النسب المئوية التي تعطى للعاملين في حالة تحقيق نسب محددة من الإيراد والربح. 8.العلاوة الإضافية الدورية. 9.الحوافز. 10.العلاوات والبدلات التي تصرف للموظف بصفة مؤقتة خارج المملكة. 11.بدل الإجازات المدفوعة الأجر. 12.بدل تعليم الأبناء. 13.بدل شهر الإنذار. 14.بدل عضوية اللجان. 15.مكافآت أعضاء مجالس الإدارة. 16.بدل تذاكر السفر. 17.بدل كي وغسل الملابس. 18.مكافآت مقرري اللجان وأمناء سر مجالس الإدارة.

وعلى غرار ما ذكرنا آنفا، فان كثير من المكاسب التي استبعدها القرار من مفهوم الأجر يصعب التسليم باستبعادها، وللأسباب ذاتها، كما أن بعض منها سبق التطرق لأسباب اعتباره أجرا عند الحديث عن ملحقات الأجر.

استهلاكه من كهرباء أو ماء، أم كان السبب يرجع إلى تأخر وصول المواد الخام، أو ارتكابه لمخالفة استوجبت إغلاق المنشأة من قبل الجهات المختصة[1].

فالعامل في مثل هذه الحالات يستحق اجره لاحتباسه لخدمة صاحب العمل بشرط أن يكون عدم قيامه بالعمل المناط به لسبب يرجع إلى صاحب العمل، وإلا فإن العامل لا يستحق ذلك الأجر إذا ما كان سبب التوقف عن العمل يرجع إليه أو إلى سبب أجنبي كالقوة القاهرة أو الحادث الفجائي.

---

[1] انظر المادة (152،151) من قانون العمل. كما أن الأسباب التي يرجع فيها التوقف عن العمل لصاحب العمل قد يصعب حصرها، ويبقى أمر تحققها خاضعا لتقدير محكمة التمييز، فقد جاء في أحد قرارات محكمة التمييز- مثلا- اعتبار كف يد العامل عن العمل لتهمة أسندت إليه من قبيل السبب الذي يرجع إلى صاحب العمل، إذ جاء في القرار ما نصه:(1.إن كف يد العاملين في الشركة عن العمل لديها حتى انتهاء التحقيق وصدور قرار نهائي في التهمة المسندة إليهم عن جرم الاختلاس لا يعني فصل المدعين عن العمل أو الاستغناء عن خدماتهم ويعتبر المدعون على رأس عملهم وتكون سلطة الأجور بالتالي مختصة بنظر دعواهم التي يطالبون فيها بأجورهم.

2....طالما أن المميزة قد كفت يد المدعين عن العمل وانهم وضعوا أنفسهم تحت تصرفها فانهم يستحقون أجرهم رغم كف يدهم عن العمل إذ أن كف اليد عن العمل لا يعني وقف الراتب طالما أن العقد لا يزال ساري المفعول وطالما أن المدعين وضعوا أنفسهم تحت تصرف المدعى عليها). تمييز حقوق (98/1510)، مجلة نقابة المحامين، العدد الأول والثاني، السنة السابعة والأربعون، عمان، 1999، ص249.

وما تطرق له القرار السابق هو ما كان محل اهتمام جانب من المشرعين، فتناولوه بالتنظيم والمعالجة تحت تسمية (الوقف الاحتياطي عن العمل)، وهذا الوقف هو عبارة عن إجراء وقائي يتخذه صاحب العمل لحماية مصلحة العمل بغرض أبعاد العامل المتهم بارتكاب جريمة من نوع ما إلى حين البت في تلك التهمة الموجهة إليه. أما الغرض منه فيتمثل في حماية مورد رزق العامل طوال مدة الوقف، ذلك أن العامل (المتهم) يحرم من أجره خلال مدة وقفه ويستبعد عن العمل إلى أجل قد لا يكون محددا أو قصيرا، لذلك فان الضرورة توجب التدخل لضبط سلطة صاحب العمل الذي يقوم بإيقاف أحد عماله إحتياطيا، ومن أمثلة المشرعين الذين تصدوا لهذا المسألة بالمعالجة المشرع الليبي الذي نص في المادة (81) من قانون العمل على الآتي:(إذا نسب إلى العامل ارتكاب جناية، أو جنحة إضراب غير مشروع أو التحريض عليه أو ارتكاب أية جنحة داخل مكان العمل جاز لصاحب العمل وقفه من تاريخ إبلاغ الحادث إلى السلطة المختصة حتى صدور قرار منها في شأنه، وإذا رأت السلطة المختصة عدم تقديم العامل للمحاكمة أو قضى ببراءته وجبت إعادته إلى عمله وإلا اعتبر عدم إعادته فصلا تعسفيا. وإذا ثبت أن اتهام العامل كان بتدبير صاحب العمل أو وكيله المسئول وجب أداء أجره إليه عن مدة الوقف، وعلى السلطة المختصة أو المحكمة إذا تبين لها هذا التدبير أن تشير إليه في قرارها أو حكمها). للمزيد من التفصيل انظر للمؤلف، عقد العمل الفردي في القانون الليبي، المرجع السابق، ص149.

ومع ذلك، فقد ارتأى المشرع تقييد الحالة الأخيرة المتعلقة بالسبب الأجنبي لمصلحة العامل، وذلك عندما أكد في قانون العمل على حق صاحب العمل في وقف العمل بشرط أداء أجور العمال في حدود معينة، إذ جاء في المادة (50) منه الآتي:(إذا اضطر صاحب العمل إلى وقف العمل بصورة مؤقتة بسبب لا يعزى إليه وليس في وسعه دفعه فيستحق العامل الأجر الكامل عن مدة لا تزيد على العشرة أيام الأولى من توقف العمل خلال السنة وأن يدفع للعامل نصف أجره عن المدة التي تزيد على ذلك بحيث لا يزيد مجموع التعطيل الكلي المدفوع الأجر على ستين يوما في السنة).

الفرع الثالث
قواعد الوفاء بالأجر

لعل حماية العامل في مصدر رزقه هو ما دفع المشرع إلى عدم الاكتفاء ببيان الأجر وتوابعه أو أسس استحقاقه، فتطرق إلى الكيفية التي يتم بها الوفاء للعامل بأجره، إذ حدد العملة التي يدفع بها الأجر، كما انه حدد زمان ومكان الوفاء به، فضلا عن وضع بعض القواعد الخاصة بإثباته.

أولا- العملة التي يتم بها الوفاء بالأجر:

لقد أوجب المشرع على صاحب العمل تأدية الأجر وغيره من المبالغ المستحقة للعامل بالعملة الأردنية بوصفها العملة المتداولة قانونا، إذ يمكن استنباط هذا الحكم من المادة (52) من قانون العمل، فقد جاءت هذه المادة لتمنح لجنة خاصة صلاحية تحديد مقدار الحد الأدنى للأجور بالنقد الأردني، كما جاءت المادة (53) من القانون نفسه لتفرض عقوبة الغرامة على صاحب العمل المخالف لاحكام الحد الأدنى المقرر من قبل اللجنة إذا ما دفع للعامل اقل منه[1].

---

[1] تنص المادة (52) من قانون العمل على ما يأتي:(أ- يشكل مجلس الوزراء بناء على تنسيب الوزير لجنة تتألف من عدد متساو من ممثلين عن الوزارة والعمال وأصحاب العمل ويعين المجلس رئيسا لها من بين أعضائها تتولى تحديد الحد الأدنى للأجور مقدرا بالنقد الأردني وذلك بصفة عامة أو بالنسبة لمنطقة معينة أو مهنة معينة وتكون مدة العضوية فيها سنتين قابلة للتجديد.ب - تعقد اللجنة اجتماعاتها كلما دعت الحاجة إلى ذلك بدعوة من رئيسها وتقدم قراراتها إلى الوزير إذا لم تكن بالإجماع ليتولى رفعها إلى المجلس الوزراء ليتخذ القرار بشأنها على أن تأخذ بعين الاعتبار في تقديرها للأجر تكاليف المعيشة التي تضعها الجهات المختصة وتنشر القرارات النهائية التي تصدر بمقتضى هذه المادة في الجريدة الرسمية بما في ذلك تاريخ بدء العمل بها).

ولعل الغرض من أيراد مثل هذا الحكم الآمر لا يكمن في حماية العملة الوطنية فحسب، بل ولتلافي ما قد يؤدي أليه دفع الأجر بغير العملة الوطنية من إنقاص لقيمة الأجر، فقد يفضي ذلك إلى تحمل العامل فروق استبدال العملة الأجنبية بالوطنية، فضلا عما يتطلبه الاستبدال من وقت وجهد ومصاريف انتقال.

ثانيا- زمان الوفاء بالأجر:

لقد الزم المشرع صاحب العمل في المادة (46/أ) من قانون العمل أداء الأجر وغيره من مستحقات العامل خلال مدة أقصاها أسبوع من تاريخ الاستحقاق، إذ جاء في المادة المذكورة ما نصه:(يدفع الأجر خلال مدة لا تزيد على سبعة أيام من تاريخ استحقاقه ولا يجوز لصاحب العمل حسم أي جزء منه إلا في الحالات التي يجيزها القانون).

ولعل الحكمة من وضع المشرع لهذا الحد الأقصى الوفاء تتمثل في محاولة ضمان حصول العامل على اجره في أسرع وقت ممكن، لا سيما وان ظروفه وحاجاته في مواجهة ما يقع عليه من أعباء متجددة قد لا تحتمل التأخير.

ويشار هنا إلى انه كان من الأجدر بالمشرع النص على إلزام صاحب العمل بأداء الأجر للعامل في أحد أيام العمل[1]، ذلك أن السماح بدفعه في أيام العطل أو الإجازات يعني تكبيد العامل بعض النفقات التي قد يتطلبها استلام الأجر، فضلا عن الحيلولة بينه وبين التمتع بتلك العطل أو الإجازات.

في حين تنص المادة (53) منه على انه:(يعاقب صاحب العمل أو من ينوب عنه بغرامة لا تقل عن خمسة وعشرين دينارا ولا تزيد على مائة دينار عن كل حالة يدفع فيها إلى عامل أجرا يقل عن الحد الأدنى المقرر للأجور وذلك بالإضافة إلى الحكم للعامل بفرق الأجر وتضاعف العقوبة كلما تكررت المخالفة).

انظر كذلك القرار صادر عن لجنة تحديد الحد الأدنى للأجور والذي جاء فيه ما يأتي:(يكون الحد الأدنى للأجور في المملكةماية وعشرة دنانير أردنية شهريا).

ومع ذلك نعتقد بأنه كان من الأولى بالمشرع الأردني التصريح بذلك في قانون العمل، وعلى نحو ما هو عليه العمل في التشريعات المقارنة، فقد نص المشرع المصري على سبيل المثال على مثل هذا الأمر في المادة(38) من قانون العمل، والتي جاء فيها ما نصه:(تؤدى الأجور وغيرها من المبالغ المستحقة للعامل بالعملة المتداولة قانونا...).

[1] لقد أشار جانب من المشرعين إلى ضرورة دفع الأجر في أحد أيام العمل لما في ذلك من مصلحة للعامل، كما هو الحال في قانون العمل المصري، فقد جاء المادة (38) من قانون العمل الآتي:(تؤدى الأجور وغيرها من المبالغ المستحقة للعامل بالعملة المتداولة قانونا في أحد أيام العمل...).

ثالثا- مكان الوفاء بالأجر:

لم يبين المشرع الأردني في قانون العمل المكان الواجب فيه أداء الأجر للعامل، الأمر الذي يتطلب الرجوع إلى القواعد العامة في القانون المدني، والتي قضت بدورها بان الدين مطلوب لا محمول، فالوفاء يجب أن يكون في موطن المدين أو مركز أعماله[1]، وبذلك فان الوفاء باجر العامل يجب أن يتم في موطن صاحب العمل لانه هو المدين[2]، اللهم إلا إذا كان الوفاء بغير هذا المكان يحقق فائدة للعامل، كما لو طلب العامل تحويل اجره وغيره من المستحقات إلى حسابه في المصرف، حيث يعد مثل هذا الأمر من قبيل الشرط الأكثر فائدة للعامل والذي نصت على جوازه المادة الرابعة من قانون العمل[3].

وبالرغم من ذلك، نعتقد بأنه كان من الأفضل التأكيد والنص في قانون العمل على ضرورة الوفاء بالأجر في مكان العمل[4].

رابعا- إثبات الوفاء بالأجر:

يجب على كل صاحب عمل أن يحتفظ بالعديد من السجلات، ولعل من أهمها السجل أو الكشف الخاص بالأجور[5]، لا بغرض تنظيم عمله فحسب، بل ومن اجل التحقق من استلام

---

[1] تنص المادة (336) من القانون المدني على ما يأتي:(1.إذا كان محل الالتزام شيئا معينا بالذات وجب تسليمه في المكان الذي كان موجودا فيه وقت نشوء الالتزام ما لم يوجد اتفاق أو نص يقضي بغير ذلك. 2.أما في الالتزامات الأخرى فيكون الوفاء في المكان الذي يوجد فيه موطن المدين وقت الوفاء أو في المكان الذي يوجد فيه مركز أعمال المدين إذا كان الالتزام متعلقا بهذه الأعمال).

[2] انظر: د.سيد محمود رمضان، المرجع السابق، ص315.

[3] انظر: د.السيد محمد السيد عمران، المرجع السابق، ص446.

[4] انظر في ذلك الموقف الذي اتخذه بعض المشرعين من هذه المسألة، كما هو الحال بالنسبة للمشرع المصري، فقد جاء في المادة (38) من قانون العمل الآتي:(تؤدى الأجور.... في أحد أيام العمل وفي مكانه...).

[5] لقد ألزمت المادة الثامنة من قانون العمل صاحب العمل بان يحتفظ في مؤسسته بالسجلات الواجب عليه الاحتفاظ بها بما في ذلك سجلات العمال والمتدربين منهم.

وتطبيقا لما ورد في المادة المذكورة فقد جاء في قرار وزير العمل الخاص بالسجلات الواجب على صاحب العمل الاحتفاظ بها ما يلزم صاحب العمل ليس فقط بفتح سجل للأجور، بل انه حدد البيانات الواجب إدراجها في هذا السجل، وهذه البيانات هي:(1- اسم العامل من أربعة مقاطع. 2- مقدار الأجر (شهريا، أسبوعيا، يوميا، بالساعة، بالقطعة). 3- العلاوات والزيادات وأية امتيازات أخرى. 4- الاقتطاعات القانونية. 5- مجموع الأجر وتوقيع العامل باستلامه وتاريخ الاستلام)، وعلاوة على ذلك فقد الزم القرار المذكور بفتح سجل آخر خاص بالعمل الإضافي وحدد البيانات الواجب إدراجها فيه ومن بينها بيان خاص باجر العامل وتوقيعه على الاستلام. انظر المادة الثانية من القرار.

عماله الأجور المتفق عليها، لاسيما وانه يجب على العامل الذي يتسلم أجرته القيام بالتوقيع على ذلك في السجل الخاص بالأجور، الأمر يعد في جانب منه تطبيقا للقواعد العامة في الإثبات والتي تقضي بأن ذمة صاحب العمل تبرأ من اجر العامل إذا وقع الأخير بما يفيد استلامه في السجل المعد لذلك، أو حتى على إيصال معد لهذا الغرض[1].

ومع ذلك فقد عاد المشرع ليؤكد على أن توقيع العامل باستلام الأجر لا يطال توابعه، إذ نصت المادة (46/ب) من قانون العمل على ما يأتي:(إن توقيع العامل على أي كشف أو سجل للأجور أو على إيصال بقيمة المبلغ المسجل فيه لا يعني إسقاط حقه في أي زيادة على المبلغ المقبوض بموجب القانون أو النظام أو العقد).

الفرع الرابع
حماية الأجر

لقد أولى المشرع اجر العامل رعاية كبيرة، وذلك بغرض دره ما قد يطاله من أخطار، فقد واجه المشرع احتمال مديونية العامل لغيره، سواء أكان ذلك الغير رب العمل أم شخص آخر، لا بل أن حماية الأجر امتدت لتشمل أيضا احتمال مزاحمة الغير للعامل في مطالبة صاحب العمل المدين.

لذلك، فقد قرر المشرع العديد من الوسائل أو الضمانات التي تكفل وصول الأجر إلى العامل أو قدر محدد منه على الأقل[2]، وبما يمكن إجماله على النحو الآتي:

---

[1] تنص المادة (10) من قانون البينات رقم (30) لسنة 1952على ما يأتي: (السند العادي هو الذي يشتمل على توقيع من صدر عنه أو على خاتمه أو بصمة إصبعه وليست له صفة السند الرسمي). في حين تنص المادة(1/11) من القانون نفسه على أن:(من احتج عليه بسند عادي وكان لا يريد أن يعترف به وجب عليه أن ينكر صراحة ما هو منسوب إليه من خط أو توقيع أو خاتم أو بصمة إصبع وإلا فهو حجة عليه بما فيه).

[2] قد لا تقتصر الضمانات التي تطال الأجر بالحماية على ما سنتولى عرضه في هذا الموضع، ذلك انه يلاحظ وجود ضمانات أخرى تكفل حصول العامل على اجره، إلا أن ما يلاحظ أيضا هو أن هذه الضمانات لا تختص بحماية الأجر بمفرده بل تمتد لتطال كل حق قد يطالب به العامل كالتعويضات ومكافأة نهاية الخدمة، ومن أمثلة ذلك ما قرره المشرع بشأن حق عمال المقاول بالرجوع بما لهم من حقوق على رب العمل، وكذلك حق عمال المقاول الفرعي بالرجوع على المقاول الأصلي، وذلك بموجب دعوى مباشر في كلا الحالتين، فقد نصت المادة(15/هـ) من قانون العمل على ما يأتي:(1. لعمال المقاول الذين يشتغلون في تنفيذ مقاولة رفع

أولا- حماية الأجر في مواجهة دائني صاحب العمل(حق الامتياز المقرر للأجر):

لقد أسبغت الحماية على الأجر في مواجهة دائني صاحب العمل في كل من القانون المدني وقانون العمل، إلا أن الملاحظ في هذا الصدد هو أن تلك الحماية جاءت متفاوتة في المقدار بين القانونين، حيث جاء قانون العمل ليضع العامل في مركز افضل مما هو عليه في القانون المدني، وذلك بتوسيع نطاق حماية أجره من خلال تقديم دينه على غيره من الديون في مرتبة الامتياز، وتقرير مدة أطول للحقوق المشمولة بالامتياز، وعلى خلاف ما هو عليه الحال في القانون المدني الذي اقتصرت فيه الحماية على الأجر المستحق عن آخر ستة اشهر فقط[1].

دعوى مباشرة على صاحب المشروع للمطالبة بما يستحق لهم قبل المقاول وذلك في حدود ما يستحق للمقاول على صاحب المشروع وقت رفع الدعوى.

2. ولعمال المقاول الفرعي رفع دعوى مباشرة على كل من المقاول الأصلي وصاحب المشروع في حدود المستحق على صاحب المشروع للمقاول الأصلي والمستحق على المقاول الأصلي للمقاول الفرعي وقت رفع الدعوى.

3. للعمال المذكورين في الفقرتين السابقتين أن يستوفوا حقوقهم بالامتياز على المبالغ المستحقة للمقاول الأصلي أو المقاول الفرعي ويستوفون حقوقهم عند تزاحمهم بنسبة حق كل منهم).

ومن أمثلة هذه الضمانات أيضا ما قرره المشرع من تضامن في مواجهة العامل بين صاحب العمل الأصلي وصاحب العمل الجديد الذي انتقلت إليه ملكية المنشأة، فقد نصت المادة (16) من قانون العمل على الآتي:(يبقى عقد العمل معمولا به بغض النظر عن تغيير صاحب العمل بسبب بيع المشروع أو انتقاله بطريق الإرث أو دمج المؤسسة أو لأي سبب آخر ويظل صاحب العمل الأصلي والجديد مسؤولين بالتضامن مدة ستة أشهر عن تنفيذ الالتزامات الناجمة عن عقد العمل مستحقة الاداء قبل تاريخ التغيير واما بعد انقضاء تلك المدة فيتحمل صاحب العمل الجديد المسؤولية وحده).

[1] تنص المادة (1435) من القانون المدني على ما يأتي: (1.يكون للديون الآتية، بقدر ما هو مستحق منها في الستة الشهور الأخيرة حق امتياز على جميع أموال المدين من منقول وعقار:

أ. المبالغ المستحقة، من أجور ومرتبات وتعويضات ومكافآت الخدم والكتاب والعمال وكل أجير آخر.

ب. المبالغ المستحقة عما صرف للمدين ولمن يعوله من مأكل وملبس ودواء.

ج. النفقة المستحقة في ذمة المدين لمن تجب نفقتهم عليه.

2.وتستوفى هذه المبالغ مباشرة بعد المصروفات القضائية والمبالغ المستحقة للخزينة ومصروفات الحفظ والإصلاح، أما فيما بينها فتستوفى بنسبة كل منها).

ويلاحظ على هذا النص بأنه جاء بأحكام مغايرة لما هو موجود في المادة (51) من قانون العمل، وبما لا يقتصر عما ذكر من فروق في المتن، إذ انه لم يقرر مثلا حق امتياز مطلق للعامل فيما يتعلق بأجر شهر واحد.

فقد نصت المادة (51) من قانون العمل على ما يأتي:(أ.على الرغم مما ورد في أي قانون آخر تعتبر الأجور والمبالغ المستحقة بموجب أحكام هذا القانون للعامل أو ورثته أو المستحقين بعد وفاته ديونا ممتازة امتيازا عاما من الدرجة الأولى تتقدم على ما عداها من سائر الديون الأخرى بما في ذلك الضرائب والرسوم والحقوق الأخرى المستحقة للحكومة والديون المؤمنة برهونات عقارية أو تأمينات عينية.

ب.في حالة تصفية المؤسسة أو إفلاس صاحب العمل يدفع المصفي أو وكيل التفليسة للعامل أو لورثته فورا وبمجرد وضع يده على أموال صاحب العمل ما يعادل أجر شهر واحد من المبالغ المستحقة له وذلك قبل تسديد أي مصروفات أخرى بما في ذلك المصروفات القضائية ومصروفات التفليسة أو التصفية).

وعليه فان العامل يتمتع في حالة إفلاس صاحب العمل أو تصفية أمواله بحق امتياز ذو نطاق محدد، و ذلك على النحو الآتي:

1- إن هذا الامتياز يقع على جميع أموال صاحب العمل من عقارات أو منقولات.
2- إن مرتبة هذا الامتياز هي الأولى، إذ لا يتقدمه أي امتياز آخر، بما في ذلك امتياز الضرائب والرسوم والحقوق الأخرى المستحقة للحكومة، لا بل وحتى الديون المؤمنة برهونات عقارية أو تأمينات عينية.
3- إن وعاء هذا الحق يشمل الأجر وملحقاته، فضلا عن أية مبالغ أخرى قد يستحقها العامل كمكافئه نهايه الخدمة والتعويضات التي قد يحكم له بها قبل صاحب العمل.
4- إن هذا الحق يظل قائما لصالح ورثة العامل في حالة وفاته.
5- إن للعامل حق امتياز ذو أولوية مطلقة فيما يتعلق بأجر شهر واحد، إذ يجب على وكيل التفليسة دفعه فورا من أموال صاحب العمل.

ثانيا- حماية الأجر في مواجهة صاحب العمل:

قد يصبح رب العمل دائنا للعامل أثناء تنفيذ العقد لأسباب مختلفة، كما انه قد يطلب منه اقتطاع جزءا من اجر العامل لسبب أو لآخر، فهل يسمح لصاحب العمل باقتطاع أو حسم مثل هذه المبالغ من الأجر؟

الأصل هو الحظر، ومع ذلك فقد أجاز المشرع - استثناء- في المادتين(47،46) من قانون العمل لرب العمل الاقتطاع من اجر العامل في حالات محددة حصرا، وهي على الوجه الآتي:

1. الاقتطاع سدادا للقروض: فقد قرر المشرع بأن لصاحب العمل الاقتطاع من الأجر وفاءا لقرض كان العامل قد حصل عليه، ولكن ضمن قيد وحيد وهو ألا يقتطع صاحب العمل لهذا الغرض اكثر من 10% من اجر العامل[1].

على أن المشكلة التي قد تثار هي أن المشرع لم يحدد موقفه من مدى اعتبار تعجيل الأجر للعامل قبل استحقاقه من قبيل القرض أم لا، فهل يجوز لصاحب العمل إذا ما قام بدفع الأجر أو جزءا منه قبل ميعاد استحقاقه استيفاؤه كاملا أو بأكثر من النسبة المحددة ؟

لقد ذهب الفقه إلى تبني اتجاهات مختلفة في هذا الصدد، ففي حين قرر البعض اعتبار الأجر المعجل من قبيل القرض الممنوح للعامل وعدم جواز استقطاع اكثر من 10%[2]، ذهب جانب آخر إلى عكس ذلك حيث قرر أن الأجر إذا ما دفع قبل ميعاد استحقاقه لا يعد من قبيل القرض[3]، الأمر الذي نري بأنه اجدر بالتأييد، وذلك للحيلولة دون سد الطريق أمام العامل إذا ما واجهته ظروف تقتضي منه اللجوء إلى طلب اجره قبل حلول ميعاده، فقد يمتنع صاحب العمل عن منحه إياه إذا ما علم بأنه سيعامل معاملة القرض، وبأن القانون لا يجيز له اقتطاع اكثر من تلك النسبة المحددة بالنص.

2. الاقتطاع بسبب التعويض عن الخسائر: وقد نظمت هذه الحالة المادة (49) من قانون العمل[4]، حيث قضت بجواز الاستقطاع من اجر العامل لتعويض الخسائر التي تلحق بصاحب العمل وفقا للقيود الآتية:

---

[1] يشير جانب من الفقه المقارن إلى أن المقصود بالأجر عند الاقتطاع سدادا للقروض هو الأجر الفعلي للعامل، وليس الأجر المسمى في العقد والذي قد يزيد أو ينقص - بعكس الأول - تبعا لأداء العامل عملا إضافيا أو غيابه عن العمل انظر: د.السيد محمد السيد عمران، المرجع السابق، ص450. د.عبد الودود يحيى، المرجع السابق، ص229. وما يشير إليه الفقه المقارن يمكن التوصل إلى ما يماثله في القانون الأردني، فقد عرفت المادة الثانية من قانون العمل الأجر وأشارت صراحة إلى استبعاد الأجر الإضافي من مضمونه، فالأجر بحسب ما نصت المادة المذكورة هو:(كل ما يستحقه العامل لقاء عمله.... باستثناء الأجور المستحقة عن العمل الإضافي).

[2] انظر: د.عبد الغني الرويمض، المرجع السابق، ص 210.

[3] انظر: د.فتحي المرصفاوي، المرجع السابق، ص335.

[4] انظر أيضا المادة (47/ز)، (49) من قانون العمل.

أ. أن يثبت بأن العامل هو من تسبب في فقد أو إتلاف أدوات أو آلات أو منتجات يملكها أو يحوزها صاحب العمل أو كانت في عهدة العامل.

ب. أن يكون الإتلاف ناشئا عن خطأ العامل أو مخالفته تعليمات صاحب العمل.

ج. أن لا يزيد ما يقتطعه صاحب العمل من أجر العامل على أجر خمسة أيام في الشهر الواحد.

ومع ذلك، فانه يجوز لصاحب العمل أيضا اللجوء إلى المحاكم النظامية المختصة للمطالبة بالتعويض عن الأضرار التي تسبب العامل بها، الأمر الذي أكده المشرع أيضا في القانون المدني، فقد نصت المادة (817) منه على ما يأتي:(يضمن العامل ما يصيب مال صاحب العمل من نقص أو تلف أو فقد بسبب تقصيره أو تعديه).

3. الاقتطاع لاسترداد أي مبلغ قام صاحب العمل بدفعه إلى لعامل زيادة على استحقاقه.

4. الاقتطاع الخاص بتسهيلات الإسكان التي يقدمها صاحب العمل وغير ذلك من مزايا أو خدمات حسب المعدلات أو النسب المئوية المتفق عليها بين الطرفين.

5. الاقتطاع وفاء للعقوبات التأديبية، فقد يوقع على العامل عقوبة الغرامة جزاء ارتكابه لمخالفة ما، الأمر الذي يجيز معه المشرع لصاحب العمل اقتطاع جزءا من اجر العامل، ولكن بشرط إلا تتجاوز قيمته اجر ثلاثة أيام في الشهر الواحد وعلى أن يتم تخصيص هذه المبالغ لتحقيق خدمات اجتماعية لعمال المنشأة - المادة (48) من قانون العمل - كما سبق أن أشرنا.

6. اشتراكات الضمان الاجتماعي وأقساطه المستحقة على العامل.

7. اشتراكات العامل في صندوق الادخار.

8. الحسميات الواجب إجراؤها من اجر العامل بموجب القوانين الأخرى، كقانون ضريبة الدخل مثلا.

ثالثا- حماية الأجر في مواجهة دائني العامل:

قد يتعرض الأجر إلى مخاطر كبيرة إذا ما تقدم دائنو العامل لإستيفاء ديونهم منه، الأمر الذي يتطلب تدخل المشرع لحماية الأجر من هذه المخاطر عبر وضع أحكام تكفل وصول قدر معين منه يكفي لمعيشة العامل ومعيشة أسرته.

لذلك فقد أجازت المادة (47/و) من قانون العمل الاقتطاع من الأجر بغرض أداء أي دين يستوفى تنفيذا لحكم قضائي.

إلا أن ابرز ما يلاحظ في هذا السياق هو أن المشرع لم يحدد في قانون العمل النسب أو الديون التي يجوز الخصم من ألا جر لأجلها، إذ تولى تحديد ذلك بموجب قانون آخر هو قانون التنفيذ[1]، والذي نصت المادة (31) منه على ما يأتي:

(أ.للدائن أن يوقع الحجز على ما يكون لمدينه من الأموال المنقولة لدى الغير أو من المبالغ أو الديون ولو كانت مؤجلة أو معلقة على شرط.

ب.لا يجوز الحجز على ما يتقاضاه الموظفون والمستخدمون والمتقاعدون والعمال إلا بمقدار ثلث مجموع ما يتقاضونه باستثناء النفقة المقررة).

الفرع الخامس
دعاوى الأجور والسلطة المختصة بها

يكون نظر الدعاوى المتعلقة بالأجور بحسب الأصل من اختصاص المحاكم النظامية، غير أن المشرع وبغية ضمان سرعة فض النزاعات المتعلقة به ارتأى بموجب المادة (54) من قانون العمل منح مجلس الوزراء[2]، وبناء على تنسيب وزير العمل صلاحية تعيين سلطة من ذوي

[1] انظر قانون التنفيذ رقم (36) لسنة 2002.

[2] لقد تطرقت محكمة التمييز في إحدى قراراتها إلى صلاحية مجلس الوزراء في تشكيل سلطة الأجور وطبيعة عمل هذه السلطة فنصت على الآتي:(المادة (54) المتعلقة بسلطة الأجور من قانون العمل هي نص من نصوص هذا القانون الذي صدر وفقا للأصول ومستندا في ذلك إلى نصوص الدستور والذي أضفى الشرعية على قانون العمل بكافة مواده مما يحصنها من الطعن والإلغاء وهذا ما تناوله الدستور خاصة في المواد (27 و 31 و 45 و 93 و 103) وعليه فإن إناطة تعيين الجهة التي تفصل في بعض النزاعات بمجلس الوزراء أمر يتفق وأحكام القانون والدستور ولا يعني أن مجلس الوزراء خرج عن أحكام المادة (27) من الدستور التي جعلت حق التقاضي من اختصاص المحاكم إذ أن القانون أعطى لسلطة الأجور سلطة الفصل في النزاعات العمالية المنصوص عليها في المادة (54) من قانون العمل وبذلك يكون قد أضفى على عملها صفة العمل القضائي ولا ينزع عنها هذه الصفة كون هيئة المحكمة أو السلطة تعين من مجلس الوزراء كما أن أحكام سلطة الأجور تخضع للطعن للاستئناف والتمييز مما لا يخرج سلطة الأجور عن مفهوم القاضي الطبيعي). تمييز حقوق (2002/1428- هيئة عامة)، مجلة نقابة المحامين، العدد الرابع والخامس والسادس، السنة الثانية والخمسون، عمان، 2004، ص601.

الخبرة والاختصاص في شؤون العمل تسمى (سلطة الأجور)[1]، وتتألف هذه السلطة من شخص أو أكثر للنظر في الدعاوى المتعلقة بالأجور في منطقة معينة[2].

شروط قبول دعوى الأجور

يشترط لقبول الدعوى أمام سلطة الأجور تحقق ما يأتي:

1. أن يكون العامل على رأس عمله أو لم يمض على انتهاء عمله مدة تزيد على ستة أشهر، أما في حالة عدم توفر هذا الشرط فللعامل الحق في اللجوء إلى المحكمة النظامية[3].

---

[1] تطرقت محكمة التمييز في إحدى قراراتها إلى ما يجب توافره من شروط فيمن يتم تعيينه في سلطة الأجور فنصت على ما يأتي:(المادة (54) من قانون العمل وإن لم تنص على أن يكون من يتولى سلطة الأجور قاضيا فقد أجازت تعيينه من ذوي الخبرة والاختصاص في شؤون العمل وقد جعلت هذه المادة الخبرة والاختصاص في شؤون العمل وقد جعلت هذه المادة لمجلس الوزراء الصلاحية التقديرية في هذا التعين.

لا يوجد في القانون أي شرط بأن يكون من يتولى سلطة الأجور من غير موظفي وزارة العمل بل جاء النص في المادة (54) من قانون العمل على أن يتولى سلطة الأجور شخص من ذوي الخبرة والاختصاص في شؤون العمل يتألف من شخص أو أكثر، وعليه فإن هذا التعيين لا يتناقض مع القانون ذلك أن موظفي وزارة العمل لديهم الخبرة في شؤون العمل). تمييز حقوق (2002/1428- هيئة عامة)، مجلة نقابة المحامين، العدد الرابع والخامس والسادس، السنة الثانية والخمسون، عمان، 2004، ص601.

[2] لقد أشار المشرع إلى المكافآت التي تصرف إلى موظفي سلطة الأجور في المادة (54/ح) من قانون العمل والتي نصت على ما يأتي:(تصرف للسلطة وللموظفين العاملين معها المكافآت التي يقررها الوزير ويؤخذ بعين الاعتبار عدد القضايا التي قدمت إليها وفصلت فيها ويشترط في ذلك أن تقوم السلطة بمهامها خارج أوقات الدوام الرسمي).

واللافت للنظر بشان هذا النص هو أن مقدار هذه المكافآت يزداد بازدياد عدد القضايا التي تفصل فيها خارج أوقات الدوام الرسمي، والحكمة من ذلك كما يبدو تتمثل في حث هؤلاء الموظفين على نظر اكبر عدد ممكن من القضايا بهدف الإسراع في الفصل فيها.

[3] انظر المادة (54/أ) من قانون العمل.لقد أشارت المادة المذكورة إلى مدد لا تعد من قبيل مدد التقادم وهي المدد التي يجب فيها رفع الدعوى أمام سلطة الأجور، وهي تحديدا المدة التي يتم فيها تنفيذ العقد أو خلال مدة لا تزيد عن ستة اشهر من انتهائه، إذ تعد هذه المدد من قبيل مدد السقوط التي يكون الغرض منها تحديد الوقت الذي يجب خلاله القيام باستعمال حق أو رخصة ما وتحت طائلة البطلان أن لم يتم في ذلك الوقت، إذ تختلف هذه المدد عن مدد التقادم في أمور عدة أهمها: جواز أثارتها من القاضي نفسه ولو لم يتمسك بها الخصم، فضلا عن أنها غير معرضة للانقطاع والوقف، أخيرا فانه لا يتخلف عنها التزام طبيعي. وما نشير إليه في التمييز بين مدد السقوط ومدد التقادم هو ما تأخذ به محكمة التمييز، فقد جاء في إحدى قراراتها:(حددت المادة (138) من قانون العمل رقم (8) لسنة 1996 طبيعة المقاضاة بين العامل ورب العمل والمدة التي لا تسمع بها دعوى المطالبة بالحقوق العمالية ومن ضمنها المطالبة ببدل الفصل التعسفي باعتبارها جزءا من الحقوق العمالية التي ضمنها القانون للعامل وان هذه المدة محددة خلال مدة سنتين على نشوء سبب المطالبة بتلك الحقوق وعليه فان تقديم المدعية لدعواها للمطالبة بالحقوق العمالية ومن ضمنها بدل الفصل التعسفي بعد مرور اكثر من ستين يوما من تاريخ فصلها من العمل يجعل دعواها مقامة ضمن المدة القانونية سواء أكان

2. أن يقدم العامل نفسه الإدعاء خطيا، كما يجوز تقديمه بالنيابة عنه من قبل نقابة العمال المنضم إليها، ولا مانع أيضا من تقديم ادعاء واحد من عدد من العمال إذا كانوا يعملون في المؤسسة ذاتها وكان سبب دعواهم واحدا.

على انه يجوز لكل من الطرفين المتنازعين توكيل من ينوب عنه أمام سلطة الأجور المختصة[1].

3. أن يكون موضوع الدعوى متعلقا بالأجر، كأن يكون موضوعها النقص في الأجر المدفوع للعامل، أو الحسميات غير القانونية منه، أو تأخير دفعه، أو أجور ساعات العمل الإضافية[2].

فصلها تعسفيا أو غير تعسفي ولا يرد الدفع بالمادة (25) من القانون المذكور أعلاه لكونها تتعلق بصلاحيات المحكمة المختصة من حيث إنهاء الاستخدام وما يترتب عليه من حقوق عاجلة للعامل ولا تتطرق إلى مرور الزمن من حيث دعوى المطالبة بالأجور والحقوق وانما انحصر دورها في صلاحية المحكمة بإعادة العامل إلى عمله بأمر تصدره لرب العمل خلال مدة الستين يوما المشار إليها في المادة (25) المذكورة). تمييز حقوق رقم (2379/ 1998)، مجلة نقابة المحامين، العدد السابع والثامن، السنة السابعة والأربعون، نقابة المحامين الأردنيين، عمان،(1999). ص2355. انظر كذلك تمييز حقوق (1997/2113)، مجلة نقابة المحامين، العدد السادس، السنة السادسة والأربعون، نقابة المحامين الأردنيين، عمان،(1998)، ص2029.

[1] انظر المادة (54/ج) من قانون العمل.

[2] انظر المادة (54/أ) من قانون العمل. وقد طبقت محكمة التمييز هذه المادة عندما جاء في إحدى قراراتها ما نصه:(حيث أن مطالبة المميز ضده تتمثل في بدل إشعار وبدل راتب شهر وبدل إجازات وعطل رسمية وبدل فصل تعسفي وبدل نهاية الخدمة وحيث أن هذه الطلبات وباستثناء المطالبة باجرة الشهر لا تدخل في اختصاص سلطة الأجور فبالتالي يكون الاختصاص بنظرها من صلاحية محكمة صلح عمان أما بخصوص أجرة الشهر المطالب به وحيث أن المميز ضده لم يدع أن المميزة تأخرت في دفعه وانما يدعي باستحقاقه له وبما مفاده امتناع المميزة عن دفعه فانه بذلك يخرج عن اختصاص سلطة الأجور أيضا ويكون من اختصاص محكمة الصلح). تمييز حقوق (98/2190)، مجلة نقابة المحامين، العدد السابع والثامن، السنة السابعة والأربعون، عمان، 1999، ص2447.

وعلى نحو مشابه جاء في قرار آخر الآتي:(مطالبة المميزين ببدل مياومات وعلاوة أشعة عن شهري 13و14 لعام 1995 وشهر 13 من عام 1996 وكذلك علاوة صعوبة عمل وبدل زيادة سنوية وبدل علاوة لعام 1996 وفرق راتب أساسي منذ تاريخ التعيين مع فرق علاوة وبدل المواصلات وكذلك مبلغ ثلاثين دينارا زيادة سنوية لا تنطبق وأحكام المادة المذكورة أعلاه وذلك لتعدد المطالب وتكون محكمة الصلح وبحكم ولايتها العامة هي المختصة بالنظر في هذه المطالبات وليست سلطة الأجور). تمييز حقوق (99/2399)، مجلة نقابة المحامين، العدد الرابع والخامس والسادس، السنة الخمسون، عمان، 2002، ص766. انظر كذلك تمييز حقوق (2002/1428- هيئة عامة)، مجلة نقابة المحامين، العدد الرابع والخامس والسادس، السنة الثانية والخمسون، عمان، 2004، ص601. انظر كذلك تمييز حقوق (2000/670)، مجلة نقابة المحامين، العدد الرابع والخامس والسادس، السنة الحادية والخمسون، عمان، 2003، ص 829.

وما يجدر ملاحظته أيضا هو أن المشرع أعفى الادعاء المقدم من العامل لسلطة الأجور من الرسوم والطوابع، ليس هذا فحسب، بل وكذلك قراراتها المقدمة للتنفيذ إلى دوائر الإجراء[1].

إجراءات دعاوى الأجور:

يتم الفصل في دعاوى الأجور بصورة مستعجلة، وقد مكن المشرع سلطة الأجور من تحقيق ذلك من خلال جعلها غير ملزمة بتطبيق الإجراءات والأصول المتبعة في المحاكم مع منحها نفس الصلاحيات الممنوحة للمحاكم النظامية في الأمور الآتية:

1- دعوة أي شخص لسماع شهادته بعد القسم وإحضاره بواسطة سلطات الأمن المختصة في حالة تخلفه عن الحضور.

2- الطلب من أطراف الدعوى تقديم المستندات والبيانات التي تراها ضرورية للفصل في الدعوى[2].

ويتوجب على صاحب العمل عند تبلغه أوراق الدعوى أن يقدم إلى سلطة الأجور جواب مفصل على لائحة الدعوى، وذلك في مدة لا تتجاوز سبعة أيام من تاريخ تبلغه تلك الأوراق، كما أن عليه أن يرفق بجوابه هذا جميع المستندات والبيانات التي تثبت وفاءه بالأجور التي يطالب بها العامل أو عدم استحقاقه لها.

ومن جانب آخر، فانه يكون لسلطة الأجور قبل عقد جلساتها للنظر في الادعاء أن تطلب من أي من الطرفين تزويدها بأي إيضاحات أو مستندات أو بيانات تراها ضرورية للفصل في الدعوى[3].

فإذا ما قررت السلطة النظر في الدعوى المقدمة إليها فإنها تنظر فيها بحضور الطرفين أو من ينوب عنهما، على أن تسقط الدعوى إذا تغيب العامل المدعي، أما إذا غاب صاحب العمل المدعى عليه فإنها تنظر فيها بحضور العامل، وتصدر قرارها بحق صاحب العمل في هذه الحالة غيابيا[4].

ويجوز للسلطة أن تطلب من صاحب العمل ضمن فترة تحددها أن يدفع للعامل الأجور المحسومة بصورة غير قانونية أو الأجور غير المدفوعة أو المستحقة الأداء أو التي تأخر عن

---

(1) انظر المادة (54/ز) من قانون العمل.

(2) انظر المادة (54/ب) من قانون العمل.

(3) انظر المادة (54/هـ) من قانون العمل.

(4) انظر المادة (54/ج) من قانون العمل.

دفعها في مدة معينة، ولها أن تضيف إلى ذلك تعويضا تقدره شريطة أن لا يتجاوز مبلغ التعويض المبلغ المحسوم أو غير المدفوع عن المدة المطالب بأجور عنها، ويجوز لسلطة الأجور أيضا إعفاء صاحب العمل من دفع التعويض عن الأجور الناقصة أو المتأخر دفعها إذا اقتنعت السلطة أن التأخر كان ناجما عن خطأ بحسن نية، أو عن نزاع على المبلغ الواجب دفعه أو عن حدوث حالة طارئة أو عن تخلف العامل عن المطالبة بدفع الأجور أو قبولها[1].

ونعتقد بان موقف المشرع الأردني من مسألة تحديد سقف أعلى لقيمة التعويض المستحق للعامل بحاجة إلى إعادة نظر، ذلك أن مقدار الأضرار التي تلحق بالعامل قد تفوق تلك السقوف التي وضعها، كما أن علم صاحب العمل بان مقدار التعويض المستحق للعامل لن يجاوز قيمة المبلغ المحسوم أو غير المدفوع قد يفضي به إلى تعمد القيام بذلك أما بقصد التنكيل أو طمعا في اقتطاع وتجميع أجزاء من أجور عماله. الأمر الذي ينطبق كذلك على موقف المشرع من نقص الأجر أو تأخر صاحب العمل في أداءه، إذ أعفاه من تعويض العامل عن الأضرار اللاحقة به بالكامل في حالا ت عدة كأن يكون النقص أو التأخر ناجما عن خطاء بحسن نية، والسؤال المطروح هنا هو أليس في هذا الموقف خطورة على حقوق العامل أو هدر لها؟

نعتقد بان في هذا الموقف أيضا تعارض مع السمة الحمائية لقانون العمل، فضلا عن تعارضه مع ما هو مقرر ومستقر في القواعد العامة[2]، فالأصل في التعويض أن يكون كاملا وبغض النظر عن حسن النية أو سوءها في الخطاء.

بقي أن نشير إلى أن قرار سلطة الأجور يبقى قابلا للإستئناف لدى محكمة الاستئناف خلال عشرة أيام من تاريخ تبليغه إذا كان المبلغ المحكوم به للعامل يزيد على مائة دينار[3].

أما تنفيذ قراراتها فيتم من قبل دوائر الإجراء المختصة كأنها قرارات صادرة عن المحاكم النظامية[4]، شريطة أن لا تخضع المبالغ المحكومة بها للتقسيط[5].

(1) انظر: المادة (54/د) من قانون العمل. تمييز حقوق (1999/2783)، مجلة نقابة المحامين، العدد السابع والثامن، السنة الخمسون، عمان، 2002، ص 1815.

(2) انظر المادة (360) وما بعدها من القانون المدني.

(3) انظر المادة (54/هـ) من قانون العمل.

(4) انظر تمييز حقوق (2002/1428- هيئة عامة)، مجلة نقابة المحامين، العدد الرابع والخامس والسادس، السنة الثانية والخمسون، عمان، 2004، ص601.

(5) انظر المادة (54/و) من قانون العمل.

المطلب الثاني
الالتزام بالتنظيم القانوني لوقت العمل

إن السياسة الحمائية التي انتهجها المشرع في قانون العمل لم تقتصر في مداها على تنظيم التزام صاحب العمل المتعلق بالأجر، بل تعدت ذلك لتفرض نطاقا محددا لظروف تشغيل العامل المختلفة، لا سيما تلك المتعلقة بأوقات العمل والراحة، حيث تدخل المشرع ليفرض العديد من القيود على صاحب العمل في هذا الصدد، وذلك من خلال تنظيم أوقات العمل اليومي والأسبوعي والسنوي.

فتدخل المشرع وإلزامه لصاحب العمل بأوقات العمل يبدو منطقيا ومبررا، ليس لان الإمكانية تبقى متاحة لاستغلال العامل من قبل صاحب العمل بوصفه رئيس المشروع والطرف القوي في العقد، بل ولأن العمال في مجموعهم يشكلون فئة كبيرة من المجتمع، وبما يجعلها فئة مؤثرة في تنمية الاقتصاد الوطني بشكل إيجابي إذا ما تم توفير القدر الملائم لها من أوقات الراحة والإجازات التي ينعكس دورها مباشرة على إنتاجية العامل في أوقات العمل.

وبناء عليه، فإن دراستنا للتنظيم القانوني لوقت العمل ستكون من خلال فرعين هما:

الفرع الأول: الالتزام بتنظيم وقت العمل اليومي والأسبوعي.

الفرع الثاني: الالتزام بتنظيم وقت العمل السنوي (الإجازات).

الفرع الأول
الالتزام بتنظيم وقت العمل اليومي والأسبوعي

إن المحافظة على السلامة الجسدية والنفسية للعامل قد تتطلب في الكثير من الأحيان وضع حدود ملزمة لصاحب العمل في تنظيمه لأوقات العمل أو الراحة، فتحسين أوضاع العمل وظروفه عبر تحديد أوقاته كان غاية توخى المشرع تحقيقها، مما حثه على الخروج على مبدأ حرية التعاقد الذي كان سائدا في هذا النطاق.

فالواقع الذي لا يمكن إنكاره يشير إلى أن العامل يحتاج إلى فترات راحة إثناء العمل وخارجه لكي يتمكن من استعادة نشاطه لأداء العمل المناط به على اكمل وجه، لا بل إن مصلحة صاحب العمل نفسه تقضي بذلك أيضا، فليس صحيحا أن قيام العامل بالعمل لفترات طويلة

ومتواصلة تحقق مصلحة صاحب العمل، فالعامل ليس أداة أو آلة لا تعطب، بل إنسان له حاجات وقدرات محددة.

ولعل ملامح التدخل التشريعي لتنظيم أوقات العمل جاءت متعددة ومختلفة، بحيث يمكن ملاحظة اهتمامه بتحقيق مصلحة العامل أولا و مصلحة العمل وصاحب العمل ثانيا دون كبير عناء، فهو إذ يضع حدا أعلى لفترات تشغيل العامل، يفرض إلى جانب ذلك شروطا وأجورا إضافية على صاحب العمل عن فترات التشغيل الزائدة، فضلا عن فرض الجزاءات الجنائية التي تكفل الالتزام بتلك الإحكام الآمرة لضمان تطبيقها.

على أن حسن السياسة التشريعية اقتضت - أيضا- عدم إطلاق تلك الأحكام دون استثناء، فتنوع الإعمال وظروفها تقضي في كثير من الأحيان بعدم تطبيق تلك الإحكام على جميع العمال، الأمر الذي التفت أليه المشر ع عندما قرر جملة من الإستثناءات الخاصة ببعض طوائف العمال.

وعليه، فإنه يمكن إجمال أحكام تنظيم أوقات العمل اليومي والأسبوعي التي يلزم بها القانون صاحب العمل على الوجه آلاتي:

أولا- الحد الأقصى لساعات العمل:

المبدأ المقرر في المادة (56) من قانون العمل هو انه لا يجوز تشغيل العامل تشغيلا فعليا اكثر من ثماني ساعات يوميا، أو ثمان وأربعين ساعة في الأسبوع.

أذن، فالأصل هو أن الحد الأقصى لساعات العمل اليومي هو ثماني ساعات[1]، أما الحد الأقصى لساعات العمل الأسبوعي فهو ثماني وأربعين ساعة، ذلك أن لكل عامل الحق في يوم منتظم للراحة الأسبوعية حسبما تشير المادة (60) من قانون العمل[2].

ومع ذلك، فانه يجوز توزيع الحد الأعلى لساعات العمل الأسبوعية وفترات الراحة بحيث لا يزيد مجموعها على إحدى عشرة ساعة في اليوم[3].

---

[1] جاء في قرار لمحكمة التمييز الأردنية ما يأتي:(قانون العمل هو الذي يطبق على عقد عمل المدعية بغض النظر عن عدد ساعات عملها المتفق عليها ولا يرد القول أن دوام المدعية دواما جزئيا كما لا يشترط لتطبيق أحكام قانون العمل على عقد عمل المدعية أن يكون دوامها ثماني ساعات). تمييز حقوق (1997/2298)، مجلة نقابة المحامين، العدد السادس، السنة السابعة والأربعون، عمان، 1998، ص 1856.

[2] تنص المادة (60/أ) من قانون العمل على ما يأتي:(يكون يوم الجمعة من كل أسبوع يوم العطلة الأسبوعية للعامل إلا إذا اقتضت طبيعة العمل غير ذلك).

[3] انظر المادة (56/ب) من قانون العمل.

ومن جهة أخرى فان طبيعة العمل ذاته قد تتطلب الخروج على هذا الأصل، لذلك فقد عاد المشرع ليسمح بخلافه، إذ أجاز بموجب المادة (58) من قانون العمل تشغيل العامل خلافا للأحكام المتعلقة بساعات العمل المقررة إذا ما كان العامل من إحدى الفئات الآتية:

1. الأشخاص الذين يتولون مهام الإشراف العام أو الإدارة في أي مؤسسة.
2. الأشخاص الذين يعملون في بعض الحالات خارج المؤسسة، كما هو الحال بالنسبة للفنيين والمهندسين الذين يشرفون على مواقع العمل[1].
3. الأشخاص الذين تتطلب أعمالهم السفر أو التنقل داخل المملكة أو خارجها.

كما لا يدخل ضمن ساعات الحد الأقصى للعمل الفترات المخصصة لتناول الطعام أو الراحة، أو فترات وصول العامل إلى مكان العمل أو ارتداءه لملابس العمل أو حتى الوقت اللازم لاستلام أدوات العمل[2].

ومن جانب آخر، فانه يلاحظ بأن قانون العمل الأردني جاء خلو من تحديد لأوقات الراحة اليومية وساعات العمل اليومي المتواصل، فلم يشر إلى حدود دنيا أو قصوى في هذا السياق، مع انه كان من الأفضل وضع مثل هذه الحدود[3].

ومع ذلك، لم يغفل المشرع الأردني هذا الأمر نهائيا، فقد عاد ليشر إلى ضرورة منح العامل فترة للراحة يوميا، إذ يمكن استنباط هذا الحكم مما هو مقرر في المادة (55) من قانون العمل والتي أكدت على أهمية وضع نظام داخلي للمؤسسة يتضمن أمور عدة من بينها فترات الراحة اليومية[4].

---

[1] انظر: د.احمد عبد الكريم أبو شنب، المرجع السابق، ص227.

[2] انظر: المادة (56) من قانون العمل. د.محمد السعيد الزقرد، المرجع السابق، ص 302. د.نادرة محمود سالم، المرجع السابق، ص261.

[3] نعتقد بأنه كان من الأولى بالمشرع الأردني التدخل لوضع حد أدنى لأوقات الراحة اليومية، وحد أقصى لساعات العمل اليومي المتواصل، وعلى نحو ما فعل بعض المشرعين، كالمشرع المصري الذي نص في المادة (81) من قانون العمل على ما يأتي:(يجب أن تتخلل ساعات العمل فترة أو أكثر لتناول الطعام والراحة لا تقل في مجموعها عن ساعة وأن يراعى في تحديد هذه الفترة ألا يعمل العامل أكثر من خمس ساعات متصلة...).

[4] تنص المادة (55) من قانون العمل على ما يأتي:(على كل صاحب عمل يستخدم عشرة عمال فأكثر أن يضع نظاما داخليا لتنظيم العمل في مؤسسته يبين فيه أوقات الدوام وفترات الراحة اليومية والأسبوعية...).

ثانيا- وجوب تحديد فترات راحة أسبوعية:

لقد الزم المشرع صاحب العمل بإعطاء العامل يوم منتظم للراحة أسبوعيا، حيث تبدو الغاية من ذلك أيضا في الحفاظ على قدرات العامل وسلامته.

ويوم الراحة هذا - حسبما تشير المادة (60) من قانون العمل - يراعى عند تحديده أن يكون يوم جمعة قدر الإمكان، إلا أن مثل هذا الحكم لا يعد أمرا حتميا، وبالتالي فإنه يجوز لصاحب العمل تعطيل عمالة في أي يوم آخر من الأسبوع إذا ما اقتضت طبيعة العمل ذلك، حيث جاء في المادة المذكورة ما يأتي:(يكون يوم الجمعة من كل أسبوع يوم العطلة الأسبوعية للعامل إلا إذا اقتضت طبيعة العمل غير ذلك).

كما قضى المشرع بأن يكون يوم العطلة هذا مدفوع الأجر بالكامل، فلا يجوز لصاحب العمل خصم أي مبالغ في مقابله، وإلا لذهبت الغاية التي شرع من اجلها، وعليه فإن منح يوم الراحة هذا للعامل يعد حقا له بنص القانون، إذ جاء في المادة (60/ج) ما نصه:(يكون يوم العطلة الأسبوعية للعامل بأجر كامل، إلا إذا كان يعمل على أساس يومي أو أسبوعي فيستحق في كلتا الحالتين أجر يوم العطلة الأسبوعية إذا عمل ستة أيام متصلة قبل اليوم المحدد للعطلة، ويستحق من ذلك الأجر نسبة الأيام التي عمل فيها خلال الأسبوع إذا كانت ثلاثة أيام أو أكثر)[1].

وتجدر الإشارة هنا إلى أن المشرع أجاز - أيضا- الاتفاق على تجميع أيام الراحة الأسبوعية المستحقة للعمال الذين يعملون في أماكن بعيدة عن محال أقامتهم وعائلاتهم خلال شهر على الأكثر وأخذها دفعة واحدة[2].

---

[1] جاء في إحدى قرارات محكمة التمييز ما نصه:(يعتبر العامل الذي يستخدم بانتظام بالقطعة في محل العمل أو الذي يقوم بسلسلة من الأعمال بالقطعة انه عامل لمدة غير محدودة وذلك وفقا للمادة (15/د) من قانون العمل كما أن المادة (60/ج) من القانون المذكور أعلاه تقضي على أن (...) وعليه وحيث أن المميز ضده كان يعمل لدى المميزة (شركة لامود...) خياطا بالقطعة بصورة منتظمة وانه كان يتقاضى أجرا أسبوعيا يتراوح بين (60،70) دينارا وانه لم يكن يتقاضى أجرا عن يوم العطلة الأسبوعية وأيام الأعياد الدينية والرسمية فيكون الحكم له ببدل أيام الجمع وبدل أعياد وعطل رسمية ودينية موافقا لأحكام القانون). رقم القرار (98/2034)، مجلة نقابة المحامين، العدد الخامس، السنة السابعة والأربعون، عمان، 1999، ص1354.

[2] انظر المادة (60) من قانون العمل.

ثالثا- تنظيم ساعات العمل الإضافي:

لقد أجاز قانون العمل لصاحب العمل تشغيل العامل ساعات عمل إضافية زيادة عن الحد الأقصى المقرر قانونا إذا ما دعت الحاجة إلى ذلك، كما أجاز تشغيل العامل ساعات إضافية بموافقته، وبعبارة أخرى فان العمل الإضافي بالنسبة للعامل قد يكون إجباريا أو اختياريا[1].

1- العمل الإضافي الإجباري(الإلزامي)/

لقد أجازت المادة (57) من قانون العمل لصاحب العمل تشغيل العامل أكثر من ساعات العمل اليومية أو الأسبوعية وذلك في أي من الحالات الآتية:

أ- القيام بأعمال الجرد السنوي للمؤسسة وإعداد الميزانية والحسابات والاستعداد للبيع بأثمان مخفضة، على أن يتم مراعاة القيدين الآتيين:

  - ألا يزيد عدد الأيام في هذه الحالات على ثلاثين يوما في السنة الواحدة.
  - أن لا تزيد ساعات العمل الفعلية على عشر ساعات في كل يوم منها.

ب- القيام بالأعمال اللازمة لتلافي وقوع خسارة في البضائع أو أي مادة أخرى تتعرض للتلف أو لتجنب مخاطر عمل فني أو من أجل تسلم مواد معينة أو تسليمها أو نقلها.

وما لا يجب إغفاله هنا هو أن العامل يستحق إذا ما قام بالعمل في أي من هذه الحالات أجرا إضافيا كاملا، إذ لا يجوز تشغيله بلا اجر أو حتى باجر عادي.

2- العمل الإضافي الاختياري:

يجوز تشغيل العامل أكثر من ساعات العمل اليومية أو الأسبوعية في غير الحالات السابق ذكرها، ولكن حال تحقق شرطين أشارت إليهما المادة (59) من قانون العمل، وهما:

أ- الحصول على موافقة العامل، ويستوي في ذلك أن تكون الموافقة شفوية أو خطية، إذ لم تحدد المادة المذكورة شكل هذه الموافقة.

ب- أن يتقاضى العامل عن ساعة العمل الإضافية أجرا لا يقل عن (125%) من أجره المعتاد، أما إذا اشتغل العامل في يوم عطلته الأسبوعية أو أيام الأعياد الدينية أو العطل الرسمية، فان مقدار أجره يزاد عما ذكر، إذ يجب أن يتقاضى لقاء عمله عن

---

[1] انظر المادة (57، 59) من قانون العمل.

ذلك اليوم أجرا إضافيا لا يقل عن (150%) من أجره المعتاد[1]؛ ومع ذلك نعتقد بان مقدار الزيادة على الأجر في كلا الحالتين ضئيل، وإعادة النظر فيه أولى[2].

وبالرغم من أهمية وضع حد أقصى لساعات العمل الإضافي، إلا أن المشرع الأردني لم يقم بتحديده، وبالتالي فان أمر تحديد مقدار هذه الساعات يبقى منوطا بإرادة الطرفين.

ومع ذلك، فان المشكلة التي قد تثار هنا تدور حول العمال الذين يعملون لمدة تقل عن ثماني ساعات في اليوم - كأن يكونوا يعملون لمدة ستة أو سبعة ساعات يوميا- إذا ما أراد صاحب العمل تشغيلهم ثماني ساعات كاملة، فهل يستحقون أجرا إضافيا عن المدة الزائدة إذا ما بقيت ضمن الثماني ساعات؟

لعل الإجابة على ذلك تكمن في معرفة سبب عملهم لأقل من ثماني ساعات، فإذا كان سبب ذلك اتفاقا بين الطرفين أو عرفا جاريا في المهنة، فإن على صاحب العمل دفع اجر إضافي عن المدة الزائدة حتما، أما إذا لم يكن ذلك راجعا إلى اتفاق أو عرف، كأن يكون من باب التساهل من صاحب العمل مع عماله، فإنه لا يجوز للعمال المطالبة بأجر إضافي، فالأجر الإضافي كقاعدة يستحق عن ساعات العمل الزائدة عن الحد المقرر بنص القانون وهو ثماني ساعات[3].

---

[1] لم تعتبر محكمة التمييز العمل في أيام الأعياد والعطل عملا إضافيا وعلى خلاف ما توحي المادة (35/ب) من قانون العمل، فقد جاء في أحد قراراتها الآتي:(عمل العامل في الأعياد والعطل الرسمية لا يعتبر من قبيل العمل الإضافي الذي يحتاج معه العامل إلى تكليف خطي). تمييز حقوق (2000/363)، مجلة نقابة المحامين، العدد الحادي عشر والثاني عشر، السنة الخمسون، عمان، 2002، ص 2880.

[2] يلاحظ بأن النسبة المقررة لأجر العمل الإضافي في القانون الأردني يسيرة وبأنه من الأجدر رفعها لا سيما إذا ما كان العمل ليليا، وعلى نحو ما فعل جانب من المشرعين، كالمشرع المصري واليمني، فقد نصت المادة (85) من قانون العمل المصري على ما نصه:(...يستحق العامل بالإضافة إلى أجره الأصلي أجرا عن ساعات التشغيل الإضافية حسبما يتم الاتفاق عليه في عقد العمل الفردي أو الجماعي بحيث لا يقل عن الأجر الذي يستحقه العامل مضافا إليه 35% عن ساعات العمل النهارية و70% عن ساعات العمل الليلية. فإذا وقع التشغيل في يوم الراحة استحق العامل بالإضافة إلى أجره عن هذا اليوم مثلي الأجر، ما لم يمنحه صاحب العمل يوما أخر عوضا عنه خلال الأسبوع التالي).
وعلى نحو مشابه فقد نصت المادة (56) من قانون العمل اليمني على ما يأتي:(تحتسب أجور ساعات العمل الإضافي وفقا للمعدلات التالية: (أ) الساعة بساعة ونصف من الأجر الأساسي عن ساعات العمل الإضافية خلال أيام العمل العادية. (ب) الساعة بساعتين من الأجر الأساسي عن ساعات العمل الإضافية أثناء الليل، ويوم الراحة الأسبوعية وأيام العطل والإجازات الرسمية مضافا إلى ما يستحقه من اجر عن تلك العطل).

[3] انظر: د.حمدي عبد الرحمن وخالد حمدي، المرجع السابق، ص312.

رابعا- جزاء مخالفة أحكام تنظيم وقت العمل اليومي والأسبوعي:

لقد كفل المشرع تطبيق الأحكام الآمرة الخاصة بتحديد ساعات العمل وفترات الراحة عبر إيقاع عقوبة جنائية على كل مخالف، وتشديدها في حالة العود، حيث نصت المادة (77) من قانون العمل على ما يأتي:(يعاقب صاحب العمل أو مدير المؤسسة عن أي مخالفة لأي حكم من أحكام هذا الفصل أو أي نظام أو قرار صادر بمقتضاه بغرامة لا تقل عن مائة دينار ولا تزيد على خمسمائة دينار وتضاعف العقوبة حالة التكرار ولا يجوز تخفيض العقوبة عن حدها الأدنى للأسباب التقديرية المخففة).

الفرع الثاني
الالتزام بتنظيم وقت العمل السنوي (الإجـازات)

لما كان تحديد أو تنظيم وقت العمل اليومي والأسبوعي قاصرا عن الوفاء بجميع حاجات العامل المرتبطة بالاعتبارات الصحية والاجتماعية المختلفة، فقد تدخل المشرع ثانية ليضع من الأحكام ما يكفل تحقيق تلك الحاجات عبر تنظيم وقت العمل السنوي.

فقد راعى المشرع ضرورة حصول العامل على إجازات مختلفة خلال السنة وبما يتلاءم مع طبيعة العمل والظروف التي قد يمر بها العامل من جهة، أو المناسبات التي يتكرر حدوثها من عام إلى آخر من جهة أخرى، فبالإضافة إلى الإجازة السنوية للعامل، فرض المشرع للعامل الحق في الحصول على الإجازات المرضية وأجازة الحج، والدراسة، ولحضور دورات الثقافة العمالية، واجازة الوضع للعاملة الحامل، وأخرى للأمومة، ولرعاية المرأة لأطفالها، وكذلك لمرافقة العامل لزوجه، فضلا عن العطلات الرسمية[1]؛ إذ تعتبر جميع هذه الإجازات متعلقة

[1] لقد ذهب بعض المشرعين إلى منح العامل إجازات أخرى لم يأت على ذكرها المشرع الأردني وكثير من المشرعين، ومن أمثلة ذلك ما ذهب إليه المشرع السعودي، إذ منح العامل الحق في أجازت مأجورة مختلفة ولأسباب عدة كالوفاة والزواج والولادة. إذ نصت المادة (113) من نظام العمل على الآتي:(للعامل الحق في إجازة بأجر لمدة يوم واحد في حالة ولادة مولود له. وثلاثة أيام لمناسبة زواجه، أو في حالة وفاة زوجه أو أحد أصوله أو فروعه. ويحق لصاحب العمل أن يطلب الوثائق المؤيدة للحالات المشار إليها). كما نصت المادة (160) على ما يأتي:(للمرأة العاملة التي يتوفى زوجها الحق في إجازة بأجر كامل مدة لا تقل عن خمسة عشر يوما من تاريخ الوفاة).

بالنظام العام ولا يجوز أن تعطى في غير الأوقات المحددة لها، كما لا يجوز استبدالها بأي بدل نقدي أو عيني، وإلا لذهبت العلة من تشريعها، ولأصبحت مجرد عوض يدفع إلى العامل، ومعلوم ما في ذلك من مصادرة على مقتضيات النظام العام.

ولما كانت هذه الإجازات متعددة ومتنوعة بحسب الظروف والمناسبات، فسنتولى عرض الأحكام الخاصة بكل منها على حدى، وذلك على الوجه الآتي:

أولا- العطلات الرسمية:

أن إتاحة المجال أمام العامل للمشاركة في الأعياد أو المناسبات الدينية أو الاجتماعية أو الوطنية تقضي بضرورة انقطاع العامل عن عمله دون أن يؤدي ذلك الانقطاع إلى إنقاص اجره، لذلك فانه لا يسمح بتشغيل العامل أثناء العطل الرسمية والأعياد الدينية، وعلى الرغم من أن المشرع لم ينص على ذلك بصورة مباشرة، إذ يمكن استنباط هذا الحكم من مواد عدة في قانون العمل[1]، أبرزها المادة (59) والتي تناولت موضوع الأجر الإضافي المستحق للعامل عن العمل في أيام العطل.

[1] انظر: المواد (61،75) من قانون العمل. يشار إلى أن بلاغا يصدر عن رئيس الوزراء يحدد فيه الأعياد الرسمية والدينية والوطنية في كل عام، إذ غالبا ما تكون الأعياد التالية أعيادا رسمية تعطل فيها الوزارات والدوائر والمؤسسات أعمالها: رأس السنة الهجرية، ذكرى المولد النبوي الشريف، عيد الفطر السعيد (4 أيام)، عيد الأضحى المبارك (5 أيام)، عيد الميلاد المجيد (يوم واحد)، رأس السنة الميلادية، عيد استقلال المملكة الأردنية الهاشمية في 25 أيار، بالإضافة إلى عيد العمال العالمي الواقع في 1 أيار.

ومن جهة أخرى، فقد صدر عن الديوان الخاص لتفسير القانون قرار بهذا الشأن، إذ أشار هذا القرار إلى حق العامل العطل الرسمية كافة المتكررة منها والطارئة، فقد جاء فيه الآتي:(إن واضع القانون اعتبر التعطيل في أيام العطل الرسمية والأعياد الدينية حقا للعامل الذي يشتغل في مؤسسة منتظمة بحيث لا يجوز أن تحسب تلك العطل والأعياد من أيام أجازته كما رتب التزاما على المؤسسة صاحبة العمل بان تدفع للعامل أجرا عن أيام العطل والأعياد. غير انه لما كان القانون خال من أي نص يمنع صاحب العمل من تشغيل العامل في أيام العطل والأعياد بالرضا والاتفاق إذا اقتضت ضرورة العمل ذلك، فان اشتغال العامل في مثل هذه الحالة يكون جائزا ويكون من حقه أن يتقاضى أجرا إضافيا عن عمله هذا.....إن المقصود بالعطل الرسمية المنصوص عليها في المادة (45) المطلوب تفسيرها هي العطل الرسمية المتكررة والعطل الرسمية الطارئة التي يعلن عنها ببلاغ صادر على رئاسة الوزراء، وان الأعياد الدينية هي الأعياد التي تقتضيها شعائر الأديان طبقا للعادات المرعية في المملكة). قرار رقم (21) لسنة 1974 تاريخ 1974/11/27، منشور في عدد الجريدة الرسمية عدد (2529) بتاريخ 1974/12/16.

ثانيا- الإجازة السنوية:

أن الغرض من منح العامل الحق في إجازة سنوية يكمن في توفير فسحة من الوقت له خلال السنة لإستعادة قواه المادية والمعنوية وتجديد نشاطه، لذلك فإن تحقيق مثل هذا الغرض قد لا يتسنى إلا إذا كانت الإجازة طويلة ومأجورة، وبالتالي فقد تدخل المشرع ليفرض جملة من الأحكام الخاصة بالإجازة السنوية للعامل، وبما يكفل توفيرها على نحو ملائم.

مدة الإجازة:

لقد استند المشرع إلى أقدمية العامل في المنشأة لتحديد مدة الإجازة التي يستحقها، حيث فرق في ذلك بين طائفتين من العمال.

فقد قرر في المادة (61) من قانون العمل بأن لكل عامل أمضى في خدمة صاحب العمل سنة كاملة الحق في إجازة سنوية لمدة أربعة عشر يوما بأجر كامل، أما العمال الذين امضوا في خدمة صاحب العمل نفسه خمس سنوات فأكثر فإنهم يستحقون إجازة لمدة (21) يوما في السنة[1]، ولكن يشرط أن تكون خدمتهم متصلة غير متقطعة، وألا فإن انقطاع الخدمة لأي سبب دون إتمام مدة الخمس سنوات يجعل العامل يستحق إجازة لمدة أربعة عشر يوما فقط، أي حتى ولو عمل العامل لدى صاحب العمل لمدة تزيد عن خمس سنوات تقطعت فيها علاقة العمل بينهما لفترة ما.

أما إذا لم تبلغ مدة خدمة العامل السنة فيحق له الحصول على إجازة بأجر بنسبة المدة التي عمل خلالها في تلك السنة[2]، فإذا كانت المدة التي عمل فيها ستة اشهر مثلا استحق العامل

---

[1] لقد ذهب جانب من المشرعين إلى منح العامل مدة إجازة أطول مما هو مقرر في القانون الأردني، كما أن بعضهم قام بزيادة مدة الإجازة لمن يزيد عمره عن حد معين، فعلى سبيل المثال تقضي المادة (47) من قانون العمل المصري بان تكون مدة الإجازة السنوية (21) يوما بأجر كامل لمن أمضى في الخدمة سنة كاملة، على أن تزاد إلى ثلاثين يوما متى ما أمضى العامل في الخدمة عشر سنوات لدى صاحب عمل أو أكثر، كما تكون الإجازة لمدة ثلاثين يوما في السنة لمن تجاوز سن الخمسين.

وعلى نحو مشابه، فقد قرر المشرع المصري زيادة الإجازة للعاملين في بعض الأعمال مراعاة لظروف عملهم، فقد جاء في المادة (47) من قانون العمل ما نصه:(تزاد مدة الإجازة السنوية سبعة أيام للعمال الذين يعملون في الأعمال الصعبة أو الخطرة أو المضرة بالصحة أو في المناطق النائية والتي يصدر بتحديدها قرار من الوزير المختص بعد أخذ رأى الجهات المعنية).

[2] انظر المادة (61/ب) من قانون العمل.

إجازة تساوي خمسون بالمائة من المدة المقررة، سواء أكانت أربعة عشر يوما أم إحدى وعشرون، وذلك بحسب الأحوال.

وما يجدر الالتفات أليه هنا هو أن أيام العطل الرسمية والأعياد الدينية وأيام العطلة الأسبوعية لا تحسب من الإجازة السنوية إلا إذا وقعت خلالها.

تنظيم الإجازة السنوية:

لقد أناط المشرع أمر تنظيم وقت الإجازة السنوية بصاحب العمل، إذ يكون لصاحب العمل الحق في أن يختار تاريخ منح الإجازة السنوية لعمالة، فله أن يحددها بالنسبة لكل عامل على حدى في أي وقت خلال السنة، ولا مانع أيضا من أن يقوم بتوحيد هذه الإجازات لكل مجموعة منهم، أو منحها لهم بالتناوب إذا ما اقتضت ظروف العمل ذلك، وعليه فانه لا يجوز للعامل إلزام صاحب العمل بمنحه إياها في وقت معين يحدده هو، فقد قضت المادة (61/د) بمنح صاحب العمل الحق في تحديد تاريخ الإجازة السنوية لكل عامل وكيفية استعمالها للعامل في مؤسسته خلال الشهر الأول من السنة وذلك حسب مقتضيات العمل فيها على أن يراعي في ذلك مصلحة العامل[1].

ولما كان تحقيق الغرض المقصود من الإجازة السنوية لا يتم إلا بمنحها دفعة واحدة، فقد عاد المشرع ليضع قيود عدة على صاحب العمل إذا ما أراد تجزئتها أو تأجيلها، وهذه القيود هي:

1- أن يكون التأجيل بالاتفاق بين العامل وصاحب العمل.

---

[1] جاء في قرار لمحكمة التميز في تطبيق للمادة (61/د) من قانون العمل ما نصه:(لصاحب العمل أن يحدد خلال الشهر الأول من السنة تاريخ الإجازة السنوية لكل عامل وكيفية استعمالها للعامل في المؤسسة وذلك حسب مقتضيات العمل فيها على أن يراعى في ذلك مصلحة العامل وذلك وفقا للمادة (61/1/د) من قانون العمل أي أن الإجازة هي حق للعامل وبالتالي فهو يستفيد منها حسب مصلحته إلا أن القانون أجاز لصاحب العمل تحديد زمانها من الشهر الأول من السنة، وحيث أن صاحب العمل لم يقدم البينة على انه قام بشيء من هذا فيكون استعمال الإجازة مرهونا برغبة العامل وحسب مصلحته وبالتالي طلب صاحب الشركة من المدعي مغادرة الشركة واعتبار نفسه في إجازة فرفض المدعي لهذه الإجازة وقيام مدير الشركة المميز بإخراجه من المصنع بواسطة الشرطة يعد فصلا للعامل ويكون القرار بالحكم له بحقوقه العمالية متفقا وأحكام القانون). تمييز حقوق (1998/2531)، مجلة نقابة المحامين، العدد الخامس، السنة السابعة والأربعون، عمان، 1999، ص1288.

2- أن يكون التأجيل إلى السنة التالية مباشرة، وإلا فان حق العامل في الإجازة المؤجلة على هـذا الوجـه يسقط إذا انقضت السنة التي أجلت إليها ولم يطلب استعمالها خلال تلك السنة[1]، أما إذا طلب العامل استعمالها فانه يحظر على صاحب العمل رفض هذا الطلب، فقد حرص المشرع على ضرورة تلبية طلب العامل في مثل هذه الحالة[2].

3- إذا لم تؤخذ الإجازة السنوية دفعة واحدة فلا يجوز أن يقل الجزء منها عن يومين في كل مرة[3].

وبما أن الأحكام المتعلقة بالإجازات تعد متعلقة بالنظام العام، فقد أكد المشرـع عـلى أهميـة الالتـزام بهـا، إذ قـرر بطلان كل اتفاق يقضي بتنازل العامل عن إجازته السنوية أو حتى عن أي جزء منها[4].

الأجر أثناء الإجازة السنوية:

استثناء من المبدأ العام الذي يقرر بأن لا أجر دون عمل، فان المشرع فرض على صاحب العمـل أجـرا كـاملا خـلال فترة الإجازة[5]، وبالتالي فإن للعامل الحق في تقاضي أجره الأساسي فضلا عـن توابعـه كـالعلاوات والبـدلات والمزايـا العينيـة، وبغض النظر عن الطريقة التي يحتسب

---

[1] جاء في قرار لمحكمة التمييز ما يأتي:(استمرار عمل المدعية من عام 1992 وحتى تاريخ فصلها في الشهر السادس من عام 1997 يوجب الحكم لها ببدل الإجازة السنوية عن آخر سنتي عمل حسب أحكام المادة (61) من قانون العمل طالما لم يثبت أن المدعية استعملت هذه الإجازات أو قبضت بدلا عنها). تمييز حقوق (2298/ 1998)، مجلة نقابة المحامين، العدد السادس، السنة السابعة والأربعون، عمان، 1999، ص 1856.

[2] انظر المادة (61/ج) من قانون العمل.

[3] انظر المادة (62) من قانون العمل.

[4] انظر المادة (64) من قانون العمل.

[5] إذا كان العامل يستحق أجرا كاملا خلال مدة الإجازة، فإن ذلك يبقى مرهونا كذلك باستخدام العامل لها والاستفادة منها على الوجه الذي يحقق الحكمة من تشريعها، ومع ذلك فان المشرع الأردني لم يتطرق إلى مثل هذه الحالة، الأمر الذي كان من الأولى تلافيه؛ كما فعل بعض المشرعين فقد أجازت المادة (50) من قانون العمل المصري لصاحب العمل حرمان العامل من الأجر إذا ما ثبت أن العامل كان قد اشتغل في فترة الإجازة تلك.

فيها اجر العامل، أي سواء أكان يحدد بالزمن أم بالقطعة أم بالطريحة[1].

أثر انتهاء العقد على حق العامل في الإجازة السنوية:

لقد جاء المشرع في المادة (63) من قانون العمل ليفرض للعامل الحق في الحصول على اجره عن أيام الإجازة المستحقة له إذا انتهى عقده[2]، وبصرف النظر عن سبب إنقضاء العقد، أي حتى وان كان نتيجة خطأ العامل نفسه.

لا بل أن العامل يستحق أجرا عن الإجازة بالنسبة للمدة التي قضاها عند صاحب العمل حتى وان لم تبلغ سنة، حيث تحتسب الإجازة المستحقة للعامل في هذه الحالة عن أجزاء السنة بنسبة المدة التي عمل بها لدى صاحب العمل[3]، فإذا ما أمضى العامل مدة ستة شهور مثلا ثم انتهى عقده، فإنه لا يستحق إجازة بل أجرا يقدر بنصف مدة الإجازة التي تمنح لمثله من العمال الذين يتمون السنة.

ثالثا- الإجازة المرضية:

قد يتعرض العامل أثناء العمل أو خارجه إلى مرض يعوقه عن أداء عمله، لذلك فقد منح المشرع العامل الحق في التمتع بإجازة لاسترداد صحته وعافيته، وكفل له نسبة من الأجر خلال مدد محددة منها لكي لا يصبح العامل وأسرته عالة على غيره في وقت قد يحتاج فيه إلى نفقات إضافية للعلاج ومستلزماته.

فقد تضمنت المادة (65) من قانون العمل أحكاما مختلفة بشأن العامل الذي يحصل على إجازة مرضية، حيث فرقت في ذلك بين حالتين هما:

1- حالة العامل المجاز مرضيا في الأربعة عشر يوما الأولى، حيث يستحق أجرا كاملا.

---

[1] انظر: د.حمدي عبد الرحمن وخالد حمدي، المرجع السابق، ص321. د عبد الغني عمرو الرويمض، المرجع السابق، ص320.

[2] (استمرار عمل المدعية من عام 1992 وحتى تاريخ فصلها في الشهر السادس من عام 1997 يوجب الحكم لها ببدل الإجازة السنوية عن آخر سنتي عمل حسب أحكام المادة (61) من قانون العمل طالما لم يثبت أن المدعية استعملت هذه الإجازات أو قبضت بدلا عنها). تمييز حقوق (1997/2298)، مجلة نقابة المحامين، العدد السادس، السنة السابعة والأربعون، عمان، 1998، ص 1856.

[3] انظر المادة (61/ب) من قانون العمل.

2- حالة العامل المجاز مرضيا في الأربعة عشر يوما التالية للمدة الأولى، إذ يستحق أجرا كاملا إذا كان نزيل أحد المستشفيات، ونصف الأجر إذا لم يكن نزيل أحد المستشفيات، ولكن بشرط أن تكون حاجته للإجازة ثابتة بموجب تقرير لجنة طبية تعتمدها المؤسسة.

وعليه فان أقصى مدة للإجازة المرضية – طبقا لنص المادة (65) – هي 28 يوما خلال السنة الواحدة.

كما ويسقط حق العامل في التمتع بهذه الإجازة بانقضاء السنة، فلا يجوز له ضم مدة إجازة مرضية لم يتحقق الانتفاع بها أو بجزء منها في سنة من السنين على مدة هذه الإجازة في سنة تالية، والأصل في حساب السنة – كما أسلفنا – بأنه يختلف من عامل إلى آخر باختلاف تاريخ ابتداء خدمته، إلا أن ذلك لا يحول دون تحديدها على نحو مختلف[1].

بيد أن النزاع قد يثار بين العامل وصاحب العمل حول مدى استحقاق العامل لهذه الإجازة تبعا لحقيقة مرض العامل من عدمه، لذلك فقد جاءت المادة المذكورة لتحدد الطريقة التي يتم من خلالها التحقق من مرض العامل، فقضت بأن الإجازة تمنح للعامل بناء على تقرير من الطبيب المعتمد من قبل المؤسسة.

على أن المادة المذكورة لا تحول دون قبول صاحب العمل للتقرير الطبي إذا ما كان صادرا من طبيب خاص قام بعلاج العامل، فلصاحب العمل قبول مثل هذه القرير، كما انه له رفضه وإحالة العامل إلى طبيب آخر يعتمده ليتولى فحصه.

رابعا- إجازة الحج:

أن مراعاة الاعتبارات الدينية حدت بالمشرع إلى إقرار حق العامل في إجازة وباجر كامل لأداء فريضة الحج، ولكن ضمن ضوابط محددة تولت إيرادها المادة (66) من قانون العمل، وهذه الضوابط تتلخص بالآتي:

1. أن يكون العامل قد أمضى في خدمة صاحب العمل خمس سنوات متصلة غير متقطعة.
2. إلا تجاوز مدة الإجازة أربعة عشر يوما.

[1] انظر: د.السيد محمد السيد عمران، المرجع السابق، ص 435.

وجدير بالإشارة هنا، أن هذه المدة تعد قصيرة وقد لا تكفي لاداء فريضة الحج واخذ قسط من الراحة عقب العودة منها، لذلك فانه من الأحرى بالمشرع الأردني مد هذه الإجازة إلى فترة أطول[1].

3. ألا ينتفع العامل من هذه الإجازة لأكثر من مرة واحدة خلال مدة الخدمة[2]، فلا يجوز له المطالبة بها إذا ما سبق له أداء هذه الفريضة أثناء مدة خدمته لدى صاحب العمل نفسه.

كما ويجب على العامل أن يقدم لصاحب العمل الوثائق الدالة على قيامه بأداء هذه الفريضة في الإجازة الممنوحة له لهذا الغرض، متى ما طلب منه ذلك[3].

خامسا- إجازة الثقافة العمالية:

لقد أعطى المشرع لكل عامل الحق في إجازة مدفوعة الأجر للالتحاق بدورات الثقافة العمالية وفقا للشروط الآتية:

1. ألا تزيد مدتها عن أربعة عشر يوما في السنة.
2. أن تكون الدورة المزمع الالتحاق بها معتمدة من قبل وزارة العمل.
3. أن يكون الالتحاق بهذه الدورة بناء على ترشيح صاحب العمل أو مدير المؤسسة وبالتنسيق مع النقابة العمالية المعنية[4].

---

[1] لقد ذهب المشرع المصري وكذلك الليبي إلى منح العامل إجازة لاداء فريضة الحج لمدة أطول مما هو مقرر في القانون الأردني، فقد نصت المادة (53) من قانون العمل المصري على الآتي:(للعامل الذي أمضى في خدمة صاحب العمل خمس سنوات متصلة الحق في إجازة بأجر كامل لمدة شهر لأداء فريضة الحج أو زيارة بيت المقدس، وتكون هذه الإجازة مرة واحدة طوال مدة خدمته). أما قانون العمل الليبي فقد نص في المادة (41) على الآتي:(للعامل الذي أمضى في خدمة صاحب العمل ثلاث سنوات متصلة الحق في إجازة خاصة بأجر كامل لا تجاوز خمسة وعشرين يوما لأداء فريضة الحج...)، ويلاحظ هنا أيضا بان المدة المطلوب إمضاءها لاستحقاق إجازة الحج هي ثلاث سنوات، وهي مدة اقصر من تلك المقررة في القانون الأردني.

[2] لقد ذهب بعض المشرعين إلى إعطاء هذه الإجازة لمرة واحدة فقط طوال عمر العامل لا إذا بلغت خدمته لدى صاحب العمل مدة معينة على نحو ما فعل المشرع الأردني، فقد جاء في المادة(41) من قانون العمل الليبي ما نصه:(...ولا ينتفع العامل بهذه الإجازة إلا مرة واحدة في العمر). والحكمة من هذا الحكم كما يبدو هي أن هذه الفريضة لا تكون مطلوبة بحسب أحكام الشريعة الإسلامية لأكثر من مرة في العمر. وعلى نحو مغاير لما سبق، فقد سكت بعض المشرعين عن مثل هذه الإجازة، كما هو الحال في قانون العمل الكويتي. انظر: د.جمال النكاس، المرجع السابق، ص142.

[3] انظر المادة (66/أ) من قانون العمل.

[4] انظر المادة (66/أ) من قانون العمل.

سادسا- إجازة الالتحاق بالدراسة:

يحق للعامل بمقتضى أحكام قانون العمل الحصول على إجازة دون أجر بغرض إتمام الدراسة، وذلك وفقا للضوابط الآتية:

1. ألا تزيد مدة الإجازة عن أربعة أشهر.

2. أن تكون الدراسة التي يلتحق بها العامل في جامعة أو معهد أو كلية معترف بها بصورة رسمية[1].

سابعا- إجازة مرافقة العامل لزوجه:

فقد منح قانون العمل لكل من الزوجين العاملين الحق في الحصول على إجازة دون أجر لمرافقة زوجه طبقا للشروط الآتية:

1. أن يكون كل من الزوج والزوجة عاملا[2]، أي مبرما لعقد عمل، الأمر الذي قد يطرح تساؤلا حول إمكانية استفادة الزوج العامل من هذه الإجازة إذا ما كان الآخر موظفا لا عاملا ؟

يبدو أن السماح بذلك في ظل أحكام قانون العمل النافذ متعذرا، فالمادة (68) منه تشير صراحة إلى ضرورة أن يكون كلا الزوجين عاملا، فقد جاء فيها ما نصه:(لكل من الزوجين العاملين الحصول على إجازة لمرة واحدة دون أجر...).

2. أن ينتقل أحد الزوجين إلى عمل آخر يقع خارج المحافظة التي يعمل فيها داخل المملكة أو إلى عمل يقع خارج المملكة.

3. أن يكون التمتع بهذه الإجازة لمرة واحدة فقط.

---

[1] انظر المادة (66/ب) من قانون العمل.

ويشار إلى أن بعضا من المشرعين جعل الإجازة الدراسية للعامل مأجورة إذا توافرت شروط معينة كالنجاح في الامتحانات، ومن أمثلة ذلك ما نصت عليه المادة (115) من نظام العمل السعودي واتلي نصت على الآتي:(للعامل المنتسب إلى مؤسسة تعليمية الحق في إجازة بأجر كامل لتأدية الامتحان عن سنة غير معادة تحدد مدتها بعدد أيام الامتحان الفعلية، أما إذا كان الامتحان عن سنة معادة فيكون للعامل الحق في إجازة دون أجر لأداء الامتحان. ولصاحب العمل أن يطلب من العامل تقديم الوثائق المؤيدة لطلب الإجازة وكذلك ما يدل على أدائه الامتحان. وعلى العامل أن يتقدم بطلب الإجازة قبل موعدها بخمسة عشر يوما على الأقل. ويحرم العامل من أجر هذه الإجازة إذا ثبت أنه لم يؤد الامتحان، مع عدم الإخلال بالمساءلة التأديبية).

[2] انظر: د.سيد محمود رمضان، المرجع السابق، ص370.

4.ألا تزيد مدة الإجازة عن سنتين[1].

ثامنا- إجازة التفرغ لتربية الأطفال:

يجوز للمرأة العاملة الحصول على إجازة دون أجر للتفرغ لتربية أطفالها إذا ما تحققت الشروط الآتية:

1. أن يكون لدى المرأة العاملة اكثر من طفلين، إذ يستند هذا الشرط إلى صيغة المادة (67) من قانون العمل والتي أشارت إلى أن الإجازة تعطى للمرأة لتربية (أطفالها)- أي بصيغة الجمع[2]، الأمر الذي كان من الأجدر التوسع فيه، لان الحكمة من منح هذه الإجازة قد تكون متوافرة لدى العاملة حتى وان لم يكن لديها مجموعة أطفال، كما في الحالة التي يكون فيها لدى العاملة طفلين[3].
2. أن تكون المرأة تعمل في مؤسسة تستخدم عشرة عمال أو أكثر.
3. ألا تزيد مدة الإجازة على سنة.
4. ألا تعمل بأجر في أي مؤسسة أخرى خلال مدة الإجازة.

فإذا تحققت هذه الشروط كان من حق المرأة العاملة بعد التمتع بالإجازة الرجوع إلى عملها[4].

تاسعا- إجازة الأمومة:

لقد راعى المشرع الوضعية الخاصة للمرأة العاملة الحامل في حالة الولادة، حيث اقر لها بإجازة تتلاءم مع ظروفها وحاجاتها في تلك الفترة، عبر أيراد العديد من الأحكام المنظمة لتلك الإجازة.

---

[1] انظر المادة (68) من قانون العمل.

[2] تنص المادة (67) والتي جاء فيها ما نصه:(للمرأة التي تعمل في مؤسسة تستخدم عشرة عمال أو أكثر الحق في الحصول على إجازة دون أجر لمدة لا تزيد على سنة للتفرغ لتربية أطفالها). انظر كذلك: د.سيد محمود رمضان، المرجع السابق، ص368.

[3] يلاحظ في هذا الصدد أن جانبا من المشرعين أعطى هذه الإجازة للمرأة العامل حتى وان كان لديها طفل واحد فقط، كما هو الحال في قانون العمل المصري والذي جاء في المادة (94) منه ما نصه:(يكون للعاملة في المنشأة التي تستخدم خمسين عاملا فأكثر الحق في الحصول على إجازة بدون أجر لمدة لا تتجاوز سنتين وذلك لرعاية طفلها، ولا تستحق هذه الإجازة لأكثر من مرتين طوال مدة خدمتها).

[4] انظر المادة (67) من قانون العمل.

فقد منح قانون العمل الحق للعاملة في الحصول على إجازة الأمومة، وذلك وفقا للأحكام الآتية :

1- أن تحصل العاملة على اجر كامل خلال مدة الإجازة، إذ يحسب الأجر وفقا للراتب الأساسي بالإضافة إلى ملحقاته.

2- ألا تزيد مدة الإجازة عن عشرة أسابيع، وعلى ألا تقل المدة اللاحقة على الوضع عن ستة أسابيع بأي حال، فمدة العشرة أسابيع هذه قد تبدأ قبل الوضع بفترة ما، فإذا ما استنفذت العاملة مدة الإجازة ولم يكن قد مضى عليها بعد الوضع ستة أسابيع، فإن هذه الفترة تمدد إلى ستة أسابيع، على ألا تستحق عن الفترة الزائدة هذه أجرا، إذ يحظر نهائيا تشغيلها قبل انقضاء تلك المدة[1].

أما كيفية تحديد وقت هذه الإجازة فانه بلا شك يرتبط بوضع حملها، إذ يجب عليها تقديم شهادة طبية مبينا فيها التاريخ الذي يرجح فيه حصول الوضع لتحديد تاريخ بدأ مدة الإجازة وبحيث لا تقل المدة اللاحقة على الوضع عن ستة أسابيع، أي توزيعها على النحو الذي حدده المشرع.

بقي أن نشير إلى أن تمتع المرأة بهذه الإجازة لا يمس حقها بالتمتع بالإجازة المرضية إذا ما احتاجت إليها، فهذه الإجازة تعد خاصة وإضافية، وألا لما كان هناك داع لإيرادها بنص منفصل.

الجزاء المترتب على مخالفة أحكام الإجازات:

أن إخلال صاحب العمل بأي من الأحكام المنظمة للإجازات يعرضه لإيقاع العقوبة الجنائية التي حددتها المادة (77) والمتمثلة بدفع غرامة لا يقل مقدارها عن مائة دينار ولا يزيد

---

[1] انظر المادة (70) من قانون العمل. كما يلاحظ بان مدة الإجازة في بعض التشريعات تزيد عما هو مقرر في القانون الأردني، وهو ما يصب في مصلحة العامل بلا شك، فقد جاء في المادة (91) من قانون العمل المصري ما نصه:(للعاملة التي أمضت عشرة أشهر في خدمة صاحب عمل أو أكثر الحق في إجازة وضع مدتها تسعون يوما بتعويض مساو للأجر الكامل تشمل المدة التي تسبق الوضع والتي تليه، بشرط أن تقدم شهادة طبية مبينا بها التاريخ الذي يرجح حصول الوضع فيه...). وعلى نحو مشابه، يلاحظ بان المدة التي تعقب الوضع في هذا القانون تزيد أيضا عما هو مقرر في القانون الأردني، فقد جاء في المادة المذكورة ما يأتي: (ولا يجوز تشغيل العاملة خلال الخمسة وأربعين يوما التالية للوضع...).

على خمسمائة دينار، على أن تضاعف العقوبة في حالة التكرار، كما لا يجوز تخفيض العقوبة عن حدها الأدنى للأسباب التقديرية المخففة، فصاحب العمل ملزم مثلا بمنح العامل أجازته السنوية ووفقا للمدد والأحكام المحددة قانونا، وإلا اعتبر مخلا بالتزام يفرضه عليه القانون ودون الالتفات إلى سبب ذلك الإخلال، أي حتى وان بدى أن ذلك راجع إلى عدم مطالبة العامل بإجازته أو حتى تنازله عنها.

المطلب الثالث
التزامات صاحب العمل الأخرى

فضلا عن التزامي صاحب العمل السابقين، فإن هناك التزامات أخرى تقع على عاتقه يمليها مبدأ حسن النية الواجب مراعاته عند تنفيذ العقود، ولعل من ابرز هذه الالتزامات الالتزام بمراعاة قدرات العامل وذلك بعدم تكليفه بأعمال مرهقة تفوق طاقته؛ كما ويجب على صاحب العمل تمكين العامل من أداء العمل المتفق عليه، بالسماح له بالدخول إلى مكان العمل واستعمال الأدوات والمواد اللازمة لذلك، فلا يجوز لصاحب العمل منع العامل من ذلك ولو أدى أليه اجره كاملا، لما قد يشكله ذلك من انتقاص لكفاءة العامل وخبراته المكتسبة[1].

وامتدادا لما يقضي به مبدأ حسن النية، فانه يقع على عاتق صاحب العمل أيضا الالتزام بمعاملة العامل معاملة إنسانية تليق بكرامته، فلا يجوز لرب العمل سب العامل أو أهانته، الأمر الذي حرص المشرع على تأكيده مباشرة في المادة (3/822) من القانون المدني، إذ قضت بضرورة مراعاة صاحب العمل مقتضيات الأدب واللياقة في علاقته بالعامل.

وبالإضافة إلى ذلك، فإن هناك التزامات أخرى نص عليها المشرع ويجب على رب العمل أخذها بعين الاعتبار وألا تعرض للجزاء القانوني، وهذه الالتزامات ملقاة في اغلبها على عاتق جميع أصحاب العمل دون استثناء، كالالتزام بالحفاظ على سلامة العمال، والتزامه المتعلق بإصابات العمل وامراض المهنة[2].

---

[1] انظر: د.محمود جمال الدين زكي، عقد العمل، المرجع السابق، 746. انظر كذلك المادة (53) من قانون العمل.

[2] هناك التزامات أخرى قد تقع على عاتق صاحب العمل لم يشر إليها المشرع الأردني في قانون العمل، مع أن كثير من التشريعات المقارنة أشارت إليها لأهميتها، كالالتزام المتعلق بسفر العمال ونقلهم، والذي قد يأخذ

ولما كانت الالتزامات التي يمليها مبدأ حسن النية لا تعد إلا تطبيقا للقواعد العامة المتعلقة بتنفيذ العقود، فإن دراستنا ستنصب على التزامات صاحب العمل الأخرى، وذلك على النحو الآتي:

الفرع الأول: الالتزام بالمحافظة على صحة العمال وسلامتهم.

الفرع الثاني: الالتزام المتعلق بإصابات العمل وأمراض المهنة.

الفرع الأول
الالتزام بالمحافظة على صحة العمال وسلامتهم

لقد كفل المشرع حماية العامل في صحته وسلامة جسده من أدنى أذى قد يصيبه، فقد نصت المادة (822) من القانون المدني على انه يجب على صاحب العمل القيام بما يأتي:

(1 - أن يوفر كل أسباب الأمن والسلامة في منشآته وأن يهيئ كل ما يلزم لتمكين العامل من تنفيذ التزاماته.

2 - أن يعنى بصلاحية الآلات والأجهزة الخاصة بالعمل حتى لا يقع منها ضرر).

الأمر الذي عاد المشرع ليؤكد عليه وبصورة اكثر تفصيلا في الفصل الثامن من قانون العمل، فقد أشار قانون العمل إلى إلزام صاحب العمل بتوفير وسائل الإسعاف الطبية في المنشأة وبشكل يتلاءم مع عدد العمال وطبيعة العمل والمخاطر الناتجة عنه[1]، ليس هذا فحسب، فقد الزم

إحدى صورتين: أولهما الالتزام بدفع مصروفات استقدام العمال وعودتهم إلى مواطنهم، وثانيهما الالتزام بتوفير وسائل النقل اليومي من مكان العمل واليه.

وكالالتزام بتوفير المسكن والغذاء في المناطق البعيدة عن العمران، إذ قد تقتضي ظروف العمل إقامة العمال في أماكن بعيدة عن المدن والقرى، مما قد يجعل الحصول على المساكن والطعام دون تدخل صاحب العمل وإلزامه بها أمرا عسيرا وصعب المنال.

وكما في الالتزام بالتسوية بين العمال، إذ لا يقصد بإلزام صاحب العمل بالتسوية بين العمال أن يقوم بإعطاء حقوقا متساوية لعمالة الذين يتساوون في القدرات والكفاءة، فمثل هذا الأمر يعد مسلما به كقاعدة عامة، وانما ما يقصد به هو مساواة عمال الأشخاص الذين يعهد إليهم صاحب العمل بتأدية عمل من أعماله - كما هو الحال بالنسبة لعمال المقاول من الباطن - بعمال صاحب العمل الأصلي. للمزيد من التفصيل انظر: للمؤلف، عقد العمل الفردي في القانون الليبي، المرجع السابق، ص 186وما بعدها. [1] انظر المادة (78) من قانون العمل. انظر كذلك في تفاصيل مواد وأدوات الإسعاف الواجب توفيرها القرار الصادر عن وزير العمل خاص بوسائل و أجهزة الإسعاف الطبي للعمال في المؤسسات، منشور في الجريدة الرسمية العدد (4179) الصادر بتاريخ 1997/1/16.

المشرع بضرورة توفير طبيب وممرض أو اكثر في المؤسسة أن زاد عدد العاملين فيها عن خمسين[1]، فضلا عن تشكيل لجان و مشرفي للسلامة و الصحة المهنية في المؤسسة[2].

---

[1] تنص المادة (7) من نظام العناية الطبية الوقائية و العلاجية للعمال في المؤسسات رقم (42) لسنة 1998على ما يأتي:(أ- مع مراعاة أحكام الفقرة (ب) من هذه المادة تلتزم كل مؤسسة بتعيين طبيب وممرض أو إنشاء وحدة طبية بما يتناسب مع عدد العمال فيها وفقا لما هو مبين في الجدول أعلاه: ب- يجوز لعدة مؤسسات مجاورة يقل عدد العمال في كل منها عن (50) عاملا أن تتفق فيما بينها على الاشتراك بتعيين طبيب وممرض وإنشاء وحدة طبية حسب مقتضى الحال ويحدد هذا الاتفاق الالتزامات المالية المترتبة على كل منها ويصادق عليه مدير المديرية. ج- تتحمل المؤسسة الكلفة المالية المترتبة علي توفير العناية الطبية الوقائية والعلاجية المنصوص عليها في هذا النظام لجميع العاملين فيها. د- يبلغ مدير المؤسسة المديرية بأسماء الأطباء والممرضين العاملين في المؤسسة أو الوحدات الطبية عند تشكيلها أو تغيير أحد أعضائها) انظر كذلك المادة (4) من النظام نفسه والتي تولت تحديد عدد الأطباء والممرضين الواجب توفيرهم بحسب عدد العمال في المنشأة..

[2] انظر نظام تشكيل لجان و مشرفي السلامة و الصحة المهنية رقم (7) لسنة 1998. والذي نص على ضرورة قيام كل مؤسسة بتشكل جهاز وظيفي متخصص للسلامة والصحة المهنية يتناسب عدده مع حجم العمالة، إذ يتكون هذا الجهاز من عدد من المشرفين الذين يكونون تابعين لمدير المؤسسة مباشرة. انظر المادة (4)،(5) من النظام نفسه. أما اختصاصات المشرف فهي كثيرة ومتعددة، إلا أن أهمها القيام بالأمور التالية: أ- إعداد خطط لبرامج السلامة والصحة المهنية في المؤسسة بما في ذلك الخطط السنوية اللازمة لذلك. ب- التفتيش الدوري على جميع أماكن العمل ووضع وسائل الوقاية بشكل مناسب عن مخاطرها وأضرارها سواء منها أدوات الوقاية الشخصية أو الموضوعة على الآلات. ج- معاينة الحوادث وتسجيلها وإعداد التقارير عنها. د- معاينة أماكن العمل التي يثبت بها الإصابة بأحد الأمراض المهنية وإعداد تقرير بظروف العمل بالاستعانة بطبيب المؤسسة إن وجد. هـ- متابعة توفير وسائل الوقاية من الحريق وأجهزة الإسعافات الأولية. ز- الاشتراك مع المختصين في إعداد برامج التدريب للعاملين في المؤسسة لوقايتهم من المخاطر والحوادث. و- إبداء الرأي في توريد الآلات أو المواد التي تستخدمها المؤسسة في الإنتاج وذلك لتوافر شروط السلامة والصحة المهنية لها. ز- إعداد لوائح تعليمية وإرشادية وتحذيرية حول أمور السلامة والصحة المهنية. انظر المادة (6) من النظام نفسه. انظر كذلك قرار صادر عن وزير العمل خاص بمستوى و جهات تدريب مشرفي السلامة و الصحة المهنية في المؤسسات لسنة 1999.

أما إذا كان في المؤسسة أو في أي فرع منها عدد من العمال يزيد على (50) فانه يجب تشكيل لجنة تسمى (لجنة السلامة والصحة المهنية) برئاسة المدير وعضوية عدد من العمال ورؤساء الأقسام وطبيب المؤسسة، إذ يكون لهذه اللجنة اختصاصات عدة أهمها بحث ومتابعة الحوادث والإصابات التي وقعت بالمؤسسة، ومتابعة الأعمال التي قام بها المشرف. انظر المواد (7)،(8) من نظام تشكيل لجان و مشرفي السلامة و الصحة المهنية

كما أكد على ضرورة اتخاذ صاحب العمل للاحتياطات اللازمة لحماية المؤسسة والعاملين فيها من أخطار الحريق والانفجارات أو تخزين المواد الخطرة القابلة للاشتعال أو نقلها أو تداولها وتوفير الوسائل والأجهزة الفنية الكافية وذلك وفقا لتعليمات السلطات الرسمية المختصة كالدفاع المدني[1].

وعلى نحو مشابه فإنه يجب على صاحب العمل توفير الاحتياطات والتدابير اللازمة لحماية العمال من الأخطار والأمراض التي قد تنجم عن العمل وعن الآلات المستعملة فيه، فضلا عن توفير وسائل الحماية الشخصية والوقاية للعاملين من أخطار العمل و أمراض المهنة كالملابس، والنظارات والقفازات والأحذية وغيرها[2]، وإرشادهم إلى طريقة استعمالها والمحافظة عليها وعلى نظافتها، لا بل أن المشرع كان حريصا أيضا على أن يتم إحاطة العمال بمخاطر المهنة ووسائل الوقاية منها بالطرق المختلفة[3]، كتوفير لوحات إرشادية تحذيرية في المؤسسة[4].

أما تفاصيل وطبيعة الإجراءات والتعليمات الواجبة الاتباع من قبل صاحب العمل لهذا

وما يجدر ذكره هنا هو أن هذه الأحكام لا تطال جميع المؤسسات، بل التي تتطلب طبيعة العمل فيها القيام بذلك، كالمناجم والمحاجر والمؤسسات العاملة في الكهرباء والغاز والنفط.انظر في تحديدها تعليمات القطاعات الخاضعة لأحكام نظام تشكيل لجان و مشرفي السلامة و الصحة المهنية، منشورة في الجريدة الرسمية عدد(4274) بتاريخ 1998/4/16.

[1] انظر المادة (80) من قانون العمل.

[2] انظر في تفاصيل الأدوات الواجب توفيرها للعامل التعليمات الخاصة بحماية العاملين و المؤسسات من مخاطر بيئة العمل, منشورة في الجريدة الرسمية عدد (4286) تاريخ 1998/6/16.

[3] تنص المادة (78) من قانون العمل على ما يأتي:(أ- يتوجب على صاحب العمل ما يلي:1.... 2.... 3.إحاطة العامل قبل اشتغاله بمخاطر مهنته وسبل الوقاية الواجب عليه اتخاذها وان يعلق بمكان ظاهر تعليمات وإرشادات توضح فيها مخاطر المهنة ووسائل الوقاية منها وفق الأنظمة والقرارات التي تصدر بهذا الشأن). انظر: كذلك المادة (6) من نظام العناية الطبية الوقائية و العلاجية.

ومن جهة أخرى، فقد أصدر المشرع نظام الوقاية والسلامة من الآلات والماكينات الصناعية ومواقع العمل رقم 43 لسنة 1998، والذي أشار إلى ضرورة اتخاذ كافة الاحتياطات اللازمة للوقاية من الأخطار المختلفة، كما انه أورد تفاصيل بشأن الوقاية من أخطار معينة، كالأخطار الميكانيكية، الكهربائية (الساكنة والديناميكية)، الكيميائية. انظر المواد (2-5) من النظام نفسه.

[4] انظر المادة (6) من نظام الوقاية والسلامة من الآلات.

الغرض فقد أحال المشرع في تحديدها إلى أنظمة وتعليمات تصدر لهذا الغرض[1].

ولما كانت الغاية من اتخاذ مثل هذه الاحتياطات والوسائل اللازمة لحماية صحة العامل لا تتم إلا بالتزام العامل بها، فقد عاد المشرع ليؤكد ذلك في مادة لاحقة، حيث نصت المادة (82) على ما يأتي:(يجب على العمال في أي مؤسسة التقيد بالأحكام والتعليمات والقرارات الخاصة باحتياطات الوقاية والسلامة والصحة المهنية واستعمال الأجهزة الخاصة بها والمحافظة عليها والامتناع عن أي فعل يحول دون تنفيذ تلك الأحكام والقرارات والتعليمات والامتناع عن العبث بأجهزة الوقاية والسلامة والصحة المهنية أو إلحاق الضرر بها أو إتلافها وذلك تحت طائلة التعرض للعقوبات التأديبية المنصوص عليها في النظام الداخلي للمؤسسة).

---

[1] تنص المادة (85) من قانون العمل على ما يأتي:(يصدر مجلس الوزراء بناء على تنسيب الوزير الأنظمة اللازمة في الأمور التالية:

أ - تشكيل لجان السلامة والصحة المهنية وتعيين المشرفين في المؤسسات العامة والخاصة وتحديد اختصاص تلك اللجان والمشرفين وواجباتها.

ب - العناية الطبية الوقائية والعلاجية للعمال وواجبات أصحاب العمل في توفيرها وكيفية إنشاء الوحدات الطبية المشتركة بين أكثر من مؤسسة وطريقة تمويلها والأجهزة الفنية الواجب توافرها في هذه الوحدات والفحوص الطبية الدورية للعمال.

ج - الوقاية والسلامة من الآلات والماكينات الصناعية ومواقع العمل).

وتنص المادة (79) من قانون العمل على ما يأتي:(يحدد الوزير بعد استطلاع رأي الجهات الرسمية المختصة بتعليمات يصدرها ما يلي:

أ - الاحتياطات والتدابير التي يجب اتخاذها أو توفيرها في جميع المؤسسات أو في أي منها لحماية العمال والمؤسسات من أخطار العمل وأمراض المهنة.

ب - الأجهزة والوسائل التي يجب توفيرها في المؤسسات أو في أي منها لحماية العاملين فيها من أخطار العمل وأمراض المهنة ووقايتهم منها.

ج - الأسس والمعايير الواجب توافرها في المؤسسات الصناعية لضمان بيئة خالية من التلوث بجميع أشكاله والوقاية من الضوضاء والاهتزازات وكل ما يضر بصحة العامل ضمن المعايير الدولية المعتمدة، وتحديد طرق الفحص والاختبار الخاص لضبط هذه المعايير).

كما تنص المادة (83) من القانون نفسه على ما يأتي:(للوزير بعد استطلاع آراء الجهات المعنية أن يصدر تعليمات تحدد بموجبها كل عمل لا يجوز تشغيل أي شخص فيه قبل إجراء الفحص الطبي عليه للتأكد من لياقته الصحية للقيام بذلك العمل وتنشر التعليمات التي تصدر بمقتضى هذه المادة في صحيفتين محليتين يوميتين وفي الجريدة الرسمية).

وبالتالي فان توفير وسائل وقاية العمال من مخاطر العمل يكون من التزامات صاحب العمل، أما الالتزام باستخدام تلك الوسائل وما يتعلق بها من تعليمات فإنه يكون من التزامات العامل التي قد يعرضه مجرد تجاهلها إلى نتائج وخيمة على صحته، فضلا عن إيقاع عقوبة الفصل التأديبي، على النحو الذي السابق بيانه.

وإمعانا في الحماية التشريعية للعمال فانه يمنع إدخال أية مواد إلى مكان العمل إذا كان من شانها التأثير على وعي العامل وإدراكه، إذ نصت المادة (81) على ما يأتي:(لا يجوز لصاحب العمل أو العامل أن يسمح بإدخال أي نوع من الخمور أو المخدرات والمؤثرات العقلية أو العقاقير الخطرة إلى أماكن العمل أو أن يعرضها فيها كما لا يجوز لأي شخص الدخول إلى تلك الأماكن أو البقاء فيها لأي سبب من الأسباب وهو تحت تأثير تلك المشروبات أو العقاقير).

وبغية التحقق من قيام أصحاب العمل بما يفرضه عليهم التزامهم بالمحافظة على صحة العمال وسلامتهم فقد جعل المشرع من صلاحيات مفتشي السلامة والصحة المهنية في وزارة العمل الاطلاع على الخصائص الفني والعلمية للمواد والمركبات الكيماوية المستخدمة في العمليات الصناعية، وذلك حتى يتسنى تحديد مستويات الأمان للمواد الخطرة والضارة بالصحة التي يسمح بتواجدها في بيئة العمل[1].

وأخيرا، فإن الإخلال بهذا الالتزام يعرض صاحب العمل للعقوبة الجنائية المنصوص عليها في المادة (84) من قانون العمل، أي الإغلاق والغرامة، إذ نصت على الأحكام الآتية:

(أ- إذا خالف صاحب العمل أي حكم من أحكام هذا الفصل فللوزير إغلاق المؤسسة أو مكان العمل كليا أو جزئيا أو إيقاف أي آلة فيهما إذا كان من شأن تلك المخالفة تعريض العمال أو المؤسسة أو الآلات للخطر وذلك إلى أن يزيل صاحب العمل المخالفة.

ب- يشترط أن لا يصدر الوزير قراره المنصوص عليه في الفقرة (أ) من هذه المادة قبل توجيه إنذار إلى صاحب العمل بإزالة المخالفة خلال المدة التي يحددها له في الإنذار وذلك وفقا لجسامة المخالفة وخطورتها.

ج- يراعى في حالة إغلاق المؤسسة أو مكان العمل أو إيقاف آلات فيهما عدم الإخلال بحق العمال في تقاضي أجورهم كاملة عن مدة الإغلاق أو الإيقاف.

[1] انظر المادة (9) من نظام الوقاية والسلامة من الآلات.

د- للوزير إحالة المخالف إلى المحكمة المختصة ويعاقب في هذه الحالة بغرامة لا تقل عن مائة دينار ولا تزيد على خمسمائة دينار وتضاعف الغرامة في حالة التكرار ولا يجوز تخفيض الغرامة المحكوم بها عن حدها الأدنى لأي سبب من الأسباب).

الفرع الثاني
الالتزام المتعلق بإصابات العمل وامراض المهنة

المقصود بإصابة العمل وفقا لما قضت المادة الثانية من قانون العمل هو كل إصابة تلحق بالعامل نتيجة حادث أثناء تأدية العمل أو بسببه[1]، ويعتبر في حكم ذلك الحادث ما يقع للعامل أثناء ذهابه لمباشرة عمله أو عودته منه[2]؛ أما المقصود بالأمراض المهنية فهو الإصابة بأحد الأمراض الصناعية المحددة قانونا[3].

وما يجدر الإشارة أليه قبل الخوض في تفاصيل أحكام هذا الالتزام هو أن تطبيقها يقتصر فقط على العمال غير المشمولين بأحكام قانون الضمان الاجتماعي[4]، الأمر الذي يعني أن مجال تطبيقها ضئيل ومحدود النطاق، ذلك أن قانون الضمان الاجتماعي يشمل الغالبية العظمى من

---

[1] تعرف إصابة العمل لدى جانب من الفقه على أنها: أي مساس بجسم العامل أثناء العمل أو بسببه يقع فجأة بفعل قوة خارجية ويلحق بالعامل ضررا جسمانيا.

Voir: Raymond Guillien et Jean Vicent, Op. cit, p3.

[2] قد يتساءل البعض عن الإصابة التي تلحق بالعامل أثناء الإضراب القائم في المنشأة، فهل تعد إصابة عمل؟

الأصل ألا تعد من إصابات العمل، ومع ذلك فان الإصابة أثناء ذهابه أو رجوعه من العمل تعد من إصابات العمل حتى وان كان في المنشأة إضراب أو ما شابه، كما لو كانت مساعي التوفيق تبذل لحل النزاع العمالي في المنشأة.

voir: Evelyne Barberousse-Guibert Diana Topezu, op.cit, p337.

[3] تعرف المادة الثانية من قانون العمل المرض المهني على النحو الآتي:(الإصابة بأحد الأمراض الصناعية المبينة في الجدول رقم (1) أو الإصابة بأي من الإصابات المهنية المبينة في الجدول رقم (2) الملحقين بهذا القانون).

كما يعرف الفقه المرض المهني على انه: خلل يلحق بجسم العامل أثناء قيامه بالعمل بسبب طبيعة العمل وظروفه.

Voir: Raymond Guillien et Jean Vicent, Op. cit, p178.

[4] انظر المادة (86) من قانون العمل.

الأشخاص الخاضعين لقانون العمل[1].

والتزام صاحب العمل هذا يفرض عليه القيام بالعديد من الأمور يتمثل أولها بنقل المصاب إلى المستشفى أو أي مركز طبي، وتبليغ الجهات الأمنية المختصة بالحادث، فضلا عن إرسال إشعارا إلى وزارة العمل بذلك خلال مدة لا تزيد على (48) ساعة من وقوع الحادث، وسواء نجم عن تلك الإصابة أضرارا جسمانية للعامل أو ترتب عليها وفاته، كما يتحمل صاحب العمل نفقات نقل المصاب إلى المستشفى أو المركز الطبي لمعالجته؛ وإلا فان صاحب العمل آو مدير المؤسسة أو من يمثلها يعاقب في حالة مخالفته هذه الأحكام بغرامة لا تقل عن مائة دينار ولا تزيد على خمسمائة دينار عن كل مخالفة، على أن تضاعف العقوبة في حالة التكرار[2].

---

[1] حول نطاق تطبيق قانون الضمان الاجتماعي رقم (19) لسنة 2001 يراجع المواد (3-8) منه.إذ نصت المادة (3)على ما يأتي:(أ - يشتمل هذا القانون على التأمينات التالية:1- التأمين ضد إصابات العمل وأمراض المهنة.2- التأمين ضد الشيخوخة والعجز والوفاة.3- التأمين ضد العجز المؤقت بسبب المرض والأمومة.

ب - ينفذ تطبيق التأمينات الواردة للبندين (1) و (2) من الفقرة (أ) من هذه المادة على العمال الخاضعين لقانون العمل الساري المفعول والموظفين العامين غير التابعين للتقاعد بموجب أحكام قانون التقاعد المدني وقانون التقاعد العسكري على أن يحدد مجلس الوزراء بناء على توصية من المجلس الفئات المشمولة بتلك التأمينات ومناطق تطبيقها ومراحله وتاريخ البدء في تطبيق هذا القانون في كل مرحلة من تلك المراحل).

كما نصت المادة (4) على ما يأتي:(أ- تسري أحكام هذا القانون على جميع العمال ممن لا تقل أعمارهم عن ستة عشر عاما دون أي تمييز بسبب الجنسية ومهما كانت مدة العقد أو شكله وأيا كانت طبيعة الأجر وقيمته سواء أكان أداء العمل بصورة رئيسية داخل المملكة أم خارجها مع عدم الإخلال بأحكام الاتفاقيات الدولية التي تنظم قواعد الازدواج في التأمين.

ب - لا تسري أحكام هذا القانون على الفئات التالية:1- الموظفين العامين التابعين للتقاعد بموجب أحكام قوانين التقاعد المعمول بها.2- الموظفين الأجانب الذين يعملون في البعثات الدولية أو السياسية أو السكرية الأجنبية.3- العمال الذين تكون علاقتهم بصاحب العمل غير منتظمة ويحدد المجلس القواعد والشروط اللازم توفرها لاعتبار علاقة العمل منتظمة.

ج - مع مراعاة أحكام المادة (6) من هذا القانون يعلق تطبيق التأمينات على فئات العمال التالية وذلك إلى أن يقرر مجلس الوزراء بناء على تنسيب المجلس تطبيق تلك التأمينات عليهم:1- العمال المستخدمون في الأعمال الزراعية أو الحرجية أو أعمال الرعي ما عدا الذين يعملون في تلك الأعمال على آلات ميكانيكية أو في أعمال الري الدائم أو الذين يعملون في الحكومة أو في المؤسسات العامة التابعة لها.2- البحارة والصيادون البحريون.3- خدم المنازل ومن في حكمهم.4- التأمين الصحي للعامل والمستحقين.5- المنح العائلية.6- التأمين ضد البطالة).

[2] انظر المادة (78) من قانون العمل.

أما مقدار التعويض الذي يستحق للعامل من جراء إصابته بإصابة عمل، فانه لا يكون واحدا في كل الحالات، بل يجري فيه التفريق بين حالات عدة حددتها المادة (90) من قانون العمل، وذلك على النحو الآتي:

أ.حالة الوفاة والعجز الكلي: إذ يستحق على صاحب العمل إذا نشأ عن إصابة العمل وفاة العامل أو عجزه الكلي تعويض يساوي أجر ألف ومائتي يوم عمل، على ألا يتجاوز التعويض خمسة آلاف دينار وألا يقل عن ألفي دينار[1].

ب.حالة العجز المؤقت: إذ يستحق للعامل إذا نشأ عن إصابة العمل عجز مؤقت بدلا يوميا يعادل (75%) من معدل أجره اليومي، اعتبارا من اليوم الذي وقعت فيه الإصابة، وذلك خلال مدة المعالجة بناء على تقرير من المرجع الطبي[2] إذا كانت معالجته خارج المستشفى، ويخفض ذلك البدل إلى (65%) من ذلك الأجر إذا كان المصاب يعالج لدى أحد مراكز العلاج المعتمدة.

ج.حالة العجز الجزئي: إذا نتج عن إصابة العمل عجز جزئي دائم بناء على تقرير من المرجع الطبي، فانه يدفع للعامل تعويض على أساس نسبة ذلك العجز إلى التعويض المقرر للعجز الكلي[3].

د.حالة الإصابات المتعددة: إذا نتج عن إصابة العمل الواحدة أكثر من ضرر جسماني واحد، فان العامل المصاب يستحق تعويضا عن كل ضرر من هذه الأضرار، وذلك بشرط ألا يتجاوز مجموع المبالغ الواجب دفعها مقدار التعويض الواجب دفعه في حالة العجز الكلي.

وقد أشار المشرع إلى طريقة المطالبة بالتعويض وكيفية احتسابه، إذ تتم المطالبة بتقديره بناء على طلب يتقدم به صاحب العمل أو العامل أو المستحقين عنه[4]، ويجب احتسابه على

---

[1] انظر تمييز حقوق (1999/1981)، مجلة نقابة المحامين، العدد الحادي عشر والثاني عشر، السنة الخمسون، عمان، 2002، ص 2669.

[2] لقد أحال المشرع بشأن تحديد المرجع الطبي المعتمد لغايات الفصل العاشر من قانون العمل والخاص بإصابات العمل وامراض المهنة إلى نظام اللجان الطبية رقم (58) لسنة 1977 الصادر بمقتضى المادة (80/أ) من قانون الصحة العامة رقم (21) لسنة 1971، انظر المادة الأولى من القرار الصادر عن وزير العمل خاص باعتماد مرجع طبي، منشور في عدد الجريدة الرسمية رقم (4568) تاريخ 2002/10/16.

[3] لقد تولى المشرع تحديد نسب العجز ومقدار التعويض المستحق عنها بموجب جدول رقم (2) الملحق بقانون العمل والمسمى (قائمة الإصابات المهنية وتقدير نسب العجز الذي ينشأ عنها).

[4] تنص المادة (92) من قانون العمل على ما يأتي:(أ- يتم تقدير التعويض الواجب دفعه بمقتضى هذا القانون بناء على طلب صاحب العمل أو العامل أو المستحقين عنه، وفي حالة عدم الاتفاق على التعويض يقدره الأمين العام باعتباره المفوض بتقدير التعويض، ويكون خصما في الدعوى المتعلقة به، وللوزير تعيين مفوضين

أساس الأجر الأخير الذي تقاضاه العامل، أما إذا كان العامل عاملا بالقطعة فيحسب على أساس متوسط الأجر خلال الأشهر الستة الأخيرة من عمله[1].

فإذا ما حدد مقدار التعويض على النحو السابق، فانه لا يحق للمصاب أو للمستحق عنه مطالبة صاحب العمل بأي تعويضات أخرى[2]، اللهم إلا إذا كانت الإصابة ناشئة عن خطأ صاحب العمل[3].

وبغية حماية مبلغ التعويض المستحق عن إصابة العمل، فقد ذهب المشرع إلى حظر رهن هذا التعويض أو الحجز عليه إلا لدين النفقة وفيما لا يتجاوز ثلث مقداره[4].

وعلى أية حال فان مدة التقادم المحددة للمطالبة بهذا التعويض لا تبدو طويلة، إذ لا تقبل المطالبة بالتعويض عن أي إصابة عمل إذا ما انقضت سنتين من تاريخ وقوعها أو من تاريخ وفاة العامل المصاب[5].

آخرين من موظفي الوزارة لممارسة صلاحيات المفوض في أي منطقة في المملكة، ويدفع التعويض دفعة واحدة خلال ثلاثين يوما من تاريخ تبليغ قرار المفوض بتقديره إلى ذوي العلاقة.

ب - لا يحول دفع التعويض المنصوص عليه في هذا القانون دون حصول العامل أو المستحقين عنه على مكافأة نهاية الخدمة إذا توافرت شروط استحقاقها.

ج - لا تسمع أي دعوى أمام أي محكمة تتعلق بالتعويض المنصوص عليه في هذا القانون إذا كان الطلب قد قدم بشأنه إلى المفوض وكان لا زال قيد النظر لديه).

[1] انظر المادة (91) من قانون العمل.

[2] لقد أشارت المادة (96) من قانون العمل على كيفية توزيع التعويض على المستحقين عن العامل، إذ نصت على آلاتي:(مع مراعاة أحكام المادة (95) من هذا القانون يوزع التعويض في حالة وفاة العامل على المستحقين عنه وفقا للأنصبة المعينة في الجدول (3) الملحق بهذا القانون).

[3] انظر المادة (89) من قانون العمل.

[4] تنص المادة (95) من قانون العمل على ما يأتي:(لا يجوز في أي حالة من الحالات رهن التعويض الواجب دفعه بمقتضى أحكام هذا القانون أو الحجز عليه إلا لدين النفقة وفيما لا يتجاوز ثلث مبلغ التعويض كما لا يجوز إحالته إلى أي شخص آخر غير العامل أو المستحقين عنه أو الادعاء بتقاص التعويض المستحق بعد وفاة العامل).

[5] تنص المادة (93) من قانون العمل على آلاتي:(لا يقبل الطلب بالتعويض عن أي إصابة عمل ما لم يقدم إلى المفوض خلال سنتين من تاريخ وقوعها أو من تاريخ وفاة العامل المصاب على أنه يجوز للمفوض قبول الطلب بعد مرور سنتين من تاريخ وقوع الإصابة أو الوفاة إذا كان التأخر في تقديمه ناشئا عن عذر مشروع بما في ذلك عدم الاستقرار النهائي لنتائج الإصابة).

بقي أن نشير إلى أن المشرع قضى بسقوط حق العامل في البدل اليومي والتعويض إذا ما ثبت بنتيجة التحقيق الذي تجريه الجهات المختصة تحقق أي من الحالات الآتية:

1. إذا كانت الإصابة ناشئة عن فعل متعمد أو خطأ أو إهمال جسيمين من العامل المصاب.
2. إذا كانت الإصابة ناتجة عن تأثير الخمر أو المخدرات أو المؤثرات العقلية.
3. إذا كان المصاب قد خالف التعليمات المقررة بشأن علاجه من الإصابة أو بشأن الوقاية والأمن الصناعي المعلن عنها والواجب اتباعها وكان لهذه المخالفة أثر في وقوع الإصابة.

على ألا تطبق هذه الأحكام إذا ما نجم في أي من الحالات المذكورة آنفا وفاة المصاب أو نجم عنها أصابته بعجز دائم لا تقل نسبته عن (30%)[1].

---

[1] انظر المادة (90) من قانون العمل.

الفصل الثالث

انتهاء عقد العمل الفردي

انتهاء عقد العمل يعني إنقضاء الالتزامات التي رتبها العقد بين طرفيه بحلول سبب معين.

وبعبارة أخرى، فإن إنتهاء هذا العقد يترتب عليه زوال العلاقة التي نشأت بين العامل وصاحب العمل وما ترتب عليها من التزامات وحقوق متبادلة بحلول سبب من أسباب الإنقضاء، والتي قد ترجع إلى سبب أجنبي لا يد لأي من الطرفين في حدوثه، كما في حالة وفاة العامل أو إصابته بعجز كلي، كما أنها قد ترجع إلى إرادة أحد الطرفين متى تحقق له مصلحة من الإنهاء، فقد يكون من مصلحة صاحب العمل- مثلا- إنهاء عقد العامل غير الكفء أو بسبب الظروف الاقتصادية المتردية، كما قد يكون للعامل مصلحة في الاستمرار بالعمل باعتباره مصدر رزقه الذي يقيم أوده، أو على العكس من ذلك، قد تقضي مصلحته بإنهاء العقد لتوافر فرصة عمل أخرى بشروط أفضل، وبالرغم من حاجة صاحب العمل لاستمراره في العمل.

لذلك، فقد تدخل المشرع لتحديد طرق إنهاء عقد العمل والآثار المترتبة على ذلك الإنهاء، وذلك لضمان وجود قدر من التوازن بين تلك المصالح المتعارضة، إذ يلاحظ أن المشرع حاول جهد الإمكان التضييق من الأسباب التي تؤدي إلى انحلال عقد العمل، وذلك بغية فرض نوع من الاستقرار في العلاقات الناشئة بموجبه، فهو لم يكتف بترتيب بعض الآثار على ذلك الإنهاء في حالة حدوثه، بل إنه استبق الإنهاء ذاته بالعديد من الشروط الشكلية والموضوعية التي يحظر إغفالها.

وعليه، فإن تعرضنا لإنتهاء عقد العمل الفردي سيتم من خلال المبحثين الآتيين:

المبحث الأول: أسباب إنتهاء عقد العمل الفردي.

المبحث الثاني: آثار إنتهاء عقد العمل الفردي.

المبحث الأول
أسباب إنتهاء عقد العمل الفردي

إن أسباب إنقضاء عقد العمل قد تكون عامة تنطبق على جميع العقود سواء كانت محددة المدة أو غير محددة المدة، كما أنها قد تكون خاصة بنوع العقد، فلكل من عقد العمل المحدد المدة والعقد غير محدد المدة أسباب محددة ينقضي بها ولا يشترك فيها مع العقد الآخر، إذ يتم الإنهاء في مثل هذه الحالات بصفة اعتيادية -لا عرضية- كما في الإنقضاء الذي يتم بموجب الأسباب العامة.

إذن فإن لعقد العمل أسباب عامة وأخرى خاصة تؤدي به إلى الإنقضاء، وهذا ما سنتولى عرضه من خلال المطلبين الآتيين:

المطلب الأول: الأسباب العامة لإنتهاء عقد العمل.

المطلب الثاني: الأسباب الخاصة لإنتهاء عقد العمل.

المطلب الأول
الأسباب العامة لإنتهاء عقد العمل

هناك أسباب مشتركة لإنقضاء عقود العمل[1]، شأنها في ذلك شأن باقي العقود، فقد يرجع الإنقضاء إلى اتفاق طرفي عقد العمل أي (الإقالة)[2]، وعلى نحو ما هو معروف في القواعد العامة، إذ يعد الإنهاء هنا تطبيقا كاملا لما جاء في تلك القواعد[3].

---

[1] يضيف جانب من الفقه إلى سبب آخر إلى أسباب انقضاء عقد العمل الفردي وهو بلوغ السن القانونية للتقاعد وهي ستين سنة للعامل وخمس وخمسون سنة للعاملة. انظر د.غالب الداوودي، المرجع السابق، ص 150. إلا أن رأي محكمة التمييز الأردنية ذهب إلى خلاف ذلك، إذ قضت بالآتي:(يستفاد من نص المادة (28) من قانون العمل رقم 8 لسنة 1996 أن فصل العامل من عمله يكون مبررا في أي حالة من الحالات التي عددتها على سبيل الحصر، بحيث إذا لم تتوافر إحدى هذه الحالات يكون الفصل عندئذ تعسفيا بما يتفق مع المفهوم المستفاد من المادة (25) من قانون العمل وبناء على ذلك فيعتبر فصل العامل لبلوغه الستين من عمره فصلا تعسفيا وغير مبرر لعدم ورود ذلك من ضمن الحالات التي نصت عليها المادة (28) المذكورة). تمييز حقوق (2002/3038- هيئة عامة)، مجلة نقابة المحامين، العدد السابع والثامن والتاسع، السنة الحادية والخمسون، عمان، 2003، ص 2070.

[2] لقد أشار المشرع إلى إنهاء عقد العمل بإرادة طرفيه (الإقالة) عندما نص في المادة (21) من قانون العمل على الآتي:(ينتهي عقد العمل في أي من الحالات التالية: أ. إذا اتفق الطرفان على إنهائه).

[3] انظر المواد (241- 244) من القانون المدني.

كما أن الإنقضاء قد يرجع إلى أسباب أخرى كإستحالة التنفيذ، أو فسخ العقد، وهاتين الحالتين تطرق لهما المشرع بشيء من التفصيل، فقضى بانتهاء عقد العمل إذا تحقق أحدهما حال توفر شروط وأوضاع معينة.

وعليه فإن دراسة الأسباب العامة لإنتهاء عقد العمل ستكون من خلال فرعين، بحيث نخصص الأول منها لإستحالة التنفيذ، أما الثاني فلدراسة الفسخ.

الفرع الأول
إستحالة التنفيذ

طبقا للقواعد العامة في القانون المدني فإن عقد العمل - باعتباره من العقود الملزمة للجانبين- ينفسخ تلقائيا بقوة القانون إذا ما استحال على أي من الطرفين تنفيذه نتيجة قوة قاهرة[1]، كما في حالات الوفاة أو العجز أو المرض، التي أشار إليها المشرع في قانون العمل.

على أن ما يجب التنبه أليه هو أن إستحالة التنفيذ التي ينتهي العقد بها هي الإستحالة المطلقة، أما إذا كان الأمر يتعلق بإستحالة نسبية كما في حالة اعتقال العامل أو مرضه غير الطويل، فان العقد يوقف إلى حين زوال سبب الإستحالة، فإذا ما زال ذلك السبب، رجع العقد إلى سابق عهده في ترتيب آثاره[2].

أولا- الوفاة:

إذا كانت شخصية العامل تؤخذ بعين الاعتبار عند إبرام عقد العمل، فإن ذلك يعني بالضرورة أن هذا العقد ينتهي بوفاة العامل، فلا يتصور إلزام ورثته بتنفيذه، كما ولا يقبل منهم المطالبة بالحلول مكان مورثهم في ذلك العقد[3].

---

[1] تنص المادة (247) من القانون المدني على آلاتي:(في العقود الملزمة للجانبين إذا طرأت قوة قاهرة تجعل تنفيذ الالتزام مستحيلا انقضى معه الالتزام المقابل له وانفسخ العقد من تلقاء نفسه فإذا كانت الإستحالة جزئية انقضى ما يقابل الجزء المستحيل ومثل الإستحالة الجزئية الإستحالة الوقتية في العقود المستمرة وفي كليهما يجوز للدائن فسخ العقد بشرط علم المدين).

[2] انظر: د.احمد عبد الكريم أبو شنب، المرجع السابق، ص265.

[3] لم يغفل المشرع حقوق ورثة العامل المتوفى فيما لمورثهم لدى صاحب العمل، فقد نصت المادة (34) من قانون العمل على ما يأتي:(إذا توفي العامل تؤول إلى ورثته الشرعيين جميع حقوقه في مكافأة نهاية

فعقد العمل ينتهي بوفاة العامل بقوة القانون[1]، وبصرف النظر عن سبب أو طبيعة الوفاة، أي سواء أكانت حقيقية ناتجة عن مرض أو انتحار أو غير ذلك، أم حكمية كما في حالة المفقود أو الغائب[2]، على شرط أن يكون ذلك بعد صدور حكم نهائي من المحكمة بموته.

وعلى النقيض من ذلك، فإن عقد العمل كقاعدة عامة لا ينتهي بوفاة صاحب العمل، بل إن العلاقة تستمر مع ورثته، ذلك أن شخصية صاحب العمل لا تعد -بحسب الأصل- محل اعتبار عند إبرام العقد، مما يجعل أمر انتقال ذلك العقد وما يترتب عليه من التزامات إلى الورثة ممكنا، لا بل وأمرا لازما بنص القانون ما دامت المنشأة قائمة[3]، وإلا فإن الورثة لا يكونون مسؤولين عن الالتزامات المترتبة على مورثهم إلا في حدود التركة إذا ما رغبوا في إغلاق المنشأة وتصفيتها.

ومع ذلك فإن عقد العمل ينتهي - أيضا- بوفاة صاحب العمل إذا كانت شخصيته محل اعتبار في ذلك العقد، حيث يبدو ذلك جليا على وجه الخصوص في عقود العمل التي تتصل

الخدمة المنصوص عليها في هذا القانون كما لو تم إنهاء خدماته من قبل صاحب العمل وذلك بالإضافة إلى حقوقه في أي من الصناديق المنصوص عليها في المادة (33) من هذا القانون).

ومع ذلك، فان بعض المشرعين يوفر حقوقا اكثر لورثة العامل الذي يلقى منيته أثناء الخدمة، كنفقات الجنازة وتجهيز الجثمان ونقله، فضلا عن منحة لمساعدتهم، فمثلا تنص المادة (123) من قانون العمل المصري على ما يأتي:(إذا توفي العامل وهو في الخدمة يصرف صاحب العمل لأسرته ما يعادل أجر شهرين كاملين لمواجهة نفقات الجنازة بحد أدنى قدره مائتان وخمسون جنيها كما يصرف منحة تعادل أجر العامل كاملا عن الشهر الذي توفي فيه والشهرين التاليين له طبقا لقواعد قوانين التأمين الاجتماعي).

ويلتزم صاحب العمل بنفقات تجهيز ونقل الجثمان إلى الجهة التي استقدم العامل منها أو الجهة التي تطلب نقله إليها.

[1] لقد قضت المادة (21) من قانون العمل بإنتهاء عقد العمل إذا توفي العامل أو أقعده مرض أو عجز عن العمل وثبت ذلك بتقرير طبي صادر عن المرجع الطبي. وتنص المادة (830) من القانون المدني على انه:(ينفسخ العقد بوفاة العامل كما ينفسخ بوفاة رب العمل إذا كانت شخصيته قد روعت في إبرام العقد).

[2] لم يشر المشرع الأردني إلى الموت الحكمي مع انه كان من الأفضل الإشارة إليه، وعلى نحو ما فعل المشرع المصري، فقد نصت المادة (123) من قانون العمل على ما يأتي:(ينتهي عقد العمل بوفاة العامل حقيقة أو حكما طبقا للقواعد القانونية المقررة...).

[3] جاء في المادة (16) من قانون العمل ما نصه:(يبقى عقد العمل معمولا به بغض النظر عن تغيير صاحب العمل بسبب بيع المشروع أو انتقاله بطريق الإرث أو دمج المؤسسة أو لأي سبب آخر...).

بنشاط صاحب العمل، كما هو الحال بالنسبة للطبيب الذي يبرم عقد عمل مع سكرتير أو ممرضة، الأمر الذي أشارت أليه المادة (22) من قانون العمل عندما نصت على ما يأتي:(لا ينتهي عقد العمل بسبب وفاة صاحب العمل إلا إذا روعي في العقد شخصية صاحب العمل)[1].

ثانيا- العجز والمرض:

يقصد بالعجز في هذا السياق الضعف الدائم الذي يصيب العامل في قدرته على العمل كلا أو جزءا.

والعجز على هذا النحو يشكل مانعا يحول دون أداء العامل للعمل المناط به، وبالتالي فإنه لا يعد سببا من أسباب فسخ العقد وإنما يعد موجبا لإنهائه بقوة القانون[2]، ومن دون الالتفات إلى سبب ذلك العجز، أي سواء أكان ناجما عن خطأ العامل أثناء العمل أو خارجه، أم نتيجة حادث أو اعتداء شخص آخر عليه، كما يستوي فيه أن يكون عجزا كليا لحق بجميع قدرات العامل أو جزئيا لحق ببعضها دون الآخر، على أنه يجب على رب العمل في الحالة الأخيرة تحويل العامل إلى عمل آخر يستطيع القيام به إذا ما سمحت ظروف المنشأة بذلك[3].

وعلى نحو مشابه لحالة العجز، فان العامل قد يتعرض إلى مرض يعيقه عن أداء العمل، لا سيما إذا ما طالت مدته، كما لو كان المرض مزمنا أو يحتاج إلى فترة طويلة للعلاج، الأمر الذي قد يلحق الضرر بصاحب العمل ويجعله يلجأ إلى الاستعانة بعامل آخر لأداء ذلك العمل[4].

لذلك فقد اعتبر المشرع عقد العامل المريض مفسوخا إذا ما طالت مدة المرض.

---

[1] انظر كذلك المادة (830) من القانون المدني.

[2] انظر المادة (21) من قانون العمل.

[3] تنص المادة (13) من قانون العمل على الآتي:(على صاحب العمل الذي يستخدم خمسين عاملا أو أكثر وتسمح طبيعة عمله باستخدام العمال المعوقين الذين تم تأهيلهم مهنيا بواسطة برامج وترتيبات ومعاهد التأهيل المهني للمعوقين التي اعتمدتها الوزارة أو أنشأتها بالتعاون مع المؤسسات الرسمية أو الخاصة أن يستخدم من أولئك العمال عددا لا يقل عن 2 % (اثنين بالمائة) من مجموع عماله وأن يرسل إلى الوزارة بيانا يحدد فيه الأعمال التي يشغلها المعوقون الذين تم تأهيلهم مهنيا وأجر كل منهم).

[4] يثار جدل في الفقه حول مدى الاستناد إلى المرض في فصل العامل، بحيث يجيز البعض الفصل إذا كان المرض طويل المدة فقط، في حين أجاز البعض الفصل حتى وان كان المرض قصير المدة ولكن بشرط أن يقع بصورة متكررة واعتيادية وبما يلقي بآثاره على حسن سير العمل في المنشأة.

voir: Evelyne Barberousse-Guibert Diana Topezu,op.cit, p302.

غير أن إثبات العجز أو المرض - حسبما تشير المادة (21) من قانون العمل- لا يكون بغير تقرير طبي صادر عن المرجع الطبي.

ثالثا- إستحالة التنفيذ من جانب صاحب العمل:

لما كان عقد العمل من العقود الملزمة للجانبين، فإن إستحالة تنفيذ ذلك العقد التي تفضي- إلى إنفساخه قد لا تكون في جميع الأحوال راجعة إلى العامل، بل إنها قد ترجع أيضا إلى سبب أجنبي آخر يستحيل معه على صاحب العمل تنفيذ ذلك العقد، فقد تتعرض المنشأة إلى التدمير من جراء زلزال أو حرب أو حريق شب فيها، ففي هذه الحالات ومثلها يتحقق إنفساخ عقد العمل بقوة القانون، وسواء أكان العقد محدد المدة أم غير محدد المدة.

على إن أمر التحقق من وجود السبب الأجنبي واستخلاصه يبقى خاضعا لسلطة قاضي الموضوع الذي يستقل باستنباطه من ملابسات وظروف الحال، وإلا فإن صاحب العمل يتحمل كامل النتائج المترتبة على إنهاءه لعقد العامل إذا لم تتوافر حالة القوة القاهرة، فلا يعد - مثلا- من قبيل الإستحالة التي يترتب عليها إنهاء العقد بقوة القانون إغلاق المنشأة بقرار إداري نتيجة خطأ صاحب العمل، أو إغلاقها نتيجة رغبته في اعتزال ذلك النشاط أو لقلة الأرباح المتحققة من مزاولته، ففي مثل هذه الحالات يكون إنهاء العقد من جانب صاحب العمل أمرا غير مبرر ويتوجب عليه تعويض العامل عن الأضرار التي أصابته من جراء ذلك الفسخ[1].

ومع ذلك فانه يكون لصاحب العمل- استثناء- إذا لم ينفسخ العقد بتحقق حالة إستحالة التنفيذ الحق في إنهاءه[2] أو تعليقه تبعا لظروف اقتصادية أو فنية يمر بها، ولكن حال توافر الشروط الآتية:

1. أن يكون عقد العمل المراد إنهاءه أو تعليقه من العقود غير محددة المدة.
2. أن تقتضي ظروف صاحب العمل الاقتصادية أو الفنية تقليص حجم العمل أو استبدال نظام إنتاج بآخر أو التوقف نهائيا عن العمل.

---

[1] أنظر: د.عبد الودود يحيى، المرجع السابق، ص275. د.عبد الغني الرويمض، المرجع السابق، ص288.

[2] يلاحظ أن الإنهاء الذي يسمح به المشرع لا يكون إنهاء تعسفيا بل مبررا في حال تحقق موجباته، وفي ذلك جاء قرار محكمة التمييز، إذ نص على ما يأتي:(استقر الاجتهاد القضائي على أن قيام صاحب العمل بإشعار وزارة العمل برغبته بإنهاء بعض عقود العمل غير المحددة المدة نظرا للظروف الاقتصادية التي يمر بها يجعل من تصرفه في إنهاء عمل المدعي تصرفا قانونيا غير مشوبا بالتعسف). تمييز حقوق (2000/692)، مجلة نقابة المحامين، العدد الأول والثاني والثالث، السنة الحادية والخمسون، عمان، 2003، ص 359.

3. الحصول على موافقة وزير العمل على الإجراءات التي يرغب صاحب العمل باتخاذها بما فيها إنهاء العقود أو تعليقها بعد إعلامه بالأسباب المبررة لذلك[1].

ومع ذلك، فان موافقة الوزير هذه لا تصدر مباشرة، وانما بعد الاطلاع على رأي وتوصيات لجنة خاصة تشكل بغرض التحقق من سلامة إجراءات صاحب العمل[2].

وبالرغم من ذلك، فانه يكون من حق العامل الذي تم إنهاء عقده أو تعليقه في هذه الحالات العودة إلى العمل إذا ما عاد العمل لدى صاحب العمل إلى طبيعته وكانت ظروفه تسمح بتشغيل ذلك العامل[3].

---

[1] جاء في المادة (31) من قانون العمل ما نصه:(أ-.... فعليه - أي صاحب العمل- تبليغ الوزير خطيا معززا بالأسباب المبررة بذلك فورا. ب-...
ج- يصدر الوزير قراره بشأن التوصية، خلال سبعة أيام من تاريخ رفعها بالموافقة على إجراءات صاحب العمل أو إعادة النظر فيها.
د- لأي متضرر من قرار الوزير الذي يصدر بمقتضى الفقرة (ج) من هذه المادة ان يتقدم خلال عشرة أيام من تاريخ تبليغه هذا القرار بالطعن فيه لدى محكمة الاستئناف المختصة التي تنظر في الطعن تدقيقا وتصدر قرارها فيه في مدة أقصاها شهر من تاريخ تسجيل الطعن في قلم المحكمة).

[2] جاء في المادة (31/ب) من قانون العمل الآتي:(يشكل الوزير لجنة من أطراف الإنتاج الثلاثة للتحقق من سلامة إجراءات صاحب العمل وتقديم توصياتها بشأنها إلى الوزير خلال مدة لا تتجاوز خمسة عشر يوما من تاريخ تقديم التبليغ).
انظر كذلك قرار صادر عن وزير العمل بتشكيل لجنة للنظر في إنهاء أو تعليق عقود العمل لسنة 1997، والصادر بالاستناد إلى أحكام المادة 31 من قانون العمل.

[3] جاء في المادة (31) من قانون العمل ما نصه:(ه- تمتع العمال الذين أنهيت خدماتهم وفقا للفقرة (أ، ب) من هذه المادة بالعودة إلى العمل خلال سنة من تاريخ تركهم العمل اذا عاد العمل إلى طبيعته وأمكن استخدامهم لدى صاحب العمل.
و-يحق للعامل الذي علق عقد عمله وفقا للفقرة (أ) من هذه المادة ان يترك العمل دون إشعار مع احتفاظه بحقوقه القانونية عن إنتهاء الخدمة).

الفرع الثاني

الفســـخ

لقد خرج المشرع في قانون العمل على القواعد العامة المتعلقة بفسخ العقد في القانون المدني[1]، حينما أجاز لكل من طرفي العلاقة فسخ العقد دون الرجوع إلى القضاء مقدما، حيث تبدو الحكمة من ذلك نابعة من الطبيعة الخاصة التي يتمتع بها عقد العمل والتي تجعله مختلفا عن غيره من العقود لما يتطلبه من اتصال واحتكاك مستمر بين الطرفين، وبما يجعل اللجوء إلى القضاء للسماح بفسخ العقد مقدما أمرا غير ملائم لطبيعة تلك العلاقة وظروف العمل.

لذلك فقد أجاز المشرع لكلا الطرفين فسخ العقد بالإرادة المنفردة في حالات حددها حصرا وضمن شروط وأوضاع محددة في المادة (28) من قانون العمل، والتي أجازت لصاحب العمل فسخ العقد دون سبق إشعار العامل، وفي المادة (29) من القانون ذاته، والتي أجازت للعامل فسخ العقد دون إشعار صاحب العمل.

على أن ذلك لا يعني بالضرورة حظر فسخ العقد في غير الحالات المحددة قانونا، بل إن لكل منهما ذلك، على أن عدم توافر أي من تلك الحالات يعني أن الفسخ لا يكون إلا بالإنذار، كما أنه لا يؤدي إلى حرمان العامل من التعويض إذا ما كان له موجب[2].

ولما كنا قد تعرضنا تفصيلا للحالات التي يجوز فيها لصاحب العمل فسخ العقد دون إشعار بوصفها تشكل عقوبة الفصل التأديبي، فإن الدراسة ستقتصر في هذا الفرع على الحالات التي يجوز فيها للعامل فسخ العقد، محيلين في الحالات الأولى إلى ما سبق.

---

[1] تنص المادة (241) من القانون المدني على ما يأتي:(إذا كان العقد صحيحا لازما فلا يجوز لأحد العاقدين الرجوع فيه ولا تعديله ولا فسخه إلا بالتراضي أو التقاضي أو بمقتضى نص في القانون). كما تنص المادة(1/246) من القانون نفسه على الآتي:(1- في العقود الملزمة للجانبين إذا لم يوف أحد العاقدين بما وجب عليه بالعقد جاز للعاقد الآخر بعد إعذاره المدين أن يطالب بتنفيذ العقد أو بفسخه.2- ويجوز للمحكمة أن تلزم المدين بالتنفيذ للحال أو تنظره إلى أجل مسمى ولها أن تقضي بالفسخ وبالتعويض في كل حال إن كان له مقتضى).

[2] أنظر: د.فتحي المرصفاوي، المرجع السابق، ص418.

الحالات التي يجوز فيها للعامل فسخ العقد:

لقد أتاح المشرع للعامل فسخ العقد في عدة حالات حددتها المادة (29) من قانون العمل، إذ لا يترتب على ترك العامل للعمل أدنى مسؤولية إذا توافرت أي من تلك الحالات المحددة، بل وعلى العكس من ذلك، فإن للعامل الحق في الحصول على كامل المكافأة المترتبة له عن مدة خدمته لدى صاحب العمل، فضلا عن حقه في المطالبة بالتعويض عن الضرر الذي لحقه من جراء إنهاء العقد قبل ميعاده إذا ما كان محدد المدة، ويكون له أيضا الحق في التعويض عما أصابه من أضرار أخرى، كتلك التي لحقت به من جراء اعتداء صاحب العمل عليه.

والحالات التي تحدثت عنها المادة (29) من قانون العمل، والتي يجوز فيها للعامل ترك العمل قبل نهاية العقد وبدون إشعار هي:

أولا- استخدام العامل في عمل مختلف اختلافا بينا عن العمل المتفق عليه:

إذ يجب استخدام العامل في نفس العمل المحدد في عقد العمل، وإلا فان له فسخ عقد العمل، ومع ذلك فانه يستثنى من ذلك الحالة التي تستدعي فيها الضرورة تغييرا مؤقتا لعمل العامل، فيجوز تغيير ذلك العمل ولو كان بصورة جوهرية إذا كان بغرض منع وقوع حادث أو لإصلاح ما نجم عنه أو في حالة القوة القاهرة، على أنه يشترط أيضا في هذه الحالة أن يكون ذلك التغيير في حدود طاقة العمل وفي حدود الظرف الذي اقتضى هذا العمل[1].

ثانيا- استخدام العامل بصورة تدعو إلى تغيير محل إقامته الدائم:

فلا يجوز لصاحب تشغيل العامل في عمل يجبره على الانتقال من محل إقامته الدائم، لان ذلك قد يكلف العامل جهدا ووقتا ونفقات إضافية للموصلات أو السكن، ومع ذلك فان مثل هذا التغيير يعد أمرا جائزا إذا ما نص عليه في العقد.

[1] تنص المادة (17) من قانون العمل على آلاتي:(لا يلزم العامل بالقيام بعمل يختلف اختلافا بينا عن طبيعة العمل المتفق عليه في عقد العمل إلا إذا دعت الضرورة إلى ذلك منعا لوقوع حادث أو لإصلاح ما نجم عنه أو في حالة القوة القاهرة وفي الأحوال الأخرى التي ينص عليها القانون على أن يكون ذلك في حدود طاقته وفي حدود الظرف الذي اقتضى هذا العمل).

ثالثا- نقل العامل إلى عمل آخر أدنى مرتبة:

ذلك أن استخدام العامل في عمل من مرتبة اقل من تلك التي تم الاتفاق عليها لا يفضي- فقط إلى أضرار مادية كتخفيض الأجر أو حرمانه من بعض المزايا المستحقة له، بل وقد يؤدي إلى أضرار معنوية قد لا يكون من السهل على العامل تجاهلها.

رابعا- تخفيض أجر العامل:

إذ يحظر على صاحب العمل تخفيض الأجر المتفق عليه في العقد[1]، ألا أن ثمة استثناء قد يرد على هذا الحكم وهو المتعلق بتغيير عمل العامل الذي يصاب بعجز دائم لدى صاحب العمل ويتم نقله إلى عمل آخر يتمكن من القيام به[2].

خامسا- وجود خطر يهدد العامل في صحته أو حياته:

لا ينبغي أن يتعرض العامل أثناء أداءه لعمله لأي خطر قد يهدد حياته أو سلامة أعضاءه أو صحته، فتحقق وجود أي خطر من هذا النوع على العامل يجيز له ترك العمل، ولكن ضمن عدة شروط حددتها المادة (29/هـ)، وهذه الشروط هي:

1. أن يكون استمرار العامل في العمل يعرضه لأخطار تهدد صحته، ويلاحظ أنه يجب توافر درجة من الشدة والقوة في الخطر الذي يتهدد العامل، وبما يجعل احتمال وقوع الضرر بالعامل أمرا ممكنا او مؤكدا مع مرور الوقت، كما هو الحال بالنسبة للأعمال التي يتعامل فيها العامل مع مواد مضرة أو ينبعث منها إشعاعات أو غازات سامة.

وبعبارة أخرى، فانه لا يصلح لاستفادة العامل من هذه الحالة وترك العمل أن يحتج بانطواء العمل الذي يزاوله على خطر يسير، لان جل الأعمال لا تخلو من مثل هذا الخطر.

---

[1] انظر تمييز حقوق (2000/303)، مجلة نقابة المحامين، العدد السابع والثامن، السنة الخمسون، عمان، 2002، ص 1550.

[2] لقد سمح المشرع استثناء بتخفيض اجر العامل الذي يتم تغيير عمله لاصابة ألمت به، إذ تنص المادة (14) من قانون العمل على ما يأتي:(إذا أصيب عامل إصابة عمل نتج عنها عجز دائم جزئي لا يمنعه من أداء عمل غير عمله الذي كان يقوم به وجب على صاحب العمل تشغيله في عمل آخر يناسب حالته إذا وجد مثل هذا العمل وبالأجر المخصص لذلك، على أن تحسب حقوقه المالية عن المدة السابقة لإصابته على أساس أجره الأخير قبل الإصابة).

2. إن يثبت الخطر على صحة العامل بتقرير طبي صادر عن مرجع طبي.

سادسا-اعتداء صاحب العمل أو من يمثله على العامل:

لقد أجاز المشرع للعامل فسخ عقد العمل بمجرد ارتكاب صاحب العمل أو من ينوب عنه أي فعل يشكل مساسا بسلامة جسده أو كرامته، إذ منحت المادة (29/و) للعامل الحق في ترك العمل إذا اعتدى صاحب العمل أو من يمثله عليه في أثناء العمل أو بسببه بالضرب أو التحقير.

يتضح من ذلك، أن للعامل ترك العمل بمجرد الاعتداء عليه، وسواء أكان ذلك أثناء العمل وفي مكانه، أم بسببه أي حتى وان كان خارج مكان العمل وفي غير أوقاته، كما يستوي في ذلك أن يكون الاعتداء بالضرب أو التحقير، فالمركز الذي يتمتع به صاحب العمل لا يتيح له بأي حال الاعتداء على العامل ولأي سبب كان، فلا يجوز لصاحب العمل ضرب العامل أو سبه حتى وان ارتكب العامل خطاء ما، وإلا فإن للعامل الحق في الفسخ وبغض النظر عن درجة الاعتداء أو شدته، فلا يشترط في ذلك الاعتداء أن يكون على درجة من الجسامة.

ولكن قد يتساءل البعض عن إمكانية ترك العامل للعمل إذا ما كان الاعتداء بغير الضرب أو التحقير، كما لو ارتكب صاحب العمل أو من ينوب عنه أمرا مخلا بالآداب نحو العامل، فهل يجيز مثل هذا الاعتداء ترك العمل؟

نعتقد بان نص المادة (29/و) الذي أشار للضرب والتحقير فقط لا يسعف العامل في مثل هذه الحالة، مع انه كان من الأولى بالمشرع إسدال الحماية على العامل في عرضه ومن دون الالتفات إلى جنسه أو سنه أو أي اعتبار آخر، لا سيما وان ارتكاب فعل مشين تجاه العامل قد يفوق في آثاره وخطورته تلك المترتبة على الضرب أو التحقير[1].

---

[1] لقد لاحظ المشرع خطورة استغلال صاحب العمل لما له من سلطة على العامل وما قد يؤدي إليه ذلك من اعتداءات على العامل، إذ شدد من عقوبة بعض الجرائم لهذا السبب كما في الجرائم التي تمس الأسرة والاغتصاب، إذ تنص المادة (285/ب) من قانون العقوبات الأردني رقم (33) لسنة 2002على ما يأتي:(السفاح بين شخص وشخص آخر خاضع لسلطته الشرعية أو القانونية أو الفعلية يعاقب مرتكبه بالأشغال الشاقة المؤقتة لمدة لا تقل عن خمس سنوات). كما تنص المادة (295) على الآتي:(1- من واقع أنثى أكملت الخامسة عشرة ولم تكمل الثامنة عشرة من عمرها وكان الجاني أحد أصولها سواء كان شرعيا أو غير شرعي أو واقعها أحد محارمها أو من كان موكلا بتربيتها أو رعايتها أو له سلطة شرعية أو قانونية عليها عوقب بالأشغال الشاقة المؤقتة مدة لا تقل عن عشر سنوات. 2- ويقضى بالعقوبة نفسها إذا كان الفاعل رجل دين أو مدير مكتب استخدام أو عاملا فيه فارتكب الفعل مسيئا استعمال السلطة أو التسهيلات التي يستمدها من هذه السلطة).

ليس هذا فقط، بل أن الحالة التي أشار إليها المشرع الأردني لا تسعف العامل في ترك العمل إذا كان الاعتداء بالضرب أو التحقير أو غيره موجها إلى ذوي العامل كزوجه مثلا، وبالرغم من خطورة مثل هذا الاعتداء، الأمر الذي يطرح مجددا أهمية تعديل المادة (29/و) المشار إليها[1].

وعلى ذلك، فانه لا يبقى للعامل في هذه الحالة- كما في سابقتها- سوى تحريك الدعوى الجنائية ضد صاحب العمل إذا ما كان فعله يشكل جريمة يعاقب عنها القانون، فضلا عن المطالبة بالتعويض عن الأضرار الناجمة عن ذلك للعامل.

سابعا- عدم قيام صاحب العمل بالتزاماته المقررة في قانون العمل:

إن إخلال صاحب العمل بتنفيذ أى من الأحكام المنصوص عليها فى قانون العمل أو أى نظام صادر بمقتضاه، يفسح المجال أمام العامل لفسخ العقد[2]، ولكن بشرط أن يسبق ذلك توجيه إشعار من الوزارة إلى صاحب العمل يتضمن ضرورة التقيد بتلك الأحكام التي تم تجاوزها[3].

والحق بالفسخ في هذه الحالة يثبت للعامل وبقطع النظر عن طبيعة ذلك الحكم الذي تم خرقه، أو الإخلال الذي تم ارتكابه، فيستوي في ذلك أن يكون الإخلال بذلك الحكم يسيرا أو على

---

[1] لقد تعرض المشرع المصري لمثل هذه الحالات بالمعالجة وسمح للعامل بترك العمل الأمر الذي يجدر تبني مثله في القانون الأردني، فقد نصت المادة (121) من قانون العمل المصري على الآتي:(يجوز للعامل إنهاء العقد... إذا وقع على العامل أو أحد ذويه اعتداء من صاحب العمل أو ممن يمثله.... ويعتبر الإنهاء في هذه الحالة بمثابة إنهاء للعقد من جانب صاحب العمل بغير مبرر مشروع).

[2] لم يشترط المشرع المصري توجيه إنذار إلى صاحب العمل لإخلاله بأحد التزاماته على نحو ما فعل المشرع الأردني، إلا انه اشترط لترك العامل لعمله في مثل هذه الحالة أن يكون الالتزام الذي تم الإخلال به التزاما جوهريا، وذلك حرصا منه على عدم إتاحة المجال أمام العامل لترك العمل لأي إخلال يقع من صاحب العمل لا سيما إذا كان الالتزام غير جوهري لا يترتب عليه آثار بليغة على العامل. فقد نصت المادة (121) من قانون العمل المصري على الآتي:(يجوز للعامل إنهاء العقد إذا أخل صاحب العمل بالتزام من التزاماته الجوهرية الناشئة عن القانون أو عقد العمل الفردي أو الجماعي أو لائحة النظام الأساسي للمنشأة...).

ومع ذلك فإن التفريق بين الالتزام الجوهري وغير الجوهري قد يثير بعض الاشكالات، وخاصة بشان معيار التفرقة بينهما.

[3] نصت المادة (121) من قانون العمل المصري على الآتي:(يجوز للعامل إنهاء العقد إذا أخل صاحب العمل بالتزام من التزاماته الجوهرية الناشئة عن القانون أو عقد العمل الفردي أو الجماعي أو لائحة النظام الأساسي للمنشأة).

درجة من الجسامة، فالمهم في الأمر هو الإخلال بأحد الأحكام التي يفرضها قانون العمل أو أي من الأنظمة الصادرة بموجبه.

وعليه فإن للعامل فسخ العقد مثلا، إذا اغفل صاحب العمل التنظيم القانوني لوقت العمل اليومي أو السنوي، أو للقواعد المتعلقة بدفع الأجر كدفعه في غير المواعيد المحددة، الأمر الذي ينطبق أيضا على الالتزامات الأخرى كعدم توفير وسائل المحافظة على صحة العمال وسلامتهم.

بقي أن نشير إلى أن توافر هذه الحالة من عدمها - وكما في الحالات السابقة- يبقى أمرا خاضعا لتقدير قاضي الموضوع، حيث يقوم باستخلاصه من وقائع وملابسات كل حالة على حدى.

المطلب الثاني

الأسباب الخاصة لإنتهاء عقد العمل

لقد حدد المشرع الطريقة التي يتم من خلالها إنتهاء عقد العمل، وسواء أكان ذلك العقد محدد المدة أم غير محدد المدة، حيث أورد أحكاما خاصة بكل منهما لم تقف عند الإنهاء بذاته، بل تعدته لتفرض أحكاما أخرى وثيقة الصلة به، فضلا عن ترتيب بعض الجزاءات التي تكفل عدم الإخلال بتلك الأحكام.

ولكن الصعوبة التي قد تثار هنا تتعلق بنوع العقد، لا سيما وإن عقد العمل غير محدد المدة يعد من الناحية العملية أصلح للعامل لما يحققه له من استقرار وثبات في مورد رزقه، لذلك فإن القاعدة العامة في هذا الصدد تقضي بأن عقد العمل يعد غير محدد المدة إلا إذا وجد ما يحدد مدته في الاتفاق عند إبرامه، أو في النية المشتركة للطرفين، أو في عرف المهنة، فيفترض أن عقد العمل غير محدد المدة ما لم يثبت وجود ما يقضي بخلاف ذلك، لا بل إن المشرع وإمعانا منه في تحقيق مصالح العامل ورعايتها ارتأى في حالات معينة أن ينقلب عقد العمل من محدد المدة إلى غير محدد المدة[1]، الأمر الذي يشير بدوره إلى ضرورة تحديد مفهوم كل نوع منهما قبل تحديد طرق انتهائه وما يتعلق به من أحكام.

وبناء على ما سبق فإن دراسة الأسباب الخاصة لإنتهاء عقد العمل ستكون من خلال الفرعين الآتيين:

---

[1] أنظر: د.محمود جمال الدين زكي، قانون العمل، المرجع السابق، ص362.

الفرع الأول: إنتهاء عقد العمل المحدد المدة.
الفرع الثاني: إنتهاء عقد العمل غير محدد المدة.

الفرع الأول
انتهاء عقد العمل المحدد المدة

مفهوم العقد المحددة المدة:

يقصد بالعقد المحدد المدة ذلك العقد الذي يتم تعليق انتهائه على تحقق واقعة مؤكدة الحدوث.

وعليه، فإن عقد العمل يكون محدد المدة إذا ما ضرب لانتهائه تاريخ معين كأن يتفق الطرفان على انتهائه بتاريخ الأول من شهر أيلول من السنة القادمة، أو إذا ما حدد لسريانه فترة معينة كسنة أو شهر أو موسم، كما إنه يكون في حكم العقد محدد المدة العقد الذي أبرم لإنجاز عمل معين كجني المحصول أو نقل أنقاض البناء المهدم[1].

فاعتبار عقد العمل محدد المدة يكون عبر توافر أي من الصور الثلاثة السابقة، إذ يمكن استنباط ذلك من نصوص القانون المدني، فقد نصت المادة (1/806) منه على الآتي:(يجوز أن يكون عقد العمل لمدة محدودة أو غير محدودة ولعمل معين)، الأمر الذي أكده المشرع أيضا لدى تعريفه لعقد العمل في المادة الثانية من قانون العمل، والتي جاء فيها ما نصه:(عقد العمل:اتفاق شفهي أو كتابي... ويكون عقد العمل لمدة محدودة أو غير محدودة أو لعمل معين أو غير معين)، فالمشرع من خلال هذا النص يفرق بين عقد العمل غير محدد المدة، وعقد العمل محدد المدة والذي يحدد ميعاد انتهائه على أساس زمني، سواء أكان ذلك الأساس بتحديد تاريخ معين ينتهي العقد بحلوله، أم بتحديد مدة يكون ساريا بها وينتهي بانقضائها، ففي جميع هذه الحالات ينتهي عقد العمل من تلقاء نفسه بحلول الأجل ودون الحاجة إلى إشعار سابق من أحد المتعاقدين، وإلا فإن العقد يعد غير ذي مدة محددة[2].

---

[1] أنظر خلاف ذلك: تمييز حقوق (1999/3058- هيئة عامة)، مجلة نقابة المحامين، العدد التاسع والعاشر، السنة الخمسون، عمان، 2002، ص 2128. تمييز حقوق (1999/1774)، مجلة نقابة المحامين، العدد التاسع والعاشر، السنة الخمسون، عمان، 2002، ص 2132.

[2] تنص المادة (809) من القانون المدني على الآتي:(إذا كان عقد العمل لمدة معينة انتهى من تلقاء نفسه بإنتهاء مدته فإذا استمر طرفاه في تنفيذه بعد إنقضاء مدته أعتبر ذلك تجديدا له لمدة غير معينة). وبعبارات مماثلة

وعلى أية حال، فإن العقد يعد محدد المدة متى ما ارتبطت نهايته بواقعة مستقبلية محققة الوقوع، حتى وإن لم يعرف تاريخ تحقق هذه الواقع على وجه التحديد، فلا مانع يحول دون اعتبار العقد محدد المدة فيما لو تم إبرامه لإتمام عمل معين وبالرغم من عدم معرفة الطرفين لتاريخ إتمام ذلك العمل؛ الأمر الذي ينطبق كذلك على العقد الذي يبرم لموسم معين كموسم الصيف أو الشتاء، أو الموسم السياحي أو المسرحي، كما يعد من هذه العقود العقد الذي يبرمه صاحب العمل مع عامل جديد أثناء مرض أحد عماله أو تأدية أحدهم الخدمة العسكرية[1]، ففي مثل هذه الحالات يكون العقد محدد المدة على الرغم من عدم معرفة تاريخ انتهائه على وجه الدقة، بل على وجه التقريب بتوقعه في أيام معدودة.

إلا أن التساؤل الذي قد يطرح نفسه في هذا السياق قد يتعلق بالعقد الذي يتراضى فيه الطرفان على حد أدنى أو أقصى لسريانه، فهل يعتبر العقد في مثل هذه الحالة محدد المدة أم لا؟.

للإجابة على ذلك نعتقد بلزوم التفريق بين عدة فروض، حيث أن التفرقة قد تدق في بعض الحالات، فمثلا إذا اتفق الطرفان على عقد يكون ساريا لمدة دنيا يحددانها ولا يجوز لأي منهما إنهاء العقد خلالها، فإن العقد يكون محدد المدة خلال سريان تلك المدة الدنيا، فإذا استمرا في تنفيذ العقد بعد ذلك، فإنه يتحول إلى عقد غير محدد المدة.

وعلى نحو مغاير فإن اتفاق الطرفين على تحديد مدة قصوى للعقد يكون منتهيا ببلوغها مع إتاحة المجال لكل منهما في إنهائه بالإرادة المنفردة خلال مدة سريانه، يعني أن العقد يكون خلال تنفيذه عقدا غير محدد المدة، أما إذا ما تم بلوغ المدة القصوى فإن العقد ينتهي تلقائيا على اعتبار أنه عقد محدد المدة[2].

وعلى كل، فإن مسألة تكييف العقد تبقى خاضعة لتقدير القاضي، وبغض النظر عن الوصف الذي يطلقه المتعاقدان عليه أو الطريقة التي تم من خلالها تحديد الأجر، أي حتى وإن كان تحديد الأجر يتم على أساس زمني، فالقاضي يحدد نوع العقد من خلال استخلاص نية الطرفين وتحديدهما لأجل ينتهي به العقد من عدمه.

نصت المادة (15) من قانون العمل على أنه:(إذا كان عقد العمل لمدة محدودة فإنه ينتهي من تلقاء نفسه بإنتهاء مدته فإذا استمر طرفاه في تنفيذه بعد إنقضاء مدته اعتبر ذلك تجديدا له لمدة غير محدودة وذلك من بداية الاستخدام)

[1] أنظر: د.سيد محمود رمضان، المرجع السابق، ص413.

[2] أنظر: د.عبد الودود يحيى، المرجع السابق، ص303، د.السيد محمد السيد عمران، المرجع السابق، ص485.

الحد الأقصى لمدة العقد المحدد المدة:

لقد أورد المشرع قيدا على حرية الأشخاص في تحديد المدة التي يستمر خلالها تنفيذ العقد، إذ نصت الفقرة الثانية من المادة (806) من القانون المدني على ما يأتي:(لا يجوز أن تتجاوز مدته خمس سنوات فإذا عقد لمدة أطول ردت إلى خمس).

طبقا لهذا النص، فإن المدة القصوى التي يجوز للمتعاقدين الاتفاق عليها يجب ألا تتجاوز خمس سنوات، فلا يجوز أن يكون العقد لمدة حياة العامل أو رب العمل أو لأكثر من خمس سنوات، وإلا فإن لكل من العامل وصاحب العمل الحق في فسخ العقد[1].

ولعل الحكمة من إيراد مثل هذا القيد الزمني تتجلى في حرص المشرع على عدم مصادرة الحرية الشخصية لطرفي العقد بتأبيده أو إبرامه لمدة طويلة قد تصير معها علاقة العمل بينهما أشبه بعلاقة الرق[2].

تجدد العقد المحدد المدة:

إذا كان إنتهاء عقد العمل المحدد المدة يعد أمرا محتوما، فإن ذلك لا يعني عدم السماح لطرفي العقد الاستمرار في تنفيذه أو تجديده، فللطرفين القيام بذلك، إذ لا مانع يحول دون القيام به.

---

[1] لم يضع المشرع الأردني شروطا للإنهاء إذا زادت مدة العقد على خمس سنوات، ذلك انه قضى برد المدة إلى خمس سنوات، ومع ذلك فقد يؤدي ذلك إلى مفاجئة الطرف الآخر بالإنهاء، لذلك فقد يكون من الأفضل النص على إلزام الطرف الراغب بالإنهاء بتوجيه إشعار بذلك إلى الطرف الآخر، وان تحدد مدة لهذا الإشعار- كشهر مثلا، وذلك لكي لا يفاجئ الطرف الآخر بالإنهاء. الأمر الذي تبنى مثله المشرع المصري في المادة (2/678) من القانون المدني، والتي جاء فيها:(فإذا كان عقد العمل لمدة حياة العامل أو رب العمل أو لأكثر من خمس سنوات، جاز للعامل بعد إنقضاء خمس سنوات أن يفسخ العقد دون تعويض على أن ينذر رب العمل إلى ستة أشهر).

في حين جاءت المادة (104) من قانون العمل المصري لتؤكد على الحكم ذاته ولكنها أوردت مدة اقصر للإشعار، إذ جاء فيها ما نصه:(فإذا أبرم العقد لمدة تزيد على الخمس سنوات، جاز للعامل إنهاءه دون تعويض- عند انقضاء خمس سنوات - وذلك بعد إخطار صاحب العمل قبل الإنهاء بثلاثة أشهر).

[2] أنظر: د.فتحي المرصفاوي، المرجع السابق، ص441. وعلى نحو مشابه أشارت المذكرات الإيضاحية للقانون المدني الأردني إلى العلة من حظر الاتفاق على اكثر من خمس سنوات في عقود العمل، إذ جاء فيها الآتي:(...وقد رأى المشروع حرصا على مصلحة العامل أن لا تتجاوز مدته خمس سنوات حتى لا يكون في العقد استغلال لضعف العامل أو ظروفه من قبل صاحب العمل رعاية للمصلحة المرسلة...). المذكرات الإيضاحية للقانون المدني الأردني،الطبعة الثالثة، منشورات نقابة المحامين، عمان، 1992، الجزء الثاني،ص589.

ولكن، لما كان السماح بمثل هذا الأمر يتيح المجال لإثارة النزاع أو استغلال العامل، فقد تدخل المشرع ليضع الإطار الذي يتم من خلاله ذلك التجديد، عبر مواجهة حالاته المختلفة، ذلك أن التجديد قد يتم صراحة أو ضمنا في العقود المبرمة على أساس زمني، كما أنه قد يتم في العقود المبرمة لإنجاز عمل معين.

أولا- تجدد العقد المحدد المدة على أساس زمني:

تنص المادة (1/809) من القانون المدني على ما يأتي:(إذا كان عقد العمل لمدة معينة انتهى من تلقاء نفسه بإنتهاء مدته فإذا استمر طرفاه في تنفيذه بعد إنقضاء مدته أعتبر ذلك تجديدا له لمدة غير معينة).

كما جاء في المادة (15/ج) من قانون العمل في الموضوع ذاته ما نصه:(إذا كان عقد العمل لمدة محدودة فإنه ينتهي من تلقاء نفسه بإنتهاء مدته فإذا استمر طرفاه في تنفيذه بعد إنقضاء مدته اعتبر ذلك تجديدا له لمدة غير محدودة وذلك من بداية الاستخدام).

يتضح من خلال النصين السابقين بأن استمرار الطرفين في تنفيذ عقد العمل المحدد المدة بعد إنتهاء مدته الأصلية يؤدي إلى تجدده ولكن لمدة غير محددة، فالتجديد في مثل هذه الحالة يعد تجديدا ضمنيا إذ أنه لا يرجع إلى اتفاق صريح من قبل الطرفين، بل نتيجة للاستمرار الفعلي في العمل، الأمر الذي ارتأى المشرع معه تحويل العقد من محدد المدة إلى غير ذي مدة محددة، حيث تبدو العلة من ذلك في محاولة توقي التحايل الذي قد يقع من أصحاب الأعمال للفكاك من القيود المفروضة على عقود العمل غير محددة المدة - كالإشعار- عن طريق إظهار العقد المجدد في صورة عقد محدد المدة ينتهي تلقائيا بإنتهاء مدته، لا سيما إذا ما كان محددا لمدة قصيرة كأسبوع أو اثنين يتجدد كل مرة بعد إنقضاء مدته.

وإذا كان ما سبق يخص التجديد الضمني للعقد المحدد المدة، فإن الأمر يبدو مختلفا بخصوص التجديد الصريح لذلك العقد، إذ أجاز المشرع لطرفي العقد تجديده مرة أخرى، أي جعله محدد المدة لفترة جديدة[1]، إذ نصت المادة (1/828) من القانون المدني على انه:(ينتهي

[1] جاء في قرار لمحكمة التمييز ما يأتي:(أن عقد العمل المبرم بين الطرفين الذي يتجدد (سنة فسنة بإتفاق الطرفين يعتبر عقدا محدد المدة)). تمييز حقوق (2005/1124)، مجلة نقابة المحامين، العدد الرابع والخامس والسادس، السنة الرابعة والخمسون، عمان، 2006، ص 739. كما جاء في قرار آخر ما نصه: (إن قيام الشركة المميزة بإجراء عقد جديد مع المميز ضده فور انتهاء العقد السابق يجعل العلاقة بين الفريقين محكومة

عقد العمل بإنتهاء المدة المحددة له ما لم يشترط تجديده كما ينتهي بإنجاز العمل المتفق عليه).

ثانيا- تجدد العقد المبرم لإنجاز عمل محدد:

يقضي المشرع في كل من القانون المدني و قانون العمل بإنتهاء العقد المبرم لإنجاز عمل معين حال الإنتهاء من تنفيذ ذلك العمل[1]، فإذا ما كان العمل قابلا بطبيعته لأن يتجدد واستمر الطرفان في تنفيذه، فإن ذلك يعني تجدد العقد ضمنيا وللمدة اللازمة للقيام بذلك العمل[2].

وعليه، فإن العقد المبرم لإنجاز عمل محدد لا يمكن تجديده إلى مدة محددة أو غير محددة، فهو لا يتجدد إلا بالقدر اللازم لإنجاز العمل مرة أخرى وبصرف النظر عن المدة التي يستغرقها، فالزمن في هذا العقد لا يعدو أن يكون إلا عنصرا عرضيا - لا أصيلا- وأن كان إجباريا ولازما للتوصل إلى تحقيق النتيجة المقصودة من إبرام العقد[3].

تمديد العقد المحدد المدة:

ومن جهة أخرى، فانه يجوز مد اجل العقد بقدر ما تستدعي الحاجة، فيجوز مثلا تمديد عقد العمل الذي ابرم لمدة سنة لمدة أخرى، كأن تكون لمدة شهر أو شهرين، ألا أن ذلك يبقى مرهونا بتحقق شرط عدة أشارت إليها المادة (825) من القانون المدني، وهي على النحو الآتي:

1- أن تنقضي المدة المعينة للعمل والمحددة باتفاق طرفي العقد.
2- أن يوجد عذر يقتضي مد أجل العقد إلى فترة إضافية.

بالعقد الأخير وهو عقد محدد المدة أما قول المميزة بأن المادة 15/ج من قانون العمل تقضي بأنه إذا استمر طرفا العقد في تنفيذه بعد انقضاء العقد السابق فيعتبر ذلك تجديدا للعقد لمدة غير محددة فهو قول يطبق في الحالة التي لا يقوم بها فريقا العقد بتنظيم عقد جديد ينظم العلاقة بينهما واستمرارها بتنفيذ أحكام العقد السابق). تمييز حقوق (2000/674)، مجلة نقابة المحامين، العدد الأول والثاني والثالث، السنة الحادية والخمسون، عمان، 2003، ص 348. انظر كذلك تمييز حقوق (1999/2811)، مجلة نقابة المحامين، العدد السابع والثامن، السنة الخمسون، عمان، 2002، ص 1821.

[1] تنص المادة (1/828) من القانون المدني على ما يأتي:(ينتهي عقد العمل بإنتهاء المدة المحددة له ما لم يشترط تجديده كما ينتهي بإنجاز العمل المتفق عليه). وتنص المادة (21/ب) من قانون العمل إنتهاء عقد العمل:(إذا انتهت مدة عقد العمل أو انتهى العمل نفسه).

[2] تنص المادة (2/809) من القانون المدني على ما يأتي:(فإن كان العمل محل العقد معينا وقابلا بطبيعته للتجدد فإن العقد يتجدد للمدة اللازمة).

[3] أنظر: د.فتحي المرصفاوي، المرجع السابق، ص444، د.السيد عمران، المرجع السابق، ص489.

3- أن يكون الاستمرار في العقد بقدر ما تتطلب الحاجة.

4- أن يلتزم صاحب العمل بإعطاء العامل أجر المثل عن المدة المضافة.

جزاء إنهاء العقد قبل إنقضاء مدته:

إن عقد العمل المحدد المدة ينتهي بحسب الأصل إما بإنتهاء مدته أو بإتمام العمل الذي أبرم العقد من أجله، فلا يجوز لأي من الطرفين الاستقلال بإنهائه بالإرادة المنفردة إلا في الأحوال التي يسمح بها القانون بذلك، كإيقاع عقوبة الفصل على العامل[1]، أو فسخه من قبل العامل لعدم التزام صاحب العمل بما يوجبه عليه قانون العمل[2].

وعليه، فإن قيام أحد الطرفين بإنهاء العقد قبل تمام مدته أو إنجاز العمل يعني انعقاد مسئوليته عن هذا الإنهاء غير المبرر، إذ تكون المسؤولية في هذه الحالة مسؤولية عقدية ناشئة عن الإخلال بالتزام يفرضه عقد العمل، ويلتزم بموجبها ذلك الطرف بتعويض الآخر عن ذلك الإنهاء غير المشروع ولكن ضمن الحدود التي فرضها المشرع.

وبعبارة أخرى، فإنه من الصعوبة بمكان إلزام أي من الطرفين باستكمال تنفيذ العقد الذي أنهي إنهاء مبتسرا (قبل أوانه)، لما قد ينتج عن ذلك من اضطراب في علاقة العمل، فضلا عما قد يسببه ذلك من مساس بالحرية الشخصية، وبالتالي فإنه يترتب على العامل إذا ما قام بذلك الإنهاء تعويض صاحب العمل عن الأضرار التي لحقته، كالأضرار الناجمة عن إغلاق المنشأة أو تعطيل العمل الناتج عن ذلك الإنهاء، على أن المشرع و مراعاة منه لظروف العامل عاد ليضع حدا أقصى لمبلغ التعويض الذي قد يحكم به على العامل، إذ جعل سقفه الأعلى أجر نصف شهر عن كل شهر من مدة العقد المتبقية، فقد نصت المادة (26/ب) من قانون العمل على الآتي:(إذا كان إنهاء العقد محدد المدة صادرا عن العامل في غير الحالات المنصوص عليها في المادة (29) من هذا القانون جاز لصاحب العمل مطالبته بما ينشأ عن هذا الإنهاء من عطل وضرر يعود تقديره إلى المحكمة المختصة على أن لا يتجاوز مبلغ ما يحكم به على العامل أجر نصف شهر عن كل شهر من المدة المتبقية من العقد).

وعلى نحو مشابه، فانه يقع على عاتق صاحب العمل الذي يقوم بإنهاء عقد العمل المحدد المدة قبل أوانه الإلتزام بتعويض العامل عما لحقه من أضرار بدفع الأجر الذي حرم منه عن

[1] أنظر المادة (28) من قانون العمل.

[2] أنظر المادة (29) من قانون العمل.

المدة الباقية من العقد كاملا، فضلا عن التعويض عن الأضرار المادية والأدبية الأخرى[1]، فقد نصت المادة (26/أ) من قانون العمل على انه:(إذا أنهى صاحب العمل عقد العمل محدد المدة قبل إنتهاء مدته أو أنهاه العامل لأحد الأسباب الواردة في المادة (29) من هذا القانون يحق للعامل استيفاء جميع الحقوق والمزايا التي ينص عليها العقد كما يستحق الأجور التي تستحق حتى إنتهاء المدة المتبقية من العقد ما لم يكن إنهاء عقد العمل فصلا بموجب المادة (28) من هذا القانون)، الأمر الذي أكده المشرع أيضا في القانون المدني[2].

الفرع الثاني

انتهاء عقد العمل غير محدد المدة

مفهوم العقد غير محدد المدة:

على خلاف العقد المحدد المدة فإن العقد غير محدد المدة يكون عندما لا يحدد الطرفان صراحة أو ضمنا لانتهائه واقعة مستقبلية مؤكدة الحدوث، فهو عقد لا يتفق فيه طرفيه على مدة معينة له، كما أنهما لا يحددانه بعمل معين لإتمامه.

بيد أن عدم تحديد مدة العقد لا يعني بالضرورة إمكانية تأبيده أيضا، ففكرة تأبيد العقود الزمنية - كعقود العمل- لا تلقى قبولا لدى المشرع لما يترتب عليها من تكبيل للحريات الفردية، لذلك فقد أقر المشرع لكل من طرفي عقد العمل الحق في إنهائه بصفة اعتيادية بالإرادة المنفردة، حيث جاء في المادة (807) من القانون المدني ما نصه:(إذا لم تكن المدة محددة في العقد جاز لكل من طرفيه أن يفسخه في أي وقت بشرط أن يعلن الطرف الآخر في المواعيد المحددة في القوانين الخاصة). الأمر الذي عاد قانون العمل ليؤكده أيضا[3].

إن تبني المشرع لمثل هذا الموقف يبرره اعتبارات مختلفة يعد من أهمها تلافي الأضرار

---

[1] أنظر: د.السيد محمد السيد عمران، المرجع السابق، ص491، د.محمد عبد الله نصار، المرجع السابق، ص244.

[2] تنص المادة (826) من القانون المدني على الآتي:(إذا كانت مدة العمل معينة في العقد وفسخ صاحب العمل العقد قبل إنقضاء مدته بلا عذر أو عيب في عمل العامل وجب عليه أداء الأجر إلى تمام المدة).

[3] جاء في المادة (23/أ) من قانون العمل ما نصه:(إذا رغب أحد الطرفين في إنهاء عقد العمل غير المحدد المدة فيترتب عليه إشعار الطرف الآخر خطيا برغبته في إنهاء العقد....).

المترتبة على تأبيد علاقات العمل، وسواء أكانت تلك الأضرار تتهدد العامل أم صاحب العمل، فمن جهة العامل تظهر فائدة ذلك في ضمان حريته واستقلاليته باتخاذ قرار إنهاء خدمته لدى صاحب العمل لوجود فرصة عمل أفضل من حيث الأجر أو باقي المزايا، سواء لدى الغير أو من خلال البدء في مشروع لحسابه الخاص، أما من جهة صاحب العمل، فإن فائدة ذلك تظهر في إتاحة المجال له لتسريح واستقطاب العمال وبما يتناسب مع مصلحة العمل أو الظروف الاقتصادية السائدة.

وعليه، فإن لكلا الطرفين الحق في فسخ عقد العمل غير محدد المدة ودون التوقف على رضاء الطرف الآخر، حيث يسمى هذا الإنهاء بالاستقالة إذا ما كان صادرا عن العامل[1]، أما إذا ما كان صادرا عن صاحب العمل فإنه يسمى فصلا.

إلا أن ما يجب ملاحظته هنا، هو أن ترك الحرية وإطلاقها لأي من الطرفين في الإنهاء دونما ضوابط أو قيود قد يؤدي إلى هدر الحكمة المتوخى تحقيقها من السماح به، وبما ينعكس أثره على علاقات العمل بإشاعة الفوضى والاضطراب فيها، لذلك فإن الحق في إنهاء العقد يجب ألا يكون مطلقا بأي حال من الأحوال.

شروط إنهاء عقد العمل غير محدد المدة:

لما كان إنهاء العقد بالإرادة المنفردة ينطوي على مخاطر قد تفضي إلى إلحاق الضرر بأي من الطرفين، فقد تدخل المشرع ليضع من الأحكام ما يضمن استعمال ذلك الحق ضمن حدود الغاية المبتغى تحقيقها، وذلك عبر فرض شرطين لا بد من تحققهما عند ممارسة هذا الحق، وهذين الشرطين هما:

1- أن يقوم الطرف الراغب في إنهاء العقد بإشعار الطرف الآخر برغبته مقدما.

---

[1] تعرف الاستقالة على أنها إبداء العامل رغبته في إنهاء خدمته لدى صاحب العمل.

وبذلك فان الاستقالة تعبر عن حق العامل في إنهاء علاقة العمل إذا ما قدر بأن ذلك يحقق مصلحة له وفي أي وقت يختاره، فللعامل تقديمها بملء إرادته ودون أن يكون لصاحب العمل الحق في إنكار ذلك عليه وبغض النظر عن الدافع الذي يقف وراء تقديمه لهذه الاستقالة، إذ لا يجوز بأي حال حمل العامل وإجباره على مزاولة عمل لا يرتضيه تحت أي ظرف كان لما في ذلك من مساس بحريته الشخصية..... وإذا كان مجال الاستقالة بحسب الأصل هو عقود العمل غير محددة المدة، فإن ذلك لا يعني حظر استخدامها في العقود محددة المدة، بل إن للعامل الحق في ذلك ولكن بشرط ألا يتعسف في استعمالها، وإلا فإن مسئوليته تجاه صاحب العمل قد تنعقد.

2- أن يستند الإنهاء إلى مبرر مشروع، بأن لا يكون الطرف الراغب في ممارسة الحق في الإنهاء متعسفا في استعماله.

الشرط الأول: الإشعار السابق بالإنهاء

الإشعار هو عبارة عن الإعلان الذي يوجهه أحد المتعاقدين إلى الآخر للتعبير عن الرغبة في إنهاء عقد العمل غير محدد المدة بعد إنقضاء مهلة محددة.

كما قد يطلق على الإشعار أحيانا تسميات أخرى كالإخطار أو الإنذار أو الإعلان، ألا أن جميعها ذات مدلول واحد.

وقد تطلب المشرع في المادة (807) من القانون المدني توجيهه إلى الطرف الآخر مسبقا[1]، وذلك بغرض الحيلولة دون مفاجأته وتمكينه من الاستعداد للوضع الجديد الذي يعقب مهلة الإشعار، وبعبارة أخرى فإن توجيه الإخطار من قبل العامل يتيح لصاحب العمل تدبر أمره خلال المهلة المحددة لإيجاد عامل آخر للحلول مكان العامل، الراغب في الإنهاء، أما توجيهه من قبل صاحب العمل فإنه يدفع العامل للبحث عن مصدر رزق آخر خلال تلك المدة.

وبالرغم من أن القانون المدني تطلب إعلان الطرف الآخر في حال الرغبة في استعمال الحق في الإنهاء، إلا أنه لم يضع من الأحكام ما يكفي لإيضاح ماهيته وكيفية توجيهه، حيث أحال في تحديد ذلك إلى قانون العمل[2]، والذي جاء بدوره ليفصل أحكام الإخطار، الأمر الذي يستدعي الوقوف على مجمل تلك الأحكام.

1. طبيعة الإشعار:

يعد الإشعار الموجه من أحد المتعاقدين إلى الآخر تصرفا قانونيا من جانب واحد، لذلك فإنه يخضع لذات الأحكام التي تخضع لها التصرفات القانونية بصفة عامة، كالأهلية وخلو الإرادة من العيوب.

كما إن القواعد الخاصة بالإشعار تعد من قبيل القواعد المتعلقة بالنظام العام، والتي لا يجوز مخالفتها إلا لشرط يصب في مصلحة العامل، وبالتالي فانه لا يجوز الاتفاق على إنهاء

---

[1] تنص المادة (807) من القانون المدني على ما يأتي:(إذا لم تكن المدة محددة في العقد جاز لكل من طرفيه أن يفسخه في أي وقت بشرط أن يعلن الطرف الآخر في المواعيد المحددة في القوانين الخاصة).

[2] انظر المادة (807) من القانون المدني.

العقد دون إشعار أو بتقصير مدته إذا ما كان موجها من صاحب العمل، على أنه يجوز الاتفاق على إنقاص تلك المدة أو الإعفاء منها إذا كان الإشعار موجها من العامل إلى صاحب العمل[1]، الأمر الذي أشارت إلى مثله المادة (23/ج) من قانون العمل، والتي جاء فيها ما نصه:(إذا كان الإشعار من طرف صاحب العمل فله أن يعفي العامل من العمل خلال مدته).

2. شكل الإشعار:

لقد تطلب قانون العمل صراحة أن يكون الإشعار كتابيا، فلا يجوز توجيهه شفاهة، إذ جاء في المادة (23/أ) ما نصه:(إذا رغب أحد الطرفين في إنهاء عقد العمل غير المحدد المدة فيترتب عليه إشعار الطرف الآخر خطيا برغبته في إنهاء العقد قبل شهر واحد على الأقل ولا يجوز سحب الإشعار إلا بموافقة الطرفين).

ولعل الغرض من تطلب الكتابة في الإشعار تكمن في حرص المشرع على قطع كل السبل المفضية إلى النزاع بين الطرفين من جهة، ولضمان الجدية في ذلك الإشعار إذا ما صدر عن أي منهما من جهة أخرى، فما من شك في أن اشتراط الكتابة في الإشعار يؤدي إلى صدوره بشكل صريح وبات لا يحتمل التأويل أو الشك، لا سيما وأنه يترتب عليه آثار بالغة الأهمية.

3. مدة الإشعار:

لقد حدد المشرع مدة الإشعار التي يجب على الطرفين الالتزام بها، إذ جعلها لمدة شهر واحد.

ولكي يتحقق الهدف من الإشعار فان سريانه لا يبدأ إلا من تاريخ إشعار الطرف الآخر بالرغبة في الإنهاء[2].

---

[1] أنظر: د.فتحي المرصفاوي، المرجع السابق، ص455.

[2] الأصل في التصرفات الصادرة عن الإرادة المنفردة أن تنتج أثرها بمجرد صدورها من الشخص الذي يقوم بها، وذلك عملا بأحكام المادة (101) من القانون المدني، إلا أن تطبيق مثل هذا الحكم على الإشعار الذي يوجهه الراغب بإنهاء عقد العمل قد يخرج الإشعار عن الهدف الذي شرع من اجله وهو تلافي مفاجئة الطرف الآخر، لا سميا وان مدته لا تعد طويلة، لذلك فقد ذهب جانب من الفقه إلى أن بدأ احتساب مدة الإشعار لا تبدأ إلا من تاريخ إبلاغ الطرف الآخر به، لا من تاريخ صدور الإرادة المنفردة، وذلك عملا بالقواعد العامة في سريان المدد القانونية. انظر: د.احمد عبد الكريم أبو شنب، المرجع السابق، ص268.

كما يعزز من وجهة النظر هذه موقف المشرع الأردني نفسه من الإشعار الموجه بشأن الإضراب والإغلاق، فقد كان حريصا على وصول الإشعار إلى الطرف الموجه إليه واحتساب مدته من تاريخ وصوله لا من تاريخ

كما أن مدة الإشعار هذه تعد مدة جامدة لا مدة تقادم، ومن ثم فانه لا يمكن أن يرد عليها أي من أسباب الوقف أو الانقطاع حتى ولو بسبب القوة القاهرة، فوجود القوة القاهرة أثناء مهلة الإشعار لا يؤدي إلى امتدادها.

فهو لا ينتج أثره إلا إذا وصل إلى علم من وجه إليه، إذ يعتبر الوصول قرينة على العلم، ما لم يقم الدليل على خلاف ذلك

4. أثر الإشعار:

بتوجيه الإشعار تبدأ مهلته بالسريان إلى حين إنتهائها، إذ يبقى العقد أثناء هذه المدة موجودا ومنتجا لآثاره كافة، بما في ذلك استحقاق العامل للأجر كاملا، واحتساب مدة الإشعار من مدة الخدمة[1].

وبالرغم من ذلك، فقد عاد المشرع ليلزم صاحب العمل بإعفاء العامل من العمل لمدة

إصداره، فقد جاء في المادة (4) من نظام شروط و إجراءات الإضراب و الإغلاق رقم (8) لسنة 1998 ما نصه:(أ- يجب أن يكون الإشعار بالإضراب كتابيا... ب-... ج- يجب أن يقدم الإشعار بالإضراب إلى صاحب العمل أو من ينوب عنه، وفي حالة تعذر ذلك يجوز إرساله بالبريد المسجل، ويعتبر التبليغ قد تم بعد مضي سبعة أيام من تاريخ إرساله، ويتوجب تبعا لذلك تغيير تاريخ البدء بالإضراب من تاريخ انتهاء هذه المدة).

وما نقول به هو أيضا ما سبق أن تعرضت له محكمة التمييز الأردنية في أحد قراراتها، إذ قضت بالآتي:(تقضي المادة 22 من قانون العمل رقم (8) لسنة 1996 بأنه إذا رغب أحد الطرفين في إنهاء عقد العمل غير المحدد المدة فيترتب عليه إشعار الطرف الآخر خطيا برغبته في إنهاء العقد قبل شهر واحد على الأقل ولا يجوز سحب الإشعار إلا بموافقة الطرفين وعليه وحيث أن المدعى عليها لم تشعر المدعية برغبتها بفصلها عن العمل إلا بالكتاب المبرز الذي لم يرد من البينة أن المدعية قد تبلغت هذا الإشعار فلا يكون له قيمة قانونية وتستحق بالتالي المدعية راتب شهر بدل إشعار وحيث أن المادة 28 من قانون العمل رقم (8) لسنة 1996 حددت الحالات التي يجوز لصاحب العمل فصل العامل دون إشعار وحيث انه لم تتوفر أية حالة من الحالات الواردة بهذه المادة بحق المدعية فيكون فصلها من العمل فصلا تعسفيا ويكون الحكم للمدعية ببدل الفصل التعسفي متفقا وأحكام القانون). تمييز حقوق (98/978)، مجلة نقابة المحامين، العدد الخامس، السنة السابعة والأربعون، عمان، 1999، ص3102.

ومع ذلك، فانه كان من الأولى بالمشرع الأردني النص مباشرة على أن تاريخ احتساب مدة الإشعار هو تاريخ تسلم الطرف الآخر له، وعلى نحو ما فعل المشرع المصري في قانون العمل، فقد جاء في المادة (112) من قانون العمل الآتي:(لا يجوز تعليق الإخطار بالإنهاء على شرط واقف أو فاسخ...ويبدأ سريان مهلة الإخطار من تاريخ تسلمه...).

[1] تنص المادة (23/ب) من قانون العمل على الآتي:(يبقى عقد العمل ساري المفعول طوال مدة الإشعار وتعتبر مدة الإشعار من مدة الخدمة).

حدها الأدنى الأسبوع الأخير من مدة الإشعار، وذلك بغرض تمكينه من البحث عن عمل آخر، هذا إذا كان صاحب العمل هو من وجه الإشعار[1]، أما إن كان العامل فان عليه إتمام مدة الإشعار كاملة[2].

فإذا ما انتهت تلك المهلة، فإن عقد العمل غير محدد المدة ينتهي تلقائيا ودون الحاجة إلى القيام بأي إجراء آخر.

أما إذا استمر الطرفين بتنفيذ العقد بالرغم من إنقضاء مهلة الإشعار، فإن العقد يبقى منتجا لآثاره خلال تلك المدة الزائدة، ولكن المشكلة التي قد تثار هنا تتعلق بمدى حاجة الطرف الراغب في الإنهاء أثناء استمرار تنفيذ العقد إلى إشعار جديد، فهل يبقى الإشعار السابق قائما لمصلحة من قام بتوجيهه، أم إن ذلك الطرف يحتاج إلى القيام بإشعار جديد بالإنهاء؟

نعتقد بأن الإجابة على ذلك تبقى منوطة باستخلاص النية المشتركة للمتعاقدين، حيث يبرز إلى الواقع فرضين يأخذ كل منهما حكما مختلفا، فالاستمرار في تنفيذ العقد بعد إنقضاء مهلة الإشعار قد لا يدل إلا على التسامح مع الطرف الموجه إليه الإشعار، وفي مثل هذه الحالة فإنه يجوز للطرف الذي وجه الإشعار إنهاء ذلك التسامح وقتما شاء.

كما إن الاستمرار في تنفيذ العقد قد يدل على العدول عن الإنهاء، وفي مثل هذه الحالة فإنه لا بد للطرف الراغب في الإنهاء من توجيه إشعار جديد باعتبار أن الأول لاغيا[3].

5. الجزاء المترتب على مخالفة قواعد الإشعار:

لقد كفل المشرع تحقيق الغاية المتوخاة من إيراد قواعد الإشعار، ففرض الجزاء على كل من يخالف تلك القواعد، إذ قضت المادة (23/د) من قانون العمل بان على العامل تعويض صاحب العمل عن تلك الفترة بما يعادل أجره عنها إذا ما ترك العمل قبل إنقضاء مدة الإشعار،

---

[1] تنص المادة (23/ج) من قانون العمل على الآتي:(إذا كان الإشعار من طرف صاحب العمل فله أن يعفي العامل من العمل خلال مدته وله أن يشغله إلا في الأيام السبعة الأخيرة منها ويستحق العامل أجره عن مدة الإشعار في جميع الأحوال).

[2] تنص المادة (23/د) من قانون العمل على الآتي:(إذا كان الإشعار من طرف العامل وترك العمل قبل إنقضاء مدة الإشعار فلا يستحق أجرا عن فترة تركه العمل وعليه تعويض صاحب العمل عن تلك الفترة بما يعادل أجره عنها).

[3] أنظر: د.محمد عبد الله نصار، المرجع السابق، ص248.

وهو ذات ما أشارت أليه أيضا المادة (25) من القانون نفسه إذا ما كان الإنهاء صادرا عن صاحب العمل، إذ يجب عليه أداء الأجر كاملا.

وعليه فإن الجزاء المترتب على المتعاقد الذي لا يلتزم بالمدة المحددة للإشعار هو دفع تعويض للطرف الآخر، حيث حدد ذلك التعويض بما يساوي أجر العامل عن مدة الإشعار أو الجزء الباقي منها.

ويلاحظ على هذا التعويض أنه جاء مقدرا تقديرا جزافيا ودون النظر إلى مقدار الضرر الناجم عن المخالفة، فهو محدد بأجر العامل لمدة شهر على الأكثر، حتى وإن كان ما لحق بالطرف الآخر من أضرار يفوق في قيمته هذا المقدار، ولعل الغرض من تدخل المشرع على هذا الوجه يكمن في رغبته بتفادي أوجه الخلاف التي قد تثار في هذا الصدد والتي قد يكون من شأنها تأخير الحكم بالتعويض.

على أن ما يجدر ملاحظته أيضا هو أن هذا الحكم وإن كان يصدق بخصوص الإشعار الموجه إلى العامل من صاحب العمل على اعتبار أن الضرر في أحيان كثيرة لا يتجاوز مقدار أجره، فإنه من الصعب التسليم به فيما إذا كان الأمر متعلقا بالإشعار الموجه من العامل، إذ لا صلة للأجر بذلك الضرر المتحقق لصاحب العمل في هذه الحالة، الأمر الذي يعني بأن تحديد مقدار التعويض على هذا النحو يحتمل معنى الجزاء أيضا.

ويترتب على تضمن ذلك التعويض معنى الجزاء استحقاق العامل له، سواء لحق به الضرر أم لا، أي سواء بقي عاطلا عن العمل طوال تلك المهلة أم تحقق له العثور على عمل آخر ولو بشروط أفضل، الأمر الذي ينطبق على صاحب العمل أيضا، فهو يستحق هذا التعويض سواء تعطلت منشاته طوال تلك المهلة أم تحقق له العثور على عامل آخر ولو بكفاءة أكبر.

وبعبارة أخرى فإن على الطرف المخل دفع هذا التعويض في جميع الحالات، إلا أن مقداره هو الذي قد يختلف عمليا من حالة إلى أخرى، فالطرف الآخر يستحقه كاملا إذا ما تم الإنهاء فورا دون إشعار، أو دون الالتزام بمدته نهائيا بعد توجيهه، كما إن ذلك الطرف يستحق تعويضا جزئيا يحدد بمقدار المدة التي تخلف عن إمضائها الطرف الذي قام بتوجيه الإنذار إذا ما التزم بجزء منها.

الشرط الثاني: أن يستند الإنهاء إلى مبرر مشروع(عدم التعسف في الإنهاء)

إذا كان توجيه الإشعار بالإنهاء مسبقا كاف لحماية كلا الطرفين من الأضرار المترتبة على الإنهاء المفاجئ لعقد العمل، فإن ذلك الإشعار لا يعد بمفرده كافيا لحماية أي من المتعاقدين من الأضرار التي قد تنجم عن إنهاء العقد في ذاته، لا سيما وأن تلك الأضرار قد تبلغ حدا من الجسامة يصبح معها أمر إغفالها مجافيا للعدالة ومجحفا بحق الطرف المتضرر، لذلك فقد اشترط المشرع بالإضافة إلى الإشعار السابق أن يكون الإنهاء مستندا إلى مبرر مشروع، فقد نصت المادة (25) من قانون العمل على ما يأتي:(إذا تبين للمحكمة المختصة في دعوى أقامها العامل خلال ستين يوما من تاريخ فصله أن الفصل كان تعسفيا ومخالفا لأحكام هذا القانون جاز لها إصدار أمر إلى صاحب العمل بإعادة العامل إلى عمله الأصلي أو بدفع تعويض له بالإضافة إلى بدل الإشعار واستحقاقاته الأخرى المنصوص عليها في المادتين (32) و (33) من هذا القانون على أن لا يقل مقدار هذا التعويض عن أجور ثلاثة أشهر ولا يزيد على ستة أشهر ويحتسب التعويض على أساس آخر أجر تقاضاه العامل)[1].

والحكم المستخلص من المادة السابقة ما هو إلا تطبيق لمبدأ عام هو عدم جواز التعسف في استعمال الحق والذي قرره المشرع في المادة (66) من القانون المدني، إذ تقضي هذه المادة بأن استعمال الحق يكون غير مشروع في الأحوال الآتية:

أ. إذا توفر قصد التعدي.

ب. إذا كانت المصلحة المرجوة من الفعل غير مشروعة.

ج. إذا كانت المنفعة منه لا تتناسب مع ما يصيب الغير من الضرر.

د. إذا تجاوز ما جرى عليه العرف والعادة.

وعليه فإن إنهاء عقد العمل غير محدد المدة يجب أن يستند إلى سبب مشروع يبرره[2]،

---

[1] لقد أشارت المادة (25) من قانون العمل إلى ضرورة مراعاة أحكام المادتين (32،33) من القانون ذاته، إذ تتعلق الاولى بالحق في مكافئة نهاية الخدمة، أما الثانية فتتعلق بالحقوق الناجمة عن الاشتراك بصناديق الادخار والتوفير والتقاعد.

[2] جاء في قرار لمحكمة التمييز ما يأتي:(يستفاد من المادة 28 من قانون العمل أن فصل العامل من عمله يكون مبررا في أي حالة من الحالات التي عددتها هذه المادة فإذا ما وقع لغير حالة من هذه الحالات التي نص عليها قانون العمل كان الفصل تعسفيا وأن محاكم الموضوع تستقل باستخلاص الوقائع وتطبيق القانون عليها وعليه وحيث أن المؤسسة الاقتصادية والاجتماعية للمتقاعدين والمحاربين القدماء (المميز ضدها) عللت فصلها للمميز ببلوغه سن الستين وإيجاد فرص عمله لغيره فإن هاتين الحالتين لم تردا من ضمن الحالات التي

وبغض النظر عن الطرف الذي قام بالإنهاء، أي سواء أكان العامل أم صاحب العمل، مع إن الواقع العملي يشير بوضوح إلى أن ذلك الإنهاء يأخذ في أغلب الأحيان صورة الفصل، فهو يصدر من صاحب العمل عادة.

التطبيقات التشريعية للإنهاء غير المشروع:

لقد عاد المشرع ليؤكد القاعدة العامة المتعلقة بالتعسف في استعمال حق الإنهاء من خلال النص مباشرة على عدة حالات يكون فيها الإنهاء تعسفيا وبشكل جلي لا يحتاج حتى إلى إثبات، فلا حاجة للقاضي إذا ما عرض عليه أي من تلك الحالات للبحث عن وجود التعسف من عدمه، فهو ثابت بقرينة قانونية لا تقبل إثبات العكس[1].

على أن ما يجدر ذكره في هذا الصدد هو أن هذه التطبيقات التشريعية جاءت كلها لتؤكد حالات الفصل التعسفي أي الإنهاء غير المشروع من جانب صاحب العمل، والعلة من ذلك كما أسلفنا ترجع إلى كثرة وقوعها في الحياة العملية، بالإضافة إلى محاولة توسيع نطاق الحماية للعامل من ذلك التعسف.

أولا- فصل العامل بسبب تقديمه شكاوى ومطالبات إلى الجهات المختصة:

يعد فصلا تعسفيا للعامل الفصل الذي يكون سببه تقدم العامل بشكاوى أو مطالبات إلى إحدى الجهات المختصة بشأن الحقوق التي أتاحها له المشرع، إذ يقصد بالجهات المختصة في هذا السياق كل جهة منحها المشرع إحدى الصلاحيات المتصلة بتطبيق أحكام قانون العمل، ومثال ذلك وزارة العمل أو إحدى الدوائر التابعة لها، ومؤسسة الضمان الاجتماعي، والمحكمة العمالية أو مجلس التوفيق، فقد جاء في المادة (24) من قانون العمل ما نصه:(لا يجوز فصل العامل أو اتخاذ أي إجراء تأديبي بحقه لأسباب تتصل بالشكاوى والمطالبات التي تقدم بها العامل إلى الجهات المختصة والمتعلقة بتطبيق أحكام هذا القانون عليه).

اعتبرها قانون العمل مبررة لفصل العامل من عمله ويكون بالتالي الفصل المستند إليهما فصلا غير مبرر ولا يصلح الاحتجاج بقانون الضمان الاجتماعي للوقوف على مدى التعسف الذي يتصف به فصل العامل من عمله ذلك أن القانون الذي نظم وعالج حالات الفصل من العمل هو قانون العمل وليس قانون الضمان الاجتماعي الذي اقتصرت أحكامه على معالجة أحكام التأمين من الشيخوخة والعجز والوفاة وضد إصابات العمل).تمييز حقوق (2002/1608- هيئة عامة)، مجلة نقابة المحامين، العدد الرابع والخامس والسادس، السنة الثانية والخمسون، عمان، 2004، ص662.

[1] أنظر: د.فتحي المرصفاوي، المرجع السابق، ص466.

ثانيا- فصل المرأة العاملة الحامل:

لقد حظر المشرع فصل المرأة العاملة إذا ما كانت حامل، وذلك ابتداء من الشهر السادس من حملها، وذلك رغبة منه في حمايتها في هذه الفترة من حمله، لا سيما وانه قد يتراءى لصاحب العمل أن من مصلحته إنهاء العقد المبرم معها واستبدالها بعاملة أو عامل آخر، ليس فقط لما قد تواجهه تلك العاملة من صعوبات لدى قيامها بالعمل أثناء فترة الحمل، بل ولطول فترات الإجازات المأجورة التي تستحقها، لذلك فقد اعتبر المشرع الفصل الواقع في هذه الفترة فصلا تعسفيا.

وبالرغم من ذلك، نعتقد بأنه كان من الأحرى بالمشرع عدم تحديد مدة الحمل التي يعد بعدها الفصل تعسفيا [1]، ذلك أن العلة من الحكم هنا لا تختلف من شهر إلى شهر أثناء الحمل، فقد يعمد صاحب العمل إلى فصل العاملة الحامل منذ علمه بحملها، حتى قبل الشهر السادس.

كما يساوي ذلك في الحكم فصل المرأة الحامل خلال إجازة الأمومة الممنوحة لها بموجب أحكام قانون العمل [2].

ثالثا- فصل العامل المكلف بخدمة العلم أو الخدمة الاحتياطية:

قد يفرض القانون خدمة العلم أو الخدمة الاحتياطية على طائفة من المواطنين يكون من بينهم من هو عامل، فلا يكون أمام هذا الشخص سوى الانصياع لحكم القانون، وهو ما قد يؤدي

---

[1] لم يميز جانب من المشرعين بين المرأة الحامل في شهر دون آخر، ذلك أن الأصل هو حظر التمييز ضد المرأة بسبب حملها مطلقا، وإذا ما فصلت لهذا السبب فان الفصل بحقها يعد تعسفيا، وفي ذلك جاءت المادة(120) من قانون العمل المصري لتنص على الآتي:(لا تعتبر من المبررات المشروعة والكافية للإنهاء الأسباب الآتية:..اللون أو الجنس أو الحالة الاجتماعية أو المسئوليات العائلية أو الحمل أو الدين أو الرأي السياسي).

ليس هذا فقط، بل أن المشرع المصري ذهب إلى ما هو ابعد من ذلك عندما سمح للمرأة العامل بإنهاء عقد العمل أن تحقق لها ظروف معينة كالحمل، فقد نصت المادة (128) من قانون العمل على ما يأتي: (أ. يجوز للعاملة إن تنهى عقد العمل سواء كان محدد المدة أو غير محدد المدة بسبب زواجها أو حملها أو إنجابها دون إن يؤثر ذلك على الحقوق المقررة لها وفقا لأحكام هذا القانون أو لأحكام قانون التامين الاجتماعي. ب. ويجب على العاملة التي ترغب في إنهاء العقد للأسباب المبينة في الفقرة السابقة أن تخطر صاحب العمل كتابة برغبتها في ذلك خلال ثلاثة اشهر من تاريخ إبرام عقد الزواج أو ثبوت الحمل أو من تاريخ الوضع بحسب الأحوال).

[2] انظر المادة (27/أ) من قانون العمل. انظر كذلك تمييز حقوق (1998/2298)، مجلة نقابة المحامين، العدد السادس، السنة السابعة والأربعون، عمان، 1999، ص 1856.

بدوره إلى فقد العامل لعمله، لذلك فقد تدخل المشرع في مثل هذه الحالة لمنع إلحاق الضرر بالعامل، فمنع صاحب العمل من فصله في أثناء قيامه بتأدية تلك الخدمة، وإلا اعتبر الفصل تعسفيا[1].

وعلى ذلك فانه يتوجب على صاحب العمل إعادة العامل لعمله إذا ما انتهت فترة تكليفه بتلك الخدمة.

رابعا- فصل العامل أثناء تمتعه بالإجازات:

لم يجز المشرع لصاحب العمل إنهاء عقد العمل أثناء فترات الإجازات وبصرف النظر عن ماهية تلك الإجازة، فقد جاءت المادة (27) من قانون العمل لتقضي بحظر فصل العامل أثناء إجازته السنوية أو المرضية أو الإجازة الممنوحة له لأغراض الثقافة العمالية أو الحج أو في أثناء إجازته المتفق عليها بين الطرفين للتفرغ للعمل النقابي أو للالتحاق بمعهد أو كلية أو جامعة معترف بها.

ولعل الحكمة من إيراد مثل هذا الحكم تتمثل في الحرص على استفادة العامل من تلك الإجازات على أفضل وجه، فضلا عن مراعاة الاعتبارات الإنسانية في بعض الحالات كما في حالة المرض.

وعليه فإن الفصل أثناء تلك الفترات قد لا يجد تفسيرا إلا في رغبة صاحب العمل في الإضرار بالعامل وإرباكه في أوقات وجدت أصلا لراحته أو لاسترداد عافيته، وليس للبحث عن فرصة عمل أخرى.

وجدير بالإشارة هنا أن المشرع احل صاحب العمل من التزامه بعدم فصل العامل في هذه الفترات إذا قام العامل المجاز بالعمل لدى رب عمل آخر، إذ لا يعود الفصل في مثل هذه الحالة تعسفيا، الأمر الذي ينطبق كذلك على الحالتين السابقتين،(الثانية المتعلقة بالمرأة الحامل، والثالثة المتعلقة بالعامل المكلف بخدمة العلم)، إذ صرح بذلك المشرع مباشرة في المادة (27/ب) من قانون العمل[2].

---

[1] انظر المادة (27/أ) من قانون العمل.
[2] جاء نص المادة (27) على النحو الآتي:(أ- مع مراعاة أحكام الفقرة (ب) من هذه المادة لا يجوز لصاحب العمل إنهاء خدمة العامل أو توجيه إشعار أليه لإنهاء خدمته في أي من الحالات التالية:
1.المرأة العاملة الحامل ابتداء من الشهر السادس من حملها او خلال إجازة الأمومة.

خامسا- فصل العامل أثناء منازعة جماعية:

إن لجوء طرفا منازعة العمل الجماعية إلى حل النزاع بالطرق الودية يجعل من أمر إنهاء العقد أثناء نظر ذلك النزاع محل شك لأنه قد لا يدل إلا على سوء نية صاحب العمل[1]، لذلك فقد جاءت المادة (132) من قانون العمل لتقضي بعدم جواز فصل العامل في هذه الحالة، حيث نصت تلك المادة على ما يأتي:(لا يجوز لأي صاحب عمل خلال النظر في النزاع العمالي لدى مندوب التوفيق أو مجلس التوفيق أو المحكمة العمالية القيام بأي من الأعمال التالية:

أ. تغيير شروط الاستخدام السارية المفعول.

ب. فصل أي عامل دون الحصول على إذن كتابي من مندوب التوفيق أو المجلس أو المحكمة العمالية حسب مقتضى الحال).

وعليه فإن الفصل بمخالفة حكم المادة السابقة يعد تعسفا، وبالتالي فإن قيام صاحب العمل به، دون الحصول على إذن كتابي مسبق من مندوب التوفيق أو مجلس التوفيق أو المحكمة العمالية يعرضه للمسائلة القانونية، إذ يجعل للعامل الحق في المطالبة بالتعويض، فضلا عن إيقاع عقوبة الغرامة على صاحب العمل، إذ نصت المادة (133/ب) على ما يأتي:(إذا خالف صاحب العمل أي شرط من شروط التسوية أو قرار المحكمة العمالية الملزم له بمقتضى هذا القانون فيعاقب بغرامة لا تقل عن مائتي دينار ولا تزيد على أربعمائة دينار للمرة الأولى وتضاعف في حالة التكرار ولا يجوز تخفيض الغرامة عن حدها الأدنى للأسباب التقديرية المخففة).

2.العامل المكلف بخدمة العلم أو الخدمة الاحتياطية في أثناء قيامه بتلك الخدمة.

3.العامل في أثناء إجازته السنوية أو المرضية أو الإجازة الممنوحة له لأغراض الثقافة العمالية او الحج او في أثناء إجازته المتفق عليها بين الطرفين للتفرغ للعمل النقابي او للالتحاق بمعهد أو كلية او جامعة معترف بها.

ب- يصبح صاحب العمل في حل من أحكام الفقرة (أ) من هذه المادة اذا استخدم العامل لدى صاحب عمل آخر خلال أي من المدد المنصوص عليها في تلك الفقرة).

[1] النزاع العمالي الجماعي بحسب ما عرفته المادة الثانية من قانون العمل هو:(كل خلاف ينشأ بين مجموعة من العمال او النقابة من جهة وبين صاحب عمل او نقابة أصحاب العمل من جهة أخرى حول تطبيق عقد عمل جماعي او تفسيره او يتعلق بظروف العمل وشروطه).
حول المنازعات الجماعية وتسويتها أنظر الفصل الثاني عشر من قانون العمل المواد (120-142).

الجزاء المترتب على الإنهاء غير المشروع:

إن جزاء التعسف في إنهاء عقد العمل غير محدد المدة بحسب الأصل هو التنفيذ العيني، أي إعادة العامل إلى عمله بناء على طلبه[1]، ولكن لما كان إجبار صاحب العمل أو العامل على استئناف تنفيذ العقد يتضمن مساسا بحرية العمل وحسن سيره، فضلا عن المساس بالحرية الشخصية لكل من الطرفين، فإن الرأي مستقر على اقتصار الجزاء في الإنهاء التعسفي لذلك العقد على التعويض النقدي في الغالب من الأحوال[2].

فقد نصت المادة (25) من قانون العمل على ما يأتي: (إذا تبين للمحكمة المختصة في دعوى أقامها العامل خلال ستين يوما من تاريخ فصله أن الفصل كان تعسفيا ومخالفا لأحكام هذا القانون جاز لها إصدار أمر إلى صاحب العمل بإعادة العامل إلى عمله الأصلي أو بدفع تعويض له بالإضافة إلى بدل الإشعار واستحقاقاته الأخرى المنصوص عليها في المادتين (32) و (33) من هذا القانون على أن لا يقل مقدار هذا التعويض عن أجور ثلاثة أشهر ولا يزيد على ستة أشهر ويحتسب التعويض على أساس آخر أجر تقاضاه العامل).

وعليه، فأن الرابطة العقدية بين الطرفين تنقضي بمجرد إنهاء عقد العمل غير محدد المدة بإرادة أي من الطرفين ولو إنعدم المبرر المشروع له، فيكون للطرف الآخر الحق في المطالبة بالتعويض عما أصابه من أضرار، إذ يكون هذا الحق مستقلا كذلك عن الحق في التعويض عن عدم مراعاة مهلة الإشعار، فضلا عن الحصول عما له من حقوق أخرى كمكافئة نهاية الخدمة، والمزايا المستحقة له بموجب الاشتراك في صندوق التوفير والادخار والتقاعد[3]، إذ يجوز الجمع بينها جميعا حال توافر أساس وشروط استحقاق كل منها[4].

---

[1] أنظر المادة (25) من قانون العمل. أنظر كذلك المادة (355) من القانون المدني.

[2] أنظر: د.همام محمد محمود زهران، المرجع السابق، ص758. د.السيد محمد السيد عمران، المرجع السابق، ص 508. كما جاء في قرار لمحكمة التمييز ما يأتي:(استقر اجتهاد محكمة التمييز على انه إذا توصلت محكمة الموضوع إلى أن فصل العامل من العمل كان تعسفيا فان الأمر الذي تصدره المحكمة إلى صاحب العمل يجب أن يتضمن تخيير صاحب العمل بين إعادة استخدام العامل أو دفع تعويض له، وفقا لاحكام المادة (25) من قانون العمل وليس للمحكمة أن تلزم رب العمل باستخدام عامل لا يرغب باستخدامه). تمييز حقوق(2000/982- هيئة عامة)، مجلة نقابة المحامين، العدد السابع والثامن، السنة الخمسون، عمان، 2002،ص1450.

[3] أنظر المادة (33،32) من قانون العمل.

[4] أنظر: د.أحمد السعيد الزقرد، المرجع السابق، ص393.

كما يلاحظ أن المشرع في قانون العمل تولى تحديد أسس تقدير التعويض المستحق عن الإنهاء التعسفي للعقد، فقد قضى صراحة بضرورة مراعاة المحكمة عند الحكم بالتعويض لمقدار الأضرار المتحققة، وضمن الحدود التي وضعها المشرع، إذ يجب ألا يقل مقدار هذا التعويض عن أجور ثلاثة أشهر وألا يزيد على ستة أشهر[1].

وتعويض الضرر في هذه الحالة يشمل الأضرار المادية والمعنوية، إذ يبدو أمر تقديرها يسيرا إذا ما تم للعامل الحصول على فرصة عمل أخرى أثناء نظر الدعوى مثلا، لأن ذلك سيساعد على تحديد مدة التعطيل وحصر الأضرار الناجمة عن الإنهاء، إلا أن المشكلة قد تدق إذا ما كان العامل لا يزال متعطلا، إذ لا بد للقاضي عند تقديره لذلك التعويض من الأخذ بعين الاعتبار أمور عدة، كمقدار الأجر وأقدمية العامل والمدة التي تعطل فيها العامل[2].

أما المحكمة المختصة في نظر دعوى الفصل التعسفي- وكما في باقي النزاعات العمالية- فهي محكمة الصلح، ويكون قرارها قابلا للاستئناف خلال فترة قصيرة حددها المشرع بعشرة أيام[3]، فقد جاء في المادة (137) من قانون العمل ما نصه:(أ. تختص محكمة الصلح بالنظر،

---

(1) جاء في أحد قرارات محكمة التمييز ما نصه:(إن مقدار التعويض عن الفصل التعسفي المنصوص عليه بالمادة (25) من قانون العمل هو من اختصاص محكمة الموضوع ولا رقابة لمحكمة التمييز عليها في ذلك طالما أن ما حكمت به المحكمة يقع بين الحدين الأعلى والأدنى المحددين بالمادة المذكورة أعلاه). تمييز حقوق (99/206)، مجلة نقابة المحامين، العدد التاسع والعاشر، السنة السابعة والأربعون، عمان، 1999، ص3380.

(2) أنظر: د.فتحي المرصفاوي، المرجع السابق، ص491. د.محمد علي عمران، المرجع السابق، ص401.

(3) جاء في قرار لمحكمة التمييز ما نصه:(استقر اجتهاد محكمة التمييز أن الدعوى المقامة من العامل للمطالبة بإجوره الناشئة عن عقد العمل حتى تمام مدة العقد على اعتبار أن رب العمل قد فسخ العقد قبل انقضاء مدته بلا مبرر عملا بالمادة (826) من القانون المدني هي من الدعاوى الناشئة عن عقد العمل الفردي، ولذلك فهي تخضع لمدد الطعن الاستئنافي المحدد بقانون العمل، وحيث أن المادة (20) من قانون العمل الذي رفعت الدعوى في ظله قد حددت مهلة الطعن بعشرة أيام من تاريخ صدور الحكم إذا كان وجاهيا، كما أن مهلة الطعن في هذه الأحكام وفقا للمادة (137/ب) من قانون العمل الجديد رقم (8) لسنة 1996 هي عشرة أيام أيضا فان الاستئناف المقدم بتاريخ 1997/10/18 للطعن بحكم محكمة البداية الصادر بتاريخ 1997/9/23 يكون مقدما بعد فوات المدة القانونية ومستوجب الرد شكلا). تمييز حقوق (98/796)، مجلة نقابة المحامين، العدد التاسع والعاشر، السنة السابعة والأربعون، عمان، 1999، ص3115.

كما جاء في قرار آخر ما يأتي:(...لا يرد القول أن المادة (171) من قانون أصول المحاكمات المدنية هي الواجبة التطبيق من حيث المهل إذا أن قانون العمل هو قانون خاص ويعمل بما ورد به من أحكام وإن تعارضت مع قانون الأصول المدنية من حيث المهل). تمييز حقوق (3258/1999- هيئة عامة)، مجلة نقابة المحامين، العدد الحادي عشر والثاني عشر، السنة الخمسون، عمان، 2002، ص2761.

بصفة مستعجلة، في الدعاوى الناشئة عن نزاعات العمل الفردية بإستثناء الدعاوى المتعلقة بالأجور في المناطق المشكل فيها سلطة للأجور بمقتضى أحكام هذا القانون، على أن يتم الفصل فيها خلال ثلاثة اشهر من تاريخ ورودها للمحكمة.

ب. يستأنف قرار المحكمة الذي يصدر بمقتضى أحكام الفقرة (أ) من هذه المادة خلال عشرة أيام من تاريخ تفهيمه إذا كان وجاهيا ومن تاريخ تبليغه إذا كان بمثابة الوجاهي ويترتب على المحكمة أن تفصل في الاستئناف خلال ثلاثين يوما من تاريخ وروده إلى ديوانها).

بقي أن نشير إلى أن عبء إثبات التعسف في الإنهاء يكون على عاتق من يدعيه[1]، وله في سبيل ذلك إثبات دعواه بشتى طرق الإثبات بما في ذلك القرائن، إذ لا خروج بهذا الخصوص عن القواعد العامة في الإثبات[2].

---

[1] لقد تعرضت محكمة التمييز لمسألة إثبات التعسف في إحدى قراراتها، إذ جاء في قرارها ما يأتي:(إثبات المميز ضده من خلال بيناته انه كان يقوم بعمله على الوجه المطلوب وانه كان جيدا في عمله ولا يوجد أي عداء بينه وبين المميزة (شركة...) وان المميزة قد أنهت عمله لديها دون سبب وعليه وحيث أن المميزة لم ترغب في تقديم أي بينة في هذه الدعوى ولم تقدم ما يثبت أن فصل المميز ضده كان لأسباب مبررة في نظرها فيكون بالتالي الفصل تعسفيا موجبا للتعويض عملا بأحكام المادة (25) من قانون العمل). تمييز حقوق رقم (98/2034)، مجلة نقابة المحامين، العدد الخامس، السنة السابعة والأربعون، عمان، 1999، ص1354. كما جاء في قرار آخر ما نصه:(إقرار رب العمل (المميزة) إنها فصلت العامل من العمل بادعاء انه خالف تعليماتها دون أن تقدم أية بينة تثبت انه خالف تعليماتها أو ارتكب أي مخالفة تبرر فصله يجعل من الحكم للعامل ببدل الفصل التعسفي في محله وموافقا للقانون). تمييز حقوق رقم (98/2392)، مجلة نقابة المحامين، العدد الخامس، السنة السابعة والأربعون، عمان، 1999، ص1397.

[2] أنظر: د.عبد الغني الرويمض، المرجع السابق، ص338.

المبحث الثاني
آثار إنتهاء عقد العمل

إذا انتهى عقد العمل بتوفر أي من أسباب الإنتهاء السابق ذكرها، فإن هناك جملة من الآثار تترتب عليه.

فللعامل بإنتهاء العقد الحق في تقاضي مكافأة نهاية الخدمة، والحق في الحصول على شهادة خبرة، واسترداد ما كان قد أودعه من أوراق وأشياء لدى صاحب العمل، هذا فضلا عن حقه في المطالبة بأي حق آخر خلال مدة التقادم التي حددها المشرع.

وهذه الآثار تعد في الوقت ذاته ضمانات للعامل في حال استعمال صاحب العمل لحقه في إنهاء ذلك العقد، لا سيما إذ كان متعسفا، فالمشرع من خلال إقرار مثل هذه الآثار يسعى إلى توفير نوع من الاستقرار في علاقات العمل الناشئة بين الطرفين، فلا يقدم صاحب العمل بعد ذلك على الإنهاء إلا بعد أن يحسم أمره ويستعد لتحمل ما يترتب على الإنتهاء من تبعات.

ومن جهة أخرى، يلاحظ اتجاه المشرع إلى تقصير مدة تقادم دعاوى العمل، فقد جعلها سنتين من تاريخ الإنهاء، وهذا يشير بدوره إلى نية المشرع في تحفيز العامل للمطالبة بحقوقه كافة في أقرب فرصة لكي لا يفوت عليه الوقت، ويصبح أمر إثبات تلك الحقوق عسيرا، والحصول عليها غير ذي جدوى.

لذا، فإن إلقاء الضوء على آثار إنتهاء عقد العمل سيكون من خلال المطالب الآتية:

المطلب الأول: مكافأة نهاية الخدمة.

المطلب الثاني: شهادة الخدمة.

المطلب الثالث: رد ودائع العامل.

المطلب الرابع: تقادم الدعاوى الناشئة عن عقد العمل.

المطلب الأول
مكافأة نهاية الخدمة

مكافأة نهاية الخدمة هي مبلغ من المال يلزم صاحب العمل بدفعه إلى العامل عند إنتهاء عقد العمل.

ومكافأة نهاية الخدمة التي يقدرها القانون- تقديرا جزافيا- للعامل المنتهي عقده بحسب عدد سنين خدمته، تقوم على فكرة معاونة العامل على الظروف الناجمة عن انقطاع مورد رزقه الذي يعتمد عليه في حياته، كما أنها تمثل في الوقت ذاته وقاية له من أي انحراف قد ينساق إليه نتيجة تعطله عن عمله، فضلا عن إنها تعد من وسائل استقرار علاقات العمل واستمرارها، إذ إن فرضها على صاحب العمل يجعله يفكر مليا قبل الإقدام على إنهاء عقد أي عامل[1]، لما قد يترتب على ذلك الإنهاء من مبالغ تستحق للعامل عن مدة خدمته، لا سيما إذا ما كانت مدة الخدمة تمد لسنوات طويلة.

لذلك فقد جاء قانون العمل الأردني ليتبنى في المادة (32) منه فكرة إلزام صاحب العمل بمكافأة نهاية الخدمة، إذ نصت هذه المادة على ما يأتي:(مع مراعاة أحكام المادة (28) من هذا لقانون يحق للعامل الذي يعمل لمدة غير محدودة ولا يخضع لأحكام قانون الضمان الاجتماعي وتنتهي خدمته لأي سبب من الأسباب الحصول على مكافأة نهاية الخدمة بمعدل أجر شهر عن كل سنة من خدمته الفعلية ويعطى عن كسور السنة مكافأة نسبية وتحتسب المكافأة على أساس آخر أجر تقاضاه خلال مدة استخدامه أما إذا كان الأجر كله أو بعضه يحسب على أساس العمولة أو القطعة فيعتمد لحساب المكافأة المتوسط الشهري لما تقاضاه العامل فعلا خلال الاثني عشر شهرا السابقة لإنتهاء خدمته وإذا لم تبلغ خدمته هذا الحد فالمتوسط الشهري لمجموع خدمته وتعتبر الفواصل التي تقع بين عمل وآخر ولا تزيد على شهر كأنها مدة استخدام متصلة عند حساب المكافأة).

يتضح من النص السابق أن المشرع الأردني حدد لاستحقاق هذه المكافأة شروط عدة، كما انه بين أسس تقديرها، الأمر الذي يجدر عرضه من خلال الفرعين الآتيين:

---

[1] انظر: د.عبد الغني الرويمض، المرجع السابق، ص349.

الفرع الأول
شروط استحقاق مكافأة نهاية الخدمة

لقد تطلب المشرع في المادة (32) من قانون العمل جملة من الشروط لاستحقاق العامل المنتهية خدمته مكافأة نهاية الخدمة، وهي على النحو الآتي:

1. ألا يكون العامل خاضعا لاحكام قانون الضمان الاجتماعي، ذلك أن التزام صاحب العمل بأداء مكافئة نهاية الخدمة ينقضي في مقابل الحصة[1] التي يلتزم بها من الاشتراكات المستحقة عن العامل في مواجهة مؤسسة الضمان الاجتماعي[2]، إذ لا يعود من المنطقي إلزامه بهذين الالتزامين معا[3]، اللـهم ألا إذا كان هناك اتفاق أو نص يقضي بخلاف ذلك[4]؛ وبتعبير آخر فان الهدف من منح العامل مكافئة نهاية الخدمة

[1] تنص المادة (40) من قانون الضمان الاجتماعي على الآتي:(أ- تتكون مصادر تمويل تأمين الشيخوخة والعجز والوفاة مما يلي: 1. الاشتراكات الشهرية التي يؤديها صاحب العمل بنسبة (9%) من أجور عماله).

[2] جاء في المادة (73) من قانون الضمان الاجتماعي ما نصه:(باستثناء ما نص عليه صراحة في هذا القانون: أ- تقابل التزامات صاحب العمل في تأمين الشيخوخة والعجز والوفاة بمقتضى هذا القانون مكافأة نهاية الخدمة القانونية المقررة وفقا لأحكام قانون العمل المعمول به). كما تنص المادة (74) من القانون نفسه على ما يأتي: (ج- لا تنطبق أحكام الفقرة (أ) من هذه المادة على المؤمن عليه غير الخاضع لأحكام قانون العمل وتصرف له مكافأة نهاية الخدمة كاملة). كما جاء في قرار لمحكمة التمييز الأردنية ما نصه:(يستحق العامل لدى مؤسسة سكة حديد العقبة كمكافأة نهاية الخدمة عن الفترة السابقة لخضوعه لاحكام قانون الضمان الاجتماعي). تمييز حقوق رقم (173/2005- هيئة عامة)، مجلة نقابة المحامين، العدد الأول والثاني والثالث، السنة الخامسة والخمسون، عمان، 2007، ص20. انظر كذلك تمييز حقوق (98/2158)، مجلة نقابة المحامين، العدد الحادي عشر، السنة السابعة والأربعون، عمان، 1999، ص3622.

[3] جاء في قرار لمحكمة التمييز الأردنية ما يأتي:(تقابل التزامات صاحب العمل في تأمين الشيخوخة والعجزة و الوفاة بمقتضى قانون الضمان الاجتماعي مكافأة نهاية الخدمة المقررة وفقا لاحكام قانون العمل، وعليه فان إشراك العامل بالضمان الاجتماعي منذ بداية عمله تجعل من مطالبته بمكافأة نهاية الخدمة بالإضافة إلى راتب الضمان الاجتماعي لا تستند إلى أساس قانوني سليم). تمييز حقوق (99/2584)، مجلة نقابة المحامين، العدد الحادي عشر، السنة السابعة والأربعون، عمان، 1999، ص3622. انظر كذلك تمييز حقوق (2000/1774)، مجلة نقابة المحامين، العدد التاسع والعاشر، السنة الخمسون، عمان، 2002، ص 2132.

[4] جاء في المادة (74) من قانون الضمان الاجتماعي ما يأتي: (أ- يحتفظ العمال بالحقوق المكتسبة لهم وفق أي أنظمة أو ترتيبات أو اتفاقيات جماعية خاصة بمكافآت نهاية الخدمة إذا كانت تلك الأنظمة أو الترتيبات أو

يمكن ملاحظة تحقق ما هو افضل منه من خلال نظام الضمان الاجتماعي، الذي يوفر موردا دوريا للعامل وأسرته في حالات الشيخوخة أو العجز أو الوفاة[1]، لا بل وحتى في حالة البطالة[2].

2. أن يكون عقد العمل المبرم مع صاحب العمل عقدا غير محدد المدة[3].
3. إنتهاء خدمة العامل لدى صاحب العمل، وبغض النظر عن سبب ذلك[4].

فإذا ما تحققت هذه الشروط كان من حق العامل الحصول على مكافئة نهاية الخدمة من صاحب العمل، وما يجدر ملاحظته هنا هو أن حق العامل في هذه المكافئة لا يخل بأي حق آخر قد يكون له، كما في الحقوق المترتبة له من جراء اشتراكه في صناديق التقاعد والادخار والتوفير[5].

الاتفاقيات تقرر لهم حقوقا مالية أفضل من مكافأة نهاية الخدمة المقررة بمقتضى قانون العمل، ويلتزم أصحاب العمل بأن يؤدوا للعمال الذين يعملون لديهم الفروق بين تلك الحقوق المالية وبين الاشتراكات التي يترتب عليهم دفعها للمؤسسة بمقتضى أحكام هذا القانون وذلك عند إنتهاء خدماتهم. ب- تبقى سارية المفعول أي أنظمة أو ترتيبات أو اتفاقيات تتعلق بالادخار والتوفير والتأمين لصحي للعمال قبل نفاذ أحكام هذا القانون). وتطبيقا لذلك فقد قضت محكمة التمييز بالآتي:(لا يخالف القانون منح مكافأة إضافية من رب العمل إلى العامل زيادة عما يمنحه قانون العمل، وبالتالي فيستحق العامل مكافأة نهاية الخدمة حسب نظام الموظفين المعمول به لدى رب العمل رغم اشتراكه بالضمان الاجتماعي). تمييز حقوق رقم (2005/2531- هيئة عامة)، مجلة نقابة المحامين، العدد الأول والثاني والثالث، السنة الخامسة والخمسون، عمان، 2007، ص149.

[1] انظر: د.احمد شوقي محمد عبد الرحمن، قواعد أستحقاق مكافئة نهاية الخدمة، المطبعة العربية الحديثة، القاهرة،1978، ص 5.

[2] لقد أشار المشرع الأردني إلى تأمين البطالة صراحة في قانون الضمان الاجتماعي، ألا انه لم يدخل حيز التنفيذ إلى الآن. انظر المادة الرابعة من قانون الضمان الاجتماعي..

[3] انظر تمييز حقوق (1999/2811)، مجلة نقابة المحامين، العدد السابع والثامن، السنة الخمسون، عمان، 2002، ص 1821.

[4] جاء في قرار لمحكمة التمييز ما يأتي:(رتبت المادة (32) من قانون العمل للعامل حقا بمكافأة نهاية الخدمة سواء انتهت خدمته بالاستقالة أو بغير ذلك). تمييز حقوق (2001/707- هيئة عامة)، مجلة نقابة المحامين، العدد السابع والثامن، السنة الخمسون، عمان، 2002، ص 1485.

[5] تشير المادة (33) من قانون العمل إلى الحقوق التي قد تستحق للعامل في حال إنتهاء عقد عمله لدى صاحب العمل، إذ تطرقت المادة المذكورة إلى كيفية إنشاء الصناديق الخاصة بهذه الحقوق وما يجب ان يتضمنه النظام

الفرع الثاني
كيفية تقدير مكافأة نهاية الخدمة

بحسبما تشير المادة (32) من قانون العمل يتم تقدير مكافأة نهاية الخدمة للعامل الذي ينتهي عقده وفقا للأسس آلاتية:

1. أن يعطى العامل مكافأة بمعدل أجر شهر عن كل سنة من سنوات خدمته الفعلية، كما ويعطى عن كسور السنة مكافأة نسبية.
2. أن تحتسب المكافأة على أساس آخر أجر تقاضاه العامل خلال مدة استخدامه.

أما إذا كان الأجر كله أو بعضه يحسب على أساس العمولة أو القطعة، فيعتمد لحساب المكافأة المتوسط الشهري لما تقاضاه العامل فعلا خلال الاثني عشر شهرا السابقة لإنتهاء خدمته، وإذا لم تبلغ خدمته هذا الحد فالمتوسط الشهري لمجموع خدمته.

3. أن يشمل أجر العامل الذي يتخذ أساسا لتقدير المكافئة الأجر الأساسي فضلا عن أية مبالغ كان العامل يتقاضاها باعتبارها من ملحقات الأجر كالعمولة والمنح والعلاوات.
4. أن تعتبر الفواصل التي تقع بين عمل وآخر ولا تزيد مدتها على شهر لدى صاحب العمل نفسه كأنها مدة استخدام متصلة عند حساب المكافأة.

الأساسي الذي يحكم عملها، فقد نصت المادة (33) على آلاتي:(أ-بالإضافة لمكافأة نهاية الخدمة يحق للعامل الخاضع لأنظمة خاصة للمؤسسة التي يعمل فيها تتعلق بصناديق الادخار أو التوفير أو التقاعد أو أي صندوق أخر مماثل الحصول على جميع الاستحقاقات الممنوحة له بموجب هذه الأنظمة في حالة إنتهاء الخدمة.

ب- تعتمد الأنظمة الخاصة بالصناديق المنصوص عليها في الفقرة (أ) من هذه المادة من قبل الوزير.

ج- يجوز ان ينص نظام أي من الصناديق المنصوص عليها في الفقرة (أ) من هذه المادة على أن يكون استثمار أمواله كليا أو جزئيا في اسهم أو حصص الشركة التي أسس فيها ذلك الصندوق.

د- يكون للصناديق المنصوص عليها في الفقرة (أ) من هذه المادة شخصية اعتبارية مستقلة ويجب ان يتضمن نظام أي منها على الأمور المتعلقة بإدارة الصندوق بما في ذلك ما يلي:

1. وجود هيئة عامة للصندوق تتألف من جميع العاملين الأعضاء في الصندوق تجتمع مرة واحدة على الأقل سنويا لإقرار حسابات الصندوق ومناقشة الأمور الإدارية والمالية وانتخاب ممثليها في لجنة إدارة الصندوق.
2. إدارة أموال الصندوق واستثماراته من قبل لجنة يكون أعضائها من عمال المؤسسة الأعضاء في الصندوق).

ولا يجوز من باب أولى أن يتم استبعاد العطل والإجازات التي يحصل عليها العامل من مدة خدمته مادام أنها ضمن الحدود التي سمح بها القانون.

بقي أن نشير إلى انه يترتب على وفاة العامل أن تؤول مكافئة نهاية الخدمة وجميع حقوقه إلى ورثته الشرعيين [1].

المطلب الثاني
شهادة الخدمة

لما كانت علاقة العمل بين الطرفين غير مؤبدة، ولما كانت فرص حصول العامل على عمل تزداد في حال تقديمه لشهادة الخدمة التي تشير إلى عدد سني الخدمة وحجم خبرات العامل أو مدى كفاءته، فقد تدخل المشرع ليفرض على صاحب العمل الالتزام بمنح العامل شهادة الخدمة، بشرط أن يتقدم العامل بطلب يفيد رغبته في الحصول عليها[2]، فقد نصت المادة (30) من قانون العمل على ما يأتي:(على صاحب العمل أن يعطي للعامل عند إنتهاء خدمته بناء على طلبه ذلك شهادة خدمة يذكر فيها اسم العامل ونوع عمله وتاريخ التحاقه بالخدمة وتاريخ إنتهاء الخدمة)؛ الأمر الذي أكدت على مثله المادة (4/822) من القانون المدني، إذ نصت على إلزام صاحب العمل بالآتي:(أن يعطي للعامل في نهاية خدمته شهادة بنوع عمله وتاريخ مباشرته وانتهائه ومقدار أجره وكل ما كان يتقاضاه من إضافات أخرى).

---

[1] تنص المادة (35) من قانون العمل الأردني على الآتي:(إذا توفي العامل تؤول إلى ورثته الشرعيين جميع حقوقه المقررة بمقتضى أحكام هذا القانون بالإضافة إلى حقوقه في أي من الصناديق المنصوص عليها في المادة (33) من هذا القانون).

[2] لقد ذهبت محكمة التمييز في أحد قراراتها إلى منح العامل حق الحصول على شهادة الخبرة حتى وان لم يطلبها من صاحب العمل وعلى خلاف ما تقتضيه المادة (30) من قانون العمل، إذ قضت بالآتي:(...إن الحكم بإلزام رب العمل بإعطاء المدعي شهادة الخدمة لا يخالف القانون ويستوي في ذلك أن يكون العامل قد قدم البينة على امتناع رب العمل عن إعطاء هذه الشهادة أم لا ما دام رب العمل ملزما قانونا بإعطائه هذا الشهادة ولا يؤثر الطعن بالحكم من هذه الناحية في أن المدعى عليها لم تمتنع عن إصدار هذه الشهادة وأن المدعي لم يطلبها). تمييز حقوق (1999/2738)، مجلة نقابة المحامين، العدد الحادي عشر والثاني عشر، السنة الخمسون، عمان، 2002، ص 2761.

ولكن اللافت للانتباه في هذين النصين هو أن صاحب العمل غير ملزم بإعطاء هذه الشهادة إلا عند إنتهاء خدمة العامل، وبالرغم من أن حاجته لها قد تكون أيضا أثناء تنفيذه العقد، وذلك بغرض تقديمها لصاحب عمل آخر أو جهة أخرى من اجل لحصول على فرصة عمل افضل، الأمر الذي لم يتطرق له المشرع الأردني ويجدر به تداركه بالنص على حق العامل في الحصول على هذه الشهادة أثناء تنفيذ العقد أيضا[1].

كما أن صاحب العمل وفقا للنصين السابقين ملزم بإعطاء العامل شهادة الخدمة، وملزم بتقييد جملة من البيانات المحددة نصا، وهي اسم العامل، ونوع العمل الذي كان يؤديه، وتاريخ بدء الخدمة ونهايتها؛ كما انه ملزم بتقييد بيانات أخرى حال طلب العامل إيرادها، كقيمة الأجر أو مقدار آخر اجر تقاضاه أو نوع ومقدار الامتيازات التي كان يتمتع بها، أو أي بيان آخر يفيده في الحصول على فرصة عمل، كسبب إنهاء علاقة العمل، والإشادة بسلوكه أو كفاءته وخبراته إذا كان فعلا يستحق ذلك، وإلا فلصاحب العمل الامتناع عن تدوين مثل هذه البيانات، على انه يحظر على صاحب العمل تدوين أي بيان يسيء إلى العامل وكفاءته، لما في ذلك من تجاوز وإهدار للغاية التي تمنح الشهادة من اجلها.

ونعتقد بأنه كان من الأجدر بالمشرع الأردني النص على إلزام صاحب العمل بإعطاء العامل هذه الشهادة مجانا دون مقابل[2].

وجدير بالذكر أن إخلال صاحب العمل بهذا الالتزام يفضي إلى إمكانية مطالبته بالتعويض عن الأضرار التي إصابة العامل من جراء عدم منحه شهادة الخدمة حال إثبات العامل لحوق الضرر به، كأن يثبت أن سبب عدم حصوله على العمل لمدة طويلة راجع إلى عدم وجود تلك الشهادة، كما أن الإخلال بهذا الالتزام يعني إيقاع العقوبة الجنائية على صاحب العمل المخالف.

---

[1] لقد ذهب جانب من المشرعين إلى منح العامل الحق في الحصول على شهادة الخدمة أثناء الخدمة وعند انتهائها، فمثلا تنص المادة (130) من قانون العمل المصري على الآتي:(...وللعامل أن يحصل من صاحب العمل دون مقابل على شهادة بتحديد خبرته وكفاءته المهنية وذلك أثناء سريان العقد وفي نهايته...).

[2] لقد نصت المادة (130) من قانون العمل المصري صراحة إلى مجانية شهادة الخدمة، إذ نصت على الآتي:(يلتزم صاحب العمل أن يعطي العامل دون مقابل عند انتهاء عقده وبناء على طلبه شهادة يبين فيها تاريخ التحاقه بالخدمة وتاريخ انتهائها، ونوع العمل الذي كان يؤديه، والمزايا التي كان يحصل عليها.
وللعامل أن يحصل من صاحب العمل دون مقابل على شهادة بتحديد خبرته وكفاءته المهنية وذلك أثناء سريان العقد وفي نهايته...).

حيث تقضي المادة (139) من قانون العمل بمعاقبة صاحب العمل بغرامة لا تقل عن خمسين دينارا و لا تزيد عن مائة.

المطلب الثالث
رد ودائع العامل

لقد الزم المشرع صاحب العمل بإعادة المودع لديه من أشياء العامل عند نهاية العقد بينهما، فقد جاء في المادة (30) من قانون العمل ما يأتي:(يلزم صاحب العمل برد ما أودعه العامل لديه من أوراق أو شهادات أو أدوات).

كما نصت المادة (5/822) من القانون المدني على انه يجب على صاحب العمل القيام بالآتي: (أن يرد للعامل كافة الأوراق الخاصة به).

فصاحب العمل وفقا لما سبق ملزم برد كافة الأشياء التي تم تسليمها أليه عند إبرام العقد أو أثناء تنفيده، لا سيما إذا ما كان ذلك ثابتا بإيصال يفيد استلامها من العامل[1]، وسواء أكانت تلك الأشياء المودعة أوراقا رسمية: كالمؤهلات الدراسية والمهنية أو شهادات الميلاد وحسن السلوك والخلو من السوابق القضائية، أم أوراقا غير رسمية: كشهادات الخدمة والخبرة والتقارير الطبية.

وعلى الغرار ذاته، فأن رب العمل ملزم أيضا برد كافة الأدوات التي تعود إلى العامل كالمعدات الفنية أو الملابس المهنية[2].

وإلا فإن مخالفة صاحب العمل لما يتوجب عليه بموجب هذا الالتزام تفضي إلى مطالبته بالتعويض عن الأضرار التي لحقت بالعامل من جراء عدم إعادة تلك الأشياء، بالإضافة إلى المسائلة الجنائية وإيقاع عقوبة الغرامة التي لا يقل قدرها عن خمسين دينارا ولا يزيد عن مائة[3].

---

[1] لم ينص المشرع الأردني على ضرورة إعطاء مثل هذا الإيصال في قانون العمل، مع انه كان من الأفضل النص على ذلك، لما فيه من مصلحة للعامل، وعلى غرار ما نصت الفقرة الأخيرة من المادة (32) من قانون العمل المصري، والتي جاء فيها:(...يعطى صاحب العمل إيصالا بما يكون قد أودعه لديه من أوراق وشهادات). ولكن يلاحظ بان المشرع المصري لم ينص على إعطاء هذا الإيصال للعامل إذا ما كان الشيء المودع غير الأوراق والشهادات.

[2] انظر: د.عبد الغني الرويمض، المرجع السابق، ص222.

[3] انظر المادة (139) من قانون العمل.

المطلب الرابع
تقادم الدعاوى الناشئة عن عقد العمل

تختلف مدة التقادم[1] في القانون المدني عن نظيرتها في قانون العمل، كما أن تاريخ احتساب كل منهما مختلف عن الآخر، الأمر الذي يستدعي التطرق لاحكام كل منهما، وذلك من خلال الفرعين الآتيين:

الفرع الأول
مدة التقادم والدعاوى التي يسري عليها

لقد جاء في المادة (831) من القانون المدني ما نصه:(لا تسمع الدعاوى الناشئة عن عقد العمل بعد إنقضاء سنة على تاريخ إنتهاء العقد)، أما إذا تعلق النزاع بالأجر فقد مد المشرع في القانون المدني مدة التقادم هذه فجعلها سنتين[2].

في حين نصت المادة (138/ب) من قانون العمل على مدة أطول، إذ نصت على آلاتي: (لا تسمع أي دعوى للمطالبة بأي حقوق يرتبها هذا القانون بما في ذلك أجور ساعات العمل الإضافية مهما كان مصدرها أو منشؤها بعد مرور سنتين على نشوء سبب المطالبة بتلك الحقوق والأجور).

ووفقا لهذه النصوص، فإن التقادم الخاص بدعاوى العمل يكون ذا مدة قصيرة نسبيا حدها

[1] لم يأخذ المشرع الأردني بنظام التقادم على النحو المعروف به في القوانين الغربية وبعض القوانين العربية، وذلك انسجاما مع أحكام الشريعة الإسلامية التي لا تجيز إسقاط الحق لمرور الزمان بل تجعل الدعوى بشأنه غير مسموعة، لذلك سميت الأحكام التي تقابل أحكام التقادم بمرور الزمان المانع من سماع الدعوى.

[2] قد يلاحظ وجود تعارض بين أحكام المادة (831) من القانون المدني والمادة (452) من القانون ذاته، فنص المادة الأخيرة يحدد مدة تقادم أطول وهي سنتان، فقد جاء في المادة الأخيرة ما نصه:(لا تسمع الدعوى عند الإنكار وعدم قيام العذر الشرعي إذا انقضت سنتان على الحقوق الآتية:1.... 2.حقوق العمال والخدم والأجراء من أجور يومية وغير يومية ومن ثمن ما قاموا به من توريدات).

والظاهر في حل هذا الخلاف هو أن نص المادة (452) تحدث عن تقادم الحقوق المتعلقة بالأجور فقط، أما نص المادة (831) فتحدث عن الدعاوى الناشئة عن عقد العمل بصورة عامة.

الأقصى هو سنة إذا كان العامل خاضع لاحكام القانون المدني، وسنتين إذا كان يخضع لاحكام قانون العمل أو كان النزاع يتعلق بالأجر[1]، ولعل الحكمة من تقصير مدة التقادم على هذا النحو تكمن في أنها تتعلق بعلاقات العمل التي تتميز بطبيعة خاصة، فضلا عن محاولة تصفية مراكز طرفيها في أسرع وقت ممكن قطعا لأسباب النزاع، وسعيا وراء توفير أسباب الاستقرار، فليس من الحكمة ترك الطرفين لها لمدة طويلة وتهديد أحدهما برفع دعاوى ناشئة عنها فيما بعد وشغله بها[2].

ولما كانت المدة المنصوص عليها في هذين القانونين مدة تقادم، فإن ذلك يعني أيضا خضوعها للقواعد الخاصة بقطع ووقف مدة التقادم.

فهذه المدة تنقطع بالمطالبة القضائية، ولو كانت الدعوى قد رفعت أمام محكمة غير مختصة، كما إنها تنقطع بإقرار المدين بالدين إقرارا صريحا أو ضمنيا[3].

كما يوقف التقادم إذا ما طرأ مانع مادي أو أدبي يتعذر معه على الدائن المطالبة بحقه، فقيام حرب أو ثورة أهلية مثلا، يعد مانعا ماديا، في حين إن وجود صلة قرابة بين طرفي العلاقة يعتبر مانعا أدبيا، حيث يترك أمر تقدير قيام المانع من عدمه إلى قاضي الموضوع بوصفه مسألة موضوعية[4].

أما بالنسبة للدعاوى التي يسري عليها التقادم، فهي جميع الدعاوى الناشئة عن عقد العمل، ويستوي في ذلك أن تكون الدعوى مرفوعة من قبل العامل أو صاحب العمل أو ورثة أو خلف أي منهما، وسواء تعلقت الدعوى بالمطالبة بالأجر الإضافي أو بمكافأة نهاية الخدمة أو التعويض أو أي حق آخر.

على إنه يستثنى من هذه الأحكام الدعوى الخاصة بإفشاء أسرار العمل، إذ نصت الفقرة الثانية من المادة (831) من القانون المدني على ما يأتي:(ولا تسري هذه المدة على الدعاوى المتعلقة بانتهاك حرمة أسرار رب العمل).

---

(1) انظر تمييز حقوق (2000/176- هيئة عامة)، مجلة نقابة المحامين، العدد التاسع والعاشر، السنة الخمسون، عمان، 2002، ص 2123.

(2) انظر د.محمد علي عمران، المرجع السابق، ص424.

(3) انظر المواد (459،460) من القانون المدني. انظر كذلك: تمييز حقوق (2000/439)، مجلة نقابة المحامين، العدد الرابع والخامس، السنة الحادية والخمسون، عمان، 2003، ص 944.

(4) انظر المادة (457) من القانون المدني.

ولعل الحكمة من ذلك تكمن في إن الحفاظ على تلك الأسرار لا يظهر في الواقع إلا بعد إنتهاء عقد العمل، لا بل إن حماية تلك الأسرار يبقى قائما ما دامت هذه الأسرار تحتفظ بهذه الصفة، وما دام إن احترام شرط عدم المنافسة المفروض على العامل يحقق مصلحة مشروعة لصاحب العمل، وعليه فإن الدعوى الخاصة بتلك الأسرار وما يتعلق بها من نصوص في العقد كشرط عدم المنافسة يخضع للتقادم العادي، أي للتقادم بخمس عشرة سنة.

الفرع الثاني
بداية مدة التقادم

إن مدة التقادم المنصوص عليها في المادة (831) من القانون المدني تبدأ بالسريان كما نصت المادة ذاتها صراحة من وقت إنتهاء عقد العمل، وبغض النظر عن سببه أو صورته، أي سواء كان الإنهاء مبررا أو تم بالاتفاق أو بحكم قضائي أو حتى لو تم بصورة تعسفية.

أما تاريخ بدأ مدة التقادم في قانون العمل فأنها تبدو مختلفة، إذ يبدأ احتسابها لا من تاريخ إنتهاء العقد، بل من تاريخ نشوء سبب المطالبة بالحقوق والأجور المستحقة للعامل.

أما الحكمة من هذا الحكم الذي أورده قانون العمل والمغاير لما هو عليه في القانون المدني فلعلها ترتبط بملاحظة المشرع لإمكانية استمرار عقد العمل لمدة طويلة قد يصعب معها التسليم بإمكانية أو سهولة إثبات العامل لحقوقه إذا ما مضى عليها مثل هذه المدة، أو عدم جدوى الحصول عليها في أحوال أخرى، لذلك فقد قدر انه من المناسب جعل حدها الأقصى مدة لا تزيد عن سنتين من تاريخ نشوء سبب المطالبة، وهو ما نعتقد بأنه أجدر وأولى بالتعميم على كل المنازعات العمالية، لا سيما وانه يتفق من جهة أخرى مع ما هو مقرر في القواعد العامة من القانون المدني، إذ الأصل في احتساب مدة التقادم أن يبدأ من التاريخ الذي يستحق فيه الحق لا من أي تاريخ آخر[1].

---

[1] تنص المادة (454) من القانون المدني على ما يأتي:(تبدأ المدة المقررة لعدم سماع الدعوى بمرور الزمان من اليوم الذي يصبح فيه الحق مستحق الأداء ومن وقت تحقق الشرط إذا كان معلقا على شرط ومن وقت ثبوت الاستحقاق في دعوى ضمان الاستحقاق).

الباب الثاني

علاقات العمل الجماعية

الباب الثاني
علاقات العمل الجماعية

على الرغم من إبرام عقد العمل الفردي بين العامل وصاحب العمل فان شروط هذا العقد قد تكون عرضة للتغيير في فترة لاحقة، فقد يطرأ أثناء تنفيذ العقد ما يفضي إلى تغيير بعض شروطه، كما لو قبل صاحب العمل الاستجابة إلى بعض المطالبات المشتركة لعماله، فيبرم معهم عقد عمل جماعي يكون من شأنه إضافة مزايا لم ينص عليها العقد الفردي، وقد لا يستجيب صاحب العمل لتلك المطالبات المشتركة التي يرغب العمال بتحقيقها، فيحاولون الضغط على إرادة صاحب العمل لحثه على الاستجابة لها من خلال تنفيذ إضراب في المنشأة، مما يعني قيام نزاع عمالي جماعي مع صاحب العمل، الأمر الذي يستدعي بدوره التدخل من قبل طرف خارجي لحله بالطرق الودية، أي بالتوفيق بين الطرفين المتنازعين، فإن استعصى النزاع على الحل الودي فلا مناص حينئذ من اللجوء إلى القضاء، إذ يتم الاستعانة بالمحكمة العمالية لفض هذا النزاع.

ومع ذلك، فان أطراف عقد العمل الجماعي و المنازعات العمالية لم تعد تقتصر على العمال واصحاب العمل، فقد اصبح تدخل النقابات التي تمثل هذه الأطراف أمرا معهودا وشائعا على نحو واسع، وهو ما حدى بالمشرع إلى التطرق في قانون العمل إلى علاقات العمل الجماعية بمختلف جوانبها، فنراه ينظم عقد العمل الجماعي والمنازعات العمالية والمنظمات النقابية التي تمثل العمال واصحاب العمل.

وبناء عليه، فان التعرض لعلاقات العمل الجماعية سيكون من خلال التقسيم الآتي:

الفصل الأول: عقد العمل الجماعي.

الفصل الثاني: المنازعات العمالية الجماعية.

الفصل الأول

عقد العمل الجماعي

لقد تولى المشرع الأردني تنظيم الأحكام الخاصة بعقد العمل الجماعي في الفصل السادس من قانون العمل، فخصص له العديد من النصوص، والملاحظ هنا هو قلة عدد هذه النصوص (المواد 39 - 44) إذا ما قورنت بتلك الخاصة بعقد العمل الفردي، ألا أن ذلك لا يعني قصور أو عجز تلك النصوص عن معالجة أحكام هذا العقد، فالمشرع حاول من خلال هذه النصوص التعرض للملامح الأساسية للعقد، فتطرق لتعريفه وكيفية إبرامه، فضلا عن بعض آثاره وطرق إنقضائه.

وعليه فانه دراسة الأحكام المتعلقة بعقد العمل الجماعي يمكن أن تتم من خلال التقسيم الآتي:

المبحث الأول: ماهية عقد العمل الجماعي.

المبحث الثاني: إبرام عقد العمل الجماعي.

المبحث الثالث: آثار عقد العمل الجماعي.

المبحث الرابع: انقضاء عقد العمل الجماعي.

المبحث الأول
ماهية عقد العمل الجماعي

يتسم عقد العمل الجماعي - أو عقد العمل المشترك كما يسمى أحيانا[1]- بالعديد من الخصائص التي تميزه عن غيره من العقود، لا سيما عقد العمل الفردي، إذ يمكن استنباط هذه الخصائص من التعريف والأحكام التي افردها المشرع لهذا العقد، كما أن له أهميته تبرز في نواح عدة أبرزها النواحي الاجتماعية والاقتصادية والقانونية.

وبناء على ذلك فان التعرض لماهية هذا العقد سيكون من خلال المطالب الآتية:

المطلب الأول: تعريف عقد العمل الجماعي.

المطلب الثاني: خصائص عقد العمل الجماعي.

المطلب الثالث: تمييز عقد العمل الجماعي عن عقد العمل الفردي.

المطلب الرابع: أهمية عقد العمل الجماعي.

المطلب الأول
تعريف عقد العمل الجماعي

عرف المشرع الأردني عقد العمل الجماعي بأنه:(اتفاق خطي تنظم بمقتضاه شروط العمل بين صاحب العمل أو الجمعية من جهة ومجموعة عمال أو النقابة من جهة أخرى)[2].

وبذلك فان مهمة عقد العمل الجماعي تنصب على تنظيم شروط العمل وظروفه، كما لو كان مضمونه الاتفاق على وضع حد أدنى للأجور، أو ساعات العمل او مدد الإجازات التي يستحقها العامل، أو التأمين الصحي، او مكافئة نهاية الخدمة، أو غير ذلك من الشروط.

---

[1] ينتقد البعض تسمية هذا العقد بعقد العمل الجماعي أو المشترك، ذلك أن إطلاق مثل هذه التسمية عليه قد يوحي بأنه مبرم بقصد إلزام مجموعة من العمال بأداء عمل معين لحساب صاحب العمل، في حين أن مهمة العقد تبرز بوصفها وسيلة لتنظيم الالتزامات القانونية والتعاقدية بين العمال وأصحاب العمل، لذلك فقد ارتأى جانب من الشراح أن التسمية الأدق والأكثر انطباقا هي:(الاتفاق المشترك لتنظيم العمل) أو (الاتفاق الجماعي لتنظيم العمل). انظر: د.منصور العتوم، المرجع السابق، ص74. د.غالب الداوودي، المرجع السابق، ص158.

[2] انظر المادة (2) من قانون العمل.

واللافت للنظر في التعريف الذي أورده المشرع الأردني هو أن إبرام العقد يكون بين مجموعة من العمال أو النقابة التي تمثلهم من جهة، وصاحب عمل أو الجمعية التي تمثله من جهة أخرى[1]، في حين أن إبرام العقد من قبل صاحب العمل قد لا يتم من قبل جمعية فقط، بل قد يكون أيضا بواسطة منظمة أو اتحاد او نقابة يتبع لها[2].

وهو ما قد يفسر تعديل المشرع الأردني للتعريف السابق وعدد من نصوص قانون العمل في وقت لاحق، فقد عاد المشرع ليدخل تعديلا على هذا التعريف ليصبح على النحو الآتي: (عقد العمل الجماعي: اتفاق خطي تنظم بمقتضاه شروط العمل بين صاحب العمل أو نقابة أصحاب العمل من جهة ومجموعة عمال أو النقابة من جهة أخرى)[3].

والفارق بين التعريفين هو الاستعاضة عن كلمة (جمعية) بكلمة (نقابة)، إلا أن هذا التعديل لا يحصن النص السابق من النقد، فما الذي يمنع أو يحول دون إبرام العقد من قبل صاحب العمل بواسطة جمعية منضم هو إليها، لا سيما إذا لم يكن هناك نقابة تمثله؟

نعتقد بأنه من الأولى السماح عند إبرام عقود العمل الجماعية بتمثيل صاحب العمل بواسطة جمعية أو نقابة كان قد انضم أليها.

ومن جانب آخر فان من يمثل العمال في عقد العمل الجماعي قد يكون النقابة التي كان قد انضم أليها، كما انه قد يكون الاتحاد العام لنقابات العمال[4]، الأمر الذي لم يشر أليه التعريف السابق أيضا.

---

[1] يوجد في الأردن العديد من الجمعيات التي تمثل طوائف من أصحاب العمل في بعض المجالات وتسعى إلى تحقيق مصالحهم، مثل جمعية أصحاب الفنادق الأردنية، جمعية وكلاء السياحة والسفر الأردنية، وجمعية المصارف.

[2] يوجد العديد من المنظمات والاتحادات والجهات التي تم تكوينها في الأردن من قبل أصحاب الأعمال، مثل الاتحاد الأردني لشركات التأمين، اتحاد المزارعين، اتحاد شركات النقل البري، اتحاد غرف التجارة الأردنية، غرفة صناعة عمان؛ هذا فضلا عن النقابات التي سنأتي على ذكرها لاحقا.

ومن جانب آخر، فان ما نشير إليه من ضرورة السماح بإبرام عقد العمل الجماعي لأي جهة تمثل أصحاب العمل هو ما سبق لجانب من المشرعين تبني مثله، فالمشرع الفرنسي مثلا يجيز إبرام العقد الجماعي من قبل منظماتهم النقابية أو أية تجمعات لهم.
Voir: A.Dusart C.Tremeau, op cit, P209.

[3] تم تعديل قانون العمل رقم (8) لسنة 1996 بقانون رقم (11) لسنة 1999 المنشور في العدد 4338 من الجريدة الرسمية الصادر بتاريخ 1999/4/1 لتعديل المواد (2، 101- 108،121) ولإلغاء كلمة (جمعية) حيثما وردت في القانون والاستعاضة عنها بكلمة (نقابة).

[4] انظر المادة (110) من قانون العمل.

وإذا كان التعريفين السابقين لعقد العمل الجماعي لا يبتعدان عن النقد، فانه يمكن تعريفه على انه كل اتفاق مكتوب تنظم بمقتضاه شروط العمل بين صاحب العمل أو من يمثله من جهة ومجموعة عمال أو من يمثلهم من جهة أخرى.

المطلب الثاني
خصائص عقد العمل الجماعي

يتسم عقد العمل الجماعي بالعديد من الخصائص والتي قد يشترك فيها مع غيره من العقود، لاسيما عقد العمل الفردي، على انه يعد من أبرز الخصائص التي يتميز بها هذا العقد ما يأتي:

1. **الصفة التعاقدية:** فبالرغم من أن شروطه وأحكامه تكون واجبة الاتباع عند إبرام عقود العمل الفردية بوصفها الشريعة العامة الواجبة الاتباع، إلا أن ذلك لا يفقده الصفة التعاقدية، فعقد العمل الجماعي اتفاق يبرم بين طرفين، ويكون نابعا عن إرادتيهما، أي إرادة العمال وصاحب العمل أو من يمثلهما، ومن ثم لا يعود هناك مجال للتسليم برأي من ذهب إلى الخلط بينه وبين التشريع الذي تصدره الدولة[1]، أو القرار الذي تصدره هيئة التوفيق، أو النظام الداخلي للمؤسسة

[1] لقد ذهب جانب من الفقه إلى القول بان عقد العمل الجماعي يتميز بخصائص التشريع دون خصائص العقد، ذلك انه يسجل وينشر في الجريدة الرسمية، وله صفة الاستمرار والعموم، فهو لا ينظم علاقة فرد معين بفرد آخر فقط، كما انه لا ينظمها بصفة مؤقتة كما في باقي العقود، وانما يضع قواعد عامة واجبة الاحترام شأنه في ذلك شأن القانون الذي يحكم العلاقات بين العمال وأصحاب العمل.
ويلاحظ هنا بان الرأي السابق جاء بعد أن احتدم الجدل بشأن طبيعة عقد العمل الجماعي، لما فيه من خروج عن القواعد العامة ولاسيما منها الخاص بمبدأ نسبية آثار العقد، ذلك أن عقد العمل الجماعي يسري بحق شريحة واسعة من الأشخاص كأفراد الهيئة (النقابة) المتعاقدة بما فيهم من لم يشترك في إبرامه، ومن كان يجهل وجوده، بل ومن كان معارضا له. فضلا عمن ينضم إلى تلك الهيئة عقب إبرام العقد، وبعبارة أخرى، فان هذا العقد ينشئ التزامات على غير إرادة جانب من المتعاقدين... وبالتالي فقد ذهب الفقه في محاولة تفسير طبيعة هذا العقد مذاهب شتى، فارتأى فريق تبريره استنادا إلى عقد الوكالة بوصف النقابة وكيلة عن منتسبيها، في حين اتجه فريق ثان إلى الاستناد إلى فكرة الفضالة، وذهب فريق ثالث تبنى فكرة الاشتراط لمصلحة الغير، وعلى عكس فريق رابع استعان بفكرة الشخصية المعنوية، إلا أن جميع هذه المحاولات لم تسلم من النقد، فظهر اتجاه آخر يقر لهذا العقد بذاتية خاصة تتفق مع الطبيعة والدور الذي يطلع به. للمزيد من التفصيل انظر: د.عبد الرحمن عياد، أساس الالتزام العقدي، مؤسسة الثقافة الجامعية، الإسكندرية، ص121.

الذي يصدره صاحب العمل[1].

ويترتب على الصفة التعاقدية هذه أن يبقى عقد العمل الجماعي خاضعا لمبدأ حرية التعاقد السائد في العقـود الأخرى، فيكون لطرفاه تنظيم أي موضوع يتعلق بشروط العمل ولكن بشرط ألا يتضمن ذلك مساسا بالإحكـام الآمـرة في قانون العمل[2].

2. **الصفة الجماعية:** إذ لا يتصور وجود عقد العمل الجماعي ألا إذا كان أحد طرفيه مجموعة من العـمال أو مـن يمثلهم كالنقابة، وبغض النظر عن الطرف الآخر، إذ قد يكون صاحب عمل واحد أو اكثر أو جهة تمثلهم كالنقابة.

وبناء عليه، لا يعد عقدا جماعيا عقد العمل إذا ما أبرمه عامل أو عاملين، بل لا بد من وجود مجموعة من العمال.

ولا تنصرف حدود هذه الصفة إلى العقد من حيث أطرافه عند الانعقاد فقط، بل تمتد إلى آثاره أيضا، فيجب عـلى الأطراف الموقعة عليه الالتزام باحترام بنوده والأحكام الواردة به، فضلا عن الامتناع عن أي تصرف جماعي يكون مـن شـأنه إعاقة تنفيذ العقد أو الالتزامات الناشئة بموجبه، كالإضراب[3].

3. **يعد عقد العمل الجماعي من العقود الشكلية:** ذلك أن قـانون العمل يوجـب لإنعقـاده أن يكون مكتوبا (خطيا)[4]، وإلا كان العقد باطلا[5].

---

[1] انظر: د.محمود جمال الدين زكي، قانون العمل، المرجع السابق، ص750. د.محمد عبد الـله نصار، المرجع السابق، ص268.

وقد يكون مبعث الخلط بين عقد العمل الجماعي من جهة والتشريع أو قرارات التوفيق أو النظام الداخلي للمؤسسة من جهة أخرى في تشابهها جميعا من حيث موضوعها وهو تنظيم العمل وشروطه أو ظروفه، ومن حيث إلزامية كل منها، إذ لا يجوز للعامل مخالفة أحكام أي منها. ومع ذلك فان الفارق والاختلاف بينها يبقى كبيرا إذا ما تم النظر إليها من زاوية نطاق الإلزام بأحكام كل منها، والجهة أو الشخص المختص بوضع أي منها، وبعبارة أخرى، فان نطاق الإلزام بأحكام عقد العمل الجماعي لا يتعدى الأشخاص الموقعين أو الممثلين فيه، كما انه يعد وليد إرادة طرفيه، وعلى خلاف التشريع أو القرار أو النظام الداخلي والذي يكون ذا نطاق مختلف، كما انه يصدر عن سلطة أو جهة أو شخص ولا ينبع عن التقاء إرادة بأخرى. انظر كذلك: د.غالب الداوودي، المرجع السابق، ص 159.

[2] انظر: د.غالب الداوودي، المرجع السابق، ص 158.

[3] انظر: د.عبد الباسط عبد المحسن، علاقات العمل الجماعية، دار النهضة العربية، القاهرة، 2002، ص408.

[4] انظر المادة (2) من قانون العمل.

[5] انظر: د.محمود جمال الدين زكي، قانون العمل، المرجع السابق، ص751.

المطلب الثالث
تمييز عقد العمل الجماعي عن عقد العمل الفردي

إن التمييز بين عقد العمل الجماعي وعقد العمل الفردي يمكن ملاحظته بصورة أساسية من جانبين، أولهما طرفي العقد، إذ يكون طرفي عقد العمل الفردي عامل واحد من جهة وصاحب العمل واحد من جهة أخرى، ولذلك كانت تسميته بالفردي، أما عقد العمل الجماعي فلا بد لقيامه من تعدد أحد أطرافه، بحيث يكون من يبرم العقد مجموعة من العمال، أما الطرف الآخر فقد يكون صاحب عمل واحد أو اكثر.

أما الجانب الآخر الذي يتميز به عقد العمل الجماعي عن الفردي فيتمثل في موضوع العقد، إذ ينصب موضوع عقد العمل الفردي على تنظيم علاقة عمل مباشرة بين عامل وصاحب عمل يكون بموجبها العامل ملزما بأداء العمل تحت سلطة وإشراف صاحب العمل الذي يلتزم بأداء الأجر، في حين أن موضوع عقد العمل الجماعي لا يخرج عن تنظيم بعض من شروط العمل والتي يلتزم بتطبيقها العمال وأصحاب العمل الذين سبق أن ابرموا فيما بينهم عقود عمل فردية، الأمر الذي ينطبق أيضا على عقود العمل الفردية التي يلي ابرمها عقد العمل الجماعي[1]، إذ لا يجوز لطرفيه مخالفة ما ورد في العقد الجماعي من أحكام، فهو بمثابة الشريعة العامة واجبة الاحترام، فلا يجوز مثلا منح العامل بموجب عقد العمل الفردي علاوة اقل من تلك المقررة في عقد العمل الجماعي، وسواء أكان عقد العمل الفردي سابقا في إبرامه لعقد العمل الجماعي أم لاحقا له، ولكن بشرط أن يكون العقد الفردي مشمولا في نطاق العقد الجماعي، وإلا فانه يتعذر تطبيق تلك الأحكام.

وبعبارة أخرى فان أحكام عقد العمل الجماعي لا تجد مجالا للتطبيق إلا عند إبرام عقود عمل فردية، فيكون من شأن العقد الجماعي إيجاد شروط وقواعد عامة[2]، أما علاقة العمل التي تنطبق عليها تلك الشروط والقواعد العامة فلا قيام لها إلا بإبرام عقد عمل فردي.

---

[1] انظر: د.احمد عبد الكريم أبو شنب، المرجع السابق، ص317. د.سيد محمود رمضان، المرجع السابق،ص469.

[2] انظر: د.محمد عبد الله نصار، المرجع السابق، ص268.

المطلب الرابع
أهمية عقد العمل الجماعي

تتجلى أهمية عقد العمل الجماعي في جوانب عدة يعد من أبرزها الجوانب الاجتماعية والاقتصادية والقانونية.

الأهمية الاجتماعية:

كما يعمل عقد العمل الجماعي على إزالة أسباب النزاع بين العمال وأصحاب العمل، الأمر الذي يعمل بدوره على توفير السلام والوئام الاجتماعي بين طبقات المجتمع ويحقق الانسجام بين شرائح واسعة في المجتمع[1]، فهو يؤدي إلى حماية العمال وتحقيق مزايا لهم تفوق تلك التي يوفرها القانون نفسه[2]، لذلك فانه بنظر إلى هذا العقد في كثير من الاحيان بوصفه معاهدة سلام في إطار علاقات العمل، لا سيما إذا كان إبرامه لاحقا على نشوب منازعة عمل جماعية بين طرفيه.

الأهمية الاقتصادية

1. يسهم عقد العمل الجماعي في تحقيق المساواة بين العمال ويحد من المنافسة بينهم، وكثيرا ما يجعل أجورهم متساوية[3]، فاتحاد العمال وتكتلهم في مواجهة صاحب العمل يجعلهم في مركز قوي يؤهلهم للحصول على مكاسب وشروط افضل، وهو ما يدفع أصحاب العمل إلى البحث عن وسائل أخرى لتقليص نفقات الإنتاج وبعيدا عن أجور العمال وحقوقهم، فلا يتم المساس بها[4].
2. يعمل عقد العمل الجماعي على إيجاد نوع من الترابط بين ظروف العمل والتطورات الاقتصادية المتلاحقة، ذلك أن من أهم خصائص هذا العقد انه من العقود محددة المدة، ومن ثم فانه يؤخذ بعين الاعتبار عند تجديدة الظروف الاقتصادية المتغيرة.

---

[1] انظر: د.محمد عبد الله نصار، المرجع السابق، ص269.

[2] Voir: A.Dusart C.Tremeau, op cit, P209.

[3] انظر: د.عامر محمد علي، المرجع السابق، ص236.

[4] انظر: د.عامر محمد علي، المرجع السابق، ص236. د.محمد عبد الله نصار، المرجع السابق، ص269.

3. يساعد عقد العمل الجماعي أصحاب العمل على ترتيب أوضاعهم ووضع حسابات مسبقة لما قد يحدث مستقبلا من مفاوضات مع العمال وممثليهم، وهو ما يسهم بدوره في استقرار النظام الاقتصادي[1].

الأهمية القانونية:

1. يبعث عقد العمل الجماعي على تطوير قواعد قانون العمل وجعله مواكبا لما تمليه ظروف العمل، لا سيما إذا ما تم من خلاله التطرق إلى حلول للعقبات والصعوبات التي تواجه أطراف العمل[2].
2. يساعد عقد العمل الجماعي على سد النقص التشريعي في حال تغيير ظروف العمل، ذلك انه سيجد مجالا واسعا للتطبيق على عقود العمل الفردية إلى حين تصدي المشرع إلى معالجه ما يستجد من ظروف. ذلك أن مواكبة قانون العمل للتطورات المتسارعة وآلية التعديل التي يخضع لها قد لا تتيح تغيير أحكامه بصفة سريعة تلبي حاجات العمال المستعجلة.
3. يؤدي إبرام عقود العمل الجماعية إلى إنهاء وحسم الكثير من النزاعات بين العمال وأصحاب العمل، مما يفضي إلى تخفيف العبء عن كاهل القضاء[3].

[1] انظر: د.محمد عبد الله نصار، المرجع السابق، ص270. د.احمد خليف الضمور، المرجع السابق، ص92.
[2] انظر: د.عبد الباسط عبد المحسن، المرجع السابق، ص424.
[3] انظر: د.عبد الباسط عبد المحسن، المرجع السابق، ص424. د.محمد عبد الله نصار، المرجع السابق، ص271.

المبحث الثاني
إبرام عقد العمل الجماعي

يخضع عقد العمل الجماعي في مجال انعقاده إلى ذات القواعد التي تخضع لها شتى العقود، إلا انه مع ذلك يتميز عن باقي العقود في طرفاه الذين يتوليان إبرامه وبعض الشروط الواجب توافرها.

وعليه فان دراسة موضوع إبرام عقد العمل الجماعي يمكن توزيعها على المطلبين الآتيين:

المطلب الأول: طرفا عقد العمل الجماعي.

المطلب الثاني: شروط إبرام عقد العمل الجماعي.

المطلب الأول
طرفا عقد العمل الجماعي

طرفا عقد العمل الجماعي كما حددهما قانون العمل هما مجموعة من العمال أو النقابة التي تمثلهم من جهة، وصاحب عمل أو اكثر أو النقابة التي تمثلهم من جهة أخرى.

أما الطرف الأول فان تعدده شرط أساسي لقيام العقد، فلا بد من وجود عدة أشخاص يتمتع كل منهم بمركز العامل وعلى النحو المحدد في المادة الثانية من قانون العمل، والتي عرفته على انه:(كل شخص ذكرا كان أو أنثى يؤدي عملا لقاء أجر ويكون تابعا لصاحب العمل...).

ومع ذلك فانه يجوز أن يتولى إبرام هذا العقد من يمثل مجموعة من العمال أي النقابة التي ينتمون أليها، لا بل أن الأصل في القوانين المقارنة أن يتم إبرامه من قبل النقابة أو المنظمة التي تمثل العمال لا من قبلهم كمجموعة[1]، أما ما يفسر موقف القوانين المقارنة فيتمثل في الحرص

[1] من أمثلة التشريعات التي تتطلب في إبرام عقد العمل الجماعي أن يكون أحد طرفية نقابة عمالية القانون المصري، فقد نصت المادة (152) من قانون العمل المصري في تعريفها لاتفاقية العمل الجماعية على الآتي:(هي اتفاق ينظم شروط وظروف العمل وأحكام الاستخدام ويبرم بين منظمة أو أكثر من المنظمات النقابية العمالية وبين أصحاب عمل أو مجموعة من أصحاب الأعمال أو منظمة أو أكثر من منظماتهم).

على مصالح العمال وضمان الاستقرار في علاقات العمل، إذ غالبا ما يتوافر للنقابة مـن الإمكانيـات والخـبرات مـا يؤهلهـا لدراسة وتقييم العقود والشروط المعروضة عليها، فضلا عن قدرتها على إدارة المفاوضات مع الجانب الآخر.

أما الطرف الثاني في العقد فهو كل شخص يحوز صفة صاحب عمل على النحو المحدد قانونا، أي كل شخص طبيعي أو معنوي يستخدم بأي صفة كانت شخصا أو أكثر مقابل أجر[1].

وعلى غرار الطرف الأول فانه يجوز إبرام هذا العقد بواسطة النقابة التي يتمتع صاحب العمل بعضـويتها، أو مـن قبل عدة أصحاب عمل أو صاحب عمل واحد أو اثنين.

بيد أن ما يجدر ملاحظته في هذا السياق هو الاهتمام الكبير الذي أولاه المشرع للنقابات العماليـة ونقابـات أصـحاب الأعمال[2]، إذ خصص للأحكام المتعلقة بها الفصل الحادي عشر من قانون العمل[3]، وذلك نظرا لما لهذه النقابات مـن صـفة الدوام والاستمرار ولما لها من سلطة على الأشخاص المنضمين أليها[4]، فلا ينكر ما لهذه النقابات من أهمية في مجال العمـل وعلى مستوى الفرد والدولة.

ولذلك فانه يجدر التطرق إلى ابرز ملامح التنظيم القانوني للنقابات العمالية ونقابات أصحاب العمل، لا سيما وانـه غالبا ما يناط إبرام عقود العمل الجماعية بها.

كما يشير جانب من الشراح إلى أن إمكانية إبرام عقد العمل الجماعي من قبل مجموعة من العمال لا تكون متاحة إلا في حالـة عـدم وجـود نقابة مهنية خاصة بالعمال تتولى إبرام العقد عنهم. انظر: د.منصور العتوم، المرجع السابق، ص74. د.غالب الـداوودي، المرجـع السـابق، ص .258

Voir: A.Dusart C.Tremeau, op cit, P209.

[1] المادة الثانية من قانون العمل.

[2] لقد نص الدستور الأردني على ضرورة السماح بتكوين النقابات العمالية، فقد جاء في المادة (23/ب) منه ما يأتي:(تحمي الدولة العمل وتضع لـه تشريعا يقوم على المبادئ الآتية:.. تنظيم نقابي حر ضمن حدود القانون).
ويشار أيضا إلى أن اهتمام المشرع الأردني بالنقابات العمالية كان كبيرا ومنذ منتصف القرن الماضي، فقد كان أول تنظيم خاص بشؤون العمـل أصدره المشرع هو قانون نقابات العمال رقم (35) لسنة 1953.
وعلى نحو مشابه مازال جانب من المشرعين يعتمد في تنظيم الأحكام الخاصة بالنقابات العمالية على قانون خاص كما هـو الحـال بالنسـبة للمشرع المصري الذي أصدر قانون النقابات العمالية رقم (35) لسنة 1976.

[3] انظر المواد (97- 119) من قانون العمل.

[4] انظر: د.غالب الداوودي، المرجع السابق، ص162.

302

الفرع الأول
نقابات العمال

نقابة العمال هي جمعية لأفراد يمارسون مهنة معينة ويؤدون عمل تابع ومأجور، تهدف إلى تمثيل أعضائها وحماية مصالحهم وتحسين أحوالهم المختلفة[1].

ونظرا لأهمية الدور الذي تقوم به النقابات العمالية فقد كان ظهورها إلى الواقع منذ زمن ليس بالقصير في الدول المختلفة وبضمنها الأردن، إذ تم تسجيل العديد من النقابات في الأردن في أواسط القرن المنصرم، مثل النقابة العامة للعاملين في البناء (1953)، والنقابة العامة للعاملين في النقل البري والميكانيك (1954)، والنقابة العامة للعاملين في السكك الحديدية(1955)[2].

أولا- كيفية تأسيس نقابة العمال:

يتم تأسيس النقابة وفق الشروط والإجراءات التي رسمها المشرع، إذ يجوز للعمال في أي مهنة[3] لا يقل عددهم عن خمسين شخصا تأسيس نقابة خاصة بهم[4]، وذلك من خلال تقديم طلب

---

[1] يطلق على النقابات في بعض الأحيان تسمية الجمعيات المهنية، وذلك لضئالة الفوارق بين النقابة والجمعية، فكلاهما جماعة ذات صفة دائمة لا تهدف إلى تحقيق الربح، إلا أن العرف جرى على تمييز النقابة عن الجمعية بتخصص موضوع الذي تقوم عليه النقابة في الدفاع عن المصالح المهنية. انظر: د.محمود جمال الدين زكي، قانون العمل، المرجع السابق، ص631. د.عدنان العابد، قانون العمل، المرجع السابق، ص161.

[2] لقد صدر أول قانون للحركة النقابية في الأردن عام 1953، إذ تم بموجبه تأسيس الكثير من النقابات للعاملين في مختلف المهن والأعمال، كصناعة الغزل والنسيج والألبسة، الخدمات العامة والمهن الحرة، والطباعة والنشر وصناعة الورق، والمحلات التجارية والشخصية والحرفية، والصناعات الغذائية، والموانئ والتخليص، والبترول والكيماويات، والكهرباء، والمصارف والتأمين والمحاسبة، والخدمات الصحية، والبلديات، والتعليم الخاص، والمناجم والتعدين، والنقل الجوي. انظر: د.غالب الداوودي، المرجع السابق، ص162.

[3] لا يشترط لتأسيس نقابة للعمال أن يكون الراغبين في ذلك ممن يعملون في مهنة واحدة، بل قد يكونوا ممن يعملون في مهن متماثلة، كالطبخ وصنع الحلوى، أو ممن يعملون في مهن مترابطة ببعضها، كطباعة الكتب وتجليدها، أو ممن يعملون في مهن مشتركة، كالغزل والنسيج. انظر: المادة (98) من قانون العمل. د.غالب الداوودي، المرجع السابق، ص162.

[4] انظر المواد (98،97) من قانون العمل. واستنادا لأحكام الفقرة (ب) من المادة (98) من قانون العمل فقد اصدر وزير العمل قرار بتصنيف المهن و الصناعات التي يحق لعمالها تأسيس نقابات لهم، وقد تولى القرار المذكور بيان المهن والصناعات المبينة في المادة (98) وهي المهن والصناعات المتماثلة أو المترابطة بعضها ببعض أو المشتركة في إنتاج واحد أو متكامل، فعلى سبيل المثال اعتبر القرار في المادة الأولى منه أن النقابة

تأسيس موقعا من قبل المؤسسين إلى مسجل النقابات في وزارة العمل مرفقا بما يأتي:

1.النظام الداخلي للنقابة مدرجا فيه اسمها ومركزها الرئيسي وعنوانها[1].

2.أعضاء الهيئة الإدارية الأولى لها المنتخبة من قبل المؤسسين[2].

فإذا ما تم تقديم طلب تسجيل النقابة فان على مسجل النقابات إصدار قراره بشأن هذا الطلب خلال مدة لا تتجاوز ثلاثين يوما من تاريخ تقديمه إليه، فإذا وافق على الطلب اصدر شهادة بتسجيل النقابة، وينشر قرار التسجيل في الجريدة الرسمية[3]، إذ تعتبر نقابة العمال قائمة

العامة للعاملين بالنقل البري والميكانيك شاملة للعاملين في المجلات الآتية:(أ- نقل الركاب والبضائع برا بالسيارات والمركبات المشتركة. ب- صنع وإصلاح وصيانة وسائل النقل البري وآلات الزراعة الميكانيكية والآليات الثقيلة. ج- تدريب السواقة. د- الهيئات والمؤسسات والشركات المشرفة على الأعمال السابقة)؛ وعلى نحو مشابه اعتبر النقابة العامة للعاملين في النقل الجوي والسياحة شاملة للعاملين في المجالات الآتية:(أ- النقل بطريق الجو. ب- صيانة وإدارة المطارات بما في ذلك التسهيلات الملاحية والجوية كالرادار واللاسلكي. ج- وكالات السفر والسياحة التي تعمل بنقل الركاب والبضائع جوا. د- الطيران المدني. ه- صيانة وإصلاح وسائل النقل الجوي. و- تدريب الطيارين وعمال خدمات الطيران. ز- الهيئات والمؤسسات والشركات المشرفة على الأعمال السابقة)، وعلى ذات المنوال أورد القرار سبعة عشرة نقابة وما تشمل كل منها من مجالات.

[1] لقد حدد المادة (100) من قانون العمل البيانات اللازم تضمينها للنظام الداخلي على وجه اكثر تفصيلا، إذ نصت على الآتي:(يضع الاتحاد العام لنقابات العمال بعد الاستئناس برأي الوزارة نظاما داخليا للاتحاد والنقابات على أن يتضمن النظام الداخلي الأمور التالية: أ- اسم النقابة وعنوان مركزها الرئيسي. ب- الغايات التي سيتم تأسيس النقابة من اجلها. ج- إجراءات انتساب الأعضاء للنقابة وفصلهم منها. د- كيفية تأسيس فروع النقابة في أنحاء المملكة وشروط تشكيل اللجان فيها وإجراءاتها. هـ- عدد أعضاء الهيئة الإدارية للنقابة ومدة ولايتها وكيفية انتخابهم ومواعيد اجتماعاتها وطريقة تعبئة الشواغر في عضويتها وصلاحيتها. و- الحقوق التي يتمتع بها عضو النقابة والالتزامات التي يتحملها والحالات التي يتعرض فيها للعقوبات المسلكية بما في ذلك الغرامة والفصل من النقابة. ز- الخدمات والمساعدات المالية التي تقدم لعضو النقابة في حالات الضرورة بما في ذلك المساهمة في نفقات المعالجة وتوكيل المحامين. ح- شروط تعيين الموظفين والمستخدمين في النقابة وإجراءاتها وإنهاء خدماتهم. ط- كيفية حفظ أموال النقابة ومسك دفاترها وقيودها المالية. ي- إجراءات دعوة الهيئة العامة للنقابة إلى اجتماعاتها العادية وغير العادية).

[2] انظر المادة (102) من قانون العمل. يتطلب المشرع في المؤسس لأي نقابة توافر الشرط الآتية: 1.أن يكون أردني الجنسية. 2.أن لا يقل عمر طالب التأسيس عن (25) سنة. 3.أن يكون غير محكوم بجناية أو جنحة مخلة بالشرف والآداب العامة. انظر المادة (108) من قانون العمل.

[3] انظر المادة (102) من قانون العمل.

بالاسم الذي سجلت به وتكتسب الشخصية الاعتبارية[1]، وتمارس بهذه الصفة جميع الأعمال المصرح لها بممارستها[2]، كما يجوز لها فتح فروع لها في الأماكن المختلفة[3].

أما إذا قرر مسجل النقابات رفض الطلب فللمؤسسين الطعن في قراره لدى محكمة العدل العليا خلال ثلاثين يوما من تاريخ تبليغ القرار[4].

ثانيا- أهداف النقابة:

يجوز لكل نقابة يتم تأسيسها ممارسة اوجه النشاط المصرح لها بمزاولتها بغرض تحقيق الأهداف الآتية:

1. رعاية مصالح العاملين في المهنة والدفاع عن حقوقهم.
2. تقديم الخدمات الصحية والاجتماعية للعمال المنتسبين للنقابة وإنشاء العيادات الطبية ومؤسسات الرعاية الاجتماعية والاستهلاكية لهم.
3. العمل على رفع المستوى الاقتصادي والمهني والثقافي للعمال[5].

وحرصا على السعي إلى تحقيق هذه الأهداف، فقد قضى المشرع بحظر إنفاق أي من أموال النقابة في غير الأوجه المتعلقة بها[6].

---

[1] إذا ما تم القيام باجرات تأسيس النقابة على الوجه المحدد قانونا فإنها تعد قائمة اعتبارا من أي تاريخ من التواريخ الآتية:

1. تاريخ نشر قرار مسجل النقابات ونقابات أصحاب العمل بتسجيل النقابة او نقابة أصحاب العمل في الجريدة الرسمية.
2. تاريخ صدور قرار محكمة العدل العليا بإلغاء قرار المسجل برفض تسجيل النقابة او نقابة أصحاب العمل.
3. تاريخ انقضاء مدة الطعن المنصوص عليها في المادة (102) من هذا القانون. انظر المادة (103) من قانون العمل.

[2] انظر المادة (103) من قانون العمل.

[3] انظر: المادة (99)، المادة (115) من قانون العمل.

[4] انظر المادة (102) من قانون العمل.

[5] انظر المادة (99) من قانون العمل.

[6] تنص المادة (109) من قانون العمل على الآتي:(لا يجوز أنفاق أموال نقابة العمال إلا في الغايات المشروعة والمتعلقة بمصلحة النقابة بما في ذلك ما يلي: أ- الرواتب والعلاوات والنفقات للموظفين العاملين فيها وللأعضاء المتفرغين للعمل فيها. ب- نفقات إدارة النقابة بما في ذلك أجور تدقيق حساباتها. ج- رسوم الدعاوى القضائية التي تقيمها النقابة او تقام عليها ونفقاتها إذا كانت هي او أي عضو من أعضائها طرفا في الدعوى وكانت من أجل تأمين أي حقوق للنقابة أو حمايتها او كانت تتعلق بحقوق ناشئة عن علاقة عضو من أعضائها بصاحب العمل. د- نفقات أي نزاع عمالي يتعلق بالنقابة او بعضو من أعضائها. هـ- تعويض

كما تكون النقابة عند ممارستها لنشاطاتها المختلفة خاضعة لرقابة وزارة العمل، إذ يجب عليها إعداد السجلات والدفاتر حسب الأوضاع والشروط التي يقررها الوزير[1]، ويجوز لمفتش العمل الاطلاع في أي وقت على أي منها[2].

ثالثا- الانتساب إلى النقابة:

يحق لكل عامل يمارس المهنة تم تكوين نقابة لها الانضمام إلى هذه النقابة إذا ما توافرت الشروط الآتية:

1.أن يكون أردني الجنسية.

2.أن لا يقل عمر طالب الانتساب عن (18) سنة.

3.أن يكون غير محكوم بجناية أو جنحة مخلة بالشرف والآداب العامة[3].

ولضمان حرية الانضمام للنقابات، فانه يحظر على أصحاب العمل جعل استخدام أي عامل خاضعا لشرط عدم انتسابه إلى نقابة العمال او التنازل عن عضويته فيها أو أن يعمل على فصله من أي نقابة او الإجحاف بأي حق بحقوقه لانتسابه إلى عضويتها او المساهمة في نشاطها خارج أوقات العمل[4].

الأعضاء عن أي خسارة ناشئة عن نزاع عمالي. و- الإعانات التي تدفع لأعضاء النقابة او لأفراد عائلاتهم بسبب الوفاة او الشيخوخة او المرض او البطالة او الحوادث التي تقع لهم. ز- نفقات الخدمات التعليمية والاجتماعية التي تقدمها النقابة للأعضاء).

[1] انظر قرار وزير العمل الخاص بالسجلات و الدفاتر التي يجب على كل نقابة عمال إعدادها، منشور في الجريدة الرسمية، العدد (4325)، الصادر بتاريخ 1999/2/1.

وجدير بالذكر أن هذا القرار لم يقتصر على بيان السجلات، وانما تطرق إلى ما يجب أن تتضمنه هذه السجلات من بيانات وعلى نحو لا يخلو من تفصيل، أما السجلات التي ذكرها القرار فهي على النحو الآتي: سجل الهيئة العامة، سجل اجتماعات الهيئة العامة، سجل الهيئة الإدارية، سجل الموظفين العاملين في النقابة، سجل موجودات النقابة، سجل الإيرادات والنفقات، سجل الاتفاقيات الجماعية.

[2] انظر المادة (113) من قانون العمل. وانظر في العقوبات التي يمكن فرضها في حال ارتكاب مخالفة لاحكام القانون المادة (107) و (119) من قانون العمل.

[3] انظر المادة (108) من قانون العمل.

[4] انظر المادة (97) من قانون العمل.

وجدير بالذكر أن المشرع في قانون العمل الزم بتشكل الاتحاد العام لنقابات العمال من جميع النقابات العمالية وبحيث يكون أعضاء كل منها أعضاء في الاتحاد، كما تكون لهذا الاتحاد شخصية اعتبارية، وعلى أن تحتفظ فيه كل نقابة بحقوقها الخاصة[1].

رابعا- إلغاء تسجيل النقابة:

يقوم مسجل النقابات بإلغاء شهادة تسجيل النقابة إذا ثبت أنها أصبحت غير قائمة إما لحلها اختياريا وذلك بموافقة ثلثي أعضائها[2]، او لأنها حلت وفقا لأحكام هذا القانون، او بقرار قضائي[3] بناء على طلب وزير العمل من محكمة البداية في أي من الحالات الآتية:

---

[1] انظر المادة (110) من قانون العمل. كما نظم المشرع الأحكام المتعلقة بهذا الاتحاد بموجب نظام خاص هو نظام تنظيم شؤون الإتحاد العام لنقابات العمال و الإتحادات المهنية رقم (44) لسنة 1998 والصادر بمقتضى الفقرة (هـ) من المادة (110) من قانون العمل رقم (8) لسنة 1996، فقد تولى هذا النظام على وجه الخوص تنظيم الاتحاد من حيث تكوينه (لاسيما الهيئات الثلاث التي يتشكل منها:المؤتمر العام، المجلس المركزي، الهيئة التنفيذية)، فضلا عن التطرق إلى صلاحيات الاتحاد وكيفية مزاولته لمهامه، والأهداف التي يسعى إلى تحقيقها، ولربما كان من الملائم في هذا المقام عرض هذه الأهداف، فبموجب هذا النظام يهدف الاتحاد العام إلى تحقيق الآتي:

1. تنظيم جهود النقابات وتوحيدها في رعايتها لمصالح العمال المنتسبين لها.
2. تقديم الخدمات اللازمة للنقابات وبخاصة الاقتصادية والاجتماعية والثقافية منها.
3. المساعدة على حل المشاكل التي تنشأ بين أعضاء النقابة الواحدة أو بين نقابة أخرى. انظر المادة الخامسة من النظام المذكور.

كما سمح المشرع بتكوين اتحادات مهنية للنقابات الراغبة بذلك، فقد نصت الفقرة (ج) من المادة الذكورة على الآتي:(يحق لنقابتين او أكثر بموافقة الاتحاد العام لنقابات العمال تشكيل اتحاد مهني على أن تحصل كل منهما على موافقة الأكثرية العادية لهيئتها العامة وان تحيط المسجل علما بذلك خطيا). انظر كذلك المواد (15-17) من النظام المذكور.

[2] لقد حددت المادة (106) من قانون العمل كيفية الحل الاختياري للنقابة، إذ نصت على الآتي:(تحل النقابة او نقابة أصحاب العمل اختياريا بموافقة ثلثي أعضاء المسددين لاشتراكاتهم في اجتماع غير عادي تعقده الهيئة العامة للنقابة او نقابة أصحاب العمل لهذه الغاية دون غيرها وتتم تصفية أموالها وحقوقها والتصرف بها في هذه الحالة وفقا لأحكام النظام الداخلي ويجب إشعار الوزير والاتحاد العام لنقابات العمال بقرار الحل خلال خمسة عشر يوما من تاريخ صدوره وينشر في الجريدة الرسمية).

[3] انظر المادة (105) من قانون العمل.

1. إذا تم ارتكاب أي مخالفة لأحكام هذا القانون، على أنه يشترط لإعمال هذه الحالة أن يكون قد وجه إنذار خطي إلى النقابة بتلك المخالفة يتضمن الطلب منها إزالة المخالفة خلال مدة محددة.
2. التحريض على ترك العمل او الامتناع عنه أو الاعتصام او التظاهر في الحالات التي يحظر فيها القيام بهذه الأعمال بمقتضى قانون العمل وسائر التشريعات المعمول بها.
3. استعمال القوة او العنف او التهديد او التدابير غير المشروعة في الاعتداء او الشروع في الاعتداء على حق الغير في العمل او على حق آخر من حقوقه[1].

الفرع الثاني
نقابات أصحاب العمل

نقابة أصحاب العمل هي جمعية لأشخاص يمارسون مهنة معينة ويستخدمون آخرين تابعين لهم في مقابل اجر، تهدف إلى تمثيل أعضائها وحماية مصالحهم وتحسين أحوالهم المختلفة.

وقد اوسست في الأردن العديد من نقابات أصحاب الأعمال، كنقابة أصحاب السيارات الشاحنة الأردنية (1963)، ونقابة أصحاب المخابز (1971)، ونقابة تجارة المواد الغذائية(1972)، وغيرها الكثير[2].

---

[1] لقد سمح المشرع في المادة (116/ب) من قانون العمل باستئناف القرار الصادر بحل النقابة خلال مدة محددة، إذ نص على الآتي: (يجوز استئناف قرار محكمة البداية بحل النقابة إلى محكمة الاستئناف خلال ثلاثين يوما من تفهيمه إذا كان وجاهيا ومن تاريخ تبليغه إذا كان بمثابة الوجاهي ويكون قرار محكمة الاستئناف قطعيا).

[2] يوجد في الأردن إلى جانب ما ذكر من نقابات أصحاب الأعمال النقابات الآتية: نقابة أصحاب الطابخ، نقابة أصحاب توزيع الغاز والمحروقات، نقابة أصحاب محلات تجارة الحلي والمجوهرات، نقابة أصحاب بيع المنتوجات الزراعية بالجملة، نقابة أصحاب السيارات العمومي ومكاتب التكسي والسفريات الداخلية والخارجية، نقابة أصحاب محلات البلاط والرخام والطوب والحجر ومصبوبات الأسمنت، نقابة أصحاب المطاعم والحلويات، نقابة أصحاب صالونات التجميل، نقابة أصحاب المهن الميكانيكية، نقابة تجار الأقمشة، النقابة العامة لوكلاء السيارات وتجار قطع السيارات ولوازمها، النقابة العامة لأصحاب المدارس الخاصة، نقابة أصحاب شركات وكاتب التخليص ونقل البضائع، نقابة أصحاب معامل الأسنان، نقابة تجار المواد الزراعية، النقابة العامة لأصحاب وكلاء البواخر والملاحة والنقل البحري، نقابة أصحاب صالونات التجميل، نقابة أصحاب المقالع والكسارات، نقابه تجار وأصحاب محت الزجاج والمرايا والبراويز ومشتقاتها، نقابة أصحاب مخامر الموز، نقابة أصحاب مصانع الغزل والنسيج والتريكو والملابس الجاهزة، نقابة أصحاب

واللافت للانتباه أن المشرع الأردني وبالرغم من سبق وجود الكثير من نقابات أصحاب العمل لم يكن يشير إلى إمكانية قيام هذه النقابات بإبرام عقود العمل الجماعية، فقد كان يشير إلى فقط إلى جمعيات أصحاب العمل إلى أن تم إدخال تعديل بذلك على نصوص قانون العمل عام 1999[1].

بقي أن نشير إلى أن تأسيس نقابات أصحاب العمل وأهدافها والانتساب إليها وإلغاء تسجيلها خاضع لذات الأحكام المطبقة بشأن نقابات العمال، إذ لا فوارق بينهما تذكر، اللهم سوى أن العدد المطلوب لتكوين نقابة أصحاب العمل هو ثلاثين شخصا[2]، وليس خمسين كما هو الحال في نقابات العمال.

ومع ذلك، نعتقد بأنه من الأجدر بالمشرع تخفيض هذا العدد، ذلك أن كثير من المهن قد لا يتوافر فيها أعدادا كبيرة من أصحاب العمل.

المطلب الثاني
شروط إبرام عقد العمل الجماعي

لابد لإبرام عقد العمل الجماعي من توافر شروط الانعقاد والصحة المنصوص عليها في القواعد العامة، فلا فرق بين هذا العقد وغيره من العقود من هذه الوجهة.

وبالإضافة إلى ذلك، فانه يجب لإبرام هذا العقد توافر شرطين آخرين خص بهما المشرع عقد العمل الجماعي، وهذين الشرطين يتعلق أحدهما بالمدة والآخر بالكتابة، ونخصص لكل منهما فرع مستقل.

محلات التسلية والألعاب الكهربائية والإلكترونية، نقابة أصحاب معاصر ومنتجي الزيتون، نقابة تجار المواد الطبية والعلمية والمخبرية، نقابة النحالين الأردنية، نقابة تجار الكهرباء والإلكترونيات. انظر: د.غالب الداوودي، المرجع السابق، ص175.

[1] لقد تم تعديل قانون العمل رقم (8) لسنة 1996 بقانون رقم (11) لسنة 1999 لتعديل بعض من مواد القانون ولإلغاء كلمة (جمعية) حيثما وردت في القانون والاستعاضة عنها بكلمة (نقابة).

[2] نصت المادة (108) من قانون العمل على الآتي:(أ- يحق لأصحاب العمل في أي مهنة تأسيس نقابة أصحاب العمل لهم لرعاية مصالحهم المهنية في ما يتعلق بتطبيق أحكام هذا القانون.

ب- تؤسس نقابة أصحاب العمل من قبل مؤسسين لا يقل عددهم عن ثلاثين شخصا من أصحاب العمل في بناء مهنة واحدة او في مهن متماثلة او مرتبطة ببعضها او مشتركة في إنتاج واحد وتحدد هذه المجموعات المهنية بقرار من الوزير بالاتفاق مع ممثلي نقابة أصحاب العمل ولصاحب العمل في أي مهنة الحق في الانتساب إلى النقابة التي تمثل مهنته او الامتناع عن ذلك).

الفرع الأول
شرط المـدة

يجب ألا تزيد مدة عقد العمل الجماعي عن سنتين، وسواء أكان إبرامه لمدة معينة أم غير معينة، فإذا ما ابرم لمدة معينة فانه لا يجوز أن تتجاوز هذه المدة سنتين وإلا كان الشرط باطلا، أما إذا ابرم العقد لمدة غير معينة ومضى على تنفيذه سنتان على الأقل، فانه يكون لكل من طرفي العقد حق إنهائه بإرادته المنفردة، ولكن بشرط أن يتم ذلك بموجب إشعار يبلغ إلى الطرف الآخر قبل شهر على الأقل من تاريخ الإنهاء، وعلى أن تبلغ الوزارة بنسخة عن هذا الإشعار[1].

أما الحكمة التي توخى المشرع مراعاتها بجعل الحد الأقصى لمدة هذا العقد سنتان فتكمن في إتاحة الفرصة لكلا الطرفين لإعادة النظر في شروط العقد الذي تم إبرامه بين فترة وأخرى لتحديد مدى ملائمة الاستمرار به بنفس الشروط أو تعديلها أو إنهاءه، لا سيما وان تغير الظروف الاقتصادية ليس بالأمر المستبعد[2]، كما أن مانعا لا يحول دون تجديد العقد باتفاق الطرفين لمرة أخرى، ولذلك كانت دواعي جعل مدة العقد طويلة غير جديرة بالاعتبار[3].

الفرع الثاني
شرط الكتابة

لقد تطلب المشرع الأردني في عقد العمل الجماعي أن يكون مكتوبا[4]، ومن ثم فان التراضي بمفرده لا يكفي لقيام العقد، والكتابة فيه مطلوبة للانعقاد لا للإثبات فقط[5]، ويترتب

---

[1] انظر المادة (40) من قانون العمل.

[2] لقد تطرق المشرع المصري إلى الهدف والعلة من جعل مدة عقد العمل الجماعي قصيرة لا تزيد عن ثلاث سنوات، إذ أشار إلى ضرورة مواكبة هذا العقد للظروف الاقتصادية والاجتماعية المستجدة، فقد نصت المادة(151) من قانون العمل على الآتي:(يكون إبرام الاتفاقية الجماعية لمدة محددة لا تزيد على ثلاث سنوات أو للمدة اللازمة لتنفيذ مشروع معين، فإذا زادت المدة في الحالة الأخيرة على ثلاث سنوات تعين على طرفي الاتفاقية التفاوض لتجديدها كل ثلاث سنوات في ضوء ما يكون قد استجد من ظروف اقتصادية واجتماعية).

[3] انظر: د.غالب الداوودي، المرجع السابق، ص181.

[4] انظر المادة (2) من قانون العمل.

[5] يجب على العامل الذي يطالب بمزايا وحقوق تم الاتفاق عليها بموجب عقد عمل جماعي إثبات هذا العقد، وفي ذلك جاء في قرار محكمة التمييز ما يأتي:(يتوجب إثبات وجود أنظمة للشركة أو ترتيبات أو اتفاقيات جماعية

على تخلفها بطلان العقد.

والحكمة من اشتراط الكتابة هنا تتمثل في محاولة المشرع قطع اوجه النزاع بين الطرفين حول مضمون العقد.

ولتحقيق هذا الشرط فقد قضى المشرع بضرورة تنظيم عقد العمل الجماعي على ثلاث نسخ أصلية على الأقل، وبحيث يحتفظ كل طرف بنسخة منه، وعلى أن تودع النسخة الثالثة منه لدى وزارة العمل[1]، لتسجيلها في سجل خاص[2].

أما فائدة الإيداع والتسجيل في الوزارة فتظهر في أمرين هما:

تمنح للعمال حقوقا مالية افضل من المكافأة المقررة بقانون العمل). تمييز حقوق رقم (99/2584)، مجلة نقابة المحامين، العدد الحادي عشر، السنة السابعة والأربعون، عمان، 1999، ص3622. انظر كذلك تمييز حقوق (98/2158)، مجلة نقابة المحامين، العدد الحادي عشر، السنة السابعة والأربعون، عمان، 1999، ص3622.

[1] انظر المادة (39) من قانون العمل. كما جاء في قرار لمحكمة التمييز بصدد هذه المادة ما نصه:(ينظم عقد العمل الجماعي على ثلاث نسخ أصلية على الأقل ويحتفظ كل طرف بنسخة منه وتودع النسخة الثالثة لدى الوزارة لتسجيلها في سجل خاص ويكون عقد العمل الجماعي ملزما من التاريخ المدون فيه وفي حالة عدم تحديد التاريخ فمن تاريخ تسجيله في الوزارة عملا بأحكام المادة (39) من قانون العمل، وبناء على ذلك فإن قرار وزير العمل بإيداع نسخة من الاتفاق الجماعي المعقود ما بين البنك وموظفيه لدى الوزارة هو إفصاح من وزير العمل عن أرادته الملزمة بما له من صلاحية مقررة بالمادة المذكورة قاصدا إحداث مركز قانوني لطرفي الاتفاق بتصديق اتفاقهما وجعله ملزما ابتغاء مصلحة عامة هي فض الخلاف الذي نشب بين مؤسسة مصرفية هامة وموظفيها، وهذا الأمر ليس بقرار أداري صادر عن وزير العمل قابل للطعن بدعوى الإلغاء لأن أركان القرار الإداري لا تتوفر فيه مما يقتضي رد الدعوى شكلا). عدل عليا (2004/148)، مجلة نقابة المحامين، العدد الأول والثاني والثالث، السنة الثالثة والخمسون، عمان، 2005، ص164.

[2] لقد أناط المشرع الأمور التنظيمية الخاصة بهذه العقود بتعليمات يقوم بإصدارها وزير العمل، فقد جاء في المادة (44) من قانون العمل ما نصه:(يصدر الوزير تعليمات تحدد كيفية تسجيل عقود العمل الجماعية والانضمام إليها واستخراج صور عنها وغير ذلك من الأمور التنظيمية المتعلقة بهذه العقود ويتم تعليق بيان يشير إلى وجود العقد الجماعي وإلى طرفي العقد وتاريخه ومكان إجرائه داخل المؤسسة وفي أماكن العمل). وبالفعل اصدر وزير العمل استنادا إلى المادة المذكورة آنفا تعليمات تسجيل عقود العمل الجماعية و الانضمام إليها و استخراج صور عنها، وقد أكدت هذه التعليمات ما ورد في المادة المذكورة، كما نصت على ضرورة فتح سجل خاص بالعقود الجماعية، فجاء نص المادة الثانية من التعليمات على النحو الآتي:(تنظم وزارة العمل سجلا خاصا لعقود العمل الجماعية يتضمن نسخة أصلية من العقد وتاريخ تسجيله في السجل والرقم المتسلسل فيه).

1. تحديد ميعاد بدء سريان العقد إذا لم يقم الطرفان بتحديده في العقد، فقد جاء في المادة (39) من قانون العمل ما نصه:(ويكون عقد العمل الجماعي ملزما من التاريخ المحدد فيه وفي حالة عدم تحديد التاريخ فمن تاريخ تسجيله في الوزارة).
2. إشهار الاتفاق المبرم بين الطرفين، ذلك أن عقد العمل الجماعي غالبا ما يشمل في نطاق تطبيقه عددا كبيرا من العمال قد يتعذر على بعضهم العلم بمضمونه أو الحصول على نسخة منه إذا ما كانت النسخ بحوزة طرفا العقد فقط[1]، ومن جهة أخرى فان انضمام عمال آخرون للعقد يعد أمرا متاحا بموجب أحكام القانون[2]، وبالطبع قد يكون من المتعذر على من يرغب بالانضمام إلى ذلك العقد الاطلاع على مضمونه أن لم تتوافر منه نسخة لدى وزارة العمل.

كما أن حرص المشرع الأردني على إشهار عقد العمل الجماعي لم يقف عند هذا الحد، فقد فرض بالإضافة إلى ذلك على صاحب العمل تعليق بيان داخل المؤسسة وفي أماكن العمل يشير فيه إلى وجود العقد الجماعي والى طرفي العقد وتاريخه ومكان إجرائه[3].

وعلى ذلك فانه لا يترتب على تخلف طرفا العقد عن إيداعه وتسجيله لدى الوزارة جعله باطلا، بل إيقاع الجزاء الجنائي المنصوص عليه في المادة (139) من قانون العمل وهو الغرامة التي لا تقل قيمتها عن خمسين دينارا ولا تزيد عن مائة[4].

وأخيرا، فانه لا يشترط لكتابة هذا العقد توافر شكل معين أو إفراغه في نموذج أو صيغة محدده، فالمهم فقط هو تضمين العقد ما توصل إليه الطرفين من شروط وحلول مع التوقيع على ذلك، وما قيل بشأن كتابة العقد عند انعقاده ينسحب أيضا على أي تعديل يطاله عقب ذلك[5].

---

[1] لقد كفل المشرع لذوي العلاقة من العمال وأصحاب العمل الاطلاع على العقد الجماعي من خلال السماح باستخراج صورة عنه، فقد نصت المادة الخامسة من تعليمات تسجيل عقود العمل الجماعية على الآتي:(لأي من أطراف عقد العمل الجماعي أو المستفيدين من أحكامه التقدم بطلب خطي إلى الوزارة للحصول على صورة من هذا العقد وتقوم الوزارة بتزويد صاحب الطلب بصورة مصدقة عنه).

[2] انظر المادة (43) من قانون العمل. انظر كذلك المادة الخامسة من تعليمات تسجيل عقود العمل الجماعية.

[3] انظر المادة (44) من قانون العمل.

[4] انظر: د.احمد عبد الكريم أبو شنب، المرجع السابق، ص331. د.احمد خلف الضمور، المرجع السابق، ص97.عامر محمد علي، المرجع السابق، ص244.

[5] انظر: د.سيد محمود رمضان، المرجع السابق، ص472. د.غالب الداوودي، المرجع السابق، ص181.

المبحث الثالث
آثار عقد العمل الجماعي

يترتب على إبرام عقد العمل الجماعي وجوب تطبيقه على مجموعة من الأشخاص تولى تحديدهم المشرع مباشرة في قانون العمل وبالأولوية عما يكونون قد أبرموه من عقود فردية في بعض الأحيان.

وعلى ذلك فان تحديد آثار عقد العمل الجماعي تتطلب بيان الأشخاص الملزمين به ومدى إلزامية القواعد الواردة به.

المطلب الأول
الأشخاص الملزمين بأحكام عقد العمل الجماعي

تقضي المادة (42) من قانون العمل بإلزام الفئات التالية من الأشخاص بأحكام عقد العمل الجماعي:

1. **أصحاب العمل**: وسواء تم إبرام العقد بصورة مباشرة أم من خلال نقابة تمثلهم[1].

كما يلزم بالعقد خلف صاحب العمل بمن فيهم الورثة والأشخاص الذين انتقلت إليهم المؤسسة بأي صورة من الصور كالبيع أو الهبة أو حتى عند اندماج المؤسسة بغيرها.

والعلة التي من اجلها الزم المشرع خلف صاحب العمل بالعقد تظهر في محاولة توقي المشرع الغش الذي قد يبدر منه إذا ما عمد إلى الفكاك من أحكام العقد عبر تغيير صفته بتحويل ملكية المؤسسة أو دمجها مع أخرى[2].

---

[1] جاء في قرار لمحكمة التميز ما نصه:(يعتبر الاتفاق الجماعي بين نقابة الصيادلة والنقابة العامة للعاملين في الخدمات الصحية ملزما لأصحاب الصيدليات ومستودعات الأدوية، حيث وافق الطرفان على تأكيد التزام المؤسسات الصيدلانية ومستودعات الأدوية بالاتفاقيات الجماعية السابقة وخاصة فيما يتعلق براتب الشهر الرابع عشر، فيكون إلزام صاحب العمل (مستودع الأدوية) براتب الشهر الثالث عشر في محله). تمييز حقوق (2000/1670)، مجلة نقابة المحامين، العدد الحادي عشر والثاني عشر، السنة الثامنة والأربعون، عمان، 2000، ص3801.

[2] انظر: د.احمد عبد الكريم أبو شنب، المرجع السابق، ص333.

2.العمال: والعمال الذين تسري عليهم أحكام عقد العمل الجماعي قد يكونون أحد طوائف ثلاث هي:

أ. العمال في أي مؤسسة خاضعة لأحكام عقد العمل الجماعي ويرتبطون بعقود عمل فردية مع هذه المؤسسة، وسواء أكان إبرام العقد بواسطة النقابة التي تمثلهم أم من قبلهم مباشرة[1].

ب. العمال في أي مؤسسة خاضعة لأحكام عقد العمل الجماعي ولو لم يكونوا أعضاء في أي نقابة، ذلك أن العمال في مؤسسة ما قد لا يكونون جميعا أعضاء في النقابة التي قامت بإبرام العقد الجماعي، فاراد المشرع تطبيق أحكام هذا العقد عليهم كافة، وبغض النظر عن أمر عدم انضمام البعض منهم إلى النقابة التي تم إبرام العقد الجماعي معها[2].

ج. العمال المشمولين بأحكامه في حالة انسحابهم من النقابة الممثلة لهم في العقد الجماعي إذا كانوا أعضاء في النقابة وقت إبرام العقد.

وبناء على ذلك، فانه يعود من غير المجدي بالنسبة للعامل انسحابه من النقابة إذا كان الهدف من ذلك الإفلات من تطبيق أحكام العقد الجماعي.

وما قيل بشأن انسحاب العامل من النقابة ينطبق أيضا على الحالة التي تنسحب فيها النقابة من الاتحاد الذي تعد هي عضوا به إذا كانت النقابة عضوا في الاتحاد لحظة إبرام العقد الجماعي، إذ تلزم بأحكام العقد هي وأعضائها.

الانضمام إلى عقد العمل الجماعي:

قد لا يقتصر نطاق عقد العمل الجماعي على الأطراف الأصلية التي قامت بإبرامه لاول مرة، بل قد يمتد عند تطبيقه إلى فئات أخرى لم تكن ممثلة فيه، إذ أجاز المشرع في المادة (43) من قانون العمل لوزير العمل بناء على طلب أي من أصحاب العمل أو العمال أن يقرر توسيع نطاق شمول أي عقد جماعي ليسري بجميع شروطه على أصحاب العمل والعمال في قطاع معين او على فئة منهم في جميع المناطق او في منطقة معينة، وذلك حال توافر الشرطين الآتيين:

---

[1] يجيز قانون العمل الأردني إبرام العقد الجماعي من مجموعة من العمال حتى وان لم تكن لهم نقابة تمثلهم. انظر المادة الثانية من قانون العمل.

[2] انظر: د.احمد عبد الكريم أبو شنب، المرجع السابق، ص332.

1. القيام بإجراء دراسة مناسبة تشتمل النظر في توصيات لجنة يشكلها الوزير من أصحاب العمل والعمال المعنيين للبحث في إمكانية وجدوى انضمام هذه الأطراف إلى العقد.
2. أن يكون قد مضى على تنفيذ عقد العمل الجماعي مدة لا تقل عن شهرين، وذلك بغرض التحقق من صلاحية وملاءمة شروطه للتطبيق.

وما يجدر ملاحظته هنا هو أن الانضمام من قبل الأطراف الجدد لهذا العقد لا يؤدي إلى أيجاد عقد جديد[1]، فالانضمام هنا ما هو إلا توسيع لنطاق العقد الذي بدء بالسريان منذ شهرين أو اكثر، وبالرغم من إرادة طرفي العقد الأصليين، فتوسع نطاق العقد لا يضار منه أحد، لذا فقد جعله المشرع من صلاحيات وزير العمل على أن تنشر القرارات الصادرة بهذا الصدد في الجريدة الرسمية.

المطلب الثاني
إلزامية القواعد الواردة في عقد العمل الجماعي

يترتب على إبرام عقد العمل الجماعي ضرورة التزام طرفيه بما تضمنه من شروط واحكام وتنفيذه بطريقة تتفق مع ما يوجبه مبدأ حسن النية في تنفيذ الالتزامات، ومن ثم فانه يجب تعديل شروط عقود العمل الفردية بما يوافق أحكام العقد الجماعي ويطابقها، الأمر الذي ينطبق على العقود الفردية التي تبرم بعد ذلك، فلا يجوز تضمينها شروطا تخالف أحكام العقد الجماعي، وإلا كان ذلك الشرط باطلا، إذ لا يستثنى من ذلك إلا الشرط الذي يتضمن منفعة اكبر للعامل[2].

وبعبارة أخرى، فان ما تضمنه عقد العمل الجماعي من أحكام يمثل الحد الأدنى لحقوق العمال والتي لا يجوز لرب العمل النزول عنها، ولو بموافقة العامل، فالعقد الجماعي وجد من اجل حماية هذه الحقوق والمحافظة عليها[3]، وأي نزول عن ذلك الحد الذي يفرضه العقد الجماعي يعني انتهاك حقوق العمال.

---

[1] انظر: د.احمد خليف الضمور، المرجع السابق، ص93.

[2] انظر المادة الرابعة من قانون العمل.

[3] انظر: د.محمد عبد الله نصار، المرجع السابق، ص277.

وبالمقابل فانه يقع على عاتق العمال بموجب عقد العمل الجماعي التحمل ببعض الواجبات والالتزامات، إذ يجب عليهم تنفيذ الالتزامات التي تضمنها ذلك العقد طوال مدته، فضلا عن تجنب كل ما من شأنه الإخلال بالتزاماتهم، فلا يجوز لهم أو للنقابة التي تمثلهم الحض على عدم احترامه[1]، أو القيام بإضراب للاعتراض على أمر تولى تنظيمه ذلك العقد الجماعي، وإلا عد ذلك الإضراب إضرابا غير مشروع، تنعقد بموجبه المسؤولية المدنية والجنائية[2].

أما الجزاء الذي يترتب على عدم قيام أي من الطرفين بما يجب عليه من التزامات، فإنها طبقا للقواعد العامة تتم من خلال اللجوء إلى القضاء العادي لتقرير البطلان[3]، أو إجباره الطرف المخل بالتزامه على تنفيذه تنفيذا عينيا، أو فسخ العقد، فضلا عن تعويض الأضرار اللاحقة بالطرف الآخر.

وعلاوة على المسؤولية المدنية لمن يخل بأحكام عقد العمل الجماعي فان المسؤولية الجنائية قد تنعقد لذلك الشخص بوصفه مخلا بالتزام يفرضه قانون العمل، وبالرغم من أن المشرع لم يفرد عقوبة خاصة بذلك[4]، إذ يمكن إيقاع العقوبة التي نص عليها المشرع في المادة (139) من قانون العمل والتي جاءت على النحو الآتي:(كل مخالفة لأحكام هذا القانون أو أي نظام صادر بمقتضاه لم تعين لها عقوبة فيه يعاقب مرتكبها بغرامة لا تقل عن خمسين دينارا ولا تزيد على مائة دينار ويشترط في ذلك أن تفرض على المخالف العقوبة المنصوص عليها في قانون العقوبات المعمول به إذا كانت العقوبة المقررة للمخالفة فيه أشد مما هو منصوص عليه في هذا القانون).

---

[1] انظر: د.غالب الداوودي، المرجع السابق، ص186. د.محمد عبد الله نصار، المرجع السابق، ص277.

[2] انظر: المادة (134) من قانون العمل. د.سيد محمود رمضان، المرجع السابق، ص485.

[3] جاء في قرار لمحكمة التمييز ما يفيد بإلزام أطراف العقد الجماعي بإحالة النزاع بينهما على القضاء العادي وفقا لاحكام القوانين الأخرى وحظر الاتفاق على خلاف ذلك، إذ جاء في القرار ما نصه:(اختصاص المحاكم الوظيفية محكوم بالدستور الأردني والقوانين الأردنية ولا يتحدد الاختصاص باتفاق جماعي الوارد تعريفه في المادة الثانية من قانون العمل وعليه فلا تختص محكمة الصلح في دعوى إبطال أو تعديل المفاضلة الواردة في المادة الخامسة من الاتفاق الجماعي المبرم بين النقابة العامة للعاملين في الكهرباء في الأردن وشركة الكهرباء الأردنية) تمييز حقوق رقم (98/2125)، مجلة نقابة المحامين، العدد الحادي عشر، السنة السابعة والأربعون، عمان، 1999، ص3609.

[4] انظر: المادة (39) والمادة (42) من قانون العمل. د.سيد محمود رمضان، المرجع السابق، ص492.

المبحث الرابع
إنقضاء عقد العمل الجماعي

يبرم عقد العمل الجماعي لمدة محددة أو غير محددة، وبالتالي فان طرق انقضائه تختلف بحسب نوعه، كما ينجم عن انقضائه آثار عده، وهو ما سنعرض إليه من خلال المطلبين الآتيين:

المطلب الأول: أسباب انقضاء عقد العمل الجماعي.

المطلب الثاني: آثار انقضاء عقد العمل الجماعي.

المطلب الأول
أسباب انقضاء عقد العمل الجماعي

أولا- انقضاء العقد المحدد المدة:

الأصل في عقد العمل الجماعي المحدد المدة أن ينتهي من تلقاء نفسه بانتهاء المدة المضروبة له ومن دون الحاجة إلى القيام بأي إجراء آخر.

وما يجدر التذكير به هو أن المدة المحددة لهذا العقد حدها الأقصى سنتين[1]، فلا يجوز لطرفيه الاتفاق على اكثر من ذلك، وألا ردت المدة إلى سنتين.

وطبقا للقواعد العامة في القانون المدني[2] فانه يجوز أيضا إنهاء العقد أو تعديل مدته ولو قبل انقضائها باتفاق الأطراف المتعاقدة عليه.

ثانيا- انقضاء العقد غير المحدد المدة:

إذا ابرم عقد العمل الجماعي لغير مدة محددة فان من حق كل من طرفيه القيام بإنهائه بإرادته المنفردة، إذ تدخل المشرع لتحديد الشروط الواجب توافرها للقيام بذلك[3]، وهي على

---

[1] تنص المادة (40) من قانون العمل الأردني على الآتي:(يكون عقد العمل الجماعي لمدة معينة أو غير معينة فإذا عقد لمدة معينة فلا يجوز أن تتجاوز السنتين...).

[2] انظر المادة (341) من القانون المدني.

[3] جاء في المادة (40) من قانون العمل ما نصه:(...إذا عقد- أي العقد الجماعي- لمدة غير معينة ومضى على تنفيذه سنتان على الأقل فيكون لكل من طرفي العقد حق إنهائه بموجب إشعار يبلغ إلى الطرف الآخر قبل شهر على الأقل من تاريخ الإنهاء وتبلغ الوزارة بنسخة عن هذا الإشعار).

النحو الآتي:

1. أن يمضي على تنفيذ العقد الجماعي سنتان على الأقل، أما الحكمة من ذلك فتكمن في توفير قدر من الاستقرار في علاقات العمل، إلا أن تحقيق مثل هذه الغاية لا يتطلب بالضرورة جعل حق الإنهاء مؤجلا لمدة لا تقل على سنتين، فقد يكون من الملائم والأجدر بالمشرع تقصير هذه المدة بجعلها لسنة واحدة، خاصة وان مشاكل عدة قد تنجم عن إطالة مدة العقد، لا سيما أن كان به خلل أو إجحاف بحق طرفيه أو أحدهما.
2. أن يقوم الراغب بالإنهاء بتوجيه إشعار يبلغ إلى الطرف الآخر قبل شهر على الأقل من تاريخ الإنهاء، وذلك بغية تلافي الأضرار التي قد تفضي إليها مفاجئة الطرف الآخر بالإنهاء.

كما الزم المشرع الراغب بالإنهاء بتبليغ وزارة العمل بنسخة من الإشعار[1]، وقد يكون الغرض من ذلك بالإضافة إلى التحقق من طريقة إنهاء العقد ومطابقتها لاحكام القانون، ملاحظة ما قد يترتب عليه من حقوق لطرفيه، أو ما قد ينتج عنه من اشكالات وذلك بالنظر إلى الأهمية التي يطلع بها هذا العقد بالنسبة لشرائح واسعة من العمال وأرباب العمل.

انقضاء العقد الذي يجري التفاوض بشأنه:

لقد تطرق المشرع الأردني إلى الحالة التي يدخل فيها طرفا عقد العمل الجماعي بعد انتهائه في مفاوضات بغرض تجديده أو تمديد مدته أو تعديله، فقضى ببقاء سريان العقد طوال المدة التي تستغرقها تلك المفاوضات، ولكن بشرط ألا تزيد تلك المدة عن ستة اشهر، فإذا لم تنته المفاوضات بين الطرفين إلى اتفاق خلال هذه المدة فان العقد يعد منتهيا بقوة القانون[2].

أما تفسير موقف المشرع الأردني هذا فنعتقد بأنه ينطلق من حرصه على إتاحة الفرصة اللازمة للأطراف في الاتفاق على المسائل التي تم الدخول في المفاوضات من اجلها، إلا أن المشرع كان حريصا أيضا على عدم اتخاذ ذلك ذريعة لمد اجل العقد الجماعي إضرارا وتحايلا على الطرف الآخر أن لم يكن لدى أحدهما النية الحقيقية في التوصل إلى اتفاق، فوضع لتلك المفاوضات حدا أقصى هو ستة اشهر.

---

[1] انظر المادة (40) من قانون العمل.

[2] انظر المادة (41) من قانون العمل.

وبالرغم من اهتمام المشرع الأردني بالمفاوضات الجماعية التي قد يشترك بها أطراف العقد الجماعي بقصد تجديده[1]، إلا أن الملاحظ في موقفه هذا هو أن معالجته لهذه المرحلة كانت عرضية ومقتضبة، مع انه كان من الأجدر به التوسع في تنظيمها لما لها من أهمية وتأثير على علاقات العمل الجماعية بصورة عامة[2].

المطلب الثاني
آثار انقضاء عقد العمل الجماعي

لا شك في أن القوة الملزمة لعقد العمل الجماعي تمتد في آثارها لتطال جميع عقود العمل الفردية السارية في ظله، فيحظر بناء على ذلك إيراد شرط مخالف لأحكام العقد الجماعي في أي عقد عمل فردي يبرم بعد ذلك، كما لا يجوز الاستمرار في تنفيذ أي شرط مخالف كان قد تضمنه عقد عمل فردي سابق في إبرامه على العقد الجماعي، فجميع العقود السابقة واللاحقة على العقد الجماعي يجب أن تتوائم مع أحكامه ويجب ألا تخرج عما ورد به، اللهم إلا إذا كانت شروط عقد العمل الفردي اكثر منفعة للعامل، فيكون اختلافها وخروجها عليه صحيحا.

إلا أن انتهاء عقد العمل الجماعي يطرح تساؤلا عن مصير تلك العقود الفردية بعد انتهاء عقد العمل الجماعي، فهل تتأثر بانتهائه أم أنها تبقى على حالها؟

---

[1] لا يقتصر الهدف من المفاوضات الجماعية على تجديد عقد العمل الجماعي، بل أنه قد يطال أمور كثيرة ومختلفة تتصل بشروط العمل وظروفه كافة، إذ يمكن ملاحظة ذلك من خلال التعريف الذي أورده المشرع المصري للمفاوضة الجماعية في المادة (146) من قانون العمل والتي نصت على الآتي:(المفاوضة الجماعية هي الحوار والمناقشات التي تجرى بين المنظمات النقابية العمالية وبين أصحاب الأعمال أو منظماتهم من أجل:

- تحسين شروط وظروف العمل وأحكام الاستخدام.
- التعاون بين طرفي العمل لتحقيق التنمية الاجتماعية لعمال المنشأة.
- تسوية المنازعات بين العمال وأصحاب الأعمال).

[2] لقد خصص جانب من المشرعين نصوصا وأحكام تفصيلية للعديد من المسائل المتعلقة للمفاوضات الجماعية وبما يلائم الأهمية الكبيرة التي تضطلع بها، فمثلا خصص المشرع المصري للمفاوضة الجماعية بابا مستقلا هو الباب الثاني من الكتاب الربع الخاص بعلاقات العمل الجماعية، المواد (146-151) من قانون العمل المصري.

نعتقد بضرورة تطبيق شروط عقد العمل الفردي حتى وان كان بعض منها مستوحى من أحكام عقد العمل الجماعي المنتهي، ذلك أن إفراغ تلك الشروط في العقد الفردي يعني أنها أصبحت جزء منه، تراضى الطرفان عليها، ولا يجوز لأي منهما الاستقلال بإلغائها أو تعديلها[1]، كما أن القول بخلاف ذلك يفضي إلى نتائج يصعب التسليم بها، إذ كيف يصبح وضع العامل الذي رتب شؤونه المعيشية وفقا لعقد العمل المبرم مع صاحب العمل أن أتحنا لصاحب العمل المساس بالحقوق المكتسبة للعامل بالرجوع عن بعض التزاماته أو بتعديل شروط العقد؟ نعتقد أن في ذلك إجحاف بحقوق العامل وتهديد لاستقرار علاقات العمل، الأمر الذي لاحظ مثله المشرع في قانون العمل عندما حظر صراحة حرمان العمال من أي من حقوقهم بعد انتهاء عقد العمل الجماعي، فنص في المادة(41/ب) على ما يأتي:(إن انتهاء عقد العمل الجماعي لا يجيز لصاحب العمل المساس بأي صورة من الصور بالحقوق التي اكتسبها العمال الذين كان العقد يشملهم).

ومع ذلك، فان انتهاء عقد العمل الفردي ومن قبله الجماعي يفسح المجال أمام الطرفين مجددا للتفاوض حول شروط جديدة للعمل وتعديلها، فلا يعود أي منهما ملزما بشروط العقد السابق، ويصير العقد من جديد خاضعا لارادة الطرفين وما يتوصلان إليه من اتفاق وذلك طبقا لظروف العمل واحتياجاته[2].

واخيرا، فان انقضاء عقد العمل الجماعي بالنسبة لاحد الأطراف في العقد أو بعض منهم لا يعني انقضاءه بالنسبة للباقين[3]، بل انهم يستمرون في تنفيذه، فالعقد كما رأينا قد يبرم من عدة نقابات وأصحاب عمل، كما أن الانضمام إليه وتوسيع نطاقه جائز بشروط معينة، ومن ثم كان انقضاء العقد بالنسبة لبعضهم دون البعض الآخر أمرا محتمل الوقوع ولا يفضي بالضرورة إلى إنهائه بالنسبة للباقين.

---

[1] انظر د.محمد عبد الله نصار، المرجع السابق، ص281. وقد كان خلاف حول مسألة زوال القوة الملزمة لعقد العمل الجماعي بانقضائه قد ثار لدى جانب من الفقه، انقسم فيه إلى رأيين أحدهما يرى انتهاء القوة الملزمة للعقد الجماعي بانقضائه، وبالتالي السماح بتعديل عقود العمل الفردية، والآخر عدم جواز تعديل العقود الفردية إلى أن تنتهي، انظر في هذا الخلاف ومبررات كل رأي: د.محمود جمال الدين زكي، قانون العمل، المرجع السابق، ص802. د.عبد الباسط عبد المحسن، المرجع السابق، ص559.

[2] انظر: د.محمد عبد الله نصار، المرجع السابق، ص281. د.عبد الباسط عبد المحسن، المرجع السابق، ص562.

[3] انظر: د.محمود جمال الدين زكي، قانون العمل، المرجع السابق، ص800. د.محمد عبد الله نصار، المرجع السابق، ص281.

الفصل الثاني
المنازعات العمالية الجماعية

عرف المشرع الأردني النزاع العمالي الجماعي بأنه:(كل خلاف ينشأ بين مجموعة من العمال أو النقابة من جهة وبين صاحب عمل أو نقابة أصحاب العمل من جهة أخرى حول تطبيق عقد عمل جماعي أو تفسيره أو يتعلق بظروف العمل وشروطه) [1].

يتضح من التعريف السابق أن قوام النزاع الجماعي الخلاف بين العمال وصاحب العمل، أما سبب هذا الخلاف فهو ليس في جميع الأحوال نابعا من شعور العمال بالظلم أو الحاجة إلى تحقيق مكاسب وحقوق افضل، بل انه قد ينجم عن قيام صاحب العمل باتخاذ قرارات تمس حقوق هؤلاء العمال، كما أن النزاع لا ينشأ إذا ما استجاب صاحب العمل لمطالب عماله وديا عند علمه بها، وانما يقوم النزاع إذا رفض صاحب العمل تلبية تلك المطالب[2].

والواضح من التعريف السابق أيضا أن النزاع العمالي الجماعي يتطلب لقيامه عنصرين، أولهما: أن يكون أحد طرفي النزاع مجموعة من العمال أو نقابة تمثلهم أن كانوا منضمين إلى نقابة، أما الطرف الآخر فمن غير المهم عدده، فقد يكون صاحب عمل واحد أو اكثر أو نقابة تمثلهم، أما العنصر الثاني للنزاع فهو وجود مصلحة مشتركة لهؤلاء العمال يطالبون بتحقيقها، كتطبيق أحكام عقد العمل الجماعي إذا أخل الطرف الآخر به، أو تفسير ذلك العقد أن كان في عبارته غموض ولبس أدى إلى تفسيره من قبل كل طرف بما يوافق مصالحه، الأمر الذي ينطبق على كل منازعة بشأن ظروف العمل أو شروطه، كالمطالبة بتخفيض ساعات العمل، أو تمديد ساعات الراحة، أو زيادة الأجور، أو توفير خدمات صحية أو اجتماعية للعمال[3].

وبناء على هذين العنصرين نستطيع القول بان النزاع العمالي الجماعي يفترق عن النزاع الفردي في عدة أمور أبرزها طرفي المنازعة وموضوعها والغرض منها، فالنزاع الفردي يكون أحد طرفيه عامل واحد معين بذاته أو عدد من العمال معينين بذاتهم، وموضوعه حق عمالي

[1] انظر المادة الثانية من قانون العمل.

[2] انظر: د.سيد محمود رمضان، المرجع السابق، ص498.

[3] انظر: د.احمد عبد الكريم أبو شنب، المرجع السابق، ص343. د.سيد محمود رمضان، المرجع السابق،ص497.

فردي متعلق بمصلحة ذلك العامل المعين بذاته، وهدفه الاعتراف بحق عمالي فردي وحمايته، أما النزاع الجماعي فعلى العكس من ذلك، حيث يكون من مجموعة من العمال للمطالبة والاعتراف بحق مشترك لهم [1].

والتمييز بين النزاع الفردي والجماعي تظهر ثمرته في طرق تسوية كل منهما، فالنزاع الفردي تتم تسويته – كما مر معنا – باللجوء إلى محكمة الصلح أو سلطة الأجور، بينما تكون تسوية النزاع الجماعي بوسائل أخرى مختلفة وخاصة [2]، أما سبب اختلاف هذه الوسائل فيرجع إلى اختلاف مظاهره وطرق التعبير عنه، فضلا عن خطورته البالغة على المصالح الاجتماعية والاقتصادية للدولة، الأمر الذي حدا بالمشرع إلى التدخل ومعالجة النزاعات الجماعية معالجة شاملة تطال مظاهرها ووسائل تسويتها.

وبناء عليه، سنحاول من خلال هذا الفصل التطرق لخطة المشرع في معالجة النزاعات الجماعية، وذلك من خلال التقسيم الآتي:

المبحث الأول: مظاهر التعبير عن النزاعات العمالية الجماعية.

المبحث الثاني: وسائل تسوية النزاعات العمالية الجماعية.

---

[1] انظر: د.غالب الداوودي، المرجع السابق، ص188. د.منصور العتوم، المرجع السابق، ص169. د.سيد محمود رمضان، المرجع السابق، ص501.

[2] انظر: د.غالب الداوودي، المرجع السابق، ص188.

المبحث الأول
مظاهر التعبير عن النزاعات العمالية الجماعية

يتخذ التعبير عن النزاع الجماعي مظهرا مختلفا بحسب الطرف الـذي يثيره، فهـو يتخـذ صـورة الإضراب إذا كـان العمال هم من يثير النزاع ويحاول الضغط على إرادة صاحب العمل، في حين انه يتخذ صورة الإغلاق إذا كـان مـن جانـب صاحب العمل[1].

المطلب الأول
الإضـــراب

يقصد بالإضراب توقف العمال الجماعي المؤقت عن تنفيذ التزاماتهم المقررة بموجب عقود العمـل بسبب نـزاع جماعي يتعلق بمطالبة صاحب العمل بتحسين شروط العمل[2].

وقريب من ذلك تعريف المشرع الأردني للإضراب، حيث عرفه على انه:(توقف مجموعـة مـن العمـال عـن العمـل بسبب نزاع عمالي)[3].

والإضراب المقصود هنا كما هو واضح من التعريفين السابقين هو الإضراب العمالي – أو المهني- الـذي يكون سـببه منازعة جماعية تتعلق بشروط العمل وظروفه، ومن ثم فانه يستبعد من نطاق بحثنا الأنواع الأخرى للإضراب، كالإضراب السياسي الذي يكون الباعث من وراءه التعبير عن موقف سياسي معين أو الاحتجاج عـلى موقـف اتخذتـه الحكومـة تعتـزم تبنيه[4].

---

[1] يذهب جانب من الفقه إلى تصنيف الإضراب والإغلاق بوصفهما أحد أنواع تسوية المنازعات الجماعية، حيث يطلق عليها تسمية الوسائل

القسرية ليقابل بها الوسائل الرضائية ويقصد بها مندوب التوفيق ومجلس التوفيق، إلى جانب الوسائل القضائية التي يقصد بها المحكمة

العمالية. انظر: د.غالب الداوودي، المرجع السابق،ص189.

[2] انظر: د.عدنان العابد، المرجع السابق، ص209.

كما عرفه البعض الإضراب كما يأتي:(امتناع العمال عن العمل، امتناعا إراديا ومدبرا، لتحقيق مطالب مهنية). د.محمود جمال الدين زكي،

قانون العمل، المرجع السابق، ص804.

[3] انظر المادة الثانية من نظام شروط و إجراءات الإضراب و الإغلاق رقم (8) لسـنة 1998 (صـادر بمقتضى المادتين (135) و (140) من قانون

العمل رقم (8) لسنة 1996).

[4] انظر: د.عدنان العابد، المرجع السابق، ص211. د.محمود جمال الدين زكي، قانون العمل، المرجع السابق، ص807.

voir: Evelyne Barberousse-Guibert Diana Topezu,op.cit, p366.

وعلى ذلك، فانه يفترض لقيام الإضراب بحسب التعريفين السابقين توافر ما يأتي من عناصر:

1. انقطاع العمال عن العمل دون رضاء صاحب العمل.
2. أن يكون الانقطاع عن العمل بقرار جماعي، أي صادر عن مجموعة من العمال وليس عن واحد أو اثنين من العمال.
3. وجود مطالبات مهنية للعمال تتصل بتحسين شروط العمل وظروفه[1].

أنواع الإضراب:

يمكن تقسيم الإضراب إلى أنواع مختلفة وذلك بحسب الزاوية التي يتم من خلالها النظر إليه، فالإضراب من حيث المشروعية قد يكون إضرابا مشروعا أي يوافقا الأحكام والقيود التي فرضها المشرع للقيام بالإضراب، كما انه قد يكون إضرابا غير مشروع يتم بمخالفة القانون.

كما انه يتخذ الإضراب صور وأشكالا مختلفة إذا ما تم النظر إليه من حيث درجة شدته أو خطورته، إذ يمكن تقسيمه إلى الأنواع الآتية:

1. **الإضراب بقصد التنبيه:** وهو الإضراب الذي يقوم به العمال من اجل إنذار صاحب العمال ولفت انتباهه إلى أهمية مطالبهم وجديتها. وعادة ما تكون مدة هذا الإضراب محدودة، كأن يتم لبضع ساعات أو يوم واحد[2].
2. **الإضراب المفاجئ:** ويقصد به الإضراب الذي ينفذه العمال مباشرة من دون القيام بإنذار صاحب العمل بغرض الاعتراض على قرار اتخذه.
3. **الإضراب الدوري:** وهو الإضراب الذي يتفق فيه عمال المنشأة على وقف العمل فيها بالتناوب بين الأقسام[3]. فيتم التوقف عن العمل في قسم معين على أن ينتقل في فترة لاحقة إلى قسم آخر، أما الهدف من ذلك فهو ضمان استمرارية الإضراب لفترة أطول.

---

[1] انظر: د.محمود جمال الدين زكي، قانون العمل، المرجع السابق، ص805.

voir: Evelyne Barberousse-Guibert Diana Topezu,op.cit, p366.

[2] انظر: د.غالب الداوودي، المرجع السابق، ص192. كما قد يسمى هذا النوع بالإضراب بقصد الإنذار. انظر د.عبد الواحد كرم، قانون العمل، المرجع السابق، ص234.

[3] انظر: د.غالب الداوودي، المرجع السابق، ص192. كما قد يسمى هذا النوع بالإضراب الدائر. انظر د.عبد الواحد كرم، قانون العمل، المرجع السابق، ص234.

4. **الإضراب الجزئي غير الصريح:** ويقصد به الإضراب الذي يقوم فيه العمال بتنفيذ العمل تنفيذا بطيئا أو سيئا. فالعمال في هذا النوع من الإضراب لا يتوقفون عن العمل توقفا تاما وكليا، وانما يستمرون في تنفيذه ولكن بشكل صوري غير فعلي أو متقن، فهو لا يتم كما في الأحوال الطبيعية، ويطلق البعض على هذا النوع من الإضراب تسمية أخرى هي (الإضراب بالقطارة)[1].

5. **الإضراب التضامني:** وهو الإضراب الذي ينظم تأييدا لمطالب لا تعود للعمال المضربين أنفسهم[2]، كما لو قام بالإضراب الإداريين في إحدى المنشآت لمؤازرة مطالب العمال الفنيين فيها.

6. **الاعتصام:** وهو الإضراب المقترن باحتلال العمال أو مجموعة منهم لمحل العمل بغرض إيقاف العمل فيه، وقد يصاحب ذلك قيام العمال بمنع صاحب العمل أو السلطات المختصة من دخول المنشأة، علاوة على منع تشغيل العمال غير المضربين أو تشغيل عمال جدد مكانهم[3].

أحكام الإضراب في القانون الأردني:

لقد تولى المشرع الأردني تحديد الأحكام الخاصة بالإضراب فوضع عدة شروط لذلك وكفل احترام هذه الشروط بعقوبات تفرض على المخالف.

[1] انظر: د.عدنان العابد، المرجع السابق، ص211. كما قد يسمى هذا النوع من الإضراب بإضراب الإنتاج. انظر: د.عبد الواحد كرم، قانون العمل، المرجع السابق، ص234. وعلى نحو مماثل للإبطاء في العمل أو عدم إتقانه يذهب البعض إلى امتداد مفهوم هذا النوع إلى المغالاة في دقة العمل على نحو يؤدي إلى قلة الإنتاج؛ كما يذهب البعض إلى عدم اعتبار الإبطاء في العمل إضرابا. للمزيد من التفصيل انظر: د.محمود جمال الدين زكي، قانون العمل، المرجع السابق، ص803.

[2] انظر: د.عبد الواحد كرم، معجم المصطلحات، المرجع السابق، ص48. د.محمود جمال الدين زكي، قانون العمل، المرجع السابق، ص808.

[3] انظر: د.عبد الواحد كرم، معجم المصطلحات، المرجع السابق، ص48. د.عدنان العابد، المرجع السابق،ص211. د.غالب الداوودي، المرجع السابق، ص192

الشروط الواجب توفرها في الإضراب:

أ. ألا يكون النزاع الذي يتم من اجله الإضراب محالا على مندوب التوفيق أو مجلس التوفيق أو المحكمة العمالية[1]، فإذا كانت المساعي الودية تبذل لحل النزاع محل الإضراب أو كان معروضا على القضاء وقام العمال بالرغم من ذلك بالإضراب فان معنى ذلك أن الإضراب اصبح إضرابا غير مشروع.

ب. ألا يكون النزاع سبب الإضراب مشمولا بأي قرار صادر عن المحكمة العمالية إذا كان القرار معمول به، الأمر الذي ينطبق على أي تسوية صادرة عن مندوب التوفيق أو مجلس التوفيق إذا كانت تلك التسوية نافذة المفعول[2].

ج. أن يوجه العمال الذين يزمعون القيام بالإضراب إشعارا إلى صاحب العمل لابلاغه بنيتهم، والإشعار الواجب توجيهه لهذا الغرض لا يكون صحيحا ألا بتوافر جملة من الشروط حددها المشرع على النحو الآتي:

1. أن يوجه الإشعار قبل مدة لا تقل عن أربعة عشر يوما من التاريخ المحدد للإضراب، على أن تضاعف هذه المدة إذا كان العمل متعلقا بإحدى خدمات المصالح العامة[3]، كخدمة البريد والاتصالات والماء والكهرباء والمحروقات والنقل والمستشفيات والمخابز وصناعة الأدوية[4].
2. أن يكون الإشعار كتابيا ومتضمنا لموضوع النزاع وتاريخ الإضراب المزمع القيام به.
3. أن يكون الإشعار موقعا من قبل العمال أو النقابة الممثلة لهم شريطة ذكر وتحديد فئات العمال المعنيين بوضوح.

---

(1) انظر المادة (134/أ) من قانون العمل.

(2) انظر المادة(134/ب) من قانون العمل.

(3) انظر المادة(135/أ) من قانون العمل.

(4) تنص المادة الثالثة من نظام شروط و إجراءات الإضراب و الإغلاق على الآتي:(تعتبر من خدمات المصالح العامة المشار إليها في القانون: أي خدمة من خدمات المرافق العامة بما في ذلك خدمة البريد والاتصالات السلكية واللاسلكية والماء والكهرباء والمحروقات والنقل والمستشفيات والمخابز وصناعة الأدوية أو أي قسم يتعلق بصيانة المؤسسة أو سلامة العمال المستخدمين فيها أثناء العمل أو أي خدمة يصدر قرار من مجلس الوزراء بناء على تنسيب وزير العمل على أنها خدمات المصلحة العامة على أن ينشر قرار مجلس الوزراء في الجريدة الرسمية).

4. أن يقدم الإشعار إلى صاحب العمل أو من ينوب عنه، أما إذا تعذر ذلك فانه يجوز إرسال الإشعار بالبريد المسجل ويعتبر التبليغ قد تم بعد مضي سبعة أيام من تاريخ إرساله، على انه يتوجب في هذه الحالة تغيير تاريخ البدء بالإضراب من تاريخ انتهاء هذه المدة أي السبعة أيام[1].
5. إرسال نسخة من الإشعار بالإضراب مباشرة وباليد إلى المديرية المختصة في وزارة العمل[2].

فإذا ما تحققت الشروط السابقة في الإضراب، فان عقد العمل لا يعد منتهيا، بل يوقف أثره إلى حين انتهاء الإضراب، ذلك أن نية العمال المضربين لم تتجه بحال إلى إنهاء العقد، وكل ما هنالك هو أن نية العمال المضربين انصرفت إلى التوقف عن تنفيذ التزاماتهم بأداء العمل مؤقتا على أمل العودة إليه بعد انتهاء الإضراب[3].

العقوبات

لقد رتب المشرع على العامل الذي يقوم بإضراب محظور عقوبتين هما:

أ. الغرامة: فتفرض على العامل غرامة لا يقل مقدارها عن خمسين دينار عن اليوم الأول، وخمسة دنانير عن كل يوم يستمر فيه الإضراب بعد ذلك.

ب. **الحرمان من الأجر:** إذ يحرم العامل الذي يضرب إضرابا غير مشروع من أجره طوال الأيام التي يستمر فيها الإضراب[4].

وبالإضافة إلى ما سبق، فانه يجوز لصاحب العمل طبقا للقواعد العامة في القانون المدني مطالبة العامل الذي يقوم بإضراب غير مشروع بالتعويض عن الأضرار التي أحدثها[5].

---

[1] انظر المادة الرابعة من نظام شروط و إجراءات الإضراب و الإغلاق.

[2] انظر المادة السادسة من نظام شروط و إجراءات الإضراب و الإغلاق، انظر كذلك المادة الثانية من النظام نفسه.

[3] انظر: د.عدنان العابد، المرجع السابق، ص212.

voir: Evelyne Barberousse-Guibert Diana Topezu,op.cit, p366.

[4] انظر المادة (136/أ) من قانون العمل.

[5] انظر: د.محمود جمال الدين زكي، قانون العمل، المرجع لسابق، ص812. د.سيد محمود رمضان، المرجع السابق، ص506.

المطلب الثاني
الإغـــلاق

عرف المشرع الأردني الإغلاق كالآتي: (إغلاق المؤسسة كليا أو جزئيا أو إيقاف العمل فيها من قبل صاحب العمل)[1].

والتساؤل المثار هنا يدور حول السبب الذي تم الإغلاق من اجله، هل هو لظروف شخصية أو اقتصادية يمر بها صاحب العمل، أم لظروف عامة تتعلق بكساد اقتصادي، أم بسبب تغيير مجال النشاط أو استبدال أسلوب العمل وتطوير الآلات، أم امتثالا لامر صادر عن جهة مختصة، أم من اجل التمتع هو وعماله بإجازة سنوية؟

لعل التعريف الذي أورده المشرع الأردني يتسع ليشمل الحالات السابقة جميعا إضافة إلى الحالة المقصودة بالمعالجة وهي الإغلاق بسبب نزاع عمالي جماعي، الأمر الذي نعتقد بضرورة إبرازه في التعريف الخاص بالإغلاق.

لذا نستطيع القول بأنه يقصد بالإغلاق قيام صاحب العمل بإيقاف العمل في المنشأة كليا أو جزئيا بسبب نزاع مع العمال حول شروط العمل[2].

ويشترط في الإغلاق ما يشترط في الإضراب، فلا بد من أن يكون النزاع الذي من اجله يتم الإغلاق غير معروض على المحكمة العمالية أو لتسوية ودية لدى مندوب أو مجلس التوفيق، وغير مشمول بقرار من المحكمة أو تسوية ودية نافذة المفعول[3]، فضلا عن ضرورة توجيه

---

[1] انظر المادة الثانية من نظام شروط و إجراءات الإضراب و الإغلاق.

[2] لقد وردت تعريفات عدة للإغلاق في التشريعات والفقه المقارنة، فقد عرفته المادة (51) من قانون العمل العراقي رقم (1) لسنة 1958(الملغى) على انه:(سد صاحب العمل مكان عمله أو محل العمل أو وقف العمل فيه، ويشمل ذلك الامتناع عن الاستمرار باستخدام أي عدد من العمال أو المستخدمين بسبب نزاع بقصد إرغام العمال أو المستخدمين وحملهم على قبول أجور أو شروط عمل معينة)، في حين لم ينص عليه القانون النافذ؛ كما عرفه البعض كالآتي:(قيام صاحب عمل أو اكثر بغلق المنشأة أو وقف العمل فيها ويشمل ذلك الامتناع عن الاستمرار في تشغيل أي عدد من العمال بسبب نزاع بقصد إرغام العمال وحملهم على قبول أجور أو شروط عمل معينة). د.عدنان العابد، المرجع السابق، ص214.

[3] انظر المادة (134) من قانون العمل.

صاحب العمل إشعار مكتوب وموقع منه[1] إلى العمال بذلك قبل مدة لا تقل عن أربعة عشر يوما من التاريخ المحدد للإغلاق على أن تضاعف هذه المدة إذا كان العمل متعلقا بإحدى خدمات المصالح العامة[2]، كما يجب إيصال هذا الإشعار إلى العمال المعنيين[3]،ونسخة منه إلى الدائرة المختصة في وزارة العمل[4].

أما عقوبة صاحب العمل الذي يقوم بإغلاق محظور فهي الغرامة بمقدار خمسمائة دينار عن اليوم الأول، وخمسون دينار عن كل يوم يستمر فيه الإغلاق بعد ذلك[5]، ويلاحظ هنا ضئالة قيمة الغرامة المفروضة خصوصا في الأيام التالية لليوم الأول، فالأجدر رفع قيمتها.

كما يلزم صاحب العمل بدفع أجور العمال عن الأيام التي يستمر فيها الإغلاق المحظور[6].

---

[1] تنص المادة الخامسة من نظام شروط و إجراءات الإضراب و الإغلاق على ما يأتي:(أ.يجب أن يكون الإشعار بالإغلاق كتابيا ومتضمنا لموضوع النزاع وتاريخ الإغلاق المزمع تنفيذه. ب. يجب أن يكون الإشعار بالإغلاق موقعا من صاحب العمل أو من ينيب عنه ويجب تسليم الإشعار مباشرة للعمال المعنيين أو النقابة التي تمثلهم وإذا تعذر ذلك يتم الإعلان عنه في مكان بارز في المؤسسة ويتوجب تبعا لذلك تغيير تاريخ البدء بالإغلاق من تاريخ الإعلان).

[2] انظر المادة (135/ب) من قانون العمل.

[3] انظر المادة الخامسة من نظام شروط و إجراءات الإضراب و الإغلاق.

[4] انظر المادة السادسة من نظام شروط و إجراءات الإضراب و الإغلاق.

[5] انظر المادة (136/ب) من قانون العمل.

[6] انظر المادة (136/ب) من قانون العمل.

المبحث الثاني
وسائل تسوية النزاعات العمالية الجماعية

يمكن تصنيف الوسائل التي يتم بوساطتها حل وتسوية النزاعات العمالية إلى نوعين[1]، أولهما الوسائل الودية، والتي تكون بتدخل من مندوب التوفيق و مجلس التوفيق، وثانيهما الوسائل القضائية، أي باللجوء إلى المحكمة العمالية.

وقد رتب المشرع الأردني طريقة اللجوء إلى هذه الجهات الثلاث، فاعطى صلاحية حل النزاع إلى مندوب التوفيق أولا، ثم إلى مجلس التوفيق، ثم إلى المحكمة العمالية.

---

[1] لا تقتصر وسائل فض المنازعات العمالية الجماعية على التوفيق والمحكمة العمالية، ذلك انه يوجد وسائل أخرى تبناها جانب من المشرعين بغية فض هذه المنازعات، ولعل من ابرز هذه الوسائل التحكيم، سواء أكان بوساطة هيئة تحكيم تشكلها الجهات الحكومية المختصة أم كان تحكيما خاصا، والتحكيم الذي يتم بوساطة هيئة تحكيم يكون بعد طلب يتقدم به أحد طرفي النزاع إلى الجهة الإدارية، إذ تتولى هذه الجهة تشكيل هيئة التحكيم وفقا لما رسمه المشرع، فمثلا ينص المشرع المصري في المادة (182) من قانون العمل على طريقة تشكيل هيئة التحكيم، إذ جاء في هذه المادة ما نصه:(تشكل هيئة التحكيم من:

- إحدى دوائر محاكم الاستئناف التي تحددها الجمعية العمومية لكل محكمة في بداية كل سنة قضائية، والتي تقع في دائرة اختصاصها المركز الرئيسي للمنشأة وتكون لرئيس هذه الدائرة رئاسة الهيئة.
- محكم عن صاحب العمل.
- محكم عن التنظيم النقابي تختاره النقابة العامة المعنية.
- محكم عن الوزارة المختصة يختاره الوزير المختص.

وعلي كل من صاحب العمل والتنظيم النقابي والوزارة المختصة أن يختار محكما احتياطيا يحل محل المحكم الأصلي عند غيابه).

أما التحكيم الخاص فيقصد به: اتفاق طرفي النزاع اختياريا على تعيين شخص ثالث ليفصل في نزاعهم بحكم ملزم. انظر: د.غالب الداوودي، المرجع السابق، ص197. ويلاحظ بان المشرع المصري كان قد اخذ أيضا بالتحكيم الخاص في المنازعات العمالية، فقد جاء في المادة (191) من قانون العمل ما نصه:(...يجوز لصاحب العمل أو التنظيم النقابي – في حالة عدم قبول أ ى منهما للتوصيات التي ينتهي إليها الوسيط في النزاع الذي ينشأ بينهما – الاتفاق علي اللجوء للتحكيم الخاص بدلا من هيئة التحكيم...).

المطلب الأول
منـدوب التوفيق

مندوب التوفيق هو أحد موظفي وزارة العمـل تكـون مهمتـه الوسـاطة لتسـوية النزاعـات العماليـة الجماعيـة في منطقة معينة خلال مدة محددة[1].

ويكون تعيين هذا المندوب بقرار يصدره وزير العمل ممن يرى فيهم الكفاءة والقدرة على فض النزاعات الجماعية، كما يجوز تعيين اكثر من مندوب للمنطقة الواحدة[2].

وقد أوجب المشرع على مندوب التوفيق البدء في إجراءات الوساطة بين طرفي النزاع العمالي الجماعي لتسويته فور علمه بوقوع ذلك النزاع[3]، أما نتيجة وساطته فهي تحتمل أحد أمرين هما:

أولا. التوصل إلى حل النزاع، أي حصول اتفاق بين الطرفين حول المسائل التي أثارت النزاع بينهما، وفي هذه الحالـة قد يفرغ هذا الاتفاق في صورة عقد عمل جماعي أو ملحق له أو غير ذلك، إذ يتوجب على مندوب التوفيق هنـا الاحتفـاظ بنسخة من الاتفاق وبشرط أن يكون مصادق عليها من الطرفين[4].

ثانيا. تعذر إيجاد حل للنزاع، فإذا اتضح لمندوب التوفيق أن إجراء المفاوضات بين الطرفين متعـذرا لأي سـبب مـن الأسباب، أو تبين له أن الاستمرار في تلك المفاوضات لن يؤدي إلى تسوية النزاع، فانه يترتـب عـلى منـدوب التوفيـق تقـديم تقرير إلى وزير العمل بذلك، على أن

---

(1) انظر المادة (120) من قانون العمل.

(2) انظر المادة (120) من قانون العمل.

ويلاحظ بان المشرع الأردني لم يحدد الشروط الواجب توافرها في مندوب التوفيق على نحو ما فعل مع مفتشي العمل، انظر المادة الرابعة من نظام مفتشي العمل؛ الأمر الذي كان المشرع المصري قد تلافاه عندما حدد الشروط الواجب توافرها في الوسيط الذي يتولى التوفيق بين طرفي المنازعة الجماعية، فقد جاء في المادة (172) من قانون العمل المصري ما نصه:(يجب أن تتوافر في وسيط النزاع الذي يتم اختباره من قائمة الوسطاء- :أن يكون ذا خبرة في موضوع النزاع. - ألا يكون له مصلحة في النزاع. - ألا يكون قد سبق اشتراكه بأية صورة في بحث النزاع أو محاولة تسويته).

(3) انظر المادة (121) من قانون العمل.

(4) انظر المادة (121) من قانون العمل.

يضمن هذا التقرير أسباب النزاع والمفاوضات التي تمت بين الطرفين والنتيجة التي توصل إليها، وذلك خلال مدة لا تزيد على واحد وعشرين يوما من تاريخ إحالة النزاع إليه[1].

فإذا ما أحيل النزاع إلى وزير العمل، فانه على الوزير التدخل لتسوية النزاع قبل أحالته إلى مجلس التوفيق، ذلك أن نص المادة (121/ج) من قانون العمل يلزمه بذلك التدخل، فقد جاء في المادة المذكورة ما نصه:(إذا لم يتمكن الوزير بدوره من تسوية النزاع فعليه أن يحيله إلى مجلس توفيق).

ونعتقد بأنه من غير الجدير بالتأييد إلزام الوزير بالتدخل في النزاع، فقد يتضح له مثلا عدم إمكانية حله لتعنت طرفي النزاع أو أحدهما، أو إمكانية حله بواسطة مجلس التوفيق؛ كما أن الوزير هو الجهة العليا في وزارة العمل، ومن الأفضل جعل مساعيه في فض النزاع هي الأخيرة من حيث الإجراءات الإدارية، فان لم يستطع كان في إحالته إلى المحكمة العمالية الحل الأمثل، الأمر الذي يشير بدوره إلى أهمية تعديل النص السابق[2].

وجدير بالذكر أيضا أن المشرع يحظر توكيل المحامين لتمثيل أي من طرفي النزاع أمام مندوب التوفيق[3].

القيود الواردة على صاحب العمل أثناء قيام مندوب التوفيق بمهامه:

وقد قيد المشرع حرية صاحب العمل في ممارسة بعض حقوقه، فلم يجز له خلال النظر في النزاع العمالي لدى مندوب التوفيق القيام بأي من الأعمال الآتية:

1. تغيير شروط الاستخدام السارية المفعول[4]، والحكمة من ذلك تتمثل في الحيلولة دون قيام صاحب العمل بالالتفاف على التسوية التي سيصدرها مندوب التوفيق، ذلك أن السماح بغير ذلك يعني إعطاء الفرصة لصاحب العمل لتغير شروط العمل المتنازع حولها قبيل انتهاء المندوب من عمله، فتصدر التسوية دون أن يكون لها محل للتطبيق لان الشروط قد تغيرت.

2. فصل أي عامل دون الحصول على إذن كتابي من مندوب التوفيق[5]، ذلك أن لجوء صاحب العمل إلى فصل بعض العمال الذين يختارهم لدورهم في إثارة النزاع يعني تفريغ النزاع

---

[1] انظر المادة (121) من قانون العمل.

[2] قرب: د.احمد خليف الضمور، المرجع السابق، ص106.

[3] انظر المادة (123) من قانون العمل.

[4] انظر المادة (132) من قانون العمل.

[5] انظر المادة (132) من قانون العمل.

من مضمونه بتقليص عدد الطرف الآخر أو الحد من قوته، أو على الأقل تهديد العمال الباقين بالفصل لجعلهم يرضخون لشروطه، وبالرغم من انهم يمارسون حقا كفل لهم المشرع المطالبة به، لذلك كان القيام بالفصل في مثل هذه الحالة أمرا غير مشروع، يصح معه اعتباره من قبيل الفصل التعسفي الذي يستحق عنه العامل تعويضا.

إلا أن المشرع تنبه أيضا إلى احتمال ارتكاب بعض العمال لمخالفات تستحق الفصل فعلا، فلم يحرم صاحب العمل من حقه هذا، فاجاز لصاحب العمل القيام بالفصل، إلا انه عاد ليشترط عليه الحصول على إذن كتابي بذلك من مندوب التوفيق، حيث يقع على عاتق المندوب في مثل هذه الحالة التحقق من ارتكاب العامل لتلك المخالفة التي تستحق الفصل قبل إصدار الإذن المطلوب.

المطلب الثاني
مجلس التوفيق

مجلس التوفيق هو هيئة يتم تكوينها من مجموعة من الأشخاص يكون من بينهم من يمثل طرفي النزاع ويناط به حل النزاع العمالي الجماعي.

ومجلس التوفيق هذا تبدأ مهمته بعد إحالة النزاع إليه من وزير العمل، وقد تطرق المشرع إلى العديد من الجوانب المتعلقة به، ككيفية تشكيله ومهامه والإجراءات التي يقوم بها في سبيل التوصل إلى حسم النزاع القائم.

تشكيل مجلس التوفيق:

يشكل مجلس التوفيق بقرار يصدر عن وزير العمل، ويتكون من الأشخاص التالي ذكرهم:

1. رئيس يقوم بتعيينه الوزير، ويشترط فيه أن يكون شخصا محايدا، فلا يجوز أن يكون من ذوي العلاقة بالنزاع الجماعي أو بنقابات العمال أو نقابات أصحاب العمل.
2. عضوان أو أكثر يمثلون كلا من أصحاب العمل والعمال بأعداد متساوية، حيث يسمي كل من الطرفين ممثليه في هذا المجلس[1].

---

[1] انظر المادة (121/ج) من قانون العمل. وقد تحدثت المادة (129) من قانون العمل عما يتقاضاه رئيس وأعضاء المجلس لقاء عملهم فنصت على الآتي:(يصرف لرئيس وأعضاء المحكمة العمالية ورئيس مجلس التوفيق وكاتب الجلسات المكافآت التي يقررها مجلس الوزراء بناء على تنسيب من الوزير).

ونعتقد بان تشكيل هذا المجلس يكون لكل نزاع على حدا، إذ يصعب تصور تشكيله بصفة دائمة، ذلك أن اختيار أعضائه يتم من قبل طرفي النزاع المعروض، فيكون لكل منهم اختيار عضو لتمثيله، ومعلوم بان طرفي كل نزاع يختلفان عن طرفي أي نزاع آخر، ومن ثم كانت ضرورة تشكيله بصفة مؤقتة في كل مرة يثار فيها نزاع جماعي، يضاف إلى ذلك أن اختيار رئيس المجلس يفضل أن يكون على ضوء النزاع المعروض، لا أن يتم اختيار رئيس واحد لكل النزاعات، فقد يناسب بعض النزاعات تدخل أشخاص بعينهم دون غيرهم، وهو ما قد يفسر بدوره عدم جعل المشرع رئيس المجلس من موظفي وزارة العمل كما فعل بالنسبة لمندوبي التوفيق.

مهام مجلس التوفيق وكيفية مباشرتها:

يتوجب على مجلس التوفيق إذا أحيل إليه نزاع عمالي أن يبذل جهده للتوصل إلى تسويته، فإذا توصل إلى تلك التسوية، فان عليه أن يقدم إلى وزير العمل تقريرا بذلك مرفقا به التسوية الموقعة بين الطرفين[1].

ويشار هنا إلى أن موقف المشرع الأردني كان إيجابيا من ناحيتين، أولهما هو انه لم يلزم مجلس التوفيق عند تدخله لتسوية النزاع بأي إجراءات أو شكليات، حيث ترك له اختيار الطريقة

[1] انظر المادة (122/أ)،(128/أ) من قانون العمل. كما جاء في إحدى القرارات تطبيقا لما ورد في المادة (128) من قانون العمل، إذ نص على ما يأتي:(بما أن المستدعية (النقابة العامة للعاملين في الكهرباء بالأردن) كانت قد عينت ثلاثة مندوبين لها لتمثيلها في مجلس التوفيق وردت أسماؤهم في كتاب النقابة الموجه لرئيس المجلس وان المستدعى ضدها الثانية (شركة الكهرباء الأردنية) قد عينت مندوبين اثنين لتمثيلها في المجلس بموجب كتابها الموجه لرئيس المجلس إلا أن التقرير المرفوع إلى وزير العمل لإشعاره بعدم تمكن مجلس التوفيق من التوصل إلى تسوية النزاع العمالي قد جاء خلوا من تواقيع أعضاء المجلس حيث اقتصر على توقيع رئيس المجلس مما يعني انه صدر عنه وحده مما يخالف نص المادة (122) من قانون العمل وحيث أن اشتراك كامل أعضاء مجلس التوفيق في إصدار تقرير عدم التوصل إلى تسوية النزاع شرط مسبق لتمكين وزير العمل من إحالة النزاع إلى المحكمة العمالية عملا بالمادة (124) من القانون المذكور فعليه ولعدم تحقق هذا الشرط يكون قرار المستدعى ضده الأول (وزير العمل) بإحالة النزاع العمالي الجماعي المتكون بين المستدعية (النقابة العامة للعاملين في الكهرباء بالأردن) والمستدعى ضدها الثانية (شركة الكهرباء الأردنية المساهمة المحدودة) إلى المحكمة العمالية لكون مجلس التوفيق لم يتوصل إلى حل للنزاع بينهما غير مستند إلى إجراءات قانونية صحيحة ويكون مستوجب الإلغاء). عدل عليا (97/15)، مجلة نقابة المحامين، العدد العاشر والحادي عشر، السنة السادسة والأربعون، عمان، 1998، ص3740.

التي يراها ملائمة لذلك، وثانيهما هو انه لا يشترط في التسوية التي يتم التوصل إليها أن تكون تسوية كاملة وكلية، فقد أجاز المشرع إحالة التسوية حتى وان كان بها بعض الجوانب التي لم تستكمل، أو التي لم يتم اتفاق بشأنها[1]، وهو ما يسجل للمشرع الأردني، ذلك أن مهمة فض النزاع بعد ذلك تصبح اكثر سهولة وأقرب مما كانت عليه من قبل.

أما إذا لم يتوصل مجلس التوفيق إلى تسوية النزاع، فعليه أن يقدم إلى الوزير تقريرا موقع من جميع أعضائه يتضمن أسباب النزاع والإجراءات التي اتخذها لتسويته والأسباب التي أدت إلى عدم إنهائه والتوصيات التي يراها مناسبة بهذا الشأن[2].

ويترتب على المجلس في جميع الأحوال أن ينهي إجراءات التوفيق وتقديم تقريره مصحوبا بالنتائج التي توصل إليها خلال مدة لا تزيد على واحد وعشرين يوما من تاريخ إحالة النزاع إليه[3].

أما جلسات مجلس التوفيق فتعقد في وزارة العمل، حيث تكون الوزارة مسؤولة عن توفير كافة المتطلبات الإدارية والتسهيلات والأجهزة التي تمكنه من مباشرة أعماله[4].

وتصدر التسوية التي يقرها المجلس بإجماع أعضائه وإلا فبالأكثرية، حيث يكتب تقرير المجلس ويوقعه جميع الأعضاء، ويتوجب على العضو المخالف إن صدر القرار بالأكثرية أن يثبت رأيه كتابة في التقرير[5].

وبحسب ما قضى المشرع، فانه يجب نشر تقرير المجلس في صحيفة محلية أو أكثر وعلى نفقة طرفي النزاع خلال ثلاثين يوما من تاريخ تسلم الوزير التقرير[6]، الأمر الذي لا نجد ما يبرره، ذلك أن طرفي النزاع قد لا يرغبان بالنشر لسبب أو لآخر، فضلا عن أن ذلك يتطلب

[1] تنص المادة (122/أ) من قانون العمل على ما يأتي:(إذا أحيل نزاع عمالي إلى مجلس التوفيق وجب عليه أن يسعى جهده للتوصل إلى تسويته بالطريقة التي يراها ملائمة فإذا توصل إلى تسويته كليا أو جزئيا فيقدم إلى الوزير تقريرا بذلك مرفقا به التسوية الموقعة بين الطرفين).

[2] انظر المادة (122/ب) من قانون العمل.

[3] انظر المادة (122/ج) من قانون العمل.

[4] انظر المادة (127) من قانون العمل.

[5] انظر المادة (128) من قانون العمل.

[6] انظر المادة (128/ب) من قانون العمل.

مصاريف يتحملها طرفي النزاع[1]، لذا فقد كان من الأجدر بالمشرع ترك الأمر لما يقرره المجلس، أو إلزام صاحب العمل بإلصاق التسوية في مكان بارز في المنشأة، ذلك أن الغرض من النشر قد لا يجاوز إعلام العمال المعنيين بمضمونه، وتحقيق ذلك ممكن بطرق أخرى غير النشر.

صلاحيات مجلس التوفيق:

لقد منح المشرع لمجلس التوفيق صلاحيات عدة لفض النزاع وبما يشابه الصلاحيات الممنوحة للجهات القضائية، فقد مكنه عند النظر في النزاع العمالي من القيام بالآتي:

1. سماع أقوال أي شخص أو الاستعانة بخبرته في النزاع بعد القسم.
2. تكليف أي طرف من أطراف النزاع بإبراز المستندات والبيانات التي لديه إذا ما رأى المجلس ضرورته للنظر أو الفصل في النزاع[2].

ومع ذلك، فان منح مثل هذه الصلاحيات لمجلس التوفيق لا يعني اعتباره من قبيل الجهات القضائية، لذلك فقد حظر المشرع توكيل محامين لتمثيل الطرفين أمامه[3]، إذ يمكن تعليل ذلك أيضا بطريقة تشكيل المجلس، ذلك انه يضم في عضويته من يمثل طرفي النزاع[4].

وعلى غرار ما يجب أمام مندوب التوفيق ولذات العلة، فأنه لا يجوز لصاحب العمل أثناء نظر مجلس التوفيق للمنازعة الجماعية القيام بتغيير شروط العمل أو فصل أي عامل دون الحصول على إذن كتابي بذلك من المجلس[5].

مدى إلزامية قرارات مجلس التوفيق:

تكون التسوية التي يتوصل إليها مجلس التوفيق ملزمة للفئات التالية:

1. أطراف النزاع العمالي.
2. خلف صاحب العمل بمن في ذلك ورثته الذين انتقلت إليهم المؤسسة التي يتعلق بها النزاع.

---

[1] انظر: د.احمد خليف الضمور، المرجع السابق، ص109.

[2] انظر المادة (125/ج) من قانون العمل.

[3] انظر المادة (123) من قانون العمل.

[4] قرب: د.احمد خليف الضمور، المرجع السابق، ص107.

[5] انظر المادة (132) من قانون العمل.

3. جميع الأشخاص الذين كانوا يعملون في المؤسسة التي يتعلق بها النزاع في تاريخ حدوثه أو في قسم منها حسب مقتضى الحال.

4. جميع الأشخاص الذين يستخدمون فيما بعد في المؤسسة التي ثار من اجلها النزاع، الأمر الذي ينطبق أيضا على الأشخاص الذين يعملون في أي قسم منها إذا ورد في تقرير التسوية ما يقتضي بذلك[1].

أما توقيت العمل بالتسوية التي توصل إليها مجلس التوفيق فيكون من التاريخ الذي اتفق عليه طرفي النزاع العمالي، أما إذا لم يرد في الاتفاق ما يحدد ذلك التاريخ، فان العمل بالتسوية يكون اعتبارا من تاريخ التوقيع على تقرير التسوية[2].

العقوبات:

لقد فرض المشرع عقوبة على كل عامل يخالف أي شرط من شروط التسوية الصادرة عن مجلس التوفيق، وتتمثل هذه العقوبة بالغرامة التي لا يقل مقدارها عن خمسين دينار ولا يزيد على مائتي دينار للمرة الأولى، على أن تضاعف العقوبة في حالة التكرار[3].

أما إذا كانت المخالفة صادرة عن صاحب العمل فانه يعاقب بغرامة لا تقل عن مائتي دينار ولا تزيد على أربعمائة دينار للمرة الأولى وعلى أن تضاعف في حالة التكرار.

كما لا يجوز في كل الأحوال تخفيض الغرامة المفروضة على العامل أو صاحب العمل عن حدها الأدنى للأسباب التقديرية المخففة[4].

---

[1] انظر المادة (130) من قانون العمل.
[2] انظر المادة (131/ب) من قانون العمل.
[3] انظر المادة (133/أ) من قانون العمل.
[4] انظر المادة (133/ب) من قانون العمل.

المطلب الثالث
المحكمة العمالية

إذا لم يتمكن مجلس التوفيق من إنهاء النزاع العمالي الجماعي، فانه يترتب على وزير العمل إحالة النزاع إلى المحكمة العمالية التي يتم تشكيلها لهذا الغرض[1].

وعلى ذلك، فأن المشرع لم يحدد المدة التي يجب فيها على الوزير إحالة النزاع إلى المحكمة، مع انه كان من الأحرى به فعل ذلك لضمان السرعة والاستعجال في حسم النزاع الجماعي[2].

يتضح مما سبق أن المحكمة العمالية هي هيئة قضائية يكون مهمتها حسم النزاع العمالي الجماعي الذي استنفذ الطرق الودية لحله[3].

تشكيل المحكمة العمالية وكيفية مباشرتها لمهامها:

استنادا إلى المادة (124/أ) من قانون العمل فان المحكمة العمالية تشكل بصورة دائمة، وتكون من ثلاثة قضاة نظاميين يقوم المجلس القضائي بانتدابهم لهذه الغاية بناء على طلب وزير العمل[4]، إذ يرأسها أعلاهم درجة[5]، وواضح من ذلك بان أعضاء المحكمة جميعهم من القضاة، ولا يدخل فيها من يمثل طرفي النزاع العمال و أصحاب العمل، وهو ما نعتقد بأنه ادعى لتحقيق العدالة[6].

---

[1] انظر المادة (124/أ) من قانون العمل.

[2] انظر: د.احمد عبد الكريم أبو شنب، المرجع السابق، ص360.

[3] يلاحظ أن التسمية التي كانت تطلق على هذه المحكمة في القانون السابق هي (المحكمة الصناعية)، انظر المادة (93) من قانون العمل الملغي.

[4] يشار إلى أن مدة عضوية أعضاء المحكمة غير محددة، وهذا يعني أن نقل هؤلاء القضاة واستبدالهم مناط بالمجلس القضائي. انظر: د.احمد عبد الكريم أبو شنب، المرجع السابق، ص360.

[5] كما هو الحال بالنسبة لمخصصات رئيس وأعضاء مجلس التوفيق قضى المشرع بمنح رئيس وأعضاء المحكمة العمالية وكاتب الجلسات المكافآت التي يقررها مجلس الوزراء بناء على تنسيب وزير العمل، انظر المادة(129) من قانون العمل.

[6] انظر: د.احمد عبد الكريم أبو شنب، المرجع السابق، ص360. د.سيد محمود رمضان، المرجع السابق،ص518.

وتعقد المحكمة العمالية جلساتها في وزارة العمل، إذ تكون الوزارة مسؤولة عن توفير المتطلبات الإدارية والتسهيلات والأجهزة التي تمكنها من مباشرة أعمالها[1].

ويجوز انعقاده المحكمة بحضور اثنين من أعضائها، أما إذا اختلافا في الرأي، فان دور القاضي الثالث يصبح ضروريا، إذ يدعى للاشتراك في نظر القضية وإصدار القرار فيها[2]، حيث يصدر القرار كتابة وبالأكثرية لتعذر الإجماع، على انه يتوجب على العضو الذي يرى مخالفة القرار إثبات رأيه كتابة في ذلك القرار[3].

وعلى غرار تقرير مجلس التوفيق فانه يجب نشر قرار المحكمة العمالية في صحيفة محلية أو أكثر على نفقة أصحاب النزاع خلال ثلاثين يوما من تاريخ تسلم الوزير القرار[4]، إذ يوجه لهذا الحكم الانتقاد ذاته الذي سبق توجيهه لنشر تقرير التسوية.

كما يعطى النزاع العمالي الذي يحال إلى المحكمة العمالية صفة الاستعجال، بحيث تباشر النظر فيه خلال مدة لا تزيد على سبعة أيام من تاريخ الإحالة إليها، وعلى أن تصدر قرارها في النزاع وتبلغه إلى الوزير خلال ثلاثين يوما من ذلك التاريخ[5].

ولضمان صفة الاستعجال المشار إليها فقد منح المشرع للمحكمة العمالية حرية النظر والفصل في النزاع المعروض عليها وفقا للإجراءات التي تراها مناسبة ما دام أنها لا تبتعد عن تحقيق العدالة[6].

والقرار الصادر عن المحكمة العمالية يكون نافذا من التاريخ الذي تعينه[7]، كما انه يكون قطعيا غير قابل للطعن أمام أي جهة قضائية أو إدارية[8].

---

(1) انظر المادة (127) من قانون العمل.

(2) انظر المادة (124) من قانون العمل.

(3) انظر المادة (128/أ) من قانون العمل.

(4) انظر المادة (128/ب) من قانون العمل.

(5) انظر المادة (124) من قانون العمل.

(6) انظر المادة (124) من قانون العمل.

(7) انظر المادة (131) من قانون العمل.
يلاحظ بان المشرع الزم طرفي النزاع بالتاريخ الذي تحدده المحكمة وعلى خلاف ما هو مقرر قي تقرير التسوية الذي يصدره مجلس التوفيق والذي سمح فيه المشرع لطرفي النزاع تحديد تاريخ التنفيذ.

(8) انظر المادة (124) من قانون العمل.

ومن جانب آخر فان للمحكمة العمالية وحدها الحق في تفسير أي قرار أصدرته، وذلك بناء على طلب وزير العمل أو أحد أطراف النزاع، حيث تتولى إزالة ما شاب القرار من غموض ولبس ولكن بشرط وحيد هو ألا يخرج هذا التفسير القرار عن النتائج التي توصل إليها.

وعلى نحو مشابه يكون للمحكمة العمالية في أي وقت تراه مناسبا القيام من تلقاء نفسها بتصحيح الأغلاط أو الأخطاء الكتابية أو الحسابية التي تقع في الأحكام والقرارات عن طريق السهو العرضي، وهو ما يجوز أيضا بناء على طلب الوزير أو أحد الخصوم[1].

كما قيد المشرع من صلاحيات صاحب العمل عند نظر المحكمة للنزاع العمالي، فحظر عليه تغيير شروط الاستخدام، أو القيام بفصل أي عامل إلا بإذن منها، وعلى غرار ما فعل بالنسبة لمجلس التوفيق وللعلة ذاتها[2].

ويكون للمحكمة العمالية ذات الصلاحيات الممنوحة لمجلس التوفيق، فيجوز لها سماع أقوال أي شخص أو الاستعانة بخبرته، فضلا عن طلب إبراز المستندات والبيانات التي لدى أطراف النزاع[3].

ولما كانت المحكمة العمالية إحدى الجهات القضائية فقد أجاز المشرع لكل من طرفي النزاع توكيل محام أو أكثر أمامها[4].

فإذا ما صدر قرار المحكمة العمالية في النزاع المعروض عليها، فان تنفيذه يصبح واجبا بالنسبة لأطراف النزاع العمالي وخلف صاحب العمل بمن في ذلك ورثته، فضلا عن جميع الأشخاص الذين كانوا يعملون في المؤسسة أو الذين يستخدمون فيها فيما بعد، وبعبارة أخرى فانه يكون للقرار ذات القوة التي يتمتع بها تقرير التسوية الصادر عن مجلس التوفيق[5].

العقوبات:

تكون عقوبة العامل المخالف لقرار المحكمة العمالية الغرامة بما لا يقل عن خمسين دينار ولا تزيد على مائتي دينار، أما صاحب العمل فيعاقب بغرامة لا تقل عن مائتي دينار ولا تزيد

---

[1] انظر المادة (126) من قانون العمل.

[2] انظر المادة (132) من قانون العمل.

[3] انظر المادة (125) من قانون العمل.

[4] انظر المادة (124) من قانون العمل.

[5] انظر المادة (130) من قانون العمل.

على أربعمائة دينار، هذا إذا كانت المخالفة تتم للمرة الأولى، أما في حالة التكرار فتضاعف الغرامة، كما لا يجوز في كل الأحوال تخفيضها عن حدها الأدنى للأسباب التقديرية المخففة، وسواء أكان المخالف العامل أم صاحب العمل[1].

---

[1] انظر المادة (133) من قانون العمل.

المراجع

أولاً- مراجع الشريعة الإسلامية والفقه الإسلامي:

- أبي عبد الـلـه محمد ابن ماجة، سنن ابن ماجة، دار إحياء الكتب العربية،1953.
- احمد بن إدريس بن عبد الرحمن المشهور بالقرافي، الفروق، المكتبة العصرية، بيروت، 2003.
- إسماعيل بن كثير، تفسير القرآن العظيم، الطبعة الثانية، دار الفيحاء، دمشق، 1998.
- سليم رستم باز، شرح المجلة، الطبعة الثالثة، دار الكتب العلمية، بيروت.
- عبد الرحمن بن إبراهيم المقدسي، العدة شرح العمدة، دار إحياء الكتب العربية، القاهرة.
- عبد الرحمن بن محمد بن عسكر المالكي، إرشاد السالك إلى اقرب المسالك، مكتبة القاهرة، القاهرة، 1972.
- عبد القادر بن عمر التغلبي الشيباني الحنبلي، نيل المآرب بشرح دليل الطالب، دار إحياء الكتب العربية، القاهرة.
- عبد الـلـه بن محمد بن قدامة، المغني.الطبعة الأولى، دار الفكر، بيروت.
- عبد الـلـه بن محمود بن مولود الموصلي، الاختيار لتعليل المختار، مكتبة محمد على صبيح، القاهرة.
- علاء الدين الكاساني، بدائع الصنائع، الطبعة الثانية، دار الكتاب العربي، بيروت، 1982.
- علي بن أبي بكر الرشداني الميرغيناني، الهداية شرح بداية المبتدي، المكتبة التوفيقية، القاهرة.
- علي بن احمد بن سعيد بن حزم، المحلى، دار التراث، القاهرة.
- علي حيدر، درر الحكام شرح مجلة الأحكام، دار عالم الكتب الرياض، 2003.
- علي بن محمد الجرجاني، التعريفات، الطبعة الأولى، بيروت،1973.
- مجد الدين أبي البركات، المحرر في الفقه، (بدون طبعة).
- محمد بن إسماعيل البخاري، صحيح البخاري (مع فتح الباري لابن حجر العسقلاني)، الفتح للإعلام العربي، القاهرة، 2000.
- محمد بن إسماعيل الصنعاني، سبل السلام، دار المنار، القاهرة، 2002.

- محمد بن الحسن الفراء، الأحكام السلطانية، دار الكتب العلمية، بيروت، 1983.
- محمد بن علي الشوكاني، نيل الاوطار من أحاديث سيد الأخبار، دار التراث، القاهرة.
- محمد علي الصابوني، صفوة التفاسير، الطبعة التاسعة، دار الصابوني، القاهرة.
- محمد بن محمد الخطيب الشربيني، مغني المحتاج إلى معرفة ألفاظ المنهاج، المكتبة التوفيقية، القاهرة.
- محمد بن محمد الطرابلسي المعروف بالحطاب، مواهب الجليل لشرح مختصر خليل، مكتبة النجاح، طرابلس.
- منصور بن يونس البهوتي، كشاف القناع عن متن الإقناع، دار عالم الكتب، الرياض، 2003.
- منصور يونس البهوتي، الروض المربع، الطبعة السادسة، دار الفكر.
- موفق الدين بن قدامة المقدسي، الكافي في الفقه، دار إحياء الكتب العربية، القاهرة.

كتب المحدثين:

- د.أحمد النجدي زهو، الوقت وأهميته في الالتزام بمقتضى أحكام الإسلام، مكتبة النصر، القاهرة، 1991.
- جمال الدين عياد، شريعة الإسلام(العمل والعمال)، مكتبة الخانجي، القاهرة، 1967.
- د.رمضان علي السيد الشرنباصي، المدخل لدراسة الفقه الإسلامي، الطبعة الثانية، مطبعة الأمانة، القاهرة، 1403هـ.
- د.طلبة عبد العال طلبة، الإجارة، الطبعة الأولى، المتحدون للطباعة، 2004.
- د.عباس حسني، الفقه الإسلامي- آفاقه وتطوره، مطبوعات رابطة العالم الإسلامي، سلسلة دعوة الحق(السنة الثانية-1402هـ محرم- العدد (10))، الطبعة الثانية(1414هـ).
- د.عبد الرحمن محمد محمد عبد القادر، الوسيط في عقد الإجارة في الفقه الإسلامي، دار النهضة العربية، القاهرة، 1991.
- د.عبد الفتاح محمود إدريس، قبس من فقه المعاملات، الطبعة الأولى، القاهرة، 1997.
- د.قطب مصطفى سانو، معجم مصطلحات أصول الفقه، الطبعة الأولى، دار الفكر، دمشق، 2000.
- د.محمد بكر إسماعيل، الفقه الواضح من الكتاب والسنة على المذاهب الأربعة، الطبعة الثانية، دار المنار، القاهرة، 1997.

- محمد حسنين محمد مخلوف العدوي، المقارنات التشريعية، الطبعة الأولى، دار المنار، القاهرة، 1999.
- د.محمد عقلة الابراهيم، حوافز العمل بين الإسلام والنظريات الوضعية، الطبعة الأولى، مكتبة الرسالة الحديثة، عمان، 1988.
- د.نادرة محمود سالم، عقد العمل بين الشريعة الإسلامية والقانون الوضعي، دار النهضة العربية، القاهرة،1994.
- د.وهبة الزحيلي، المعاملات المالية، منشورات كلية الدعوة الإسلامية، 1991.

ثانياً- المراجع القانونية:

- د.احمد السعيد الزقرد، شرح قانون العمل، الطبعة الثانية، دار أم القرى، المنصورة، 1993.
- د.أحمد خليف الضمور، الوجيز في شرح التشريعات العمالية والاجتماعية في المملكة الأردنية الهاشمية، 2005.
- د.احمد شوقي محمد عبد الرحمن، قواعد استحقاق مكافئة نهاية الخدمة، المطبعة العربية الحديثة، القاهرة،1978.
- د.احمد عبد الكريم أبو شنب، شرح قانون العمل الجديد، الطبعة الأولى-الإصدار الرابع، دار الثقافة، عمان، 2003.
- د.السيد محمد السيد عمران، شرح قانون العمل، دار المطبوعات الجامعية، الإسكندرية، 2000.
- د.بشار عدنان ملكاوي، أهم المبادئ القانونية التي تحكم عقد العمل الفردي في قانون العمل الأردني، الطبعة الأولى، دار وائل للنشر والتوزيع، عمان، 2005.
- د.جمال فاخر النكاس، قانون العمل الكويتي المقارن، الطبعة الأولى، مطبوعات جامعة الكويت، الكويت، 1993.
- د.حسن الهداوي، تنازع الاختصاص وأحكامه في القانون الدولي الخاص الأردني، الطبعة الأولى، دار مجدلاوي، عمان، 1993.
- د.حسن كيره، المدخل إلى القانون، الطبعة السادسة، منشأة المعارف، الإسكندرية، 1993.
- د.حمدي عبد الرحمن ود.خالد حمدي، شرح أحكام قانون العمل (الكتاب الأول)، القاهرة، 2002.

- د.خالد سمارة الزعبي، القانون الإداري وتطبيقاته في المملكة الأردنية، الطبعة الثانية، دار الثقافة، عمان، 1993.
- د.رأفت محمد حماد، آثار عقد التدريب المهني، دار النهضة العربية، القاهرة، 1995.
- د.سيد محمود رمضان، الوسيط في شرح قانون العمل، الطبعة الأولى، دار الثقافة، عمان، 2005.
- د.سهير منتصر، شروط عدم المنافسة في عقود العمل الفردية والجماعية، القاهرة، 1982.
- د.عامر محمد علي، شرح قانون العمل الأردني، الطبعة الأولى، المركز القومي للنشر، اربد، 1999.
- د.عبد الباسط عبد المحسن، علاقات العمل الجماعية، دار النهضة العربية، القاهرة، 2002.
- د.عبد الرحمن عياد، أساس الالتزام العقدي، مؤسسة الثقافة الجامعية، الإسكندرية.
- د.عبد الرشيد مأمون، عقد العلاج بين النظرية والتطبيق، دار النهضة العربية، القاهرة، 1986.
- د.عبد الغني بسيوني، القانون الإداري، الدار الجامعية، بيروت، 1992.
- د.عبد الغني عمرو الرويمض، علاقات العمل الفردية في القانون الليبي، الطبعة الأولى،1997.
- د.عبد المنعم البدراوي، توحيد القانون الخاص، عمان، 1998.
- د.عبد الواحد كرم، قانون العمل في التشريع الأردني، الطبعة الأولى، دار الثقافة، عمان، 1998.
- د.عبد الواحد كرم، معجم مصطلحات الشريعة والقانون، الطبعة الثانية، عمان، 1998.
- د.عبد الودود يحيى، شرح قانون العمل، الطبعة الثالثة، دار النهضة العربية، القاهرة، 1989.
- د.عدنان العابد و د.يوسف الياس، قانون العمل، الطبعة الأولى، منشورات وزارة التعليم العالي والبحث العلمي، بغداد، 1980.
- د.علي العريف، شرح قانون العمل، مطبعة مخيمر، القاهرة، 1963.
- د.غالب علي الداوودي، شرح قانون العمل، الطبعة الثالثة، دار وائل، عمان، 2004.
- د.فايز الكندري، عقد المحاماة في القانون الكويتي والمقارن، الطبعة الأولى، منشورات جامعة الكويت، الكويت، 1999.

- د.فتحي المرصفاوي، النظرية العامة في عقد العمل، الطبعة الأولى، المكتبة الوطنية، بنغازي، 1973.
- د.كمال حمدي، عقد العمل البحري، الطبعة الثانية، منشأة المعارف، الإسكندرية، 2002.
- د.كيلاني عبد الراضي محمود، تطور عقد العمل البحري وأثره على اجر البحار، دار النهضة العربية، القاهرة، 2003.
- د.محمد أحمد إسماعيل، تنظيم العمل للأحداث في تشريعات العمل العربية، دار النهضة العربية، القاهرة، 1993.
- د.محمد السعيد رشدي، موجز المدخل لدراسة القانون الأردني، الطبعة الأولى، دار الفرقان، عمان، 1991.
- د.محمد حسن منصور، قانون العمل، دار المطبوعات الجامعية، الإسكندرية، 1997.
- د.محمد سليمان الاحمد، الوضع القانوني لعقود انتقال اللاعبين المحترفين، الطبعة الأولى، دار الثقافة، عمان، 2001.
- د.محمد عبد الله نصار و د.العوضي عثمان، التشريعات العمالية، الكتاب الأول "قانون العمل"، الطبعة الأولى، منشورات الجامعة العمالية، القاهرة، 2001.
- د.محمد علي عمران، الوسيط في شرح أحكام قانون العمل الجديد، القاهرة.
- د.محمد نصر الدين منصور، قانون لعمل "الفلسفة والأهداف"، القاهرة، 2002.
- د.محمود جمال الدين زكي، قانون العمل، الطبعة الثالثة، مطبعة جامعة القاهرة، 1983.
- د.محمود جمال الدين زكي، عقد العمل في القانون المصري، الطبعة الثانية، مطابع الهيئة المصرية العامة للكتاب، 1982.
- معجم القانون،(اشترك بوضعه مجموعة من أساتذة القانون)، منشورات مجمع اللغة العربية، القاهرة، 1999.
- د.منصور إبراهيم العتوم، شرح قانون العمل الأردني، الطبعة الثاني، مطبعة الصفدي، عمان.
- د.منير عبد المجيد، تنازع القوانين في علاقات العمل الفردية، منشأة المعارف، الإسكندرية، 1991.
- د.نواف كنعان، القانون الإداري الأردني – الكتاب الثاني، الطبعة الأولى، عمان، 1996.
- د.هشام رفعت هاشم، شرح قانون العمل الأردني، عمان، 1990.

- د.هشام علي صادق وحفيظة السيد الحداد، مبادئ القانون الدولي الخاص، دار المطبوعات الجامعية، الإسكندرية، 2001.
- د.همام محمد محمود زهران، قانون العمل "عقد العمل الفردي "، دار المطبوعات الجامعية، الإسكندرية، 2001.
- هيثم حامد المصاروة، عقد العمل الفردي في القانون الليبي، الطبعة الأولى، الوثيقة الخضراء للطباعة والنشر، البيضاء، 2002.

الأبحاث:

- د.حسام الدين كامل الاهواني، حقوق الطفل في قانون العمل، مجلة العلوم القانونية والاقتصادية، تصدر عن جامعة عين ش.م.س، العدد الأول، السنة السادسة والثلاثون، القاهرة، 1994.
- د.خالد جاسم الهندياني، وقف عقد العمل، مجلة الحقوق، منشورات كلية الحقوق بجامعة الكويت، العدد الرابع، الكويت، 2000.
- د.عامر محمد علي، الأجور العمالية والامتيازات المقررة لها في ضوء قانون العمل الأردني الجديد، مجلة اربد للبحوث والدراسات، تصدر عن جامعة اربد، المجلد الرابع، العدد الثاني، اربد، 2002.
- د.عبد الحميد عثمان الحنفي، عقد احتراف لاعب كرة القدم، الطبعة الأولى، ملحق مجلة الحقوق، العدد الرابع، السنة التاسعة عشرة، تصدر عن جامعة الكويت، الكويت، 1995.
- د.محمد سليمان الأحمد وهيثم حامد المصاروة، المسؤولية التضامنية، منشور في مجلة نقابة المحامين الأردنيين، العددان الحادي عشر والثاني عشر، السنة الثامنة والأربعون، 2000.

جـ المراجع الأجنبية:

- A.Dusart C.Tremeau, Droit du travail et droit social, foucher, paris.
- Evelyne Barberousse-Guibert Diana Topezu, Le Guide Pratique du Droit , Edittion du club france loisirs, Paris , 1986.
- Raymond Guillien et Jean Vicent, Lexique De Termes Juridiques, Dalloz, Paris.

ثالثاً- التشريعات والمذكرات الإيضاحية:

- دستور المملكة الأردنية الهاشمية لسنة 1952.
- مجلة الأحكام العدلية.
- القانون المدني الأردني رقم 43 لسنة 1976.
- قانون العمل الأردني رقم 21 لسنة 1960.
- قانون العمل الأردني رقم 8 لسنة 1996.
- قانون الضمان الاجتماعي رقم 19 لسنة 2001.
- قانون نقابات العمال رقم 35 لسنة 1953.
- قانون مؤسسة التدريب المهني رقم 11 لسنة 1985.
- قانون مجلس التعليم والتدريب المهني والتقني رقم 58 لسنة 2001.
- قانون البلديات رقم 29 لسنة 1955.
- القانون البحري رقم 12 لسنة 1972.
- قانون رعاية المعوقين رقم 12 لسنة 1993.
- قانون البينات رقم 30 لسنة 1952.
- قانون التنفيذ رقم 36 لسنة 2002.
- قانون الصحة العامة رقم 21 لسنة 1971.
- قانون حماية حق المؤلف رقم 22 لسنة 1992.
- نظام موظفي البلديات رقم 1 لسنة 1955.
- نظام التدريب المهني رقم 13 لسنة 1974.
- نظام اللجان الطبية رقم 58 لسنة 1977.
- نظام مفتشي العمل رقم 56 لسنة 1996.
- نظام رسوم تصاريح عمل العمال غير الأردنيين رقم 36 لسنة 1997.
- نظام تشكيل لجان مشرفي السلامة والصحة المهنية رقم 7 لسنة 1998.
- نظام شروط وإجراءات الإضراب والإغلاق رقم 8 لسنة 1998.
- نظام العناية الطبية الوقائية والعلاجية للعمال في المؤسسات رقم 42 لسنة 1998.
- نظام الوقاية والسلامة من الآلات والماكينات الصناعية ومواقع العمل رقم 43 لسنة 1998.

- نظام تنظيم شؤون الإتحاد العام لنقابات العمال و الإتحادات المهنية رقم 44 لسنة 1998.
- نظام المكاتب الخاصة للتشغيل رقم 21 لسنة 1999.
- نظام صندوق دعم التعليم والتدريب المهني والتقني رقم 95 لسنة 2002.
- نظام تنظيم المكاتب الخاصة العاملة في استقدام و استخدام غير الأردنيين العاملين في المنازل نظام رقم 3 لسنة 2003.
- نظام فئات عمال الزراعة الخاضعين لأحكام قانون العمل نظام رقم 4 لسنة 2003.
- نظام الخدمة المدنية رقم 55 لسنة 2002.
- التعليمات الخاصة بحماية العاملين و المؤسسات من مخاطر بيئة العمل لسنة 1998.
- تعليمات بدل الأتعاب التي تتقاضاها المكاتب الخاصة للتشغيل لسنة 1999.
- تعليمات الفحص الطبي الأولي للعمال في المؤسسات لسنة 1999.
- تعليمات القطاعات الخاضعة لأحكام نظام تشكيل لجان و مشرفي السلامة و الصحة المهنية لسنة 1998.
- تعليمات تسجيل عقود العمل الجماعية و الانضمام إليها و استخراج صور عنها لسنة 2002.
- تعليمات أسس وشروط استيفاء رسوم تصاريح العمل للعمال غير العرب في مشاريع المناطق الصناعية المؤهلة التي يتم توسعتها لسنة 2003.
- تعليمات شروط وإجراءات استخدام واستقدام العمال غير الأردنيين لسنة 2005.
- تعليمات برامج التدريب المهني لسنة 2006.
- قرار مجلس الوزراء الخاص بتحديد الحد الأدنى لأجور العمال لسنة 2006.
- قرار وزير العمل الخاص بالسجلات و الدفاتر التي يجب على كل نقابة عمال إعدادها لسنة 1992.
- قرار وزير العمل الخاص بالأعمال الخطرة والمرهقة أو المضرة بصحة الأحداث لسنة 1997
- قرار وزير العمل الخاص بالأعمال و الأوقات التي يحظر تشغيل النساء لسنة 1997.
- قرار وزير العمل خاص بوسائل و أجهزة الإسعاف الطبي للعمال في المؤسسات لسنة 1997
- قرار وزير العمل بتشكيل لجنة للنظر في إنهاء أو تعليق عقود العمل لسنة 1997.

- قرار صادر عن وزير العمل خاص بمستوى و جهات تدريب مشرفي السلامة و الصحة المهنية في المؤسسات لسنة 1999.
- قرار وزير العمل الخاص بالسجلات الواجب على صاحب العمل الاحتفاظ بها لسنة 2002.
- قرار وزير العمل خاص باعتماد مرجع طبي لسنة 2002.
- قرار وزير العمل خاص بالغرامات التي تفرض على العمال لسنة 2002.
- قرار وزير العمل بتصنيف المهن و الصناعات التي يحق لعمالها تأسيس نقابات لهم.
- قائمة المهن المغلقة.
- قرار الديون الخاص بتفسير القانون رقم 21 لسنة 1974.
- قرار الديون الخاص بتفسير القانون رقم 7 لسنة 1980.
- قرار الديوان الخاص بتفسير القوانين رقم 2 لسنة 1997.
- قرار الديوان الخاص بتفسير القوانين رقم 5 لسنة 2003.
- المذكرات الإيضاحية للقانون المدني الأردني، الطبعة الثالثة، مطبعة التوفيق، إعداد المكتب الفني في نقابة المحامين، عمان، 1992.

القوانين المقارنة:

- القانون المدني المصري رقم 131 لسنة 1948.
- قانون العمل المصري رقم 12 لسنة 2003.
- قانون النقابات العمالية المصري رقم 35 لسنة 1976.
- قانون المعاملات المالية الإماراتي رقم 5 لسنة 1985.
- قانون تنظيم علاقات العمل الإماراتي الاتحادي رقم 8 لسنة 1980.
- القانون المدني الليبي.
- قانون العمل الليبي رقم 58 لسنة 1970.
- القانون المدني الكويتي رقم 67 لسنة 1980.
- قانون العمل في القطاع الأهلي الكويتي رقم 38 لسنة 1964.
- نظم العمل السعودي لعام 2005.
- قانون العمل القطري رقم 3 لسنة 1962.
- قانون العمل العماني رقم 35 لسنة 2003.

- قانون العمل اليمني رقم 5 لسنة 1995.
- الإعلان العالمي لحقوق الإنسان (عام 1948).
- الاتفاقية الدولية للحقوق الاقتصادية والاجتماعية والثقافية لعام1966.
- الاتفاقية الدولية للحقوق المدنية و السياسية لعام 1966.
- دستور منظمة العمل العربية.

T0148113

Printed in the United States
By Bookmasters